제갈량諸葛亮 평전評傳

공명孔明 진면목眞面目

와룡臥龍 비천상飛天相

제갈량諸葛亮 평전評傳

인 쇄 | 2019년 2월 23일
발 행 | 2019년 2월 27일

글쓴이 | 보적寶積 김지수金池洙
펴낸이 | 정병석
펴낸곳 | 전남대학교출판문화원

주소 | 61186 광주광역시 북구 용봉로 77
전화 | (062) 530-0571~2 마케팅 530-0573
팩스 | (062) 530-0579
홈페이지 | http://www.cnup.co.kr
전자우편 | lotusbud44@gmail.com, cnup0571@hanmail.net
글쓴이 블로그 | 네이버 블로그 **"천인대동전당"**

값 20,000원

ISBN 978-89-6849-616-5 (03150)

이 도서의 국립중앙도서관 출판예정도서목록(CIP)은
서지정보유통지원시스템 홈페이지(http://seoji.nl.go.kr)와
국가자료공동목록시스템(http://www.nl.go.kr/kolisnet)에서 이용하실 수 있습니다.
(CIP제어번호 : CIP2019007068)

제갈량 평전

공명 孔明 진면목 眞面目
와룡 臥龍 비천상 飛天相

김지수

전남대학교출판문화원

| 일러두기 |

1. 갈수록 한문 독해력이 떨어지는 시대조류 및 풍조를 반영하여, 본문에서는 되도록 한글을 많이 쓰되, 워낙 오래된 한문 고전에 깊은 의미를 잘 이해할 수 있도록 필요한 단어나 어휘는 '한글漢字' 병기 방식을 원칙으로 삼았다.

2. 원전사료가 한문漢文인지라, 인명、지명、관직명、서명書名 같은 고유명사는, **두음법칙을 적용하지 않고 원음原音 그대로 적었다.** 두음법칙은 발음 편의상 힘이 덜 드는 이점이 있지만, 말에 기운이 없이 유약柔弱해져 활기가 떨어지는 느낌이다. 두음 'ㄹ'이나 '냐'、'녀'、뇨'、'뉴'에 'ㄴ'을 그대로 발음하면 기운찬 느낌을 받으며, 단전호흡과 호연정기 함양에 도움이 된다. 영어、중국어、일본어에 두음법칙이 없고, 북한도 두음에 'ㄹ' 'ㄴ'을 원음대로 발음하는 보편적 언어관용을 고려하면, 세계화 시대에 일상화한 외국어 구사에 잘 적응하고, 장래 남북한 평화통일에 필수로 수반할 언어문자 통일 문제까지 준비한다는 차원에서, 필자는 우리도 이제 두음법칙을 그만두고 원음대로 발음·표기하는 원칙을 따라야 한다고 여긴다.
   廖立: 흔히 '료'립→'요'립으로 읽으나, 삼국지주에 '廖' 독음은 '류'理救反로 표기됨.
   袁宏: 우린 흔히 원 '굉'으로 읽고, 중국에선 宏이 '弘'·'洪'과 상통하게 클 '홍'으로 읽고, 자전에는 '乎萌切, 音峵, 庚韻'로 되어 있어, 고음을 존중해 원'형'으로 표기함.

3. 본서에 실린 넷째 편 글은, 얼마 전 발표한 학술논문 "제갈량의 법치 정신"(경상대 법학연구소, 법학연구, 제27권 제1호, 119~156쪽, 2019.1.31.)을 간추려 수록한 것이다. 각주와 참고문헌이 필요한 분은 원전을 참고하기 바란다. 원전은 한국연구재단이나 RISS에서 학술논문 검색으로 찾을 수 있고, 필자의 네이버 블로그 **"천인대동전당"**에서도 받아볼 수도 있다.

4. 삼국지三國志 주注에 인용한 사서史書들의 원저자는 다음 같다. 한진춘추漢晉春秋 (습착치習鑿齒), 강표전江表傳 (우부虞溥), 위씨춘추魏氏春秋 및 진양추晉陽秋 (손성孫盛), 위략魏略 (어환魚豢), 한위춘추漢魏春秋(공연孔衍), 오록吳錄(장발張勃), 화양국지華陽國志(상거常璩).

5. **본서 14, 220, 392, 396-7쪽에 '출사표出師表'와, 144쪽에 두보杜甫 '촉상蜀相'은, 1997년 전주고 2학년 저자 필기장 사본이고, 398쪽은 박시중 선생님 친필 철필 등사본이다.**

6. 소박한 도덕道德에 따르며 지구 삼림자원 절약과 환경 보전에 동참하는 뜻에서 **'재생지'**로 출판한다. 독자 여러분에 이해와 공감을 바란다.

목차

다섯. 끼침과 깨우침 - 후대 역사평론과 일화 ········· 287

여섯. 불교 인연과 전생轉生 후신後身 ········· 369

감회와 끝맺음 ········· 393

주요 참고문헌 ········· 399

촉상
蜀相

촉 승상

두보杜甫

승상사당하처심
丞相祠堂何處尋　승상의 사당을 어느 곳에서 찾을까?

금관성외백삼삼
錦官城外柏森森　금관 성 바깥 잣나무 빽빽한 숲일세.

영계벽초자춘색
映階碧草自春色　층계에 비친 푸른 풀은 절로 봄빛이고,

격엽황리공호음
隔葉黃鸝空好音　잎사귀 너머 노란 꾀꼬리 부질없이 좋은 소리.

삼고빈번천하계
三顧頻煩天下計　세 번씩 번거롭게 오두막 찾음은 천하 대계요,

량조개제로신심
兩朝開濟老臣心　두 조정 받들어 다스림은 늙은 신하 마음일세.

출사미첩신선사
出師未捷身先死　군사를 출정해 이기지 못한 채 몸 먼저 죽으니,

장사영웅루만금
長使英雄淚滿襟　길이 영웅들 눈물이 옷깃에 가득 젖게 하누나."

인연과 실마리

우리도 삼국시대를 겪었던 역사적 연상 작용 때문인지는 몰라도, 동아시아 고전 가운데 소설 삼국지(연의)만큼 우리한테 친숙하고 널리 알려진 책도 드물 것이다. 한글 번역판이 나온 뒤로는 아마도 가장 널리 애독되고 각광받는 책일지도 모르겠다. 필자도 중2때 처음 월탄 박종화 번역본 5권을 흥미진진하게 완독한 기억이 난다.

1970년대 교과서 외엔 책을 구경하기 힘든 부안 곰소 변산중학교에서, 2학년 때 담임 최일웅 선생님이 삼국지 5권을 선뜻 내놓으며 의욕적인 '학급문고' 설치운영을 제안하셨다. 각자 집에 있는 책을 1권씩 가져오라고 권하고 유리 창문이 달린 조그만 서가함을 마련해서, 우리 반만 제법 그럴듯한 '학급문고'가 만들어졌다. 나는 선친께서 가지고 계신 '세기의 위인들'이란 읽지도 않은 책을 바치고, 영광스럽게 문고운영 책임자에 임명되었다. 대출반납 장부를 기록하는 번거로운 관리자였다.

다른 책은 읽은 기억이 안 나는데, 오직 삼국지만 2단 세로쓰기인데도 지루하지 않게 5권을 다 읽고, 2회독 하다가 아마도 시험 등 바쁜 일정으로 중도에 그만둔 듯하다. 당시 나는 어머니가 행상을 다니셔서, 집에서 손수 불을 때서 밥을 지어먹고 다니던 형편이었다. 그 뒤로 다시는 읽은 적이 없고 하도 오래 된 일이라, 정말이지 읽었다는 사실밖에는 어떤 내용도 기억나는 게 전혀 없이 완전히 잊혔다.

3년 뒤 전주고 2학년 때 한문 박시중 선생님은 어찌나 해박하고 열정이 넘치셨던지, 한 단락씩만 인용 소개한 교과서는 너무나 유치하다는 듯, 여러 고전 명문을 온전히 가르쳐주셨다. 그중 전문을 통째로 암송한 도연명의 귀거래사와 제갈공명의 출사표, 소동파의 적벽부가 가장 인상 깊고 감명 깊게 남아있다. 후덕한 선생님은 귀거래사·적벽부·출사표 등 전문을 손수 철필(가리방)로 등사해 나눠주고 가르쳐주시면서, "우리 배울 적엔 이런 거 줄줄 다 외웠네. 여러분도 외우면 참

좋네."라고 그냥 지나가는 어조로 말씀하셨다. 당시 순진한 나는 정말 외우면 좋겠다는 생각에, 8절지 앞뒤로 빼곡하게 적어 두 번 접어 손 안에 쥐고, 등하교 길에 외우고 다녔다. 나중에 수행하며 '장심대법掌心大法'이란 말을 듣고, 그때 손아귀에 들고 다니며 외운 3대 명문이 내 한문-한학-학문-불교대장경 공부에 이르기까지 정말 '장심대법'이 되었다는 생각이 번득 들었다. (나중에 대학3년 때 중국문학을 부전공하면서, 백거이의 '장한가'를 기말고사로 다 외웠고, 한학연수를 받을 적엔 론어 전부와 맹자 일부를 역시 장심대법으로 암송했으나, 고교 때만큼 확실한 기억과 각인 효과는 없었다.)

귀거래사는 자연주의 목가풍 전원시 같아 내 천생기질에 맞아 좋았고, 적벽부는 뒤에 전문을 소개하듯이 적벽대전을 연상하며 호방한 기개와 웅장한 도량을 펼치는 광활한 대장부 우주관이 마음에 들었다. 반면, 제갈량 출사표出師表는 천하인류를 위한 대의실현과 순수하고 장렬한 우국충정이 눈물겨운 감동이었다. 그 무렵 고문 시간 두시언해에서 배운 두자미杜子美 촉상蜀相 마지막 시구처럼, 출사표를 읽고 눈물이 옷깃을 적시지 않는다면 '영웅'에 끼지도 못할 것 같았다.

대만대학에 3년 유학하고 평생 한문고전을 공부해온 인연으로, 이제는 소설 삼국지(연의)를 원문으로 읽을 수 있는 실력은 되었건만, 시간과 체력 등 제반여건이 허락하지 않아 아직 읽지는 못하였다. 그러던 차에 우리 사회에 청렴정신을 일깨워 진작시키고자 하는 발원에서, 지난해 위대한 역사 위인들의 전기 일화를 섭렵해 "포청천과 청렴정직 문화"란 책을 펴내는 시절인연으로, 제갈량 전기도 원전 사료로 정독하게 되었다. 수십년간 잠잠히 가라앉아 있던 감동의 물결이 다시 일렁이기 시작했고, 아무래도 전통법의 역사철학 전공자로서 제갈량의 법사상을 한번쯤 다뤄 정리할 필요성과 사명감을 느끼게 되었다. 이에 정사正史 삼국지 촉서蜀書와 삼국지 주注를 통독하면서, 제갈량 관련 내용을 모두 발췌하고, 또 현전하는 제갈공명전집에서 법률 관련 주요내용을 선별해 "제갈량의 법치 정신"을 집필해 발표했다.

주지하듯이, 제갈량은 신출귀몰할 정도로 지혜가 출중해 촉蜀 승상으로서 전국 정치행정을 총괄했을 뿐만 아니라, 당시 삼국이 각축하던 여러 전쟁을 직접 현장에서 진두지휘한 군사장군으로서 문무를 겸비한 실무(전)형 장상將相이었다. 허나 환갑을 앞두고 늘그막에 원전 사료를 읽다보니, 정말 그 이상으로 훨씬 흥미진진했다. 다만 기력이 마음을 따라주지 않아(力不從心) 눈이 침침하고 체력이 달려 아쉽고 안타까울 뿐이다. 허나, 제갈량 본인 이야기뿐만 아니라, 그를 둘러싼 인간들의 심성과 행적 및 정치사회관계에 걸친 다채로운 기록들도, 역사적 교훈과 반면교사로서 너무나 훌륭한 감동거리였다.

하여, 공명 선생의 참모습을 찾아 밝히고, 초야에 묻혀 있던 와룡臥龍이 삼고초려에 감동해 격동의 풍운 속에 하늘 높이 날아오른 모습을 그려보고자 마음먹었다. "공명진면목孔明眞面目 와룡비천상臥龍飛天相"이란 부제가 지향한 목표다. 허나 소박한 마음과 졸렬한 문필이 얼마나 잘 생생하게 표현해 냈는지는 모르겠다.

다만, 우리한테 익히 알려진 소설 삼국지(연의) 선입편견을 완전히 젖혀놓고, 현전하는 공식 역사기록 및 문집과 당대 역사가들의 기록 및 평론들을 되도록 원전 본의에 충실하게 직접 해독 정리해, 원전비평 관점에서 최대한 실증적 방법에 의지했다. 더러 원인분석과 결과평가에 사견을 적기는 했으나, 분명한 역사문헌기록에 다르거나 어긋나게 순전히 문학적 상상력으로 덧칠한 왜곡변질은 없음을 밝혀둔다. "제갈량 평전評傳"이란 본제목에 정말 명실상부하게 집필했다.

물론, 필자의 문장력과 체계구성력이 보잘것없어 더러 재밌게 술술 읽히지 않을지도 모르겠다. 또한 안목과 식견이 얕고 무뎌 분석비평이 별로 신통치 않아 '평전'으로 실망할 수 있겠다. 나이가 들고 기력이 떨어지니, 두뇌도 더 노둔해지는 느낌이고, 생기발랄함과 총명예지는 갈수록 사라지니, 이는 인간 김지수金池洙 한계다. 그래서 책을 읽고 글을 쓰는 동안 내내, 제갈량 심경에 더욱 공감·이입된 느낌이다. 문체도 화려하고 유창함보다는, 진지한 충신忠信–진정성에 더 치중한 편이다. 또, 제갈량처럼 '국궁진췌鞠躬盡瘁'를 몸소 경험하며, '사이후이死而後已' 정신으로 끝까지 정리하고자 다짐했다. '국궁'은 자발적 의지로는 나를 겸허히 낮춰 남한테 경례하는 '허리 굽힘'이지만, 자연스런 현상으로는 할 일에 너무 골몰하고 기력을 다한 나머지 피가 마르고 골수까지 비어 '허리가 구부정정 굽는' 것을 가리킨다. '진췌'는 말 그대로 '기진맥진'을 뜻한다.

허나, 감수성 예민하던 십대 청춘으로서 중고교 때 처음 맛보고 느꼈던 감명을 잊지 못하고, 천하대의를 위한 제갈량의 장렬한 우국충정과 섬세하고 간절한 인간미를 사모해 기리는 마음에서 최선을 다해 정성껏 정리했다. 이 붉은 마음 하나 진솔히 전해진다면 더할 나위 없는 보람이자 다행이겠다.

기미독립선언 1백주년 삼일절을 맞이하며
2019.2.22.금. 빛고을 운암골 연정재淵靜齋에서
글쓴이 보적寶積 김지수金池洙 공경합장 _()_

出師表

諸葛亮

臣亮言하옵나이다 先帝創業未半에 而中道崩殂하시고 今天下三分하고
益州疲弊하니 此誠危急存亡之秋也니이다 然이나 侍衛之臣이
不懈於內하고 忠志之士가 忘身於外者는 蓋追先帝之殊遇하여
欲報之於陛下也니이다 誠宜開張聖聽하사 以光先帝遺德하시고
恢弘志士之氣하시며 不宜妄自菲薄하사 引喩失義로 以塞忠諫之路也니이다
宮中府中이 俱爲一體니 陟罰臧否는 不宜異同이니이다 若有作姦犯科及
爲忠善者어든 宜付有司하사 論其刑賞하시어 以昭陛下平明之治하시고
不宜偏私使內外로 異法也니이다 侍中侍郎郭攸之費禕董允等은
此皆良實하고 志慮忠純하니 是以로 先帝簡拔하사 以遺陛下하시니
愚以爲宮中之事는 事無大小히 悉以咨之하시고 然後에 施行하시면
必能裨補闕漏하고 有所廣益也니이다 將軍向寵은 性行이 淑均하고
曉暢軍事하여 試用於昔日에 先帝稱之曰 能이라하시니 是以로 衆議擧寵爲
督이오니 愚以爲營中之事는 事無大小히 悉以咨之하시면 必能使行陣

하나.
삶과 죽음

신원身元과 시대 배경

제갈량은 자字가 공명孔明이고, 랑야琅邪 양도陽都(현재 산동성 기수沂水 변으로, 기남沂南과 림기臨沂 중간 부근) 사람이다. 동한 말 령제靈帝 광화光和 4년(181) 태어나서, 촉한蜀漢 후주(류선劉禪) 건흥建興 12년(234)에 54세로 서거했다.

제갈량이 태어난 때는 바야흐로 동한 말 극도로 혼란스런 때로, 노란 수건을 질끈 동여맨 황건黃巾 농민들이 봉기하고, 게다가 난세 영웅호걸을 자처하는 군웅들이 할거하여 군벌 각축으로, 한 황실을 이미 명맥이 끊기다시피 한 상황이었다. 제갈량이 유명한 '출사표'에서 "선제께서 살아계실 적에 매번 환제·령제를 탄식하지 않은 적이 없었다."고 회고할 정도였다.

사실 후한 후기부터 외척과 환관들의 권력농단과 피비린내 나는 권력투쟁은 참으로 가관이었다. 서기 125년 3월 안제安帝가 사망하자, 염閻태후가 어린 소제少帝를 내세워 섭정하며 권귀대신을 죽이거나 자살하게 하고 밖으로 내쫓은 다음, 염씨 형제가 권력을 잡아 외척이 득세하는가 싶었다. 허나 그동안 궁중에서 권력을 농단해온 환관세력도 만만치 않았다. 10월 소제가 병사하자, 11월 손정孫程 등 환관 19인이 결탁해 집단 음모를 꾀해, 안제의 폐위된 태자를 순제順帝로 옹립하고 염씨 형제를 죽이더니, 이듬해 정월엔 염태후마저 죽어 환관이 전권을 잡았다. 그러다가 순제 장인 량상梁商 대장군이 영화永和 6년(141) 죽자, 그 아들 량기梁冀가 대장군이 되어 전권을 잡으며 외척 전횡이 시작되었다. 그 뒤 량기는 충제沖帝와 질제質帝를 거쳐 146년 환제를 내세우고, 이듬해 누이를 황후로 세워 무소불위 전횡을 일삼다가, 159년 환관 5인의 병력공격을 받아 자살하고 패가망신함으로써, 다시 환관이 득세하였다. 이에 사례교위 리응李膺을 비롯한 정의로운 고관 및 태학생들이 연대해 환관 집단의 권력농단을 비평공격하자, 환제 말년(166) 무려 2백여 명을 체포·감금했다가 풀어주며, 종신금고 조치를 내렸다. 바로 그 유명한 제1차 '당고黨錮의 화禍'였다. 령제 즉위 직후 외척 두무竇武가 전권을 잡아, 당인黨人들을 기용해 환관들을 제거하려고 모의했으나, 비밀이 새어나가 실패하고 도리어 죽임을 당했다. 169년 환관들의 협박 아래, 리응 등 백여명을 체포해 죽이고 계속해서 6-7백인을 처형·유배·수금했다. 이어 176년에는 '당인'과 인연 있는 문하생·부하관리 및 친인척을 모두 파면하고, 제2차 '당고黨錮의 화禍'를 단행했다. 마침내 184년 황건 농민군이 봉기하면서, 비로소 당고가 풀리게 되었다.

역사상 환관이 국정을 농락해 혼란에 이른 사례는 부지기수나, 특히 후한 말 '십상시十常侍'로 일컬어진 환관 12인과 그 친인척들의 농간은, 황건 농민봉기를 초래하고 끝내는 후한을 멸망으로 이끌었다.[1] 189년 4월 령제가 사망하고 소제少帝가 즉위하자, 그 외삼촌 하진何進 대장군이 권력을 잡았다. 하진은 원소袁紹와 함께 환관들을 처치하려고, 당시 서쪽 강족羌族 진압과 황건 민란 평정으로 유명해진 동탁을 끌어들이기로 모의했다. 허나 기밀이 새어나가, 하진은 동탁이 오기 전에 십상시한테 죽임을 당하고 말았다. 이에 분격한 원소는 당형인 원술袁術과 함께 병력을 이끌고 환관들을 도륙했다. 바로 뒤이어 도착한 동탁은, 환관한테 겁박당한 소제를 맞아 락양에 돌아온 다음, 군대를 접수해 세력을 불려나갔다. 동탁과 갈등을 빚은 원소가 기주冀州로 달아나자, 동탁은 그해(189) 9월 소제를 폐하고 후한 마지막 황제 헌제獻帝를 내세워, 스스로 제후 및 재상이 되어 조정을 독점했다. 그는

1 後漢書 卷七十七, 酷吏列傳第六十七 참조. 張讓、趙忠、夏惲、郭勝、孫璋、畢嵐、栗嵩、段珪、高望、張恭、韓悝、宋典이다.

병력을 풀어 잔혹한 수탈과 착취에 혈안이 되어, 백성을 더욱 도탄에 빠뜨리며, 황제 자리까지 탈취하려 꾀했다.

이듬해(190) 정월 원소가 동탁 토벌을 명분으로 주군州郡 세력을 규합하여 락양으로 진격하자, 위협을 느낀 동탁은 구심점을 없애려, 폐위된 소제를 독살하고 락양을 불 지른 뒤, 헌제를 끼고 수백만 백성을 협박해 장안 천도 길에 올랐다. 황제는 동탁 조종을 받는 꼭두각시 인형이 되고, 동탁은 실제 권세뿐만 아니라 복식의장이나 모든 형식 의례까지 완전히 황제처럼 굴었다. 이때 사도司徒 왕윤王允이 동탁 부장인 려포 등과 은밀히 결탁해 기회를 엿보다가, 192년 4월 조회 때 마침내 동탁을 찔러 죽였다. 허나 잔당 부하들이 인민을 살륙하고 궁성을 포위 공격해 왕윤을 죽이고, 다시 헌제를 위협·통제해 조정을 농락하니, 물가가 천정부지로 폭등했다. 그들이 죽임을 당하는 틈을 타서, 헌제가 가까스로 장안을 벗어나 동으로 환도했다. 이 무렵 조조는 원소의 동탁 토벌 연합군에 동참했다가, 청주青州 황건 민군을 진압해 연주兗州를 점거하고 독자 세력을 형성하던 중이었다. 하늘이 내려준 절호 기회를 놓칠세라, 락양으로 돌아오던 헌제를 맞이해, 허許로 모셔가 보호하며 실권을 장악했다.(後漢書 권72, 董卓列傳)

바로 이때 연호를 건안建安으로 바꾸었다.(196) 이때부터 조정이 한숨을 돌리며 정신을 차리고 각종 제도와 법질서를 회복하며 안정을 되찾기 시작했다. 역사의 수레바퀴와 운명의 여신은 뜻밖에도 조조한테 미소를 선사한 셈이 되었다. 조조는 허許에 자리 잡은 건안 원년부터 천자를 끼고 제후를 호령하며 전권을 휘둘러, 한 황실은 빈 명목만 지닌 채 국운은 사실상 끝나고 조씨 천하가 되었다. 건안 18년(213)에 헌제가 조조를 위공魏公에 봉하여 위국魏國을 세웠으나, 조조는 끝까지 헌제를 내세워 대의명분을 표방했다. 조조 사후 220년에, 아들 조비曹丕가 비로소 헌제를 핍박해 제위를 선양받아 문제로 즉위하면서,

형식상 한이 멸망하고 삼국시대가 공식 펼쳐지게 되었다.

이처럼 후한 말 천하혼란 풍운동탕, 군벌각축 인민도탄의 격변시기에, 제갈량 자신도 난세 영웅호걸의 1인으로 태어난 것이다. 이러한 시대배경은 향후 제갈량의 운명과 인생항로에 결정적 영향을 끼쳤다.

'제갈諸葛' 복성의 유래

제갈량은 전한前漢 때 사례교위司隸校尉를 지낸 제갈풍諸葛豐의 후예다. '제갈'씨는 복성인데, 성씨 내력에는 두 설이 전해진다.

하나는, 본디 '제諸'현縣에 거주하던 '갈葛'씨가 나중에 랑아琅邪 양도陽都(현재 산동성 기수沂水 변, 기남沂南과 림기臨沂 중간)현으로 이주했는데, 거기 원주민 '갈'씨가 자신들과 구분하기 위해 이주민을 '제갈'씨로 불렀고, 세월이 흐르면서 복성으로 굳어졌다는 설이다.

또 하나는 이렇다. 기원전 209년 진승陳勝이 대택에서 거병해 진秦에 반기를 들자, 갈영葛嬰이 병력을 모아 가세해 그 명을 받고 동으로 진격해 동성東城에 이르러 상강襄彊을 초왕楚王으로 옹립했다. 진승이 이미 왕을 자칭했다는 이야기를 듣고, 갈영이 초왕을 죽이고 진승한테 돌아가 보고하자, 진승이 그를 죽여 버렸다. 나중에 한 문제 때 갈영이 큰 공로를 세우고도 억울하게 죽은 사건을 추념하여, 그 손자를 '제諸'현縣후侯에 봉하면서 '제갈'씨로 부르게 되었다는 것이다.

어느 설이 정확한지 분간하기 어렵지만, 예컨대 려상呂尙은 그 조상이 '려呂'에 봉해져 그 봉지를 성씨로 삼았고, '굴원屈原'도 조상이 '굴屈'에 봉해져 '굴'씨가 되었기 때문에, 그런 역사적 선례들을 참작하면 후설이 유력하다는 주장이 있다. 그게 사실이라면, 제갈량은 진말한초 농민혁명군 장수 갈영의 후손인 셈이다. 어쨌든, 본디 '갈'씨가 '제갈'이란 복성으로 바뀐 것만은 분명해 보인다. 선주 류비 사후 후주 류선이 "정치는 갈씨가 하고 제사는 과인이 맡는다."고 말했다는 기록이 전하는 걸 봐도, 본디 '갈'씨였다는 유력한 반증이라고 한다. (허나, 이는 확실한 단정 근거가 되지는 못한다. 왜냐면, 중국 사서나 고전에서 복성이나 이름조차 한 글자를 생략해 외자로 약칭하는 경우가 허다하기 때문이다. 예컨대, 백제 왕족인 '부여扶餘'씨를 '여餘'씨로 표기하는 등, 백제 5대 복성 귀족도 모두 외자로 쓰고, 불교 고승전이나 어록에도 법명을 한 자만 적는 관행은 보통이다.)

현전하는 제갈씨 족보 서문에도 "제諸현에 식읍을 받아 '제갈'씨를 하사받았다"고 적혀 있다고 한다. 황제 하사를 드러내 가문 영광을 자랑하는 과장 가능성도 있겠지만, 여러 기록 정황을 대조하면 믿을 만하다는 지적도 있다.

집안 내력 – 제갈풍諸葛豐 전기

명확한 역사기록으로 확인되는 제갈량의 조상은, 한 원제(元帝: 기원전 49-33년 재위) 때 사례교위를 지낸 제갈풍諸葛豐이다. 제갈량과 대략 250년 남짓 차이나는 걸로 미루어, 1세대 30년을 기준으로 셈하면 아마도 8-9대조나 10대조에 해당할 듯하다. ('세世' 글자는 '十'이 셋 나란히 그어져 삼십을 뜻한다.)

한서 권77 본전에 따르면, 제갈풍은 자가 소계少季이고 랑야琅邪 사람으로, 경전에 해박(明經)하여 군郡에 문학文學이 되었는데, 특히 청렴강직하기로 명성이 높았다. 우공貢禹이 어사대부가 되어 풍을 부속 관리로 임명했는데, 유능한 자질과 고상한 인품을 높이 사서 시어사로 천거했고, 원제는 풍을 사례교위로 발탁했다. 사례司隸는 본디 주례周禮에서 형조에 해당하는 추관秋官 가운데 도적을 다스리는 사구司寇의 속관이다. 사례교위는 한 무제(기원전 141-87년 재위) 때 정식 설치되어, 조정에 백관과 서울 부근 여러 군을 감찰하여, 직무는 대강

주 자사에 상응하나 지위와 권한은 훨씬 막강했다.

제갈풍이 본디 강직한 성품에, 권귀대신도 전혀 봐주지 않고 거리낌 없이 불법비리를 낱낱이 파헤쳐 탄핵하니, 모두 무서워 벌벌 떨 지경이었다. 그래서 당시 서울에선 "그 동안 어찌 그리 오래 안 보였는가?" "제갈씨를 만나서 그랬다네!"(間何闊? 逢諸葛!) 라는 말이 널리 유행할 정도였다. 이에 원제는 그 절개를 가상히 여겨, 부절符節을 수여함과 동시에 벼슬도 광록대부로 높여주었다. 황제의 지음을 받고 제갈풍은 감격해 지혜와 충성을 다해 더욱 열심히 직책을 수행했다.

당시 시중인 허장許章은 외척으로 황제 은총을 한 몸에 받던 권귀대신인데, 법도를 지키지 않고 호사음란을 일삼았다. 그 빈객이 제법 큰 일을 저질러 조사하니 허장과 직접 관련성이 드러났다. 풍은 이 사안을 철저히 파헤쳐 허장을 탄핵해 황제께 보고하려고 만반으로 준비했다. 마침내 허시중이 사저에서 외출하는 틈을 기다렸다가, 그 마차를 가로막아 멈추게 한 다음, 황제가 특별히 수여한 부절(어사 마패 같은 옥제 신표)을 허장 눈앞에 높이 들어 올려 보이며, "내리시오!(下!)" 라고 외치고 체포하려 했다. 다급해진 허장은 부리나케 마차를 몰아 쏜살같이 달아났다. 제갈풍도 그 뒤를 바짝 좇아 추격했다. 궁박해진 허시중은 황궁 문안으로 들어가, 얼른 황제한테 몸을 던져 맡겼다. 풍도 지지 않고 황제 앞까지 나아가 사건을 자초지종 아뢰었다. 이에 매우 난감해진 선제는, 자기가 특별히 사례교위 풍한테 부여한 부절을 회수해 거두어들였다. 그 뒤로 사례교위는 더 이상 황제 특명을 상징하는 신표인 부절을 차지 못했다. 황제가 당초 국법정의와 공직질서 기강 확립을 위해 특별 수권한 부절이었지만, 일단 자신의 은총을 받는 외척 권귀대신의 생명을 위협하는 현실을 목도하자, 사사로운 인정의 불편불안 해소를 위해 국법기강 해이도 불사하고, 곧바로 그 특명을 취소하고 만 것이다. 과연 그로부터 40년이 채 안 되어 전한 조정대권은 왕망한테 넘어가고 말았다.

정의로운 충정에 넘치는 강직한 제갈풍은, 부절을 앗기자 더 이상 그 자리를 지킬 대의명분이 사라짐을 느껴, 자신감과 열의를 잃고 사죄하는 사직서를 상소했다.

"신하 풍은 노둔하고 겁약하여, 문장은 백성한테 선행을 권장하기 미약하고, 무용은 사악한 권귀호세를 제어하기 턱없이 부족합니다. 폐하께서 신하 능력도 헤아리지 않고 과분하게 사례교위에 임명하셨으나, 스스로 효험을 증명하지도 못했고; 또 신하 벼슬을 광록대부로 높여주셨으나, 관직이 존귀한 만큼 책임도 막중하여 신하가 감당할 수 없습니다. 게다가 나이도 이제 노쇠해 저물어 가는지라, 항상 언제 갑자기 넘어져 도랑에 처박힐까 두려운데, 후덕한 은총에 보답할 길이 없습니다. 많은 사대부들이 신하를 가리켜, '조정에 보탬은 못 되면서, 오래 동안 밥그릇만 비우고, 국록만 축내는 유명무실한 용관冗官'으로 힐난하는 형편입니다. 그래서 항상 발원하기를, 조석에 달린 한 목숨 기꺼이 내던져, 어느 때건 가리지 않고 간신 우두머리를 처단해 수도 시가지 중심에 내걸고 그 죄상을 낱낱이 적어 공표해, 사방이 모두 간사한 죄악에 대한 형벌을 분명히 알도록 경종을 크게 울린다면, 그 다음에는 곧장 도끼날에 목이 잘려 나가도 전혀 애석할 게 없다는 게, 진실로 신하가 기꺼이 감수할 충심입니다. 무릇 베옷 입은 일반 서민 선비들도 오히려 기꺼이 목을 내놓는 문경지교刎頸之交를 행하거늘, 하물며 오늘날 광대한 천하사해에 어찌 충절과 의리에 엎드려 죽을 기개 높은 신하는 없고, 도대체 거개가 모두 구차하게 아부영합을 일삼으며, 서로 유유낙락 파당지어 사사로이 가문 이익만 좇고 국가조정의 큰 정치는 망각한단 말입니까? 간사하고 더러운 혼탁한 기운이 하늘까지 뻗쳐 진동하는 까닭에, 천재지변이 자주 빈발하고 백성들은 곤핍하기 그지없습니다. 이는 신하가 직책을 충실히 수행하지 못하기 때문이니, 신하는 참으로 몹시 부끄럽기 그지없습니다. 무릇 사람들 심정은 누구나 평안히 생존번영하길 바라며, 위험이나 멸망은 싫어하기 마련입니다. 그럼에도 충신과 정직한 선비들이 환난과 피해를 회피하지 않고 위태로운 죽음까지 무릅쓰며 직책에 전념하는 것은, 진실로 나라와 군주를 위해서입니다. 지금 폐하께서는 하늘이 덮고 땅이 받쳐주듯, 만물을 너그러이 포용하지 않음이 없으신지라, 상서령 요堯를 시켜 신하 풍한테 특별히 글을 하사하셔서, '무릇 사례교위는 불법을 적발 탄핵해 선량한 사람을 포상하고 악인을 징벌하는 직책이지만, 전권으로 독단할 수만은 없으니, 중용화합中和에 힘써 경전에서 기술한 뜻과 정신에 순응하도록 하라.'고 일깨우셨습니다. 특별히 베푸신 후덕하고 깊은 은혜를, 신하 풍은 몹시 다행으로 여기며 머리 조아려 받잡습니다. 이에 신하는 혼자 그윽이 분개와 번민을 이기지 못하여, 원컨대 청안淸宴한 퇴휴退休 하사를 구걸하옵나니, 다만 폐하께서 허가해 결재해주시면 천행이겠습니다."

원제는 끝내 사직을 허락하지 않았고, 그 뒤로는 풍의 말을 더더욱 귀감아 듣지 않았다. 이에 풍은 다시 한 번 간곡히 상소했다.

"신하가 듣잡건대, 백기伯奇는 효성스러웠으나 어버이한테 버림받았고, 오자서子胥는 충성스러웠으나 군주한테 죽임을 당했으며, 로魯나라 은공隱公은 자애로웠으나 아우한테 죽고, 위衛나라 숙무叔武는 아주 공손히 우애했으나 형인 성공成公한테 죽임을 당했답니다. 무릇 이 네 현인의 덕행을 모두 갖추고 게다가 재능까지 겸비한 굴원 같은 현인도, 오히려 스스로 현달하지 못하고 되레 형륙을 당해 죽고 말았으니, 어찌 볼 만한 게 없어서 그랬겠습니까? 설사 신하 한 몸이 죽임을 당한다 할지라도, 그로 인해 나라가 평안해지고 군주가 영광스러워진다면, 신하는 진실로 기꺼이 원하는 바이옵니다. 다만 두려운 바는, 조정에 전혀 보탬이 되지 않는다는 비아냥거림이나 들으면서, 여러 간사한 무리한테 배척되고 왕따 당해, 아첨과 참소를 일삼는 간신들이 득세하여 정직한 군자들 길을 가로막아, 충신들이 침울하게 의기소침하고 지혜로운 선비들이 입을 꾹 다물어 버릴까 저어할 따름입니다. 이점이 바로 어리석은 신하의 가장 큰 두려움입니다."

제갈풍은 봄여름을 가리지 않고 죄인들을 체포해 감금하고 다스렸다. 그러자 수많은 조정 고위 대신들이, 형벌은 소슬한 가을에 시행하는 법인데, 만물이 생장하는 계절에 형벌을 남용한다고 비난하는 말을 쏟아냈다. 이에 황제는 풍을 성문교위로 내보냈다. 그러자 풍은 다시 광록훈 주감周堪과 광록대부 장맹張猛의 잘못을 지적하며 탄핵하는 글을 올렸다. 올곧은 말로 자꾸 귀찮게 구는 제갈풍은, 이제 황제의 신임과 환대를 받기는커녕, 혐오와 역정만 일으키는 애물단지로 전락하고 말았다. 황제는 풍이 정직하지 못하다고 비난하며, 어사한테 조서를 작성하게 해, 풍을 완전히 파면해버렸다.

"성문교위 풍은 전에 광록훈 감堪 및 광록대부 맹猛과 함께 조정에 근무할 적에, 여러 차례 두 사람 미덕을 칭찬하는 말을 했었다. 풍이 전에 사례교위를 맡았을 적에, 사계절에 순응해 법도를 닦지 못하고, 오로지 전횡을 일삼아 가혹한 포학함으로 헛된 위세를 부렸다. 짐은 차마 법관한테 넘겨 하옥시킬 수 없는지라, 너그러이 용서해 성문교위로 내보냈다. 헌데, 아직도 안으로 자기를 반성하기는커녕, 도리어 주감과 장맹을 원망하여 뭔가 보답과 천거를 요구하며, 증거도 없는 말로 고발하는 안건을 만들어, 입증확인도 어려운 죄를 시끄럽게 떠벌리고 있다. 앞서 한 말도 떠올리지 않고 정반대 말을 지껄여, 칭찬과 비방을 제멋대로 뒤바꾸니, 이는 실로 크나큰 불신이다. 짐은 풍이 연로한 점을 특별히 연민하여 차마 처형할 수 없으니, 다만 그를 관직에서 파면해 서민으로 만든다."

관직에서 쫓겨나 서민이 된 제갈풍은 집에서 죽었다고 전한다. 그러니 그 후손들도 당분간은 관직에 진출할 엄두도 못 내고, 고향 초야에 파묻혀 금세 2백년 남짓 흘렀을 것 같다. 그러다가 8–10대 지나 제갈량 아버지까지 내려왔다. 아버지 규圭는 자가 군공君貢으로, 후한 말 태산군승太山郡丞을 지냈다고 전한다. 어쨌든, 남성 특유 유전자 Y 염색체가 부계父系로만 전승되기 때문에, 제갈풍의 강직성과 직책 충실성은 대대로 이어져 제갈량까지 유전되었을 것이다!

어린 시절

제갈량 아버지 규圭는 태산군승太山郡丞을 지냈다. 어머니 장章씨는, 막내아들을 낳고 얼마 안 되어 별세하여, 어린 아이들 양육을 위해 아버지는 후처를 맞이했다고 한다. 어머니가 돌아가실 적에 공명은 3–4세 쯤 된 모양인데, 8세 손위 형 근瑾과 두 누나, 그리고 손아래 아우 균均까지, 모두 3남2녀의 가족이었다. 헌데, 5년 쯤 지나 공명이 8세 때 아버지마저 작고하시니, 일찌감치 어려서 고아가 되었다. 형 근은 어려서부터 계모를 공경스럽게 모셔 효자 도리를 다했다고 전하는데, 10여세 때 락양으로 유학 가서 모시毛詩·고문상서·좌씨춘추 등 고전을 깊이 배웠다. 형은 그때부터 집을 떠나, 공명은 아우 균均과 함께 숙부인 현玄의 보살핌을 받았다. 현이 원술袁術 휘하에 예장(豫章: 현재 강서성 남창) 태수가 되어, 량 형제를 데리고 부임했다. 허나 한 조정에서 다시 주호朱皓를 예장태수에 선임하자, 현은 평소 친분이 도타운 형주목荊州牧 류표劉表한테 가서 의지했다.

헌제춘추獻帝春秋에 따르면, 당초 예장태수 주술周術이 병으로 죽자, 류표가 조정에 글을 올려 제갈현諸葛玄을 예장태수로 임명해 남창南昌을 다스리도록 추천했다. 한 조정에서는 주술의 사망소식을 듣고, 주호朱皓를 파견해 제갈현을 대신하도록 했다. 이에 주호는 양주揚州 자사 류요劉繇한테 병력을 얻어 제갈현을 공격했다. 제갈현은 서성西城으로 후퇴해 주둔하고, 주호는 남창에 진입했다. 건안建安 2년 정월, 서성 인민이 들고 일어나 제갈현을 죽여 그 목을 잘라 류요한테 보냈다. 이 책 기록은 삼국지 본전과 달라, 참고로 소개한다.

또 한진춘추漢晉春秋에 따르면, 공명 집은 형주 남양군南陽郡 등현(鄧縣: 현재 호북湖北성 상번시襄樊市 부근)에 있었는데, 상양襄陽 성城 서쪽 20리 지점으로 륭중隆中이라 불렀다. 제갈량은 키가 8척 장신으로, 스스로 곧잘 자신을 관중管仲이나 악의樂毅에 빗대 자부심과 포부가 대단했다. 당시 다른 사람들은 누구도 곧이듣질 않고 콧방귀로 웃어넘겼으나, 오직 박릉博陵 최주평崔州平과 영천潁川 서서徐庶 및 서원직徐元直만 그 말을 확실히 믿어주었다. 이 셋은 공명과 우의가 아주 돈독한 친구사이였다.

'량보음梁父吟' 즐겨 읊조리다

고아로서 숙부를 따라 형주 남양군南陽郡 등현鄧縣에 정착한 공명은, 의지하던 숙부마저 세상을 뜨자, 몸소 롱무隴畝에서 밭을 갈며 살았다. 이때가 대략 열대여섯 무렵이었다. 제갈량은 륭중隆中에서 몸소 논밭을 갈면서, 남들이 알아주든 말든 스스로 관중이나 악의에 빗대며, '량보음梁父吟'을 좋아해 즐겨 읊조렸다. 이 량보음(梁父吟=梁甫吟)에는 고향 떠난 객지에서 향수와, 혼란한 말세에 대한 우국충정 및 불우한 인재로서 어려운 출세 인연, 그리고 천하 광정匡正의 포부 등이 함께 어우러져 담겨 있다.

주지하듯이, 관중은 제환공을 보필해 춘추 첫 패업을 이룬 명장상이다. 악의는 전국시대 연나라 장수로 지략과 용기가 출중해, 소왕昭王 28년(기원전284) 제나라를 대파해 70여성을 빼앗은 유명한 위인이다.

량보음은 본디 악부樂府 '초조곡楚調曲'의 명칭인데, '량보'는 제갈량이 태어나 어릴 적에 살던 고향 부근 태산 아래에 있던 공동묘지 언덕으로, 사람이 죽어 이 산언덕에 매장할 때 부르는 일종에 장송곡이었다. (요즘도 우리 노래 중에 장안 락양산을 배경으로 읊는 비슷한 곡조가 있다. "락양洛陽산 십리 하에 높고 낮은 저 무덤은, 영웅호걸이 몇몇이며 절세가인이 그 누구냐? 우리네 인생도 한번 가면 저기 저 모양 될 터이니, 에라 만수~ 에라 대신이야~")

물론 곡조 자체는 훨씬 이전부터 존재했다. 악곡집 '금조琴操'에는, 증자曾子가 태산 아래서 경작하다가 갑자기 폭설이 내리고 얼어서, 열흘 남짓 귀가하지 못해 부모를 사모하며 '량산가梁山歌'를 지었다고 전한다.[2] 현전하는 가사는 보통 제갈량이 지었다고 전해지는데, 반론도 만만치 않아 그냥 고래로 전해지는 민가인 악부곡을 제갈량이 즐겨 읊조렸을 뿐이라는 주장도 강하다.(余明俠)

만약 공명 친작이라면, 아직 고향에 머물던 10대 초반에 지었던 작사로, 남양에 이주한 뒤 즐겨 읊조렸을 것이다. 물론 10대 후반 20대에 남양에 파묻혀 지내면서, 옛 고향 어린 시절을 회고해 읊었을 수도 있겠다. 전설 내용은, 바로 고향 땅 옛 제나라에서 춘추 말엽 용맹스런 장수 셋이 어처구니없이 희생당한 죽음을 탄식·애도하면서, 그 재앙을 음모한 희대의 명재상 안자(晏子=안영晏嬰)를 신랄히 풍자·힐난하는 글이다.

> "걸어서 제나라 성문 나서니, 멀리 탕음 마을 보이네.
> 마을 가운데 세 무덤 있는데, 우뚝우뚝 솟아 정말 서로 비슷하네.
> 이 누구네 집 무덤이냐 물으니, 전강과 고야씨 무덤이라네.
> 힘은 남산을 밀쳐낼 만했고, 글은 천문지리 끊을(꿰뚫을) 법했네.

---

2 瞿蛻園·朱金城 校注, 李白集校注, 上海古籍出版社, 1980년 제1판, 제1책, 212쪽.

하루아침에 참소 당해, 두 복숭아 세 용사 죽였다네.
누가 이런 음모 저질렀을까? 제나라 재상 안자라네!"

안자는 관중을 격세로 이어, 춘추말기에 제 경공을 오래 보필하면서, 현명한 정치와 청렴·검소한 생활로 유명했던 어진 재상이었다. 그도 불완전한 인간이지라, 경공 측근에 모여 총애를 받던 세 용맹 장사한테 위협이나 두려움을 느꼈는지, 아니면 권력 고유 특색인 시기질투심이 일었는지, 교묘한 간계로 경공을 부추겨 이 셋이 스스로 자결하도록 꾀었다. 안자춘추에도 전해지는 사건 전말은 대강 이러하다.

경공이 아마도 경호 목적으로 세 용사 공손접公孫接·전개강田開疆·고야자古冶子를 측근에 두고 자신을 섬기게 했다. 이들은 맨손으로 호랑이를 때려잡을 용력勇力으로 유명했는데, 한번은 재상인 안자가 그 앞을 지나는데 셋이 모두 일어서지도 않았다. 군주 총애를 믿고 재상을 무시한 것이다. 무례한 모욕을 당했다고 느꼈는지, 안자는 들어가 경공한테 아뢰었다.

"신하가 듣건대, 현명한 군주는 용맹한 장사를 거둠에, 위로는 군신에 의리가 있고 아래로는 장유에 질서가 있으며, 안으로는 포악함을 금하고 밖으로 적을 제압할 수 있어서, 군주는 그 공을 누리고 신하는 그 용맹에 복종합니다. 그래서 그 지위가 높고 그 봉록이 많은 법인데, 지금 군주가 거느린 용맹 장사들은, 위로 군신에 의리가 없고 아래로 장유에 질서가 없으며, 안으로 포악함을 금하지 못하고 밖으로 적을 제압할 수 없습니다. 이는 나라를 위태롭게 하는 흉기니, 일찌감치 제거함만 못합니다."

경공이 이들은 워낙 힘세고 용맹스러워 처치할 자가 없다고 저어하자, 안자는 경공한테 복숭아 둘을 세 사람한테 주면서 서로 공로를 비교해 둘이 나눠먹으라고 분부하도록 시켰다. 이에 공손접이 하늘을 우러러 탄식했다.

"안자는 지혜로운 사람이다. 임금한테 우리 스스로 공로를 비교하라고 시킨 것은, 복숭아를 못 받으면 용기 없음이 드러나는 꼴인데, 장사가 많고 복숭아는 적으니, 어떻게 공로를 비교해 복숭아를 먹는단 말인가? 나는 한 손으로 사릅돼지를 잡고 다른 손으로 젖 먹이는 호랑이를 잡았으니, 내 공로라면 견줄 자가 없을 테니 복숭아를 먹을 만하다."

그리고 복숭아 하나를 집어 자리서 일어났다. 그러자 전개강은 자기가 병기를 잡고 삼군을 두 차례나 물리쳤으니 먹을 자격 있다고 남은 복숭아 하나를 집어 들었다. 이에 고야자가 발끈 노하며 외쳤다.

"나는 일찍이 군주를 따라 황하를 건너는데, 큰 거북이가 왼쪽 말고삐를 물고 다리 밑으로 들어가 버렸다. 당시 나는 전혀 헤엄칠 줄 몰랐으나, 잠수해 백보를 거슬러 오른 다음 강물 따라 9리를 내려가 거북이를 찾아 죽이고, 왼손으로 말 꼬리를 잡고 오른 손으로 거북이 머리를 잡아 학처럼 팔짝 뛰어올라 나왔다. 이에 나루터 사람들이 모두 '황하 수신(河伯)이다!'고 깜짝 놀랐다. 내 공은 너희들과 다르니, 둘은 냉큼 복숭아를 내놓아라!"

그리고 칼을 빼들고 일어서니, 공손접과 전개강은 "우리들 용맹과 공로는 그대만 못한데, 복숭아를 집어 양보하지 않으면 탐욕이고, 그러고도 죽지 않으면 용맹이 없는 것이다."고 말하고, 집었던 복숭아를 돌려주고 목을 내밀어 죽었다. 그러자 고야자도 스스로 한탄했다.

"둘이 죽었는데 나 혼자 산다면 어질지 못하고, 말로 남한테 수치를 주면서 허장성세로 자랑한 것은 의롭지 못하며, 자기 행실을 한탄하면서도 죽지 않으면 용기가 없음이다. 둘은 복숭아를 내놓고 절개를 지켰는데, 나만 복숭아를 독차지한단 말인가?"

마침내 그도 복숭아를 내놓고 목을 내밀어 죽었다. 경공은 장사 예

법으로 장사지내 주었다.(晏子春秋, 內篇諫下, 제24)

세 장사가 정말로 군권이나 재상권을 위협할 만큼 포학성이 농후했는지는 알 수 없으나, 적어도 안자춘추에 공식기록이 전할 정도면, 재상인 안자로서는 실제 위험으로 느껴진 포악세력을 정당하게 제거했다고 스스로 믿고 자긍했음 직하다. 허나 모반음모가 구체로 드러나지 않은 상태에서 추상적 위험성만을 이유로 사지에 내몰렸고, 어차피 죽을 것 실력으로 저항해 반란을 꾀할 수도 있으련만, 군주 말에 순종해 의롭게 자결을 택한 기개를 보면, 그렇게까지 불순하거나 위험천만한 불한당은 아니었던 걸로 여겨진다. 게다가 일반 서민백성들은 권력의 교묘한 술책으로 억울하게 희생당한 약자를 동정하고 추모하기 마련이다. 그러한 역사고사가 고향에 7백년이나 전설처럼 내려오며 인구에 얼마나 회자되었겠는가?

총명하고 영특한 제갈량이 어려서부터 귀에 익히 들은 고사는 그 마음에 깊이 아로새겨졌고, 감수성 예민한 십대 소년 시절에 그 사실史實을 '량보음'이란 악부 가락에 맞춰 스스로 작시했거나 적어도 숙지했을 테다. 그러다가 숙부를 따라 남양으로 이주해 정착했고, 195년 무렵 숙부가 서거한 뒤 몸소 땅을 갈며 자신의 불우한 시운을 탄식하며 회포를 달래려고 즐겨 읊조린 걸로 추정된다. 물론 객지에 기거하는 청년 마음에, 고향이 그리운 향수와 더러 일찍 별세한 부모님에 대한 추념까지도 간절히 깃들었을 법하다. 또 동한말 무도한 권력농단과 군벌각축으로 극도로 어수선한 난세에 우국애민의 충정도 갈수록 깊어지고, 관중·악의를 자부하는 자기 포부를 펼칠 현명한 군주를 만나지 못한 불우함도 탄식했을 것이다.

제갈량 사후 5백여년 뒤, 촉蜀 출신의 유명한 시선詩仙 리백李白이 같은 제목 '량보음梁甫吟'으로 45구 291자 장편 악부시를 지었는데, 역시 어지러운 시절과 정치를 꼬집으며 불우한 우국지사의 감회를 한탄하고 스스로 위로하며 답답함을 풀고 있다. "길게 량보음 읊조리니, 어느 때나 봄볕을 보리?"로 시작한 시는, "힘이 남산을 밀쳐낼 세 장사는, 제 나라 재상이 죽이는데 복숭아 둘만 썼다네,"를 거쳐, "량보음, 그 소리 정말 구슬퍼!~"로 매듭짓고 있다.

그런데 제갈량이 나중에 류비의 삼고초려로 출세(出世: 207년)한 뒤 촉에 군사장군과 승상이 되어서, 후술할 바와 같이 본인 의사와 관계없이 지위와 권력 이름으로 서너 명 장사를 죽게 하는 인연이 펼쳐졌다. 인생만사 정말 알 수 없다. 사연은 뒤(넷.)에 대략 소개한다.

동학 교유와 장래 예견

한편, 위략魏略에는 이런 기록이 전한다.

공명이 건안建安 초기 형주荊州에 있을 적에, 영천潁川 석광원石廣元、서원직徐元直과 여남汝南 맹공위孟公威 등과 함께 유학游學을 했다. 세 사람은 모두 익숙하게 정련함에 힘썼으나, 오직 공명만은 홀로 대략 훑어보고 관조할 따름이었다. 매일 새벽과 밤에 여유롭게 평안히 명상하며, 곧잘 무릎을 껴안고 길게 읊조리곤 했다. 한번은 공명이 세 사람한테, "경들 세 사람은 모두 벼슬이 자사·군수까지 이르겠소."라고 말해주었다. 세 사람이 그러면 당신은 어디까지 이르겠는지 묻자, 공명은 단지 빙긋이 웃기만 할 뿐 대답하지 않았다. 나중에 맹공위가 고향이 그리워져 북으로 돌아가려 하자, 공명이 그한테 말했다.

"중국 땅이 넓고 사대부가 많은데, 어찌 꼭 고향에 돌아가서 놀려고 하시오?"

이미 조조 세력권에 든 북쪽 중원지역으로 돌아가 그 휘하에 들어가게 될 것을 염려하여, 짐짓 만류하고 붙잡으려는 의중이 엿보이는 말이다. 제갈량의 선견지명과 장래 원대한 회포가 깔리지 않았을까?

삼국지 주를 단 배송지(裵松之: 372-451)는 위 기록을 이렇게 평한다.

이는 제갈량이 맹공위를 위해 짚어준 말(예언)이라고 봄이 맞지, 자기를 위한 말도 곁들였다고 본다면 그 마음을 제대로 알지 못한 것이다. 로자도 '남을 아는 게 지혜이고, 스스로 아는 게 현명함이다.'고 말했다. 무릇 현명하고 통달한 부류들은, 진실로 반드시 남과 자기를 함께 알기 마련이다. 제갈량이 거울처럼 밝은 식견을 가지고, 어찌 스스로 자기 분수를 살펴볼 수 없겠는가? 무릇 고상하게 읊조리며 때를 기다리는 심정이 말에 드러나며, 마음속에 간직한 의지와 기개는 이미 처음부터 정해져 있었다.

만약 제갈량이 중원에 노닐었다면, 비룡처럼 재능광휘를 맘껏 발휘했을 텐데, 어찌 잡다한 선비들한테 가려 묻힐 수 있었겠는가? 위魏에 직함을 걸고 그 재주와 능력을 펼쳤더라면, 정말로 진장문陳長文이나 사마중달司馬仲達조차도 필적할 수 없었을 텐데, 하물며 그밖에 조무래기들이겠는가?

제갈량은 진실로 공훈업적 성취를 헤아리거나 자기 도덕이 행해지지 못할까 근심·걱정한 게 아니다. 이는 시운일 따름이다. 비록 크나큰 우주에 뜻을 품었지만, 끝내 북쪽으로 향해 빌붙지 않은 것은, 대저 권좌가 이미 옮겨가고 한나라 운명이 기우는 위기를 맞아, 바야흐로 종실 호걸을 적극 돕고 보필해 쇠미한 운을 일으키고 끊어질 보좌를 이어, 한실을 부흥시키고자 자기 임무와 사명을 결정했기 때문이다. 어찌 구구하게 구석진 변방시골을 찾아 이익을 도모했겠는가?

이야말로 사마상여가 말한 그대로다!

'대붕 새가 이미 드높고 넓은 창공에 날개를 펼쳤는데,

그물 든 사냥꾼은 아직도 늪지를 노려보고 있다!'

(鵾鵬已翔於遼廓, 而羅者猶視於藪澤.)

맹공위公威 이름은 건建인데, 위나라에 가서 부귀영달을 누렸다.

삼고초려와 륭중대책隆中對 (207년)

당시 류비는 신야新野에 주둔하고 있었다. 서서徐庶가 찾아가 만나자, 류비는 서서를 훌륭한 인재로 여겨 칭찬했다. 그러자 서서가 류비한테 말했다.

"제갈공명은 초야에 묻혀 누워있는 용(와룡臥龍)입니다. 장군께서 한번 만나보시지 않겠습니까?"

(한편, 상양기襄陽記에는 이렇게 전해진다. 류비가 세상일을 의론하려 사마덕조司馬德操를 방문하자, 덕조가 말했다.

"유생이나 세속 선비가 어찌 천하대사를 알겠소? 큰일은 천하 준걸이나 알지요. 이곳엔 엎드린 룡(伏龍)과 봉황 새끼가 노닐고 있지요."

류비가 누구냐고 묻자, 덕조는 제갈공명과 방사원龐士元을 거명했다.)

류비가 가서 데려 와보라고 말하자, 서서庶가 정중히 대답했다.

"이 사람은 가서 만나봐야지, 와서 허리 굽히라고 할 수 없는 사람입니다. 장군께서 마땅히 몸소 마차를 몰고 왕림枉臨해 찾아보시죠!"

그래서 류비가 드디어 제갈량 오두막집까지 몸소 세 번이나 찾아가서 비로소 만났다. 그 유명한 '삼고초려'다. 류비가 옆에 사람들을 모두 물리치고 조용히 말을 꺼냈다.

"한나라 황실이 기울어져 무너지고, 간신들이 권병을 훔쳐 주상께서 티끌을 뒤집어쓰시고 계신데, 제가 덕망과 능력을 헤아리지 않고 무모하게도 천하에 대의명분을 크게 밝혀보려 합니다. 허나 지혜가 얕고 전술이 짧아, 지금까지 애써 노력한다고 했으나 변변치 않습니다. 그러나 큰 뜻은 아직 접지 않고 있으니, 군께서 보시기에 장차 어떤 계책을 내어 쓰면 좋겠습니까?"

이에 제갈량이 대답하였다.

"동탁董卓이 권력을 농락한 이래로 호걸들이 우후죽순처럼 다투어 일어나, 여러 주와 군을 장악한 자만 해도 이루 헤아릴 수 없이 많습니다. 조조는 원소袁紹에 비하면, 대의명분도 미약하고 따르는 군중도 훨씬 적습니다. 그런데도 조조가 원소를 이기고 약체가 강자로 급부상할 수 있었던 것은, 하늘이 내린 시절인연(天時)이 아니라, 오히려 인간이 꾀로 도모한 연출(人謀)입니다.

"지금 조조는 이미 백만 대군을 거느리고 천자를 위협해 제후들을 호령하니, 진실로 지금 당장 이 자와 예봉을 다툴 수는 없습니다. 또 손권은 3대째 강동江東에 근거하여, 국토는 험난한 요새요 인민은 화합해 잘 따르며, 어질고 유능한 인재들을 많이 등용하고 있습니다. 그러니 이 자는 서로 의지해 도움을 주고받을 수 있을지언정, 지금 당장 어떻게 도모할 수는 없습니다.

"이러한 상황에서 형주荊州는 북으로 한漢과 면沔을 의지한 채 남해까지 이익을 다 누릴 수 있는데다가, 동으로는 오吳와 맞닿고 서로는 파촉巴蜀과 통했으니, 이곳은 무술병법을 쓰기에 적당한 나라입니다. 헌데, 그 군주가 제대로 지키지 못하여 우왕좌왕 흔들리고 있으니, 이는 아마도 하늘이 장군께 밑천(근거지)으로 하사하신 듯하니, 장군 뜻은 어떠하십니까?

"익주益州는 험난한 요새로서 비옥한 들판이 천리에 펼쳐졌으니, 정말 천혜의 곡창지대로서, 한 고조께서도 이곳을 바탕으로 황제의 창업을 이루었습니다. 허나 지금 류장劉璋은 어리석고 나약한데 북으로 장로張魯가 버티고 있으며, 인민은 매우 많고 나라는 부유한데 제대로 보살피고 어루만질 줄 몰라서, 지혜롭고 유능한 인사들이 현명한 군주를 애타게 기다리고 있습니다. 장군께서는 한 황실의 후예인데다가, 신망과 대의가 천하에 두루 알려져 있으며, 게다가 영웅들을 두루 둘러보고 어루만져 포용하면서 현인을 이토록 애타게 찾고 계시니, 만약 형주와 익주를 아우르고 험난한 요새를 보루로 근거한 다음, 서쪽으로 여러 융戎족들과 화해하고 남으로 만월蠻越을 어루만지며, 밖으로는 손권과 우호관계를 맺고 안으로는 정치를 잘 행하신다면, 앞으로 희망이 있을 것입니다.

"만약 어느 순간 천하에 변화가 꿈틀대거든, 뛰어난 장수한테 형주의 군대를 이끌고 완宛과 락洛으로 진군하도록 명하고, 장군께서는 몸소 익주의 군중을 거느리고 진천秦川에 출정하신다면, 백성들이 어느 누가 감히 도시락과 물병을 챙겨 가지고 장군을 환영하러 나오지 않겠습니까? 진실로 이와 같이만 된다면, 천하 패권의 위업을 달성할 수 있고, 한 황실도 다시 부흥할 수 있습니다."

이렇듯 허심탄회하게 펼친 흉금회포가 바로 그 유명한 '륭중대책隆中對'이다. 헌제 건안 12년(207)으로, 제갈량 나이 27세였다. 자기를 알아주고 세 번씩이나 몸소 허리 굽혀 찾아온 정성에 감동하지 않을 사람이 어디 있겠는가? 류비가 그 자리서 좋다고 쾌히 승낙하여, 그 자리서 제갈량과 의기투합했다. 그 뒤로 둘은 인정 및 우호관계가 나날이 친밀해졌다. 이 모습을 본 관우와 장비 등이 몹시 언짢아하자, 류비는 그들을 달래며 감정을 풀어주었다.

"내가 공명을 만난 것은 물고기가 물을 만난 격이다. 원컨대, 제군諸君은 다시 말을 꺼내지 마시오."

이에 관우와 장비는 불평을 그만두었다.

한편, 위략魏略에는 이렇게 전하고 있다.

류비가 번성樊城에 주둔할 적에, 조조가 막 하북을 평정했다. 제갈량 보기에, 조조가 그 다음 진격할 차례는 형주가 될 텐데, 당시 형주를 지키던 류표劉表는 천성이 아주 느긋하고 군사를 잘 몰라 앉아서 먹힐 게 뻔하였다. 제갈량은 이러한 상황 전반을 너무도 훤히 잘 알아서, 스스로 북으로 발길을 재촉해 류비를 찾아갔다. 류비는 제갈량과 낯익은 사이도 전혀 아니고, 또한 제갈량이 나이도 손아래로 한참 젊은 까닭에, 그저 평범한 여느 서생이나 마찬가지로 여기고 대했다. 모임이 다 끝나고 좌중 빈객들이 모두 흩어져 돌아간 뒤에도, 제갈량 혼자 남아 기다렸다. 류비는 할 말이 있냐고 묻지도 않았다. 류비는 본디 먼지털이개(이毦)나 삭모槊毛 꼬는 걸 좋아했다. 때마침 어떤 사람이 소꼬리털을 갖다 주어, 류비는 그걸 손으로 꼬느라 여념이 없었다. 이에 보다 못한 제갈량이 앞으로 나아가 불쑥 말 한 마디 던졌다.

"현명한 장군이라면 마땅히 원대한 뜻을 품어야 할 텐데, 고작 먼지털이개나 꼬고 앉았소?!"

이에 류비가 비로소 제갈량이 비범한 위인인 줄 알아채고, 손으로 꼬고 있던 먼지털이개를 땅바닥에 내던지며 대답했다.

"이 무슨 말씀이시오? 나는 그저 잠시 천하 근심을 잊고자 한 것일 따름이오!"

그러자 제갈량이 영웅본색을 드러내며 드디어 말을 꺼내었다.

"장군 생각에 류진남(劉鎭南: 류표)이 조조를 대적할 만하다고 여기십니까?"

류비가 아니라고 답하자, 제갈량은 또 물었다.

"그러면 장군 자신은 스스로 어떻다고 생각하십니까?"

류비가 자기도 미치지 못한다고 대답하자, 제갈량이 다시 말했다.

"지금 모두 조조만 못한데, 게다가 장군이 거느리는 군중은 고작 수천 명에 불과하니, 이걸로 적군을 대적한다는 게 말이나 되는 계책이오?"

류비가 자기도 바로 그 점을 근심한다면서 어떻게 해야 좋겠냐고 되묻자, 제갈량이 말했다.

"지금 형주에는 인구가 적은 게 아니라, 호적에 등록한 자가 적을 뿐입니다. 평안히 살고 있는데 갑자기 군대를 발동해 징병을 한다면, 인심이 그리 기뻐하지 않을 것입니다. 그러니 먼저 류진남에게 말하여, 나라 안에 떠돌이 인구들을 모두 스스로 사실대로 신고하도록 명하여 호적에 등록하도록 분부한다면, 군중이 아주 많아질 것입니다."

류비가 그 계책을 따라 군중이 많아지고 군대도 강성해졌다. 이로부터 류비는 제갈량의 영명한 지략을 알아보고 최상의 빈객으로 예우하였다고 한다. 구주춘주九州春秋에 실린 말도 이와 비슷하다.

허나 배송지裵松之는, 제갈량이 출사표에서 스스로 명확히 밝힌 것처럼, 류비가 천하에 뜻을 두고 스스로 몸을 굽혀, 초야에 묻혀있던 비천한 제갈량을 삼고초려한 것이 역사 사실에 부합한다고 평한다. 어쨌든 기록상 중대한 차이에도 불구하고, 처음 만나 주고받은 대화 내용을 통해 제갈량의 출중한 지략을 엿볼 수 있는 중요한 자료로서 가치가 크므로, 주注에서도 나란히 소개하였으리라.

여기서 누가 먼저 누구를 찾아갔는지 형식 문제는 제쳐놓고, 구체로 토론한 실질 내용은 충분히 가능한 이야기다. 당시 형주에 인구가 적은 게 아니라 호적에 등록한 자가 적을 뿐이니, 군대 징병을 위해 먼저 떠돌이 인구들의 자진 신고와 호적 등록을 유도하자는 법치행정이 중요한 핵심이다. 류비가 그 계책으로 군병력을 많이 확보했다고 하니, 촉과에도 호구등록이 당연히 포함되었을 것이다. 진秦이 결혼한 아들 분가를 강제했고, 수호지睡虎地 진간秦簡에 보면 부역회피 유랑 및 호구은닉·누락에 대한 엄벌과 이혼등기 규정이 존재했다. 위魏 호률戶律도 함께 있으니, 촉도 조세 및 부역의 중요한 기본정책인 호구등록제를 법으로 엄격히 시행했을 것이다.

첫 번째 조언 대책과 반면 귀감

제갈량이 류비를 처음 만난 207년, 조조가 북으로 오환烏丸 정벌에 나선 빈틈을 타서, 류비는 류표表한테 조조 본거지인 허許를 급습하자고 유세했다. 허나 류표가 듣지 않았다. 조조는 오환을 평정한 뒤 내친 김에 남정 길에 오른 뒤, 공자 20세손 공융孔融을 대역죄로 처형하고 처자식까지 몰살했다. 그 무렵 류표가 병으로 죽고 작은 아들 종琮이 대를 이었는데, 조조가 온다는 말을 듣고 지레 겁먹고 형주를 조조한테 바치겠다고 항복을 자청했다. 류비는 이때 번樊에 주둔했는데, 조조가 급작스레 오는 줄 모르다가, 완宛에 이르러서야 비로소 듣고, 부랴부랴 군중을 이끌고 떠났다. 상양襄陽을 지날 적에, 제갈량은 류비한테 지금 종琮을 공격하면 형주를 차지할 수 있다고 권했다. 류비는 "내 차마 그럴 수 없다."고 답했다.

공연孔衍의 한위춘추漢魏春秋에 따르면, 류종은 조조한테 투항을 자청하며 감히 류비한테 알리지 못했다. 류비가 새카맣게 모르다가, 나중에 알아차려 종한테 사람을 보내 물었다. 그때사 종이 측근 송충宋忠을 보내 뜻을 알리자, 류비는 비로소 대경실색했다. 조조가 이미 핍진해 온 때였기 때문이다. 이에 류비는 송충을 보고 진노해 꾸짖었다.

"경들은 어찌 이따위로 일을 하시오. 일찌감치 말하지 않고 화가 눈앞에 닥쳐서 알리다니, 너무 갑작스러워 다급하지 않소? 지금 경 목을 쳐도 분이 풀리지 않겠지만, 대장부가 작별하며 경들을 죽이는 게 부끄럽소!"

이에 송충을 돌려보내고 부하들을 모아 상의했다. 더러 류종과 형주 관리들을 볼모로 끌고 강릉으로 가자고 권하자, 류비가 대답했다.

"류형주(表)가 임종에 나한테 어린 고아를 잘 돌봐 달라고 유언으로 부탁했는데, 신의를 배반하고 스스로 챙기는 짓은 내 하지 않는다. 죽어서 무슨 면목으로 류형주를 본단 말인가?!"

이에 류비는 류표 묘에 가서 작별을 고한 뒤 울면서 떠났다. 류비가 말을 멈추고 류종을 부르자, 종은 두려워 떨며 일어나지도 못했다. 종의 좌우 측근과 형주인민 대부분이 류비의 후덕에 감동해 대부분 류비를 따라 피난길에 올랐다. 당양當陽 가까이 이르자, 십여만 군중과 수천 대 짐수레가 장사진 행렬을 이루어, 하루 고작 10여리밖에 못 나갔다. 미리 따로 관우를 파견해 강 건널 배 수백척을 마련해 강릉에서 만나자고 분부했다. 그러자 누군가 다급히 류비한테 재촉했다.

"어서 빨리 강릉에 가서 안전을 확보해야 하는데, 지금 이렇게 엄청난 대중을 거느려 무장병력도 적으니, 만약 조조 병력이 당도하면 어떻게 막으시렵니까?"

그러자 류비가 답변했다.

"무릇 큰일을 이루려면 반드시 사람이 근본인데, 지금 사람들이 나한테 따라오는데, 내 어찌 차마 이들을 내버리고 홀로 떠난단 말인가?"

과연 습착치(習鑿齒: ?-384)도 감동하여 높게 평가한다.

"선주는 비록 자빠지고 엎어지는 위급한 험난에도 신의가 더더욱 분명했고, 형세가 급박하고 사태가 위태로워도 도덕을 잃은 말이 없었다. 류표가 돌보아준 은덕을 추모하여, 그 인정이 삼군을 감동시켰다. 비록 패주하는 몸이지만, 그를 사모한 의사들이 몰려 기꺼이 함께 고락을 감수했다. 물정을 잘 살펴 인심을 얻는 일이, 어찌 그저 단지 막걸리 잔이나 따라주고 외로움을 어루만져주며 힘겹게 문병하는 따위로만 되겠는가? 그가 기반을 잡아 끝내 삼국정립의 대업을 이룬 것도 또한 마땅하지 아니한가?"

이때 제갈량이 선견지명으로 건의한 책략대로 제때 형주를 차지했더라면, 그 후 역사전개가 어떻게 바뀌어 흘러갔을지 모를 일이다. 허지만 분명한 사실은, 류비가 은인의 임종 유언당부를 저버리지 않고, 어린 고아를 최대한 보살피고 배려하면서, 털끝만큼도 사리사욕을 취하지 않고 결연한 신의를 보인 덕망이, 나중에 류비한테 크나큰 선익으로 보답한 점이다.

당초 류비가 예주목이 되어 려포를 공격하다가, 부장 고순順한테 패해 처자식이 생포되었는데, 조조 도움으로 려포가 사로잡히면서 처자식을 되찾았다. 나중에 조조한테 쫓겨 황급히 처자식을 버리고 강릉으로 달아났는데, 조자룡이 죽음을 무릅쓰고 안전히 구출했다. 헌데, 위략魏略에 따르면, 이때 류선은 몇 살 어린애였는데, 혼자 달아나 숨어 한중에 들어갔다가, 사람한테 팔리는 몸이 되었다. 3년 뒤(211) 관중이 혼란해져 류괄劉括이 한중에 피난 왔다가 류선을 사들여 양자로 삼고, 아내까지 얻어주어 아들 하나를 낳았다. 나중에 간簡씨가 익주에서 류비의 장군이 되어 류선을 되찾아 다시 해후했다고 전한다.

전문轉聞 기록이 서로 다르지만, 어쨌든 전란 통에 잃었던 아들을 두 번씩이나 무사히 되찾은 까닭은, 바로 류비가 부탁받은 남의 고아를 잘 보살핀 현덕玄德에 대한 인과응보가 아닐까? 게다가 더욱 중요한 사실은, 그때 배은망덕하지 않고 신의를 지킨 류비의 언행을 바짝 곁에서 보고 감득한 제갈량이, 나중에 류비가 임종에 부탁한 고아를 끝까지 충정과 신의를 다해 받들어 보필한 점이다. 그때 그 류비 언행과 모습을 똑똑히 지켜보았는데, 어떻게 차마 다른 뜻을 품을 수 있으리오? 물론 제갈량 자신이 본래 충직하고 신의를 지닌 위인이겠지만!

한편, 류표劉表의 맏아들 기琦도 일찍부터 제갈량의 그릇과 식견을 깊이 알아보고 존경했다. 자고로 수많은 영웅호걸이 늘그막에 얻은 젊은 후처나 첩에 혹해 적장자나 태자를 폐위해 내쫓은 사례처럼, 당시 류표도 후처 말에 미혹해 그 소생 종琮을 사랑하고 맏아들 기琦는 달가워하지 않았다. 기琦는 제갈량을 만날 적마다 스스로 신변안전을 꾀하려고 묘책을 여쭈었다. 공명은 그때마다 말문을 가로막고 대꾸도 해주지 않았다. 그래서 한번은 류기가 제갈량을 데리고 후원에 들어가 함께 거닐다가 높은 누각에 올라갔다. 연회를 베풀어 술을 마시고 노는 사이에, 아래 사람을 시켜 사다리를 걷어치워 버리게 했다. 그리고서 대뜸 제갈량한테 큰소리로 말했다.

"이제 당신도 위로는 하늘에 오를 수 없을 테고, 아래로는 땅을 밟을 수 없을 테요. 이제 당신 귀한 목숨과 입은 내 손아귀에 들어왔소. 그래도 말해주지 않을 테요?"

이에 제갈량이 차분히 대답했다.

"군께선 춘추시대 진晉에서, 신생申生은 나라 안에 머물러서 위태로웠고, 중이重耳는 나라밖으로 망명해 안전했던 사실을 모르시오?"

이에 류기는 번득 정신을 차려 말뜻을 알아차리고 깨달은 바가 있어서, 은밀히 망명할 계책을 세울 수 있었다. 그렇게 틈만 엿보다가, 황조黃祖 죽음을 계기로 탈출해, 드디어 강하江夏 태수가 되었다. 얼마 지나지 않아 류표가 죽자, 후계자 작은 아들 종琮은 조조가 정벌하러 내려온다는 소식을 듣고는, 사절을 보내 항복을 자청했다.

한편, 조조는 강릉에 막강한 군대와 식량을 류비가 먼저 점거할까 두려워, 짐마차를 덜어내고 날랜 기마군으로 급히 추격했다. 상양襄陽에 이르러 더욱 다급해진 조조는, 정예기병 5천을 뽑아 하루 밤낮에 3백여리를 달려 당양의 장판에서 따라잡았다. 류비는 다급한 나머지 처자를 버리고, 제갈량、장비、조운 등 수십기로 달아났다.

이때 제갈량은 서서徐庶와 함께 뒤따라가는데, 조조한테 추격을 당해, 서서 어머니가 조조 군대한테 붙잡혔다. 서서는 당황해 안절부절 못하며, 류비한테 손가락으로 자기 심장을 가리키며 하직을 고했다.

"본디 장군을 따라 함께 왕업패권을 도모하고자 하였으나, 이놈의 사방 한 치(方寸) 자리 때문에 말입니다. 이제 늙은 어미를 잃어버리고 나니, 이 방촌(마음)이 매우 심란합니다. 큰일에 별 도움이 안 되는지라, 여기서 그만 작별하고자 청합니다."

그리고는 마침내 조조한테 가고 말았다.

위략魏略에 따르면, 서서徐庶는 처음 이름이 복福인데, 본디 단출한 집안 아들로, 젊어서 협객을 자임하며 칼질을 좋아했다. 후한 령제 중평(中平: 184-8년) 말엽에 일찍이 남을 위해 대신 복수를 해주었는데, 얼굴에 흰 석회로 발라 감추고 머리를 풀어헤친 채 달아나다가 관리한테 붙잡혔다. 성명을 물어도 입을 꽉 다물고 말하지 않자, 관리가 마차 위에 기둥을 세우고 거기에 묶어 펼친 다음, 북을 치며 시가지를 순시하며 수소문했다. 그래도 감히 안다고 나서는 사람이 없는데, 그 패거리들이 알아보고 함께 달려들어 결박을 풀고 빼앗아 달아났다. 이렇게 가까스로 살아난 기연에 감격하여, 마침내 창칼을 모두 내버리고 두건과 옷도 갈아입고서 학문에 절절히 매달렸다. 처음에 학당(精舍)에 나아가자, 여러 서생들이 그가 이전에 도적질했다는 소문을 듣고, 그 곁에 함께 머물거나 상대해주지도 않았다. 말하자면 왕따를 당한 셈이다. 이에 서복은 몸을 낮추고 아침 일찍 일어나 항상 홀로 청소를 도맡아하며, 동정 간에 늘 먼저 뜻을 살펴 행하되, 부지런히 경전강의를 듣고 배워 의리義理가 정밀히 무르익어갔다. 드디어 같은 군郡에 석도石韜와 서로 친밀해졌다. 헌제 초평(初平: 190-3년) 중에 중주中州에 병란이 일자, 석도와 함께 남으로 형주에 와서 기거하였는데, 여기서 제갈량을 만나 서로 특별히 좋은 사이가 되었다. 형주가 조조한테 넘어가자, 제갈공명은 류비를 따라가고, 서복은 석도와 함께 북으로 갔다. 황초黃初 중에 석도는 군수와 전농교위典農校尉를 지냈고, 서복은 우중랑장右中郎將과 어사중승御史中丞에 이르렀다. 대화大和 중에 제갈량이 롱우隴右에 출정하여, 원직(元直: 서서)과 광원(廣元: 석도)의 벼슬관직 소식을 듣고서 탄식했다.

"위나라에 선비가 그렇게 많은가? 어찌 저 두 사람이 등용되지 못한단 말인가?"

서서는 몇 년 뒤 병으로 죽었는데, 그 비석이 팽성彭城에 세워져 당시까지도 아직 존재했었다고 전한다.

쇠뿔도 단김에 빼라? 욕속즉부달欲速則不達!

그해 7월 조조는 몸소 대군을 이끌고 형주를 습격했다. 때마침 류표가 사망하고, 그 뒤를 물려받은 작은아들이 싸우지도 않고 항복하자, 신바람이 난 조조는 류비를 바짝 추격해 장판長坂에서 격파했다. 류비는 처자식도 버리고, 제갈량·장비·조운(자룡) 등 수십 기마만 뒤따른 채 황급히 도주했다. 이때 장비가 창을 치켜들고 성난 두 눈을 부릅뜬 채, 장판교에 우뚝 버텨 서서 조조 대군을 가로막고 일갈했다.

"이 몸이 장익덕이다. 와서 덤벼라, 함께 죽자!"

이에 조조가 감히 접근하지 못해, 가까스로 죽음을 모면하고 하구夏口에 이르렀고, 조조는 강릉을 점거했다.

이때 조조 군대는 20만으로 불어났는데, 형주를 격파한 여세를 몰아 강을 따라 동쪽으로 내려가 오를 정벌하려고 했다. 조조는 성급한 욕심에서 내친 김에 끝장내고 싶었다. 그래서 서신을 손권한테 보내, 이미 80만 수군을 훈련해 결전을 벌이겠다고 위협했다. 내부 민심혼란으로 항복하길 기대한 속셈이다.

허나 모사謀士 가후賈詡는 우선 새 점령지를 공고히 안정시킨 다음 오나라를 압박해 투항하도록 건의했다. 가후賈詡가 만류한 간언 내용은 이렇다.

"현명한 공께서 전에 원씨를 격파하고 지금 한남을 접수해, 위엄과 명성이 멀리 떨치고 군세도 막대합니다. 만약 옛 초나라 풍요를 밑천으로 관리병사를 먹이고, 백성을 평안히 어루만져 즐거이 생업에 종사케 한다면, 군사대중을 피곤하게 부리지 않고도 강동이 고개 숙여 복종할 것입니다."

조조가 이 말을 듣지 않고, 군대 출정을 강행해 전혀 이로움이 없었던 결과는, 역사가 증명하는 바다. 헌데, 배송지는 가후의 전략책모는 당시 상황에 부합하지 않다고 비평한다.

"당시 한수와 마초가 관우(關右: 關西)에 버티고 노리는지라, 그냥 평안히 앉아서 위세로 오를 회유할 수 없음이 명백하다. 또 형주는 손권과 류비가 반드시 다툴 땅인데, 형주 인민은 류비의 웅장한 자태에 기울어, 손권의 무용은 꺼리던 상황에서, 시간이 오래 되면 조조 부장들이 대항·방어할 수 없다. 나중에 과연 조인曹仁이 강릉을 지키면서 패전을 거듭해 곤욕을 치렀으니, 어찌 평안히 어루만져 복종하길 기다릴 수 있겠는가? 조조가 막 강릉과 한남을 평정한 여세와 권위로 양주와 월을 위협하며, 류표한테 수전 도구를 공급받고 형주와 초에서 노저을 사공 손들을 동원할 수 있는 상황이었다. 그러니 실로 천하를 동탕해 확실히 평정할 절호의 기회였다. 그때 오를 취하지 않으면, 장차 또 언제를 기다릴 것인가?

"적벽 패전은 어쩔 수 없는 운수다. 정말로 질병이 크게 번져 군대 예봉이 꺾였고, 게다가 때 아닌 동남풍까지 불어 화공의 불길을 더욱 크게 가세했다. 이는 진실로 하늘이 한 것(천명)이고, 결코 사람이 어쩔 수 없는 일이었다. 그러니 조조가 동으로 내려간 공격은 실책이 아니고, 가후의 계책이 부당했다.

"나중에 7년 뒤 조조가 장로를 평정했을 적에도 상황은 비슷했다. 촉은 아직 안정되지 않아 어수선해 하루에 수십 건씩 경악할 사단이 터져, 류비가 곧장 처참해도 통제할 수 없는 지경이었다. 그때 류엽이 건의한 계책을 기용하지 않아 촉을 석권할 기회를 놓쳐, 칼로 돌을 치고 한탄해도 후회막급이었다.

"적벽대전 당시 상황이 바로 이러한 종류의 상황이었다. 세상에서 모두 7년 뒤 류엽 계책이 옳았다고 말한다면, 바로 적벽대전 직전에 가후의 간언은 틀렸다는 말이 된다."

궁즉변, 변즉통! - 임기변통 외교 전략

한편, 류비가 하구夏口에 이르자, 제갈량은 사태가 매우 급박하다면서, 자신이 류비 명을 받들어 손권한테 사절로 가서 구원군을 요청하겠다고 자청했다. 한편, 그해 봄 손권은 황조黃祖를 재차 정벌해 그 목을 베고 남녀 수만명을 포로로 잡아 승리에 환호했는데, 조조가 대군을 거느려 내려온다는 소식에 예의주시했다. 손권은 시상柴桑에서 군대를 거느리고 조조의 정벌이 어떻게 돌아가는지, 성패득실만 관망하고 있었다. 이때 류표 사후에 펼쳐지는 사태 변화추이에 대해, 로숙이 손권한테 간곡히 진언했다.

"우리와 인접한 형주는, 산세가 험난해 견고한 금성 요새를 갖추고, 기름진 벌판이 만리나 되어 부유한 천혜의 땅입니다. 만약 이를 점거하면 제왕의 밑천이 됩니다. 지금 막 류표가 죽었는데, 두 아들이 평소 화목하지 못하고, 군대 여러 장수들도 제 각각입니다. 게다가 류비는 천하의 빼어난 영웅인데, 조조와 틈이 벌어져 류표한테 기탁해 있었으나, 류표가 그 유능함을 혐오해 등용할 수 없었습니다. 만약 류비가 두 아들과 합심협력해 상하가 조화를 이루고 있다면, 그들을 평안히 위로하고 우호동맹을 맺으면 됩니다. 만약 그들이 서로 어긋나 불화한다면, 따로 방안을 강구해 대사를 도모하면 됩니다. 이에 로숙은 명을 받들어 류표 두 아들을 조문하고 그 군중에 위로를 전하고자 청합니다. 아울러 류비를 설득해 류표 군중을 잘 무마해, 일심합의로 함께 조조를 치자고 권하면, 류비는 반드시 기뻐 명에 복종할 것입니다. 만약 이번 일이 잘 조화를 이룬다면, 천하는 평정할 수 있습니다. 지금 속히 가지 않으면, 조조가 먼저 차지할까 두렵습니다."

그래서 손권이 즉시 로숙을 형주에 가도록 허락했다. 형주목 류표 사망에 로숙을 조문사절로 파견해, 류표 두 아들을 위로할 겸, 대세변화의 기미를 관찰하도록 했다. 로숙은 곧장 출발해 하구에 이르러, 조조가 이미 형주로 향한다는 소식을 듣고, 새벽부터 밤까지 두 배 속도로 길을 재촉했다. 그가 남군에 당도할 무렵, 조조는 이미 형주 경내에 진입했고, 류표 아들 종琮은 그냥 투항해버렸다.

이때 조조한테 쫓긴 류비는 황급히 남쪽으로 달아나 강을 건너려 하던 참이었다. 이에 로숙이 류비를 맞이하려 지름길로 달려가, 당양 장판에 이르러 류비와 만났다. 손권의 뜻을 전하며 나름대로 성패득실을 따져 펼쳤다. 강동이 강하고 견고하니, 류비가 손권과 합심·협력하라고 권한 것이다. 류비도 몹시 기뻐했다. 아마도 사지에서 구세주를 만난 격이었을까?

당시 제갈량이 류비 곁에 있었다. 로숙이 제갈량한테 말했다.

"나는 자유(子瑜: 제갈량 친형님 제갈근諸葛瑾의 자字)의 벗입니다."

이런 자기소개로 인해, 둘은 친밀감을 느껴 함께 교유하기로 했다.

류비는 하구夏口에 들어가 머물며, 제갈량을 사절로 손권한테 파견했다. 때마침 제갈량도 급박한 곤궁을 벗어나 변통을 꾀하고자, 스스로 손권을 찾아가 유세하겠다고 자청한지라, 류비는 기꺼이 호응해 수락하고, 소식을 기다리기로 했다. 이렇게 해서 제갈량은 류비 명을 받들어, 로숙을 따라 손권을 찾아가 한바탕 유세로 담판을 시도했다.

"천하가 바야흐로 큰 혼란에 빠졌는데, 장군께서 병력을 일으켜 강동江東을 점거하시고, 류비는 예주豫州를 본거지로 한남漢南 대중을 모아, 조조와 더불어 천하 패권을 다투고 있습니다. 헌데, 지금 조조는 큰 어려움과 골칫거리를 모두 제거해 대략 중원을 평정하고, 그 여세를 몰아 형주를 격파해 그 위엄이 천하에 크게 진동하고 있습니다. 어느 영웅호걸이라도 무용을 자랑해 겨뤄볼 수도 없는 급박한 형국입니다. 그래서 류비께서 예주를 떠나 도망해 여기까지 이르렀으니, 장군께서 능력껏 선처해 주시기 바랍니다. 만약 능히 오월吳越 지역 군중으로 중원의 조조와 힘을 겨뤄 나란히 균형을 이룰 수 있다고 여기신다면, 일찌감치 저희 청을 물리치고 과감히 단절해도 무방할 것입니다. 허나 만약 조조를 감당할 수 없다면, 어찌 병력과 갑옷을 묶어 바치고 신하로서 섬기지 않으십니까? 지금 장군께서는 겉으로는 복종한다는 허울 좋은 명분을 내세우며, 속으로는 머뭇머뭇 요행만 노리는 잔꾀만 품고 계십니다. 사태가 매우 급박한데 당장 결단하지 않으신다면, 화가 곧장 밀어닥칠 것입니다!"

손권이 점잖게 느긋이 말했다.

"진실로 군 말씀과 같다면, 류예주劉豫州께서는 어찌하여 일찌감치 조조를 섬기지 않으십니까?"

제갈량이 말했다.

"전횡田橫이란 자는 제齊 나라 힘센 장사에 지나지 않는데도, 오히려 정의를 지켜 모욕당하는 걸 용납지 않았습니다. 하물며 류예주께서는 황실의 후예로서, 영명한 재주로 명망이 천하를 뒤덮고, 수많은 선비인재들이 우러러 사모하여, 마치 강물이 바다로 흘러들어가듯 합니다. 그럼에도 불구하고 만약 일이 잘 되지 못한다면, 이는 하늘 뜻으로 운명일 것입니다. 그렇다고 어찌 머리를 숙여 그 아래로 들어가는 모욕을 자처할 수 있겠습니까?"

그러자 손권이 발끈 역정을 내듯 기세를 올리며 큰소리쳤다.

"나는 결코 오월 전 지역 십만 군중을 남한테 모조리 갖다 바치며 남의 지배나 통제를 받지는 않겠소! 내 뜻은 이미 결정했소! 류예주(류비)가 아니면 조조를 감당할 자가 없는데, 류예주께서 이제 막 패배한 판인데, 어떻게 이 난국을 감당해 항전하실 수 있겠소?"

그러자 제갈량이 기다렸다는 듯 말했다.

"류예주 군대가 비록 장판長阪에서 패배했지만, 지금 살아 돌아온 전사와 관우가 거느린 수군水軍 정예갑병을 합치면 1만 명은 되고, 류기劉琦가 강하江夏에서 거느리는 전사도 또한 1만 명은 넉넉히 됩니다. 조조 군중은 멀리서 원정 오느라 몹시 피로한데, 게다가 듣자니 우리 류예주를 서둘러 급히 추격하느라 경쾌한 기마로 하루 밤낮에 3백여 리를 강행군했다고 합니다. 이야말로 속담에 말하듯, '제아무리 강한 쇠뇌라도 맨 끝에 이르면, 세력이 다해 로나라 허름한 비단 조각도 뚫을 수 없다.(彊弩之末, 勢不能穿魯縞.)'는 격입니다. 그래서 병법에서도 대금기로 여기는데, '반드시 상장군도 넘어뜨린다.(必蹶上將軍)'고 합니다.

(이 말은, 그런 군대에서 상장군만 넘어뜨리면 다 와해된다는 뜻인지, 제아무리 신출귀몰한 상장군이라도 틀림없이 거꾸러져 대패한다는 뜻인지, 아니면 그렇게 무모하고 무리한 강행군을 한 상장군은 해임·파면한다는 뜻인지, 정확한 문맥이 불분명하다. 여기서는 두 번째 의미가 강해 보인다. 다만, 이러한 여러 측면 의미가 함께 어우러져 모두 함축된 중의重義적 표현으로 보아야 온전한 병법 격언이 되어 더욱 빛날 듯하다.)

"그리고 북방 사람들은 수전水戰에는 익숙하지 않은 데다, 또 조조가 거느리고 온 형주 인민들은 급박한 병력 위세에 협박을 당해 살기 위해 어쩔 수 없이 따라온 자들로서, 결코 마음으로 복종(心服)하는 게 아닙니다. 지금 장군께서 진실로 성심껏 휘하 용맹한 장수들한테 명을 내려, 수만 병력을 거느리고 류예주와 한마음으로 힘을 합쳐 상호 긴밀히 협조해 합동작전을 펼친다면, 반드시 조조 군대를 격파할 것입니다. 이렇게 조조 군대가 격파 당한다면, 반드시 북쪽으로 돌아갈 것이고, 그러면 형주荊와 오吳의 위세가 강성해져, 천하 판세가 솥발(鼎足)처럼 삼각구도로 형성될 것입니다. 성패의 낌새는 바로 오늘에 달려 있습니다."

손권이 이 말을 듣고 크게 기뻐하여, 곧장 주유周瑜、정보程普、로숙魯肅 등을 시켜, 수군 3만을 거느리고 제갈량을 따라 류비한테 나아

가서, 서로 힘을 합쳐 조조 군대를 막도록 명했다. 이때가 헌제 건안 13년(208), 제갈량 나이는 28세고, 손권은 27세였다.

손권, 조조를 영접할까? 항거할까?

당시 조조는 새로 류표 군중까지 얻어 형세가 몹시 성대했다. 그해 9월 조조가 형주에 진입해 류종이 투항하자, 조조는 그 수군 및 전함, 보병 등 수십만을 보태, 오나라 장수병사들이 모두 공포에 떨었다. 손권이 신하들을 불러 계책을 묻자, 휘하 거의 모두가 바람만 보고 두려움에 벌벌 떨며, 조조를 영접하라고 권했다. 오직 주유와 로숙만 항거해야 한다고 고집해 손권과 의중이 같았다. 영접론은 이러했다.

"조조는 호랑이인데, 한 승상 명분을 가탁해, 천자를 끼고 사방을 정벌하며, 걸핏하면 조정을 구실로 내세우니, 지금 거부하면 사태가 더욱 불순해집니다. 또 장군이 조조를 항거할 대세는 장강인데, 이제 조조가 형주를 얻었으니, 류표가 훈련시킨 수군과 전함 수천 척까지 차지해 장강에 띄우고, 보병과 함께 수륙 양동작전으로 내려올 것입니다. 이는 장강의 험난한 이점을 이미 우리와 함께 공유한 것인데, 게다가 세력이 중과부적이니 말할 필요도 없습니다. 그러니 영접하는 것이 최상의 방책이자, 사직을 위한 대계입니다."

허나, 그때 유독 로숙만 아무 말 없이 잠자코 있었다. 손권이 자리에서 일어나 옷을 갈아입으려고 나서자, 로숙이 처마 아래까지 좇아갔다. 손권이 그 뜻을 알아채고 로숙 손을 잡으며, "경은 무슨 말을 하려 하오?"라고 묻자, 로숙이 대답했다.

"아까 대중 의론을 듣고 있자니, 오로지 장군을 그르치려는 것 같아서, 함께 대사를 도모할 수 없다고 판단해 침묵했습니다. 지금 저(로숙) 같으면 조조를 영접해도 됩니다. 허나, 장군 같으면 안 됩니다. 왜냐하면, 로숙은 조조를 영접해도, 어차피 조조가 당연히 로숙을 향당에 회부하여 적당한 명예와 지위를 줄 것이기 때문이죠. 그 아래 종사해도 마차를 타고 관리와 졸개를 거느리며, 사림과 교유하고 관직도 예전 주군州郡을 잃을 염려가 전혀 없습니다. 하지만 장군이 조조를 영접하면, 장차 어디로 귀착하겠습니까? 원컨대, 일찌감치 대계를 결정하시고, 대중 의론을 따르지 마십시오."

손권은 탄식하며 말했다.

"이 대중들 의론을 듣자니, 제 뜻에 몹시도 어긋나 실망했는데, 지금 경이 확연히 천하대계를 열어 보이니, 바로 제 뜻과 같소. 이는 하늘이 경을 나한테 내려주신 것이오."

이때 주유는 부름을 받들어 파양鄱陽에 사절로 갔었는데, 로숙이 얼른 사람을 보내 주유를 귀환하도록 불러오라고 권했다. 그래서 주유한테 큰일을 맡기고, 로숙은 찬군교위로 전략방안 구상을 돕도록 했다. 정확한 상황 맥락은 어느 편이 맞은지 알 수 없으나, 오서 주유전에도 주유가 적극 반대한 내용이 전한다.

"그렇지 않습니다. 조조가 비록 한 승상 명의를 가탁했지만, 기실 한漢에 도적입니다. 장군은 신령스런 무용과 영웅적 재능으로, 부형의 열렬한 공훈에 힘입어 지방 수천리에 이르는 강동을 할거했으니, 정예로운 병력과 충분한 재화로 영웅적 사업을 벌여 천하를 휩쓸며, 한실에 더러운 도적을 제거해야 마땅합니다. 하물며 조조가 스스로 죽으러 왔는데, 그를 영접한단 말입니까? 청컨대, 장군을 위해 주판을 굴려보겠습니다. 지금 가사 북방이 평안해 안으로 근심이 없다고 해도, 조조가 오래 동안 조정을 비우고 땅을 쟁탈하려고, 우리와 수군으로 승부를 다툴 수 있겠습니까? 하물며, 지금 북방이 평안치 못하고 마초와 한수가 관서關西를 차지해 후환거리인데, 말과 안장을 버리고 배와 노를 잡고 오월과 쟁패한다는 것은, 중원의 우세한 특장이 아닙니다. 또 바야흐로 한겨울이라 말 먹일 풀도 없고, 중원 병사대중을 멀리 끌고 와 강호를 건너느라 수토에 익숙하지 않으니, 반드시 질병이 날 것입니다. 이 몇 가지는 용병법에서 금기하는 환난인데, 조조가 모두 무릅쓰고 감행하고 있습니다. 장군께서 조조를 사로잡을 기회는 바로 오늘입니다. 주유는 청하건대, 정예병 3만을 거느려 하구로 나가고자 합니다. 장군을 위해 조조를 격파할 것을 보증합니다."

이에 손권이 말했다.

"늙은 도적이 한실을 폐하고 스스로 황제가 되려고 맘먹은 지 오래다. 다만 두 원씨와 려포·류표와 나만 꺼렸는데, 이제 다른 영웅들은 이미 사라지고, 오직 나 혼자만 존재하니, 나와 늙은 도적은 공존할 수 없는 대세다. 군이 마땅히 쳐야 한다고 말하니, 내 뜻과 몹시 부합한다. 이는 하늘이 군을 나한테 보내준 것이다."

다만, 오서 주유 전과 로숙 전의 내용을 보면, 당시 두 사람이 한자리에 동석한 것인지, 아니면 따로 따로 의견을 개진한 것인지, 선후 관계가 불분명하고 자칫 모순처럼 느껴지기도 한다. 허나 배송지 비평처럼, 로숙이 먼저 항전을 권유하고, 나중에 주유를 불러온 다음 의견을 물으니 주유도 같은 의견이었다고 봄이, 상호 모순 없이 조화를 이룰 수 있는 온당한 해석일 듯하다.

적벽赤壁대전, 대첩인가 대패인가?

안에서는 로숙과 주유가 조조에 적극 항전을 주창하고, 밖에서는 제갈량이 와서 자존심을 건드리며 사기를 진작시키자, 손권은 몹시 고무되어 드디어 일전을 벌이기로 결정했다. 이렇게 해서 10월에 그 유명한 적벽대전이 펼쳐지게 되었다.

촉서 선주전에 따르면, 류비가 제갈량을 손권한테 파견해 동맹서약을 맺고, 손권이 주유와 정보 등 수군 수만명을 파견해 류비와 힘을 합쳐 조조와 적벽에서 한판 접전을 벌였다. 그 결과 조조 대군을 대파하고 그 배들을 불 태웠다. 류비는 오군과 함께 수륙으로 함께 진공하여 남군까지 추격했다. 때마침 역병까지 나돌아, 북군은 수없이 죽고, 조조는 패잔병을 이끌고 돌아갔다.

오서吳書 공식 기록에는, 주유와 정보가 좌우 독군督軍으로, 각각 만여 명씩 거느려 류비한테 가서 합류했다고 전한다. 이때 함께 작전에 참가한 오 장수로는, 화공에 결정적 공헌을 한 황개黃蓋 이외에도, 주태周泰와 려범呂范이 나온다.

적벽에서 대패한 조조는, 나머지 배를 불태우고 퇴각했다. 사졸들은 기아와 역병으로 태반이 죽었다. 류비와 주유 등이 다시 남군까지 추격하니, 조조는 드디어 북으로 귀환하며, 조인과 서황을 강릉에 남겨두고, 악진에게 상양을 지키게 했다.

당시 화공 상황을 상세히 전하는 역사기록이 있다. 적벽 접전 이전부터, 조조 군중엔 이미 질병이 퍼졌다. 첫 교전에서 조조 군대가 패해 후퇴해 강북에 머물렀다. 주유 등은 남쪽 강안에 있었는데, 주유 부장 황개가 꾀를 냈다.

"지금 적군은 많고 우리는 적어 중과부적이니, 지구전을 펼치기 어렵습니다. 헌데, 조조 군대 함선을 보아하니, 고물과 이물이 서로 이어져, 화공으로 불태우면 패주시킬 수 있겠습니다."

이에 전투함선 수십 척을 꺼내 땔감과 마른 풀을 가득 싣고, 물고기 기름을 잔뜩 끼얹은 다음 휘장으로 둘러싸 가리고, 그 위에 흰 깃발을 세웠다. 그리고 미리 먼저 은밀한 서신을 조조한테 보내 거짓으로 투항의사를 밝혔다. 또 도주할 예비 나룻배를 큰 함선 뒤에 매달아 선박을 차례로 이끌어 전진했다. 조조 군사들은 모두 목을 늘여 관망하며, 황개를 가리켜 투항한다고 수군거렸다. 황개가 횃불을 높이 치켜들자, 여러 배에 타고 있던 장교와 병사들이 다함께 '투항!'이라고 크게 외치면서, 갑자기 배를 앞으로 풀어 밀치며 동시에 점화시켰다. 그때 배는 북군에서 2리가량 떨어져 있었다. 때마침 강풍이 몹시 맹렬히 불어 불꽃과 불똥이 바람에 날려 퍼지자, 북군 함선과 강둑 위 병영까지 불길이 번졌다. 순식간에 화염과 연기가 하늘에 치솟아 가득 채우고, 사람이건 말이건 불타 죽고 물에 빠져 죽은 자가 몹시 많았다.

삼국지 적벽대전 관련 기사를 살펴보면, 적벽대전을 일으킨 핵심 주동자 조조 기록(위서 무제기, 건안13년 12월 조)은 아주 짤막하다.

"조공이 적벽에 이르러 류비와 전투를 벌였는데 불리했다. 이때 큰 전염병(大疫)이 돌아 장병이 많이 죽어 군대를 이끌고 귀환했다. 그래서 류비가 드디어 형주와 강남 여러 군을 차지했다."

매우 간단한 언급이다. 전세가 왜 불리했는지도 밝히지 않고, 더구나 주된 패인이 막대한 전염병 창궐 탓으로 책임전가 논조가 다분하다. 조위의 정통을 계승했다고 자부하는 사마씨 진대에 기록된 삼국지에서, 당연히 정통 주체인 조위의 치욕과 수치를 적나라하게 여실히 드러낼 자신도 용기도 없었을 것이다. 관방 어용 역사편찬의 한계이기도 하다.

다만 주에 실린 산양공재기山陽公載記에는 구체 경위가 비교적 자세히 전해진다.

조공 함선이 류비 화공에 불타서, 군대를 이끌고 화용도로 걸어서 귀환하는데, 진흙뻘창을 만나 길을 통행할 수 없었고, 날씨마저 대풍이 강하게 불었다. 이에 지치고 축 쳐진 병졸들한테 풀섶을 등에 져 날라 진흙수렁을 메우도록 해서, 조조를 비롯한 기병은 가까스로 통과했다. 지치고 힘없이 쓰러진 병졸은, 사람과 말에 낭자하게 짓밟혀 진흙수렁에 빠진 채, 헤어나지 못하고 죽은 자가 몹시도 많았다. 말하자면, 풀 반 사람 반으로 진흙수렁을 메꾸어, 아스팔트가 아닌 '초인草人팔트'를 낸 셈이다. 화공에서 가까스로 살아남은 패잔병도, 마지막 생환에 또 한 번 약육강식의 생존투쟁을 통과해야 했다.

군대가 가까스로 길을 통과해 빠져나오자, 조조는 크게 기뻐하며 안도했다. 여러 부장이 뭐가 그리 기쁜지 묻자, 조조는 이렇게 말했다.

"류비는 그래도 우리 편이다. 그래서 조금 늦게 계책을 펼친 것이다. 저번에 만약 조금만 일찍 불을 질렀다면, 우리 군대는 씨도 남지 않았을 것이다."

조조의 긍정적 낙천적 해학 골계와 기지가 엿보이는 대목이다. 어쩌면 바로 이런 기질과 성품이, 조조가 정치군사적 성공을 거둔 가장 중대한 요인이었을지도 모른다. 현대 중국에 등소평처럼 백절불굴의 오뚝이 인생이랄까?

한편, 오지吳志에는 류비가 먼저 조조를 격파하고 난 뒤에, 손권이 합비合肥를 공격했다고 적었다. 위지에서는 먼저 손권의 공격이 있은 다음, 나중에 적벽전쟁이 있었다고 기록했다. 손성孫盛의 이동평異同評에 따르면, 양자가 같지 않으나, 오지 기록이 옳다고 본다.

한편, 조조가 대패해 달아나자, 로숙이 먼저 즉시 귀환했다. 손권이 여러 장수들을 모두 초청해 크게 로숙을 환영했다. 로숙이 전각에 들어와 절하자, 손권이 일어나 답례하며 물었다.

"자경은 내가 말에서 내려 안장을 들고 환영했으니, 경은 충분히 현달한 셈이죠?"

로숙이 빠른 걸음으로 다가오며 아니라고 대답하자, 대중이 듣고 모두 경악하며 자리에 앉았다. 이에 로숙이 천천히 채찍을 들어 올리며 말했다.

"원컨대, 지존께서 위덕이 사해에 미쳐 구주를 총괄하고 황제대업을 완성한 다음, 편안한 마차와 부드러운 바퀴로 로숙을 초빙해주신다면, 그때 비로소 현달하겠습니다."

이 말을 듣고 손권은 크게 기뻐하며 박장대소했다.

나중에 류비가 서울에 와서 손권을 만나 형주도독을 요청했을 적에도, 오직 로숙만이 손권한테 기꺼이 빌려주어 함께 조조에 대항하라고 권했다. 조조는 손권이 토지를 류비한테 내주었다는 소식을 듣자, 때마침 글을 쓰느라 손에 들고 있던 붓을 자기도 모르게 땅바닥에 떨어뜨렸다.

이러저러한 각별한 인연으로, 건안 22년(217) 로숙이 46세 나이로 별세하자, 손권이 크게 애통해 그 장례식에 참석했으며, 제갈량도 애통해 조의를 표했다.

적벽 대전 원인 분석 1 : 로자 도덕 병법

제갈량이 정확히 진단하고 대책을 강구한 것처럼, 조조는 승전을 거듭해 우쭐하니 교만해져 적을 얕보고 가볍게 덤볐다. 게다가 얼른 이겨 끝내려는 조급함, 후방이 텅 빈 약점 및 다급한 원정 피로, 수전 미숙 등이 어우러져, 패전은 이미 결정된 것이나 다름없었다.

왜냐하면, 병법 중에 최고라 할 수 있는 로자老子 도덕경에 병력과 전쟁에 관한 금언金言을 보면 저절로 명약관화하다.

"사람이 태어날 적에 부드럽고 약한데, 죽을 땐 딱딱하고 강하게 굳어진다. 만물이나 초목도 막 생겨날 적엔 부드럽고 연약한데, 죽거나 시들 적엔 빳빳이 말라비틀어진다. 그래서 굳세고 강한 것은 죽음의 무리고, 부드럽고 연약한 것은 삶의 무리다. 그런 까닭에 병력이 강하면 이기지 못하고(兵强則不勝), 나무가 강하면 병기가 된다. 강대한 것은 아래 처하고, 부드럽고 연약한 것은 위에 처한다." (76장)

"무릇 훌륭한 병력은 상서롭지 못한 흉기라서, 만물이 싫어한다. 그래서 도덕 있는 자는 자처하지 않는다. 군자는 평소 거처함에 왼쪽을 귀히 여기는데, 병력을 쓸 때는 오른쪽을 귀히 숭상한다. 병력이란 상서롭지 못한 흉기라서, 어쩔 수 없는 경우에 한하여 마지못해 쓴다. 하지만 염담이 최상이며, 전쟁에서 승리해도 좋아라고 찬미하지 않는다. 전승을 찬미하면, 이는 사람 죽이기를 좋아하는 것이다. 사람 죽이기를 좋아하는 자는, 천하에 뜻을 얻을 수 없다. 길한 일은 왼쪽을 숭상하고, 흉한 일은 오른쪽을 숭상하여, 편장군은 왼쪽에 거하고 상장군은 오른쪽에 거한다. 이는 전승해 개선하는 장수와 군대를 상례로 맞이하기 때문인데, 사람을 많이 죽여 비애로 울며 맞이하는 것이다. 전승과 개선은 상례로 맞이한다." (31장)

"훌륭한 병사는 무용을 자랑하지 않고, 전쟁을 잘하는 자는 노하지 않으며, 적을 잘 이기는 자는 아예 더불어 싸우지도 않고, 사람을 잘 쓰는 자는 하심하여 그 아래로 낮춘다. 이걸 다투지 않는 덕(不爭之德)이라 부른다. 이것이 사람들 힘을 쓰는 것이며, 이것이 하늘과 옛 성현의 지극한 덕에 배합하는 것이다." (68장)

"병법 용병술에 이런 말이 있다. 나는 감히 주인(주동)이 되지 않고 빈객(수동, 피동)이 되며, 감히 한 치를 진격하지 않고 한 자를 후퇴한다. 전쟁에 적을 가벼이 얕보는 것보다 더 큰 화근은 없다. 적을 업신여기면 내 보배를 잃는다. 대등한 병력이 서로 맞붙으면, 슬퍼하는 자가 승리한다.(禍莫大於輕敵, 輕敵幾喪吾寶, 故抗兵相加, 哀者勝矣.)" (69장)

그러니 조조 수십만 대군이 화공에 궤멸하여 겨우 몸만 빠져 달아나는 신세가 된 것도, 도덕경 병법원리에 비추어 지극히 당연한 귀결이자 인과응보가 아니겠는가?

적벽 대전 원인 분석 2

한편, 조조의 적벽 패전 및 천하통일 실패에, 섬세하지만 결정적인 원인으로 손꼽히는 실마리가 촉서 류장劉璋 전에 보인다. 익주목 류장은 본디 조조한테 매우 호감을 가졌다. 조조가 형주를 정벌해 한중을 평정했다는 소식을 듣고, 스스로 하내河內 음부陰溥를 조조한테 치하 경례로 바쳤다. 조조가 류장은 진위장군, 형 모瑁는 평구장군에 각각 배수하자, 류장은 다시 장숙張肅을 보내 촉병 3백인과 잡다한 선물을 조조한테 바쳤다. 이에 조조는 사절 장숙을 광한태수에 임명했다.

류장이 다시 별가 장송張松을 조조한테 보냈다. 조조는 이때 이미 형주를 평정하고 류비를 추격하던 중이라, 스스로 떠벌리고 자랑만 할 뿐 장송한테는 관직을 주지도 않았다. 이에 장송은 원망을 품었다. 때마침 조조 군대가 적벽에서 전세가 불리하고 게다가 역병으로 사망자가 많았다. 장송은 돌아와 류장한테, 조조가 별 거 아니니 교유를 단절하라고 권하며, 폄훼하고 비난했다. 이어서 다시 설득했다.

"류예주(備)는 군주의 폐부와 같으니, 서로 교통할 만합니다."

류장은 그 말을 모두 옳다고 여기고, 법정法正을 류비한테 파견해 우호관계를 맺었다, 조금 뒤 다시 법정과 맹달을 보내 류비한테 병력 수천을 주어 수비방어를 돕게 했다. 법정이 돌아온 뒤 장송은 다시 류장을 설득했다.

"지금 주 안에 방희龐羲、리이李異 등 여러 장수들은 모두 공로를 믿고 교만하게 호사를 떨며 다른 뜻을 품고 있습니다. 만약 류예주를 얻지 못하면, 밖에서 적이 침공하고 안에서 인민이 공격해, 틀림없이 낭패할 길 뿐입니다."

이에 류장은 또 그 말을 듣고, 법정을 파견해 류비를 초청했다. 류장의 주부 황권이 그 이해득실을 자세히 늘어놓고, 종사인 왕루는 스스로 자신을 성문에 거꾸로 매달아 간곡히 간언했다. 그러나 류장은 하나도 받아들이지 않고, 류비가 머무는 곳 관원한테 잘 받들어 공양하라고 엄명했다. 류비는 마치 귀향하듯 경내에 진입했다. 류비는 강주 북쪽에 이르러, 성도에서 360리 떨어진 부涪에 머무니, 이때가 건안 16년(211)이다. 류장은 보병과 기병 3만여명을 거느리고, 마차와 휘장을 동원해 해처럼 빛나는 정신 광명으로 친히 나와 류비를 만났다. 류비가 거느린 장주병사들은 서로 편안하게 기뻐하며 백여일을 먹고 마셨다. 류장은 류비한테 쌀 20만곡, 기마 천필, 마차 천대, 비단·목면 등 수많은 물자를 공급하며, 장로를 토벌하라고 분부한 뒤 서로 헤어졌다.

이에 습착치는 조조의 교만이 부른 화근을 이렇게 따끔히 비평했다.

"옛날 제환공이 한번 공치사를 하자 아홉 나라가 배반했는데, 조조는 잠시 스스로 자랑해 교만을 부려 천하가 셋으로 나뉘었다. 이는 모두 수십년간 부지런히 쌓은 공적을, 고개 한번 굽혔다가 치켜세우는 사이에 내버린 꼴이니, 어찌 애석하지 않으랴?

"그래서 군자는 공로에도 겸손하고, 해가 기우는 걸 보고 끝장을 염려해 사람들한테 하심한다. 공적이 높아도 겸양으로 거하고, 권세가 존귀해도 자기를 낮추어 지킨다. 그 심정이 사물에 가까이 부합하므로, 비록 존귀해도 남들이 그 귀중함을 싫어하지 않는다. 그 덕망이 군중에 흡족하므로, 공로업적이 광대해도 천하가 더욱 흔연히 경축한다. 그래서 부귀를 누릴 수 있고, 공훈업적을 보전하며, 당시에 현저히 융성하고 백대 후세까지 복덕을 전할 수 있다. 그러니 어찌 무슨 교만스런 자긍심이 있겠는가? 이러한 이치로 군자는 조조가 끝내 천하를 겸병할 수 없을 줄 알았다."

한편, 이와 비슷하지만 더욱 심각한 도덕적·정신적 패인을 조조가 자행한 사실이 주목된다. 물론 범죄와 형벌의 상당인과관계를 따지는 법률가나, 정치·사회·경제적 현상을 분석하는 역사가나 사회과학자들은, 선뜻 이 원인을 고려하거나 상상하지도 않을 테니, 필자의 이 독특한 식견에 동의하기 어려울 줄 안다. 허나 우주만물이 연기로 이어져있고, 천하만사가 인과법칙으로 얽혀 있음을 인정하는 존재라면, 흔쾌히 공감하고 인식할 자연계 기본원리다.

조조가 스스로 승상이 되어 류표를 공격한 직후, 형주로 진격하기 직전에, 바로 공융(孔融: 153-208)을 죽이고 처자식까지 몰살한 사건이다. 공융은 공자 20세손으로 건안7자로 명망 높은 강직한 문사文士였다. 평소 조조 행실을 여러 차례 비판적 풍자언론으로 희롱했다. 모욕감과 수치심에 조조는 평소 언행을 트집 잡아, 그를 대역부도 죄로 주륙했다. 괘씸죄 치고는 너무도 잔인하고 혹독한 문자옥文字獄 필화다.

당초 공융 딸은 7세, 아들은 9세라 어려서 살아남을 줄 알았다. 두 오누이는 장기를 두다가, 아버지가 체포되는 순간에도 꿈쩍도 안했다. 주위에서 깜짝 놀라 어쩐 까닭인지 묻자, 오누이는 이렇게 답했다.

"새 둥지가 부서지는데, 어찌 알이 깨지지 않겠습니까?"

옆에서 준 고기즙을 아들이 목말라 받아 마시자, 누이가 말했다.

"오늘 닥친 큰 재앙에 얼마나 오래 산다고, 고기즙이 무슨 맛이야?"

오빠가 큰소리로 울부짖으며 마시길 멈추었다. 이 말을 전해들은 조조는, 너무도 영특하고 총명한 자녀에 두려움을 느끼고 소름이 끼쳤는지, 두 자녀도 모두 죽였다. 포졸이 잡으러 오자, 누이가 오빠한테 담담히 말했다.

"만약 죽어서도 지각(영혼)이 있다면, 돌아가신 부모님을 뵈올 수 있을 테니, 죽음이 어찌 지극한 소원 아니겠소?"

이내 목을 늘여 처형당하면서도, 낯빛이 조금도 변치 않았다. 이 모습을 지켜본 사람들은 모두 경탄하며 처연히 상심해 애도했다.

한편, 공융과 평소 사이가 좋았던 지습脂習은 융한테 너무 강직하다고 충고를 했었다. 공융이 처형되고 나자, 어느 누구도 감히 시신을 수습할 엄두도 못 냈다. 지습 혼자 시신을 어루만지며, "문거(文擧: 융)가 나를 버리고 죽었으니, 나는 어떻게 산단 말인가?"라고 통곡했다. 이 소식을 들은 조조는 대노해 지습을 잡아 죽이려 했다. 지습은 나중에 사면으로 풀려났다.

그 전에 조조는 자신을 치료해주던 명의 화타(華陀: 약141-203 또는 208)도 죽였다. 이유는 단순했다. 하도 지루하고 진절머리 났을 법한 화타가, 고향집과 처자식이 보고 싶어 귀향했다. 다시 오라는 부름에 아내 질병을 핑계로 부응하지 않자, 조조는 사람을 보내 확인하고 기만죄로 화타를 죽였다.

분서갱유를 자행한 진시황 같은 천하 포군暴君도 농경·의술·점복占卜은 책도 전문가도 전혀 건드리지 않았다! 동서고금에 그 어느 살벌한 도륙 전장에서도, 의료인은 우군·적군을 가리지 않고 절대 보호함이 만고불변 원칙이다. 순욱(荀彧: 163-212)도 죽이지 말라고 적극 만류했으나 허사였다. 게다가 212년 조조는 손권을 치러 수춘에 이르러, 순욱한테 빈 밥그릇을 보내 자살하게 만들었다. 조조가 구석九錫을 받아 국공國公에 오를 때, 순욱이 반대한 때문이었다. 또 몇 년 뒤엔 양진楊震의 현손 양수楊修도 조식曹植과 절친하다는 이유로 죽였다.

속담에 "한 아낙이 원한을 품으면, 오뉴월에 서리가 날린다.(一婦含怨, 六月飛霜.)"고 한다. 하물며 무고한 원혼들이 노려보면 오죽하랴?

어쨌든, 조조는 완패하고 남은 패잔병을 이끌고 업鄴으로 귀환했다. 삼국정립의 판도도 바로 적벽대전에서 이루어졌으니, 제갈량의 지모智謀와 외교 전략으로 류비는 기사회생에 발판을 겨우 마련하게 되었다. 그해 겨울 12월에 류비는 드디어 강남江南을 수복하고, 제갈량을 군사중랑장軍師中郎將으로 임명하고, 령릉零陵、계양桂陽、장사長沙 세 군을 감독하여 조세부역을 잘 다스려 군비를 충실하게 축적해갔다. 이때 공명은 림증臨烝에 머물렀다고 한다.

한편, 동진東晋 유명한 역사가 원형(袁宏: 328–376)은 이렇게 전한다.

장자포張子布가 제갈량을 손권한테 추천했으나, 제갈량은 머물려 하지 않았다. 사람들이 그 까닭을 묻자, 제갈량은 이렇게 말했다.

"손장군은 군주가 될 만하오. 그러나 도량을 보아하니, 나를 현명하게 여겨 대우는 할 텐데, 나를 완전히 믿고 쓸 만한 그릇은 못 되오. 그래서 내가 머물지 않았소."

이 기록에 대해 배송지는 몹시 강한 회의적 비평을 덧붙인다.

"원효니袁孝尼가 문장을 지어 인물을 평론하면서, 제갈량 인품을 몹시 존중한 것은 훌륭하다. 허나 바로 여기서 한 말은, 실수라 해도 너무 현격히 잘못했다. 제갈량이 군신 간에 서로 만나 처신한 걸 보라. 정말 세상에 보기 드물게 한때를 풍미할 존귀한 인격으로, 시종 한결같은 일편단심으로 관철했다. 어느 누가 그 사이에 끼어들어 이간질할 수 있단 말인가? 주역에도 '두 사람이 같은 마음이면 그 날카로움이 쇠도 끊는다(二人同心, 其利斷金.)'고 전한다. 하물며 사내대장부가 어찌 중도에 교우를 어기고서, 문득 군주를 달리 선택할 마음을 품을 수 있단 말인가? 설사 손권이 제갈량을 완전히 믿고 쓸 만한 도량이 된다고 하자. 그렇다고 어찌 제갈량이 손바닥 뒤집듯 몸을 돌려, 류비를 버리고 손권한테 가야한단 말인가? 제갈량 행실이 어찌 그러하겠는가? 관우가 조조한테 사로잡혀 몹시 후대 받은 것은, 그 능력을 다 발휘하도록 등용하겠다는 뜻이리라! 그런데도 관우조차 오히려 도의상 근본 신의를 배반하지 못했다. 하물며 그 누가 일찍이 공명孔明이 운장雲長만도 못하다고 말했던고?!"

후술하듯, 제갈량 형제는 각자 충직한 일편단심이 확고부동했다.

적벽부赤壁賦와 적벽가赤壁歌

적벽대전은 꾀 많은 조조한테 한평생 최악의 실패이자 최대 수치로 여겨졌을 것이다. 그만큼 2천년 역사에 시인묵객의 필설에 널리 회자한 소재도 드물 것이다. 가장 유명한 것으로 당송 8대문장가인 소동파蘇東坡의 적벽부赤壁賦와 전라도 판소리 여섯 마당 중 하나인 적벽가赤壁歌를 손꼽을 수 있겠다. 소식(蘇軾: 1036-1101)의 적벽부는 전주고 2년 때, 도연명의 귀거래사歸去來辭 및 제갈공명의 출사표와 함께 전문을 배워 통째로 암송한 경험이 있어, 더욱 감명 깊게 뇌리에 기억하며 마음에 새겨졌다. 소식이 객과 함께 달밤에 적벽에 배를 띄우고 밤새 술 마시며 시가를 읊은 정회를 읊은 문장이나, 그 내용은 몹시도 웅장하여 우주를 포괄하는 대장부 회포가 담겨 아주 큰 울림을 주었다.

귀거래사가 개인의 목가적 낭만적 은거를 그린 산수화 같은 전원시라면, 적벽부는 비록 보름달빛 쏟아지는 강에 뜬 배 위에서 술과 시문을 즐기는 향락에서 비롯하지만, 음악소리를 통해 인간의 감성과 정서를 울리면서, 거시와 미시를 아우르고 변화와 불변을 넘나들며, 인생이 결국 강물에 비친 달그림자처럼 한바탕 꿈이지만, 끝내 하늘에 뜬 달 본체로 되돌아갈 궁극본질성도 내재한다는, 우주론적 호방한 대장부 기개를 읊어 마음을 확 틔워주고 안목을 활짝 열어주는 법문이었다. 과연, 나중에 알고 보니, 소동파는 전생에 유명한 도덕 높은 수행승 오조五祖산 사계師戒 선사였다. 반면, 출사표는 두 명문과는 사뭇 다르게, 구체적 인간 현실세계, 특히 국가사회에 대한 기본 인륜도덕을 담고 있어 자칫 당위적 규범의 속박에 답답할 수 있으련만, 오로지 제갈량의 일편단심 충정으로 말미암아 차원 높은 공감과 전율을 느낄 수 있는 인간미가 독특했다.

한편, 적벽대전 이야기가 우리나라에 전해 와서는, 전라도 호남지방의 특수한 지역적 정한情恨과 어우러져 자생발전한 판소리 음악에 중요한 소재가 되어 '적벽가'를 탄생시켰다. 아마도 중학교 때 작은방에 세 들어온 젊은 부부 전축을 통해 처음 들은 '적벽가' 판소리는, 전체 줄거리나 정확한 서설은 제대로 기억나지 않지만, 유난히 감명 깊게 새겨진 부분은, 갑작스런 동남풍에 편승한 화공으로 불길에 휩싸여 타죽고 물에 빠져 죽는 수많은 조조 군사들의 마지막 임종 애원사를 낱낱이 묘사해 소개하는 대목이었다.

당사자들한테는 너무도 참담하고 처절하며 끔찍스런 비극이련만, 오랜 세월이 흐르면서 역사에 빛바래 담백해지고 문학으로 승화하면서, 소리꾼의 재담까지 곁들여 해학과 풍자 조로 읊어지니, 고통스런 비탄의 울음 대신 한바탕 통쾌한 웃음까지 자아냄이, 참말 이해하거나 설명하기 어려운 인간적 역설이 아닌가 싶다. 대학 때는 판소릴 좋아해 남산 국립극장 소극장 실험무대에서 매달 정기로 열리는 판소리 한마당을 자주 찾아가 명창 소리꾼 바로 앞에서 생목소리를 감상하곤 했는데, 적벽가는 다른 판소리에 비해 좀 덜 연창되어 일부러 찾아서가 아니면 좀체 만나 듣기는 쉽지 않은 편이었다.

'적벽'에 관한 또 하나 독특한 인연이 있다. 대학 3학년 때 오로지 중국문학을 부전공하며 중문학과에 가서 살았다. 이듬해(1982년)가 바로 임술년이었는데, 무슨 풍류와 감흥이 일었던지, 중국문학과 학우이자 한국고등교육재단 한학연수장학생 동기인 이석형 동학과 함께, 소동파가 적벽부를 읊었던 임술년 음력 7월 열엿새에 맞춰, 전남 화순 적벽에 일부러 찾아가 밤새 술도 마시며 중국문학과 인생을 이야기한 추억이 떠오른다. (화순 적벽은 그 뒤 얼마 지나지 않아 주암댐 저수지에 수몰되었다.) 부끄럽게도 별 문학재능이 없어서 시문을 지어 남기지는 못했다. 천재 시인 소동파가 47세에 적벽부를 읊은 1082년에서 15갑자 9백년이 지난 1982년에, 24세 풋내기 필부가 고인의 호방한 기개와 인품을 사모해 흉내내본 것이다.

적벽부赤壁賦에 정작 적벽대전에 대한 묘사는 그리 길지 않지만, 참고로 옛 추억을 되살려 전문을 옮겨 소개해본다.

"임술년(1082) 가을 음력 7월 열엿새, 소자蘇子는 객과 함께 배를 띄워 적벽 아래서 노니는데, 맑은 바람 서서히 불어오니 물결은 일지 않더라. 술잔 들어 객과 주거니 받거니 권하며, '명월明月'의 시구를 읊고 '요조窈窕'의 장구를 노래하네. 조금 뒤 달이 동산 위에 떠올라 북두와 견우 사이를 배회하는데, 흰 이슬은 강을 가로지르고 물빛은 하늘에 맞닿았더라. 갈대 잎 같은 배 자연에 맡겨 만경창파 아득히 살랑거리니, 마치 드넓은 허공에 기대 바람 맞이하듯 그칠 줄 모르고, 표표히 세상 버리고 홀로 우뚝 서니 깃털이 나서 하늘에 오르는 신선 같네.

이에 술에 거나히 취해 몹시 즐거워 뱃전을 두드리며 노래하니, 노랫말인즉, '계수나무 노와 목란 삿대로 텅 빈 광명을 가르며 달빛 비친 물을 거슬러가네. 아득하고 아득한 내 회포여, 하늘 한 구석에 미인을 바라보네.' 마침 어느 객이 퉁소를 불어 방금 노래에 화답하거늘, 그 소리가 어찌나 구슬픈지, 마치 원망하듯 연모하듯, 울먹이듯 하소연하듯, 여음이 마치 실처럼 끊이지 않고 길게 이어지는지라, 깊은 골짜기에 잠긴 교룡을 춤추게 하고, 외로운 배에 탄 과부를 울먹이게 하더라.

소자 하도 애처로워 옷깃을 여미고 단정히 앉아, 객한테 '어찌 그러하신가?'라고 물으니, 객이 가로되, '달이 밝아 별 드문데, 까막까치 남으로 난다는 구절은 조맹덕의 시가 아니오? 서西로 하구夏口를 바라보고 동東으로 무창武昌을 바라보며, 산천이 서로 얽혀 초목이 울창할

새, 이는 맹덕이 주랑(周郎: 주유)한테 곤욕을 치른 곳 아니오? 막 형주를 격파하고 강릉으로 내려와 강물 따라 동진할 때, 배 고물과 이물은 천리에 이어지고, 크고 작은 깃발은 하늘을 덮게 나부꼈지. 강물에 기대 술을 거르고 긴 창을 가로질러 시를 지어 읊조리니, 정말로 당대 영웅이었건만, 지금은 어디에 있는가? 하물며 나와 그대는 강가에서 물고기 잡고 땔감 마련하며, 물고기 새우와 짝하고 사슴 고라니와 벗하는 놈들이야?! 일엽편주에 올라 타 술잔을 높이 들어 서로 주거니 받거니 권하지만, 천지에 비하면 하루살이에 지나지 않고, 창해에 견주면 좁쌀 한 톨도 안 되지. 우리 인생 잠깐임이 애처롭고, 장강이 무궁히 흐름 부럽다네. 허공 나는 신선과 벗하여 소요유하고, 밝은 달을 껴안아 불로장생하고 싶지만, 이 모두 갑자기 얻을 수 없는 줄 아는지라, 구슬픈 바람에 음향을 실어 감정을 기탁함일세.'

소자가 말했다. '객도 또한 물과 달을 잘 알지 않소? 물은 이처럼 흘러가지만 일찍이 가버린 적이 없고, 달은 저처럼 차고 기울지만 끝내 사라져 없어지지 않소. 무릇 그 변하는 관점에서 보면, 천지도 일찍이 한 순간도 그대로일 수 없지만, 그 불변하는 관점에서 보면, 만물이나 나나 모두 다함이 없거늘, 또 무얼 부러워한단 말이오? 또 천지간에 모든 물건은 각각 주인이 있어서, 진실로 내 소유가 아니라면, 비록 터럭 하나도 취해선 안 되지만, 오직 강 위에 부는 맑은 바람과 산간에 떠오른 밝은 달은, 귀로 들으면 아름다운 소리가 되고, 눈으로 보면 아름다운 빛깔이 되며, 아무리 취해도 금함이 없고, 아무리 써도 다하지 않으니, 이는 조물자의 무진장 보고寶庫라, 나와 그대가 함께 즐기고 있다네.'

객이 비로소 기뻐 웃으며 잔을 씻어 다시 술을 따르더니, 안주와 과일은 바닥나고 술잔과 쟁반은 낭자하게 흩어지더라. 배 안에서 서로 포개 누워 쉬다가, 어느새 동방이 밝아오는 줄도 몰랐더라."

파촉에 기반을 마련하다

적벽대전 이듬해(209) 정월 류기가 죽자, 손권은 류비한테 형주荊州목牧을 접수하게 하고, 재주가 민첩하고 강직·용맹한 누이를 류비한테 처로 주었다. 류비가 급히 도주하느라 처자식을 버렸으니, 이 기회에 혼인으로 우호 및 견제 관계를 확실히 하고자 정략결혼을 시킨 것이다. 이듬해 손권은 아예 형주를 빌려주어, 류비한테 천운이 깃들 절호기회가 또 찾아왔다. 류비가 손권을 찾아가 형주도독을 요청했는데, 이때도 오직 로숙만이 손권한테 기꺼이 빌려주어 함께 조조에 대항하라고 권했다. 조조는 손권이 토지를 류비한테 내주었다는 소식을 듣자, 때마침 글을 쓰느라 손에 들고 있던 붓을 자기도 모르게 땅바닥에 떨어뜨렸다.

건안建安 16년(211) 12월, 익주목益州牧 류장劉璋이 법정法正을 보내 류비를 맞이해 장로張魯를 격파하게 했다. 이듬해(212) 12월엔 류비가 류장 부장들을 참하고 부涪성에 자리 잡았다. 213년 5월 류장이 내보낸 장수들이 패하여 투항하자, 류비는 락성雒城을 포위했다. 이때 제갈량은 관우와 함께 형주에 주둔하며 지켰다. 건안 19년(214) 여름 류비는 드디어 락성雒城을 함락했다. 이때 포위공격하다 방통龐統이 날아오는 화살에 적중해 36세 나이로 죽었다. 류비는 몹시 애통해 말만 나오면 눈물을 흘리고, 통의 아버지를 간의대부로 승진시켰다. 제갈량도 통 아버지한테 몸소 절을 할 정도였다.

상양기襄陽記에 따르면, 일찍이 제갈공명은 와룡, 방통은 봉황병아리(鳳雛), 사마덕조(司馬德操)는 물거울(水鏡)이라고, 방덕공龐德公이 칭찬했다. 방덕공은 공명이 매번 그 댁에 방문하면, 혼자 침상 아래서 깍듯이 절을 올릴 정도로 인품이 높았다. 제갈공명의 작은 누이는 덕공 아들 산민의 아내다. 당초 류비가 형주를 접수해, 방통을 현령으로 내보냈는데, 잘 다스리지 못하자 면직했다. 이에 오나라 장군 로숙이 류비한테 서신을 보내, 방통은 백리 땅을 다스릴 인재가 아니라, 조정에서 큰일을 맡겨야 천리마의 준족을 내달릴 거라고 조언했다. 제갈량도 적극 추천하여, 류비가 비로소 접견하고 그릇을 알아보게 되었다. 여기서 제갈량의 평소 지론인 '친현신親賢臣'의 인재 추천 및 등용 원칙과, 인재그릇을 알아보는 식견 및 현인의 순국충절을 예우하는 신상필벌 원칙이 잘 나타난다.

법치의 날개를 펴다

제갈량은 장비、조운趙雲 등과 함께 군중을 거느리고 강을 거슬러 올라가, 새로운 군현의 경계를 획정하고, 류비와 함께 성도成都를 포위했다. 장로한테 의지해 있던 마초馬超가 이 소식을 듣고 은밀히 서신을 보내 귀순을 자청했다. 류비가 마초를 맞이해 성 아래 이르자, 성안이 모두 벌벌 떨면서, 수십일 버티던 류장이 나와 머리를 조아렸다. 익주를 접수한 류비는 풍성한 물자로 사졸들에게 크게 주연을 베풀고, 성 중에 금은보화를 장사들에게 나눠줬다. 특히 제갈량、법정、장비와 관우한테는 각각 금 5백근, 은 천근, 전 5천만, 비단 천 필씩을 하사했다. 이에 류비가 익주목益州牧이 되어 제갈량을 고굉股肱, 법정을 모주謀主, 관우·장비·마초를 조아爪牙로 삼아 기반을 다지기 시작했다.

마초가 투항해온다는 소식을 들은 관우는, 제갈량한테 서신을 보내 마초 인재가 누구와 비견할 만한지 물었다. 제갈량은 관우가 앞서기를 선호하는 줄 알고 넌지시 답장했다.

"마초는 자질이 문무를 겸비하고, 웅장한 열성기개가 출중한 호걸입니다. 경黥과 팽彭 같은 무리로, 마땅히 장비와 함께 앞을 다툴 만합니다. 허나 아름다운 수염만큼 군중을 압도로 초월하진 못합니다."

관우가 수염이 아름다워 '미수염美鬚髯'이라 일컬은 것이다. 과연 관우가 서신을 펼쳐보고 크게 기뻐하며, 주위 빈객들한테 내보이며 자랑했다.

성도가 평정되자, 제갈량은 군사장군軍師將軍이 되어, 좌장군左將軍 부서 업무까지 겸하였다. 류비가 밖으로 출정할 때면, 제갈량은 항상 성도에 남아 안전을 견고히 지키면서 주둔해, 식량과 병력을 넉넉히 준비하는 일을 도맡았다.

당초 류비가 촉을 습격할 적에, 류장의 심복 조전趙戩은 태평스럽게 낙관하는 분위기였다.

"류비가 용병에 서툴러 전투마다 패배해 도망하기 바빴는데, 어떻게 남의 성을 빼앗으려 도모할 겨를이 있겠는가? 더구나 촉이 땅은 좁으나 산천이 험난·견고하며, 사방이 막혀 외따로 독립해 지키는 나라다. 금방 쉽사리 삼키기는 어렵다."

허나 징사徵士 부간傅幹은 그와 달리 자못 우려했다.

"류비는 관대하고 어질며 도량이 있어, 사람들이 목숨을 바쳐 힘쓸만하다. 제갈량은 통치에 통달하고 변화기미를 알며 정도를 지켜 도모할 줄 아는데, 그가 재상으로 돕고 있다. 게다가 장비와 관우는 용맹하고 의로운데, 모두 만인을 대적할만한 훌륭한 장수다. 이 세 사람은 모두 뛰어난 인걸이다. 류비의 지략에 세 인걸이 보좌하니, 어찌 성공하지 못하겠는가?"

이때 이미 제갈량의 통치행정 역량은 널리 알려진 것이 분명하다.

곽충郭沖이 전하는 일화들

촉기蜀記에는 이런 기록이 전한다.

진晉 초 부풍왕扶風王 준駿이 관중關中에 주둔했는데, 사마司馬인 고

평高平 류보劉寶와 장사長史인 영양滎陽 환습桓隰 등 여러 부하 관리와 사대부들이 모여 함께 제갈량에 관해 토론했다. 이때 토론자들은 대부분 다분히 제갈량을 힐난하는 분위기였다. 그도 그럴 것이, 위를 찬탈한 진晉이 천하를 막 호령하던 시절에, 그 밑에 관직을 맡거나 기웃거리는 자들이 함께 모여 입방아를 찧는 셈이니, 제갈량만큼 씹어대기 안성맞춤인 안주거리도 드물었으리라!

"제갈량이 성공하지도 못할 자한테 몸을 의탁해, 촉 인민들을 수고롭고 피곤하게 혹사했다. 능력은 작으면서 모략謀略만 원대해, 도대체 자기네 도덕과 능력을 전혀 헤아리지 않고, 분수 넘치는 짓을 했다."

오직 금성金城 곽충郭沖만은 반론하며 제갈량을 옹호했다.

"제갈량은 관중과 안자보다 훨씬 뛰어난 임기응변의 영명한 지략을 지녔다. 다만, 구체로 삼국 제패라는 현실적 공훈업적을 이룩하지 못한 까닭에, 토론자들이 미혹해 제갈량을 제대로 알지 못하고 폄하한다."

그리고 곽충은 세간에 전해지지 않고 묻혀버린 제갈량의 5대 고사를 조목조목 들려주었다. 이에 류보 등도 더 이상 힐난할 수 없었다. 부풍왕도 감개무량한 듯 곽충 말이 맞겠다고 크게 공감했다.

이에 대해, 삼국지 주를 단 배송지(裵松之: 372-451)는 일부 진실성은 인정하면서도 일부 회의를 표시한다. 제갈량의 특이하고 걸출한 숨겨진 미담은 진실로 듣고 싶었던 좋은 소식(사료)이지만, 허나 곽충이 말한 내용은 진실로 의아한 구석이 있다고 꼬집었다. 나름대로 상황 논리적 모순을 지적해 힐난한다. 말하자면 전문 과정에서 다소 부풀려진 과장 때문에, 약간 소설처럼 변질되었다는 뜻이리라. 이야기가 전개되는 시대 순서에 따라 각각 적절한 곳에서 구체 내용 다섯 조목을 차례로 살펴보자. 우선 여기서 처음 두 조목부터 소개한다.

곽충이 전한 첫째 고사는 이러하다.

제갈량이 시행한 형법은 준엄하고 각박했다. 백성들을 급하게 몰아대서, 군자나 소인 할 것 없이 모두 다 원망과 비탄을 품었다. 이에 류장劉璋 부하였던 법정法正이 이렇게 간언했다.

"옛날 고조께서 관중에 들어서면서 약법삼장約法三章을 공표해, 진나라에 혹사당한 인민들이 숨을 돌리며 은덕으로 여겼습니다. 헌데, 지금 군께서는 위세와 권력을 빌려 한 주를 차지해, 처음으로 나라를 세우면서 은혜로 안무하지 않으십니다. 또 바깥손님으로서 이곳에 밀고 들어온 처지에, 본디 거주하던 주인에 대한 도의상으로도, 마땅히 서로 마음과 뜻을 낮추어 대함이 옳을 줄 압니다. 원컨대, 형벌을 낮추고 금지령을 늦추어, 백성들 기대와 희망을 위로하시기 바랍니다."

그러자 제갈량이 대답했다.

"군께서는 하나만 알고 둘은 모르십니다. 진나라는 무도한 정치로 인민들을 가혹하게 괴롭혀, 필부들도 크게 울부짖을 만큼 원성이 자자해 천하가 땅 꺼지듯 무너졌으니, 고조께서 그런 시절인연으로 말미암아 백성들을 크게 건지셨습니다. 허나 류장劉璋은 어리석고 나약하여, 언焉 이래로 여러 대에 걸친 은덕에 기댄 채, 문장과 법률로 옭아매어 서로 받들어 모시도록 하면서, 덕 있는 정치를 베풀지도 않고, 형벌 권위도 엄숙하지 못했습니다. 그래서 촉 지방에 토호인사들이 전권을 자행하며 횡포를 부려, 군주와 신하의 도리가 점차 무너져버렸습니다. 군주가 총애해 관직을 수여해도, 지위가 극도에 이르면 임금을 하찮게 여깁니다. 또 은혜로 부드럽게 순순히 대해도, 은혜가 다하면 이내 태만해집니다. 그래서 온갖 폐해가 쌓였으니, 진실로 이러한 이유 때문입니다. 내 이제 법으로 권위를 세우고자 하니, 법이 시행되면 백성들이 은혜인 줄 알 것입니다. 또 벼슬(작위爵)로 적절히 제한하고자 하니, 벼슬(爵)이 더 올라가면 영예인 줄 알 것입니다. 영예와 은혜가 나란히 시행되면, 위아래가 질서 정연히 절도가 있을 것이니, 통치의 핵심요체는 바로 여기서 뚜렷이 드러납니다."

이에 대해 배송지는 이렇게 힐난한다.

"법정法正은 류비보다 앞에 사망했는데, 지금 법정이 간언한다고 말하니, 류비가 생존한 때다. 제갈량 직책은 팔다리(股肱)로, 나라 일은 결국 원수한테 귀속하는 법이다. 또 류비 생존 시에는 제갈량이 아직 익주를 직접 거느리지 못했으니, 상벌 형정이 자기(의지)한테서 나오지 않는다. 곽충이 기술한 제갈량 대답을 살펴보면, 자기 능력을 전적으로 믿고 의지하는데, 이는 신하로서 자처하고 말하는 겸손한 태도가 아니다. 제갈량은 겸손하고 순응하는 체통을 지녔을 테니, 틀림없이 그렇게 오만하게 굴지는 않았을 것이다. 또 제갈량 형법이 준엄하고 각박하여 백성들을 급하게 몰아댔다고 말하는데, 선정善政을 칭송하면서 각박하다고 일컫는 걸 듣지 못했다."

곽충이 전한 둘째 고사는, 조조가 류비한테 자객을 보낸 이야기다.

자객이 류비를 만나 바야흐로 서로 인사하고 위나라를 정벌할 형세에 대해 열띠게 토론을 벌였다. 그 방책이 류비 뜻에 몹시 흡족히 들어맞아, 금세 상당히 친근해졌다. 자객이 결정적 기회를 노리다가 아직 틈을 엿보지 못하고 망설이는 사이, 때마침 제갈량이 들어오자, 자객은 낯빛이 바뀌며 어찌할 줄 몰라 당황하는 기색을 보였다. 이에 제갈량이 곧바로 알아채고, 손님이 보통 사람이 아닌 줄 알았다. 조금 뒤 자객이 측간에 간다고 나가자, 류비가 제갈량한테 말했다.

"아까 기발한 선비를 얻었는데, 군한테도 보탬과 도움이 크겠소."

이에 제갈량이 그가 지금 어디 있는지 묻자, 류비가 방금 일어나 나간 자가 그 사람이라고 답했다. 이에 제갈량이 길게 탄식하며 말했다.

"아까 손님을 살펴보니, 낯빛이 움직이고 두려워하는 눈빛이 뚜렷하며, 시선을 내리깔고 자주 힐끔힐끔 쳐다봅디다. 간교한 모습이 바깥으로 드러나는 걸 보아, 안에 사특한 마음을 품고 있으니, 틀림없이 조씨 자객일 겁니다."

이에 곧바로 나가 추격했으나, 이미 담장을 넘어 달아난 뒤였다.

이에 대해 배송지는 이렇게 힐난한다.

"무릇 자객이라면, 죄다 맨손으로 호랑이를 때려잡고 강물을 뛰어넘으며, 죽어도 후회가 없는 자이다. 류비가 사람을 알아보는 거울 같은 식견을 지녔을 텐데도 이 자객한테 미혹했다면, 이 자객은 틀림없이 한때 기발한 선비일 것이다. 또 류비가 제갈량한테 '군한테도 보탬과 도움이 크겠다.'고 말했다면, 또한 제갈량의 아류일 것이다. 무릇 제갈량과 같은 부류라면, 남의 자객으로나 고용될 자는 아닐 것이다. 당대를 주름잡는 군주도 그 재주를 아껴 기용할 테니, 죽음을 무릅쓰는 자객으로 보내지 않을 게 틀림없다. 또 이 사람이 죽지 않았다면, 마땅히 위나라에 기용되어 크게 현달했을 텐데, 과연 누구란 말인가? 어찌 그리도 조용하고 적막하니 아무 소문도 없단 말인가?"

'촉과' 입법과 제정 주체

219년 7월, 류비가 한중왕이 되었다. 이때 류비가 황충黃忠을 후장군으로 임명하려 하자, 제갈량이 설득했다.

"황충은 명망이 본디 관우나 마초 수준이 안 되는데, 지금 같은 항렬로 임명하시렵니까? 마초와 장비는 그나마 가까이서 황충이 세운 공로를 친견해서, 그런대로 달랠 수 있겠습니다. 허나 관우는 멀리서 소식만 듣고 틀림없이 언짢아할 것인데, 좀 무리가 아니겠습니까?"

말하자면, 제갈량은 공로에 대한 포상의 비례적 형평성을 강조한 것이다. 이에 류비가 스스로 잘 알아서 관우 마음을 풀어주겠다고 대답하고, 마침내 관우와 대등한 관내후 작위를 하사했다. 관우는 그해 죽고, 황충은 이듬해 죽었다,

이 무렵 촉에 기본법인 '촉과蜀科'가 역사 무대에 등장했다.

촉한蜀漢은 류비가 칭제稱帝한 221년부터 치면 고작 43년이고, 제갈량을 만나 천하대업을 도모한 때(207)로부터 쳐도 60년에 불과한 단명한 국가다. 전국시대를 방불케 하는 군웅할거, 군벌각축의 전란 통에, 제대로 문물제도와 율령체계를 규모 있게 갖추어 어엿한 국가 면모를 확립하기에는 아무래도 여유 없고 촉박했으리라. 허나 전쟁혼란이 극심해도, 나름대로 '군법'이나 혁명입법, 말하자면 류방의 '약법삼장' 같은 최소한도 질서유지 명령은 포고할 것이다.

삼국 중 촉이 영토나 인구 모두 가장 열세였고, 또 가장 먼저 멸망했다. 그래서일까? 국가 공식기록을 담당하는 '사관史官'이 없었고, 현전 역사기록에 '촉과'에 관한 자료는 정말 매우 희소하다. 허나, 역사기록 '삼국지'에는 '위과'나 '오과'는 나오지 않지만, '촉과'는 공식명칭으로 등장해 체계나 지위가 더욱 확고해 보인다. 바로 제갈량의 법치 정신과 능력을 반영하는 산물일 것이다. '이가 없으면 잇몸으로 씹는다.'는 속담처럼, 희귀한 사료를 뒤지고, 관련된 상황배경 맥락에 비추어 상상력도 발휘해 어렴풋이나마 입법개황을 그려보기로 한다.

촉한 입법 기록은 이적伊籍전에 나오는 두 구절이 전부다.

"이적伊籍이 제갈량·법정法正·류파劉巴·리엄李嚴과 함께 '촉과'를 만들었다. '촉과' 제정은 이 다섯 사람으로 이루어졌다."

입법 주역이 5인으로, 말하자면 아주 소규모 핵심간부 중심으로 이루어진 제헌위원회나 혁명입법위원회라고나 할까? 물론 형식명분상 촉과의 제정 및 공포시행 주체는 류비일 것이다. 입법의 실질 내용 및 과정은 당연히 법치에 밝은 제갈량이 주도했을 것이다.

이 '촉과'는 언제쯤 제정되었을까? 역시 명문기록은 찾을 수 없다. 다만 개략적 추정 실마리는 있다. 제정위원 5인 중 법정은, 219년 7월 류비가 한중왕이 되자, 상서령 겸 호군장군에 임명되었다. 이듬해(220)

45세 나이로 별세했다. 그러니 넓게 잡아도, 류비가 익주를 접수해 제갈량이 촉을 다스리기 시작한 214년부터 220년까지 7년 사이에 제정된 것이 분명하다. 헌데, 더러 막연한 추측으로, 촉이 주로 한률을 사용하다가 류비가 성도에서 스스로 황제라 칭하고 난 뒤, 형식을 개선할 필요에 따라 새로운 법령 제정에 착수해 만든 걸로 기술한 책이 있다. 류비 칭제는 221년이니, 크게 잘못 짚은 착오다.

그러면 중대한 국가기본법 제정기록이, 왜 제갈량이나 다른 중요한 인물 전기에 나오지 않고, 역사기록상 가장 미미한 인물전에 나올까? 전통시대 율학이나 율령 비중이 지금 같지 않았고, 법률 전문가가 대체로 중인 대우를 받던 문화 영향도 있을지 모른다. 또 역사가 입장에서 요인要人한테는 중요한 기사감이 많으니, 상대적으로 소재가 적은 인물한테 언급함이 낫겠다고 여겼을 수 있다. 실제로 5인 중 '이적'전이 특별히 가장 짧다.

또 새로 건국한 제헌입법이라 할지라도, 명실상부하게 창업·창제하는 거창한 창의성이 필요한 게 아니라, 전문기술적인 법률문장을 깔끔히 다듬으면 되기 때문이다. 공자 지적처럼, 은나라 예법은 하나라 예법을 바탕으로 가감·손익損益해 정비했고, 주례周禮는 또 은례殷禮를 기본으로 수정·손질했다. 촉한 기본입법 과정도 한률漢律을 간추려 정비하면서 시대정신에 맞춰 최고 권력자 의중을 반영하는 수준에서, 나머지는 의미를 명확히 문장으로 표현하는 기술적 조문화가 주된 작업이었을 것이다. 그런 관점에서 입법위원의 면모를 대략 살펴봄도 제법 흥미롭겠다. 리엄은 뒤에 좀 상세히 서술할 기회가 있을 테니, 여기서는 나머지 세 인물 면모만 사료 중심으로 간략히 소개한다.

첫째, 이적伊籍이다. 이적은 어려서 류표劉表 밑에 있었다. 류비가 형주에 오자 자주 왕래하다가, 류표가 죽자 류비를 따라 익주 평정에 공헌해 기용되었다. 류비의 죽마고우인 간옹簡雍과 손건孫乾에 버금가게 친밀했다. 또 기지와 변재가 뛰어나 외교사절로 오에 갔었다. 손권이 "무도한 군주를 섬기느라 수고롭겠다."고 넌지시 떠보자, "한번 절하고 일어나는 일은 그리 수고롭지 않다."고 답변해 깜짝 놀라게 했다. 이적 전기는 이게 거의 전부다. 이적은 류비에 핵심측근으로, 기지와 변재가 뛰어난 언사능력을 인정받았고, 전기가 가장 짧아 형식상 균형을 고려해 이적전에 언급한 걸로 보인다.

둘째, 법정이다. 법정은 본디 류장 참모였다가 귀순했는데, 류비 신임이 너무도 두터웠다. 법정은 촉군태수 겸 양무장군이 되어, 밖으로는 수도경기 지방을 통괄하고, 안으로는 핵심참모(謀主)로서 권한이 막강했다. 평소 밥 한 그릇 대접받은 은덕이나 눈 한 번 흘긴 원망이나, 낱낱이 되갚았다. 심지어 자기를 비방하거나 해친 자들을 자의로 죽이기도 했다. 이에 누가 제갈량한테 건의했다.

"법정이 촉군에서 너무 지나치게 방종해 횡포를 부리니, 장군께서 주공한테 아뢰어, 그 위세를 좀 눌러주십시오."

그러자 제갈량이 대답했다.

"지금 주공께서 공안公安에 계신데, 북으로 조조가 강성하게 버텨 두렵고, 동으로 손권이 핍박할까 꺼림칙합니다. 게다가 가까이 손孫부인이 겨드랑이 밑에서 변괴를 일으킬까 저어합니다. 이렇듯 진퇴양난 곤경에 처한 때, 법정이 그나마 바로 옆에서 힘찬 날개로 보필해, 다시없는 비상의 기회를 도모하고 있습니다. 헌데, 어떻게 법정이 자기 뜻대로 하지 못하게 금한단 말입니까?"

당초 손권이 누이를 류비한테 시집보낼 적부터, 누이는 자기 형제를 닮아서 재주가 민첩하고 강인하며 용맹한 기풍이 넘쳤다. 게다가 시녀를 백여 명 거느렸는데, 모두 손수 칼을 들고 옆에 서서 시중들었다. 류비도 매번 손부인한테 갈 적마다, 정말 마음속에 항상 늠름한 한기를 느낄 지경이었다. 제갈량은 이런 정황 전반을 고려하고, 류비가 법정을 우아하게 사랑하고 믿는 줄 잘 알기에, 그렇게 답변했다. 대국적 판세에 미칠 파급효과를 염려해 수수방관 묵인한 것이다.

류비가 한중왕이 되어 법정을 상서령에 임명했는데, 이듬해 45세에 죽자, 너무도 비통한 나머지 눈물을 여러 날 줄줄 흘렸다. 나중에 관우가 손권한테 죽임을 당하자, 류비가 주위 만류와 간언도 듣지 않고, 한사코 복수하러 무리한 남정을 강행해 대패했다. 이때 제갈량은, 법정이 살아있었다면 못 가게 막았을 것이고, 설령 출정하더라도 틀림없이 위태로운 대패는 면했을 거라고 장탄식할 정도였다. 또 전에 조조와 전쟁에서도 전세가 불리해 후퇴해야 할 형편에, 류비가 한사코 고집을 부리자, 감히 간언하는 사람이 없었다. 이때 법정이 류비 앞에 선봉으로 나서서, 몸소 적군의 화살을 받으며 죽음을 무릅쓰고 만류했다. 류비가 위험하다고 피하라고 말하자, 법정은 군주가 화살과 돌을 감당하는데 내가 어찌 피할 수 있느냐고 반문했다. 이에 법정을 너무 아낀 류비가 하는 수 없이 후퇴한 것이었다. 제갈량도 비록 그와 기호나 판단이 같지는 않았지만, 대업성공을 위해 대의명분 관점에서 법정의 지략을 기특히 여겨 높이 샀고, 최대한 존중한 것이다.

셋째, 류파다. 류파는 본디 법정과 함께 익주목 류장에 참모였다. 류장이 법정을 보내 류비를 영입하려 하자, 류파는 류비가 영웅기질이 있어 맞이하면 호랑이처럼 큰 후환이 있을 거라고 적극 반대했다. 류비가 일단 들어온 뒤, 류장이 다시 류비한테 병력을 주어 장로張魯를 토벌하라고 시키자, 호랑이를 숲에 놓아주는 꼴이라며 또 적극 만류했다. 류장이 끝내 듣지 않자, 류파는 질병을 칭탁하고 두문불출했다. 헌데, 류비는 성도를 공격하며 군중에 엄명을 내렸다.

"만약 류파를 해치는 자는 삼족을 멸하겠다!"

류비가 익주를 평정하고 류파를 얻자 몹시 기뻐했다. 이에 류파가 두 번씩이나 류비를 반대한 간언에 대해 사죄했다. 허나 류비는 전혀 아랑곳하지 않고, 어떤 책임도 묻지 않았다. 제갈량도 여러 차례 칭찬 추천해, 류파는 크게 기용되었다. 류비가 한중왕이 되자 상서가 된 류파는, 이듬해 법정이 죽자 그 뒤를 이어 상서령에 올랐다.

한번은 장비가 류파를 찾아가 하룻밤 묵으려 했으나, 류파가 더불어 말상대도 안 해주자 몹시 분기탱천했다. 이에 제갈량이 류파한테 은근히 정중하게 권청했다.

"장비가 비록 무사에 지나지 않지만, 족하를 몹시 경모합니다. 또 주공께서 지금 바야흐로 문무를 규합하여 천하대사를 도모하고 계십니다. 그러니 족하가 비록 고상한 선천 성품을 타고났지만, 조금만 뜻을 낮추시면 좋겠습니다."

그러자 류파가 대뜸 대답했다.

"대장부는 처세함에 마땅히 사해 영웅과 교유할지니, 어찌 칼잡이 무인과 함께 말한단 말입니까?"

이 말을 전해들은 류비는 발끈 노해서 말했다.

"내가 천하를 평정하고자 하는데, 류파가 오롯이 어지럽히려는가? 그 재능과 지략은 따를 자 없이 출중하지만, 나나 되니까 임용하지, 다른 사람 같으면 정말 믿고 맡기기 어려울 것이다."

류파의 고상한 선비 성품이 얼마나 천하에 명망이 높았던지, 손권도 아주 높이 칭송했다. 또 류비가 황제에 즉위한 이듬해(222) 류파가 별세하자, 위魏 상서복야尙書僕射 진군陳群이 승상 제갈량한테 서한을 보내면서 특별히 그 소식을 물었다. 그를 '류군자초劉君子初'라고 일컬을 정도로 몹시 공경하고 존중했다. 제갈량도 일찍이 탄식했다.

"장막 안에서 주판을 굴려 책략을 도모하는 일은, 내가 류파만 훨씬 못하다! 만약 북과 북채를 들고 군대진영에 모여, 백성들이 기뻐 용맹스럽게 싸우도록 사기를 북돋우는 일은, 마땅히 다른 사람과 상의해야 할 따름이다."

류파가 장량처럼 지략이 특출했음을 짐작할 수 있는 대목이다. 출중한 기지를 엿볼 수 있는 또 한 사례가 있다. 류비가 류장을 공격할 적에, 병사군중들한테 호언장담으로 약속했다.

"만약 일이 잘되면, 성안 모든 재물은 내가 전혀 간섭하지 않겠다."

성도를 함락한 뒤, 병사군중은 모두 창칼을 버리고 서로 창고에 몰려들어 보물을 다 나눠가져 버렸다. 이에 군용軍用이 모자라 류비가 몹시 근심하자, 류파가 선뜻 귀띔했다.

"아주 쉬운 일입니다. 그저 백전짜리 돈을 주조해 모든 물가를 평가한 뒤, 관리들한테 시장에서 사들이도록 하면 됩니다."

류비가 그 말대로 하자, 몇 달 사이에 정부창고가 충실해졌다.

류파는 관직이 상서령까지 고귀하게 올랐지만, 본디 고상하고 청렴·검소하여 재산축적에 무관심했다. 또 스스로 권력집단의 본래주류가 아닌지라, 혹여 시기질투나 혐의라도 살세라, 항상 공경하고 과묵하게 고요함을 지켰다. 조정 밖에서는 개인사교가 전혀 없었고, 공무가 아니면 말하지도 않았다.

당시 삼국이 솥발처럼 대치한 상황에서, 중원에 민심인정이 통일되지 않았는데, 덕망 있는 류비가 촉에 자리 잡았다는 소문이 퍼지자, 사방 인재들이 목을 늘이고 등용되길 바랐다. 헌데, 류비는 그들이 진심인지 예의銳意 주시하여 선별하려 했다. 이에 류파가 그렇게 하면 천하 인재를 널리 포용하지 않는 비좁은 속마음으로 비춰질 수 있다고 간언했다. 주부主簿인 옹무雍茂와 함께 류비한테 인재수용 기준을 좀 완화해 너그럽게 포용하라고 적극 권했다.

헌데, 류비가 다른 일로 옹무를 죽이자, 먼 곳에서 인재들이 더 이상 오지 않게 되고, 류파도 더욱 입을 다물 수밖에 없었다. 목숨을 걸고 천하를 다투던 혼란 무도한 세상에서, 권력을 둘러싼 간계와 의심이 극도에 이른 전란 통이니, 그윽한 덕망(玄德)을 자부한 류비도 용심用心과 포용력에 뚜렷한 한계를 보일 수밖에 없었던 것일까? 류비 사후 전권을 장악한 제갈량도 예외는 아니었으리라!

한편, 류파의 특출한 또 하나 재능은, 뛰어난 문장력이었다. 류비한테 황제존호를 바칠 적에 상제上帝와 천지신명께 아뢰는 고유문과, 류비가 즉위해 시행한 조정 공문(文誥策命)은, 죄다 류파 작품이라고 한다. 그러니 '촉과' 입법과정에서도 류파가 실무 작업을 도맡았을 가능성이 높다. 나머지 네 사람은 모두 류비의 핵심측근으로서, 지략과 재능 모두 출중하여 제헌입법에 참여했다. 하지만 류파는 분명 지음이나 지기 같은 막역한 사이가 아니다. 다만, 지략과 문장력도 탁월하고 나이도 지긋한 원로로서, 신중하고 사려 깊으며 고상하고 우아한 선비자질로, 전문성과 실용성을 대표해 '촉과' 입법을 사실상 주도한 것으로 보인다.

촉과 내용 및 유관 사연

촉'과'와 관련해서, 제갈량이 유명한 출사표에서 후주한테 당부한 내용이 아주 특출하다.

"만약 간사한 짓을 해서 '과'를 범하거나 충성과 선량을 행하는 자가 있거든,(若有作姦犯科及爲忠善者) 마땅히 담당관사에 회부해 형벌 및 포상을 공론하여, 폐하의 공평하고 현명한 통치를 밝히소서!"

한편, 류비의 유촉을 제갈량과 나란히 받든 리엄이, 출정한 군사들 식량보급을 게을리 해 퇴군시킨 뒤, 그 책임을 도리어 제갈량 허물로 덮어씌웠다. 이에 발끈한 제갈량은 그 죄를 탄핵하는 공문에서 이렇게 성토했다.

“평(平: 엄의 개명)이 큰 은총을 받은 대신으로서 충성으로 보답할 생각은 안 하고, 후안무치하게도 무단히 거짓을 날조해 군주와 신하들을 속이며, 형옥을 의론함에 ‘과’령을 폐기해 인민을 간사하게 유도했습니다.”

그밖에도, 제갈량 사후 편집된 당시 문집에 수록된 24편 문장 가운데, ‘법검法檢’상·하편, ‘과령科令’상·하편, ‘군령軍令’상·중·하편이 나란히 등장한다. 이걸 보면, 법검이나 군령과 별도로 거명된 ‘과령’이, 바로 군주명‘령’으로 공포·시행된 ‘촉과’를 가리키며, 그 내용을 수록한 것으로 짐작된다. 하지만 현전 ‘제갈공명전집’에는 이와 현격히 다른 편명과 내용이라, 상당 부분은 일실되고 후대에 편린들을 모아 재편집한 거라서 아쉽다. 그리고 파촉 출신으로 촉지를 기록해 삼국지를 편찬한 진수가 제갈량전 뒤에 덧붙인 말에도, ‘과령’이 등장한다.

“제갈량은 ‘입법’과 제도시행에서, 과령교화는 엄격현명하게, 포상형벌은 반드시 확실히 행했다. 죄악은 징벌하지 않음이 없었고, 선행은 크게 포상하지 않음이 없었다. 관리의 간사한 짓을 허용하지 않고, 인민들이 스스로 분발하도록 이끌어, 길에 떨어진 물건을 줍지 않고, 강자가 약자를 침범하지 않아, 풍속교화가 아주 숙연했다.”

여기서 ‘과령’도 ‘촉과’를 지칭할 텐데, 실질상 최고 국법인 ‘율령’인 셈이니, ‘과’는 ‘법’의 대명사로 보아도 좋겠다. 한편, 촉과의 구체 내용을 엿볼 수 있는 재밌는 사례가 있다.

간옹簡雍은 어려서부터 류비와 죽마고우인데, 선주나 제갈량 앞에서 조금도 거리낌 없고 허물없이 편한 자세를 취할 만큼 친밀했다. 당시 가뭄이 심해 식량절약을 위해 술을 엄금하고, 양조하면 형벌에 처했다. 관리가 민가를 수색해 양조도구를 찾아내자, 더러 술을 빚은 자와 같은 죄로 처벌해야 한다고 의론했다. 때마침 간옹이 선주와 함께 이 장면을 지켜보는데, 남녀 한 쌍이 나란히 길을 걸어가는 모습이 보이자, 대뜸 선주한테 말했다.

"저 사람들은 간음하려고 하는데, 어찌 체포하지 않소?"

선주가 "경은 어떻게 그런 줄 아시오?" 라고 묻자, 옹이 대답했다.

"저들이 간음할 도구를 갖추고 있으니, 양조도구를 갖고 있는 자들과 똑같지 않소?"

이에 선주가 파안대소하며 술 빚으려던 자를 용서해주었다. 간옹의 골계滑稽는 이러했는데, 해학재치로써 각박한 법 해석적용에 경종을 울리고, 예비음모 처벌을 엄격히 제한하는 인의를 베푼 셈이다. 여기서 '금주'에는 '영令'이나 '과科'란 개념이 수반되지 않았지만, 당시 법제 상황에서 '금주령'이자 '금주과'이었음이 거의 틀림없다. 왜냐면, 그 무렵 위나라도 '과조' 명령으로 술을 금한 기록이 나오기 때문이다.

황제 즉위와 공식 건국 (221)

건안 25년(220) 정월, 조조가 죽고 아들 비조가 위왕魏王이 되어, 10월에 유명무실한 헌제를 폐하고 스스로 황제가 되었다. 이에 한 황실 후예로 정통성을 자부한 촉한蜀漢이 좌시할 수 없었다. 이듬해(221) 봄 여러 신하들이 류비한테 황제 존호를 바치며 권했다. 류비가 선뜻 허락하지 않자, 제갈량이 간곡히 설득했다.

"옛날 오한吳漢、경엄耿弇 등이 처음 세조한테 황제에 즉위하라고 권했을 적에, 세조가 사양하기를 전후로 서너 번씩이나 계속 되풀이 했습니다. 이에 보다 못한 경순耿純이 불쑥 나서서 진언했습니다. '천하에 영웅이 우글우글 나서며 인민들이 자기를 따르길 몹시 고대하고 바랍니다. 만약 끝까지 고집 피우고 저희들 의론과 추대에 따르지 않는다면, 우리 사대부들은 각자 제 길을 찾아 다른 군주를 구하고, 더 이상을 공公을 따르지 않겠습니다.' 이에 세조도 경순의 지극한 정성 어린 말을 듣고 감동해, 마침내 기꺼이 허락하고 황제에 즉위했습니다. 지금 조씨가 한 황실을 찬탈하여 천하에 주인이 없어 크게 어지러운데, 대왕께서 한 황실 류씨 후예로서 대를 잇고자 정의를 일으키셨으니, 이제 황제에 즉위하심이 마땅한 일입니다. 우리 사대부들이 대왕을 따라 다니며 오래 동안 부지런히 수고를 아끼지 않은 것은, 역시 경순 말처럼 올망졸망한 척촌尺寸의 공로를 세우기 위함입니다."

그래서 4월에 류비도 하는 수 없이 황제에 즉위하여, 제갈량을 승상에 임명하며 정중히 당부하였다.

"짐은 불우한 집안형편에 보잘것없이 자라서, 이제 대통大統을 받들게 되어 전전긍긍 대업에 전념해야 할 테니, 감히 안일할 수 없소. 백성들 평안히 다스릴 생각에 두려워 안심할 수 없소. 오호라! 승상 제갈량은 짐의 뜻을 잘 알 테니, 짐의 잘못이나 부족을 보필함에 게으르지 마시오. 한실 영광을 거듭 떨치는 중흥으로 천하를 두루 밝힐 수 있도록, 군은 부지런히 힘쓸진저!"

이에 제갈량은 승상이 되어, 전권을 위임하는 부절符節까지 받아 상서尙書 업무도 처리했다. 그해 7월 장비張飛가 부하한테 죽은 뒤에는, 사례교위司隸校尉 직책까지 거느렸다.

선주 서거와 유촉 (223)

장무章武 3년(223) 봄, 류비는 영안永安에서 병세가 위독해졌다. 이에 성도成都에서 제갈량을 불러 후사를 부촉하며, 특별히 진실한 속내를 남김없이 그대로 토로했다.

"군의 재능은 조비曹丕의 열 배나 되니, 반드시 나라를 안정시키고 끝내 천하 대사를 평정할 수 있을 것이오. 만약 내 아들이 그런대로 보필할 만하면, 부디 잘 보필해주시오. 허나 만약 재주가 모자라 안 되겠으면, 군이 스스로 나라를 취해 직접 다스려도 좋소."

이에 제갈량은 감읍하여 눈물을 펑펑 쏟으면서 울먹였다.

"신하는 감히 고굉股肱의 능력을 다해 충실한 올곧은 절개(忠貞之節)를 본받아, 신명을 바쳐 대를 이어 보필하겠습니다!"

류비는 또 별도로 조서를 내려 아들 후주後主한테 신신당부했다.

"너는 승상과 더불어 일을 처리함에 아버지처럼 섬기도록 하라!"

류비의 마지막 임종 유언 당부 및 훈계에 대하여, 손성孫盛은 매우 안타까운 어조로 회의를 표시한다.

"무릇 지팡이(杖: 보필, 승상)는 부축한다는 뜻이다. 몸과 체통이 존재하고 믿음이 순조로워야, 비로소 군주를 보필해 바로잡고 백성을 제도하는 공을 세워, 끝내 천하 안정의 대업을 성취할 수 있다. 속담에도, '바둑 두는 자가 바둑알을 들어 두는 게 안정되지 못하면, 상대방을 이길 수 없다.'고 한다. 하물며 승상이 군주의 재주와 능력 여부에 따라, 두어 가지 경우로 나눠 마음과 절개를 달리할 수 있다면, 어떻게 이웃 강대국을 격파해 복종시키고 천하를 평정할 수 있겠는가? 류비가 제갈량한테 당부한 유명遺命은, 이보다 더 막심한 혼란은 없다.

"물론 세인들 중에는, 더러 류비가 아들을 내맡기는 정성을 확고히 표시하기 위하여, 또 촉인蜀人의 한 사람으로서 의지를 강렬히 표현한 것이라고도 해명한다. 허나 군자 안목에서 보자면 결코 그렇지 않다. 정말로 충직한 현인한테 맡기는 부촉이라면, 이따위 훈계나 당부는 필요하지도 않다. 또 정말 그만한 자질을 갖춘 적임자나 현명한 위인이 아니라면, 애당초 아예 찬탈이나 시역의 빌미나 틈새를 열어놓지 말아야 한다.

"옛날에 유촉(顧命)은 반드시 신중한 말로 당부했다. 이처럼 허위적 궤변 언사는 고아를 부탁하는 어조가 아니다. 천만다행으로 류선이 어리석고 미약하여, 추측성 시기나 음험한 기질성격이 없었다. 또 제갈량이 권위와 지략이 출중하여, 주위에 쓸데없는 수군거림이나 이단異端을 점검해 봉쇄·두절하기에 충분했다. 그래서 제갈량이 다른 마음을 품는다고 비방하고 시기하는 물의가 전혀 일지 않았을 따름이다. 만약 그렇지 않았다면, 거의 틀림없이 의심과 비방으로 틈새가 벌어져, 돌이킬 수 없는 재앙과 화를 면하지 못했을 것이다. 이걸 일컬어 임기응변의 재량권이라고 두둔한다면, 지나친 미혹일 뿐이다."

아주 심한 혹평이지만, 이런 평론 역사가도 있음을 소개한다.

허나 이런 회의론을 정면으로 반박하는 통찰지견도 적지 않다. 소동파는 이윤伊尹이 다섯 차례 걸桀한테 간 사실에 대한 평론에서, 성인의 초월적 식견을 속안으로 헤아릴 수 없다고 분명히 밝힌다.

"성인이 범인과 다른 탁월한 능력은, 인지상정으로 그 유무를 의심할 수 없다. 공자가 로魯 사구司寇가 되어 삼환三桓의 본거지인 후부後阜와 비費 성을 무너뜨렸을 때, 삼환이 자기를 해칠 거라 의심하지 않았다. 공자가 아니라면 가능했겠는가? 이윤이 박亳을 떠나 하夏로 갔다가, 다시 박으로 돌아왔다. 이윤이 상商을 다스려 하夏에 버금갈 정도였으나, 포학무도한 걸도 이윤의 집정을 의심하지 않았다. 또 이윤이 두 나라를 왕래했지만, 상商 인민들은 그를 사부師父로 여겼다. 이윤이 성인이 아니라면 이럴 수 있었을까? 그래서 이윤이 태갑을 폐위했어도, 태갑은 원망하지 않고 왕위 회복을 의심하지도 않았다. 이 모두 인지상정으로 판단할 수 없는 점이다.

"후세에는 오직 제갈량만이 그에 가깝다. 현덕이 임종에 유촉한 말은 분명히 진실한 말이다. 가사 공명이 현덕 유언대로 정말 류선의 자리를 차지했더라도, 촉 인민들이 어찌 다른 말을 수군거렸겠는가?

허나 이윤이 두 나라를 왕래한 이유는, 걸을 일깨워 그 나라(夏)를 온전히 존속시키려는 의도가 아니었다. 탕湯이 천하에 실질상 왕이 된 지 오래 되었거늘, 이윤이 어찌 그 현실을 의심했겠는가? 걸이 개과천선해서 주륙을 면할 수 있기를 바랐을 것이다. 허나 걸이 이윤을 등용해 천하에 뜻(민심)을 얻길 바랐다는 추론은, 비록 지극히 우둔한 바보라도 동의하지 않을 것이다."

뒤에 불교인연에서 소개할 스님도 소동파와 의견이 같다.

한편, 남조 송서宋書 예지禮志에는, 제갈량이 류비 유조를 받아 초상난 지 사흘 만에 상복을 벗은 사례를 전한다. 조조도 임종에, 천하가 안정되지 않았으니 장례가 끝나면 상복을 벗으라고 유언해, 죽은 지 28일째 장례와 함께 탈상했다고 전한다. 전국시대를 방불케 하는 군웅할거 전시 비상 국면에, 위나 촉의 상제喪制가 전통 상례와 판이한 모습을 보인 것이다.

후주 즉위와 정의正議론

류선이 즉위한 건흥(建興) 원년(223), 제갈량은 무향후武鄉侯에 봉해져, 제후로서 정부를 열어 업무를 처리했다. 얼마 지나지 않아 또 익주목益州牧까지 겸임해, 크고 작은 모든 정사政事가 한결같이 제갈량 뜻대로 결정되었다. 이 무렵 남중南中 여러 군에서 일시에 벌떼처럼 반란이 일었다. 제갈량은 막 대상大喪을 당하여, 병력 출동이 불편해 정벌하지 않고 그냥 놔두었다. 또 사절을 오吳나라에 보내 혼인을 요청하여 화친을 맺었다.

제갈량집諸葛亮集에는, 류비가 별세한 해에 위나라에서 심리전술을 펼쳐온 사연이 적혀 있다. 사도司徒 화흠華歆、사공司空 왕랑王朗、상서령尙書令 진군陳群、태사령太史令 허지許芝、알자복야謁者僕射 제갈장諸葛璋 등을 시켜, 제갈량한테 서신을 보내왔다. 천명과 인간사를 열거하며, 촉 전국을 위에 갖다 바치고 번국으로 복속하라고 유세한 것이다. 제갈량은 아예 답장조차 안 하고, 정의론(正議)을 지어 포부와 결의를 굳건히 다졌다.

"옛날 항우가 덕망이 없이 힘으로 일어나, 비록 중원(華夏)을 차지하고 황제의 대세를 잡았지만, 끝내 끓는 가마솥에 들어가 후세에 영원한 경종이 되고 있다. 헌데, 위나라는 역사 거울을 살피지 않고서, 지금 그 뒤를 따라 전철을 밟고 있다. 조조 자신은 그나마 겨우 환난을 모면했으나, 그 경종은 자손들 몫이 되었다. 헌데, 몇몇 사람들이 각자 늙은 나이에, 황제를 참칭한 거짓 정권 지시를 받들어, 나한테 서신을 보내온 내용을 보니 가관이다. 마치 진숭陳崇과 장송張竦이 왕망의 공덕을 극구 칭송한 짓과 흡사하다. 이는 또한 구차하게 화(죽임)를 모면하려고, 강요와 핍박에 의해 마지못해 쓴 글이 분명하다!

"세조(광무제)가 옛 왕업을 중창하고자, 남은 사졸 수천을 거느리고 분격하여, 마침내 왕망의 강성대군 40여만명을 곤양昆陽 교외에서 꺾었다. 무릇 도덕에 근거해 음란한 무리를 토벌함은, 군중의 다소에 달려있지 않다. 조조가 간교한 휼계로 승리하는 힘을 믿고, 수십만 군사를 총출동해 양평陽平에서 장합張郃을 구원하려 나섰다. 전세가 불리해 궁박해지자, 후회하며 겨우 제 몸만 간신히 빠져나가고, 그 엄청난 정예병들을 몽땅 잃고 한중漢中까지 빼앗기고 말았다. 비로소 천하 신기神器는 함부로 망령되이 획득할 수 있는 게 아닌 줄 절실히 알고서, 철수한 지 얼마 안 되어 패전 후유증과 상처중독으로 죽었다. 이에 아들 조비가 간사하고 음란하게 그 자리를 이어받아, 마침내 황권까지 찬탈했다. 이에 몇몇 부하들을 시켜, 다분히 소진·장의 같은 궤변유세로, 환도驩兜의 하늘까지 닿는 미사려구 칭송을 지어 바치게 했다. 요순성왕을 폄훼비방하고, 우禹·직稷을 풍자로 조롱하니, 그저 쓸데없이 문장만 모욕하여 죽이고, 부질없이 종이와 먹만 번거롭게 낭비했다.

이런 헛수고는 대인군자가 할 짓이 결코 아니다. 또 군대병법 훈계에도, '만 사람이 반드시 죽겠다고 각오하면, 무서울 게 없이 천하를 휩쓴다.(萬人必死, 橫行天下.)'고 말한다. 옛날에 헌원씨 황제黃帝는 사졸 수만 명을 정돈해, 사방을 모두 제압하고 천하를 안정시켰다. 하물며 수십만 군중을 거느리고, 정도正道에 근거해 간사한 죄인을 토벌하는데, 누가 감히 대들어 대적한단 말인가?!"

제갈공명의 회포와 영웅본색을 여실히 드러낸 멋진 대의명분이다.

남방 정벌과 맹획의 칠금칠종 (225)

건흥 3년(225) 봄, 제갈량은 몸소 군사를 이끌고 남으로 원정을 떠났다. 후주는 조서를 내려 제갈량한테 황금 도끼(鈇鉞) 한 벌과 둥근 마차덮개 하나, 앞뒤로 깃털 장식과 나팔(羽葆鼓吹) 각 하나씩, 그리고 호랑이처럼 용맹한 호위 장사(虎賁) 60명을 특별히 하사하였다. 그해 가을 남방을 모두 평정하였다.

당초 제갈량은 본디 일찌감치 남방 정벌에 뜻을 두었으나, 왕련이 풍토병 만연한 불모지에 별 희망이 없으니 대군을 출동해 모험하지 말아야 한다고 반대해 머뭇거렸다. 허나 공명은 다른 부하장수들 재능이 자기만 못하여, 누구도 대신 할 수 없다고 판단했다. 그래서 왕련의 만류에도 불구하고 드디어 남정을 단행하게 되었다.

마속은 형 마량馬良 과 함께 일찍부터 류비를 섬기면서 성도령과 태수를 맡았는데, 재주가 뛰어나고 군사전략을 즐겨 논하여, 승상 제갈량이 특히 가상히 여겼다. 류비는 달리 보았는지, 임종에 제갈량한테 "마속은 말이 좋고 실속이 적어 크게 쓸 수 없으니, 군은 잘 살펴 조심하시오!" 라고 특별히 당부했다. 하지만 제갈량은 그렇지 않다고 여기고, 마속을 군사참모(參軍)로 삼아 매번 불러 담론할 적마다 낮부터 밤늦게까지 시간가는 줄 몰랐다. 남방 출정 길에 마속은 참군으로 수십 리 밖까지 전송했다. 제갈량이 은근히 권청했다.

"비록 여러 해 함께 대사를 도모했지만, 이제 멀리 출정하는 마당이니, 또 하나 좋은 가르침 말씀해주시죠."

그러자 마속은 이렇게 대답했다.

"남방이 멀고 험난한 지형지세를 믿고 복종하지 않은 지 오래 되었습니다. 비록 오늘 격파한다 해도, 내일이면 다시 배반할 것입니다. 이제 공께서 바야흐로 국력을 모두 기울여 강적을 대항하느라 북벌에 전념하기 때문에, 저들은 우리 내실이 허약한 줄 잘 알아서 더더욱 속히 배반할 것입니다. 만약 저들을 씨도 남기지 않고 죄다 섬멸해 후환을 제거한다면, 이는 어진 사람 심정도 아니거니와, 또 하루아침에 금방 이루어질 일도 아닙니다. 무릇 병력 사용 방도는, 마음 공격(攻心)이 최상이고 성곽공격(攻城)은 최하이며, 마음전쟁(心戰: 심리전)이 최상이고 병력전투(兵戰)는 최하입니다. 원컨대, 공께서는 그들 마음을 항복 받기 바랍니다."

이에 제갈량은 그 방책을 받아들여, 맹획을 일곱 번 사로잡아 일곱 번 놓아주며, 마침내 남방을 평정해 심복시켰다. 제갈량이 별세할 때까지, 남방은 감히 다시는 배반하지 않았다. 마속의 헌책獻策은 맹자가 말한 대로, 무력에 마지못해 따르는 역복力服보다는, 도덕교화에 마음으로 기꺼이 받아들이는 심복心服을 얻어, 패권정치覇道보다는 왕도王道정치를 솔선수범하라는 취지다.

물론 제갈량한테 그런 헌책을 받아들일 도량이 있었으니, 설사 마속의 말이 없었어도 스스로 그리했을 수 있었겠다. 어쨌든 험난한 출정 길에 가장 아끼는 참모가 간곡히 당부한 일깨움은, 커다란 울림으로 으뜸 작전지침이 되었을 법하다. 그 유명한 맹획의 '칠금칠종' 성어에도 이러한 일화가 숨어있다니!

한진춘추漢晉春秋에 당시 남정에 관한 상세한 기록이 전해진다.

제갈량이 남중南中에 이르러 가는 곳마다 전투에서 모두 승리했다. 제갈량은 맹획孟獲이란 자가 이夷와 한漢 사람들이 모두 우러러 복종하는 거물이라는 소식을 듣고서, 그를 생포해 오도록 현상공모 했다. 맹획을 사로잡아 데려오자, 제갈량은 맹획한테 자기 군대 진영을 관찰하도록 보여주며, "우리 군대가 어떠한가?" 라고 빙긋이 물었다. 그러자 맹획은 별거 아니라는 듯, 대수롭지 않게 대답했다.

"저번에는 당신 진영의 허실을 잘 알지 못해 패했는데, 이제 특별한 은사를 입어 당신네 군대 진영을 관찰해보니, 만약 그저 이 정도라면 틀림없이 쉽게 이길 수 있겠습니다."

이에 제갈량이 여전히 빙긋이 웃으면서, 그를 놓아주며 다시 전투해보자고 말했다. 결과는 역시 제갈량의 승리와 맹획 생포로 끝났다. 그렇게 일곱 번 사로잡았다가 다시 일곱 번 놓아주어, 그 유명한 칠금칠종七禽七縱이란 고사성어가 탄생했다. 제갈량은 마지막에도 사로잡은 맹획을 풀어 놓아주며 돌려보냈다. 맹획은 떠나지 않고 멈춰서, 제갈량한테 탄복하여 공손히 아뢰었다.

"공께서는 하늘의 위엄(天威)을 지니셨습니다. 우리 남방 사람들은 앞으로 다시는 반란을 일으키지 않겠습니다."

이렇게 제갈량 군사는 순조롭게 진격하여 진지滇池까지 이르렀다. 남중南中을 모두 평정한 다음에는, 모두 각 지역의 우두머리들을 뽑아 스스로 다스리라고 내맡겼다. 그러자 막료 부하 가운데, 더러 그래도 되겠냐고 만류하며 간언하는 자가 있었다. 공명은 이렇게 대답했다.

"만약 외지인을 감독책임자로 임명해 남겨두려면, 마땅히 지원 병력도 남겨 주둔시켜야 하오. 병력이 머물러 주둔하자면 먹을 식량이 없으니, 그것이 첫째 어려움이오. 게다가 남방 오지를 이제 막 평정하느라, 아직 전쟁 상처가 채 아물지도 않고, 부모형제가 죽어 온통 초상 통에 어수선하오. 외지인을 감독으로 남기면서 병력을 주둔시키지 않으면, 틀림없이 원한복수의 재앙과 환난이 일어날 테니, 그것이 두 번째 어려움이오. 남방 부족들이 서로 죽이고 폐위시킨 죄들이 거듭 쌓여, 스스로 허물이 무거운 줄 혐오하고 있소. 그런데 만약 외지인을 남겨 감독하게 한다면, 끝내는 서로 믿지 못하여 민심이 뒤숭숭해질 테니, 그것이 세 번째 어려움이오. 이러한 이유에서, 나는 이제 병력을 주둔하지 않고, 군량미를 운반 조달하는 수고도 필요 없게 하겠소. 대강 큰 원칙만 정해 기강질서를 유지하도록 명하겠소. 자세한 사항은 이夷와 한漢이 스스로 정해 안정을 찾게끔 권유하면 되오."

어쨌든 제갈량이 남방을 평정한 뒤로, 거기서 군수물자가 많이 보급되어, 나라가 매우 부유하고 풍요해졌다. 이를 바탕으로 제갈량은 군대병력을 다스리며 무예훈련을 강화해 대출정을 준비할 수 있었다.

제1차 중원 북벌과 출사표 (227)

건흥 4년(226) 5월, 위 문제 조비가 죽고 아들 예叡가 명제로 즉위하자, 조진·조휴·진군·사마의 등이 정치를 보필하였다. 이듬해(227) 제갈량은 역사적인 대북벌에 나섰다. 모든 군대를 총출동하여 북진해 한중漢中에 주둔하였다. 출발에 즈음해, 공명은 그 유명한 출사표를 적어 상소하였다.

"신하 량은 아뢰옵니다. 선제先帝께서 나라를 세우신 지 절반도 안 되어, 기반이 다져지기도 전에 중도에 돌아가셨습니다. 이제 천하가 셋으로 나뉘어 솥발처럼 섰는데, 그중 우리 익주益州가 가장 피폐하여, 진실로 존망이 경각에 달린 위급한 때입니다. 그러나 안으로는 조정에서 시종 호위하는 신하들이 게으름 피우지 아니하고, 밖으로는 충성스런 올곧은 지사들이 자기 몸조차 잊고 열심이니, 이는 대저 선제께서 특별히 우대하신 은혜를 추념해 폐하께 보답하고자 함입니다.

그러하오니 진실로 거룩하신 마음의 귀를 활짝 열어 충직한 간언을 듣고 받아들여, 선제께서 남기신 덕망을 크게 빛내시고, 충신지사들의 기개를 크게 진작하셔야 마땅하옵니다. 혹시라도 망령되이 스스로 보잘것없고 천박하다고 비하하면서, 그릇된 비유를 끌어다가 의리(정의)를 잃고 충직한 간언의 말문을 막아서는 아니 되옵니다.

궁중과 부중府中이 다 함께 혼연일체이오니, 착한 일을 포상하고 승진하거나 나쁜 짓을 폄하해 처벌하는 인사 조치는, 원칙기준 없이 자의로 들쭉날쭉 다르게 해서는 안 됩니다. 만약 간사한 짓으로 법령을 어겨 죄악을 저지른 자가 있거나, 또는 충성과 선행을 행한 자가 있다면, 해당 담당 관사에 회부해 각각 적합한 형벌과 포상을 행하셔야 마땅합니다. 그래서 폐하의 공평하고 현명한 다스림을 만 천하에 널리 알리시고, 절대로 사사로이 치우친 편견으로 말미암아 안팎으로 법적용을 달리 해서는 안 됩니다.

시중侍中、시랑侍郎인 곽유지郭攸之、비의費禕、동윤董允 등은 모두 선량하고 진실하며 뜻과 사려가 충직하고 순수하여, 선제께서 이들을 가려 뽑아 폐하께 물려주셨습니다. 어리석은 제 소견에, 궁중 일들은 크고 작음을 막론하고 모두 이들한테 자문한 다음 시행하시면, 반드시 폐하께서 잊거나 빠뜨려 모자란 부분을 기워 보충하여 크게 확충 보필하는 이익이 있을 것입니다.

장군 상총向寵은 성품과 행실이 맑고 변함없이 균일하며 군사에도 매우 해박하여, 예전에 처음 등용하려고 시험해볼 적에, 선제께서 아주 유능하다고 칭찬하셨습니다. 그래서 대중이 함께 상의하여 상총을 도독으로 임명했습니다. 하여 어리석은 제 소견에, 군대진영 일들은 크고 작음을 막론하고 모두 그한테 자문하신다면, 틀림없이 군영행진이 화목하고 인재를 우열에 따라 적재적소에 쓸 수 있을 것입니다.

현명한 신하를 가까이 하고 소인배를 멀리하여 전한은 크게 흥륭하였으며, 소인배들을 가까이 하고 현명한 신하를 멀리하여 후한은 크게 쇠퇴하였습니다. 그래서 선제께서 살아생전에 매번 신하와 정치득실과 그 원인을 토론할 때마다, 일찍이 한 번도 환제桓帝、령제靈帝를 탄식·통한하지 않은 적이 없사옵니다.

시중侍中、상서尚書、장사長史、참군參軍들은 모두 올곧고 선량하며 죽음으로 절개를 지킬 신하들이오니, 원컨대 폐하께서는 이들을 믿고 가까이 하시옵소서. 그렇다면 한실漢室의 중흥번영은 날을 헤아리며 고대할 수 있을 것입니다.

신하는 본디 베옷 입은 평민으로 남양南陽에서 몸소 밭갈이하며, 진실로 구차하게 난세에 천성과 목숨을 온전히 보전하느라, 제후들한테 명성이 드날리길 구하지 않았습니다. 그런데 선제께서 신하를 야비하고 비천하게 여기지 않으시고, 외람되이 스스로 존체를 굽히시어 세 차례나 신하 초가오두막을 찾아 왕림하셔서, 신하한테 당세 일들을 자문하셨습니다. 이로 말미암아 몹시도 감격하여, 드디어 선제께 함께 말을 몰아 달리기로 허락하였습니다. 나중에 나라가 기울어져 쓰러질 위기에 즈음해, 패군으로 존망이 위급한 상황에서 군사로 임명되어, 분부를 받든 이래 지금까지 어언 21년이나 되었습니다.

(배송지松之 주에 따르면, 류비劉備가 건안建安 13년에 크게 패전하여 제갈량을 오吳에 사절로 보냈고, 제갈량이 건흥建興 5년 류표劉表에 대항하여 북벌을 단행했으니, 패전해 망할 뻔했던 그때부터 당시까지 장장 20년이다. 그러니 류비가 처음 제갈량과 만난 때는 바로 패전하기 1년 전으로 추정된다.)

선제께서는 신하가 조심하고 근신하는 줄 아시기에, 임종에 신하한테 천하 대사를 맡기셨습니다. 임종에 유명遺命 부촉을 받은 이래, 밤

낯 근심걱정으로 장탄식하였으니, 선제께서 부탁하신 유촉이 별 효험이 없어서, 혹여 선제의 현명한 예지를 손상시키지나 않을까 저어한 두려움 때문이었습니다.

그래서 한여름 5월에 로瀘수를 건너 남방 황량한 불모지에 깊이 들어가 정벌하였습니다. (한서漢書 지리지地理志에 따르면, 로유수瀘惟水는 장가군牂牁郡 구정현句町縣에서 발원해 흐른다.) 이제 남방이 이미 평정되고 병마와 갑옷이 이미 넉넉히 비축되었으니, 마땅히 삼군三軍을 출동해 거느려 북으로 중원을 정벌해 평정해야 합니다.

모름지기 노둔한 재주와 능력을 다하여, 간사하고 흉악한 도적을 제거하고 한실漢室을 부흥해 옛 도읍으로 귀환하는 일이야말로, 바로 신하가 선제께 보답하는 길이요, 폐하께 충성하는 직분입니다. 반면 상황을 짐작하고 손익을 헤아려 믿음직한 충언을 다함은, 곽유지、비의、동윤 등의 임무입니다.

원컨대, 폐하께서는 신하한테 간적을 토벌해 한실을 부흥하는 임무를 맡겨주시고, 만약 효험이 없다면 신하의 죄를 다스려 선제의 영령께 고하소서. 허나 만약 폐하의 덕행을 일으키는 충언이 없다면, 이는 곧 곽유지、비의、동윤 등의 직무태만 죄를 다스려, 그들의 허물을 널리 드러내소서.

폐하께서도 또한 스스로 신중히 도모하사, 착한 길(善道)을 자문해 취하고, 우아한 충언을 잘 살펴 받아들여, 선제께서 당부하신 유조遺詔를 깊이 추념하고 따르셔야 마땅합니다. 신하는 받자온 은혜를 이기지 못하고 감격하여, 이제 막 멀리 원정을 떠나느라 표문을 올리자니, 눈물이 앞을 가려 더 이상 무슨 말씀을 여쭈어야할지 모르겠습니다."

후주의 성토 조서

건흥 5년(227) 춘삼월, 제갈량이 제1차 북벌에 출정하며 출사표를 올리자, 이에 화답하여 후주 류선은 조서를 내려 조위를 성토하며 군사를 격려했다.

“짐이 듣건대, 천지자연의 도는 어진 이한테 복을 주고 음란한 자에게 화를 내린다. 그래서 선행이 쌓이면 창성하고, 죄악이 쌓이면 쇠망하니, 이는 고금에 보편적인 통상 운수다. 그래서 탕왕과 무왕은 덕을 닦아 왕이 되었고, 걸과 주는 끝까지 포학하여 망했다. 접때 한 운수가 중도에 쇠미해져, 법망이 흉악하고 사특한 자들을 거르지 못하더니, 동탁이 난리를 일으켜 경기 지역을 쑥대밭 만들었다. 조조가 그 재앙을 틈타 천자권세(天衡)를 몰래 훔쳐 쥐고, 천하를 잔인하게 착취하며 황제를 무시하는 마음을 품었다. 비천한 고아가 된 아들 비丕가 감히 혼란한 틈을 찾아 신령스런 천자 대권(神器)을 찬탈해, 황실 성씨를 바꾸고 문물전장을 고쳐 세상민심이 몹시 흉흉해졌다. 이때 지극한 중정中正의 도(皇極)가 흐려져 숨어 천하에 주인이 없어지니, 우리 황제 운명이 아래로 떨어져 내려왔다.

소렬昭烈 황제(류비)께서는 현명한 예지의 덕을 타고나, 빛나게 문무를 겸비해, 건곤의 운행에 부응하셨다. 난세를 평정하고자 분연히 자신을 일으켜 사방을 경영하니, 사람과 귀신이 함께 도모해 백성이 온힘을 보태고 억조창생이 흔연히 떠받들었다. 천명을 받들고 민심에 순응해, 조정을 세우고 국호를 바꾸어, 하늘의 질서를 크게 받드셨다. 피폐를 척결하고 쇠퇴를 부흥해, 조종대업을 다시 존속시켜, 크나큰 황천의 기강이 다시는 땅에 떨어지지 않게 하셨다. 허나 만국이 안정되기 전에 일찍 서거하셨다.

짐이 어린 철부지로 대업기반을 이었으나, 보필하는 사부의 가르침을 익히지 못해, 조종의 중대한 사명에 버겁다. 천지사방이 꽉 막혀 사직이 제대로 서지 못하니, 그 까닭을 길이 사유하고 광정구제만을 사념하나, 세월만 헛되이 흘러갈 뿐 아직 별 효험이 없으니, 짐은 몹시 두렵도다. 그래서 새벽 일찍 일어나 밤늦게 잠들며, 감히 스스로 방일할 수 없었다. 매양 소박한 절검으로 국가비용을 보태고, 나누길 권하고 힘써 아껴 인민재력을 풍요롭게 했다. 방정하고 유능한 인재를 임명해 참모로 경청하며, 사심을 끊고 뜻을 낮춰 장병을 양성했다.

막 칼을 높이 빼들어 말을 치달아 흉포한 역적을 토벌하고자 했는데, 도끼와 깃발을 세우기도 전에 조비가 운명해 사라졌으니, 이게 바로 이른바 내 땔감에 불을 붙이지도 않았는데 스스로 불타버린 꼴이다. 그 잔당과 나머지 추악 세력이 천벌을 자초하려, 방자하게 황하와 락수를 노려보며 무장병력을 철수하지 않고 있다.

제갈승상은 마음이 크고 굳세며 웅장한 충신으로 우국충정에 자신을 잊은지라, 선제께서 천하를 맡기며 짐의 몸을 보필하도록 부촉하셨다. 이제 승상께 깃발과 도끼를 주어 토벌 중책을 맡기며, 군중명령의 전권을 수여하니, 보병기병 20만 군중을 통솔해 모든 군사를 총감독 지휘하고 천벌을 봉행하시오. 우환을 없애고 혼란을 평정해 옛 도읍으로 복귀 환궁할 경사가 바로 이번 출정행군에 달렸다.

옛날 항적項籍은 강한 군중 거느린 힘만 믿고 여러 주군州郡을 병탄하며 영토 확대에만 힘쓰더니, 끝내 해하에서 패전해 동성東城에서 죽고 말았다. 종족도 모두 불 탄 듯 소진하여 천추에 비웃음거리가 되었으니, 이는 모두 의롭지 못하게, 위를 능멸하고 아래를 학살한 때문이다. 지금 도적들도 어리석은 허물을 본받아, 하늘과 인간이 함께 원망하니, 이때를 받들어 신속히 행할지어다. 활활 타오르는 정밀한 조종 신령의 위엄 있는 보우와 복덕에 의지해, 향하는 곳마다 반드시 이길 것이다.

오왕 손권은 함께 환난상휼을 다짐해, 은밀한 군대로 연합전략을 펼쳐 후방에서 뒷받침할 것이다. 량주涼州에 여러 국왕도 각자 월지月支、강거康居를 파견하고, 호후胡侯 지부支富、강식康植 등 20여인도 나와 절도사를 제수 받았다. 우리 대군이 북벌에 출정함에, 저들도 곧 장수와 병마를 거느려, 창을 치켜들고 선봉에 나서 치달릴 것이다. 천명天命이 내려오고 인사도 화합해 모이니, 군대가 정의롭고 세력이 배로 막강해져, 반드시 천하무적이리라!

무릇 왕의 병력은 징벌은 하되 전투는 없는 법이며, 존엄하고 정의로워 감히 대항할 수 없다. 그래서 명조鳴條의 정벌에서 군대는 칼날에 피를 묻히지 않았고, 목야牧野의 출정에서 상商 국민은 창을 거꾸로 잡고 달아났다. 이제 깃발을 치켜세워 길을 앞서 나가리니, 지나거나 머무는 곳마다 함부로 병력을 휘둘러 무용을 과시하지 않을 것이다. 만약 사악함을 내버리고 정의를 좇아 도시락과 물병을 들고 왕의 군사를 환영하는 자라면, 국가에 불변의 법전 규정이 있어, 크고 작은 은총과 각각 알맞은 등급의 포상이 내려질 것이다.

위魏의 종족과 지손 및 안팎 관계자들은, 만약 이해타산을 따져 거역 및 순종의 운수를 잘 살펴 투항해온다면, 모두 다 용서해 죄를 면제해줄 것이다. 옛날 보과輔果는 지씨智氏와 친족 인연을 단절해 종족을 보전하는 복을 입었다. 미자微子는 은나라를 떠나고, 항백項伯은 한漢에 귀순했다. 이들은 모두 오두막집과 땅을 얻는 경사를 하사받았으니, 이는 전대에 있었던 분명한 역사증험이다. 만약 그래도 혼침하니 미혹해 반성하지 않고, 여전히 혼란의 괴수를 도와 왕명을 따르지 않는다면, 본인은 물론 처자식까지 가차 없이 주륙할 것이다. 은혜와 권위를 널리 선양해, 그 장수는 용서하고 피폐한 인민은 애도하겠다. 그밖에는 조서와 율령에 따른다. 승상이 천하에 널리 공포하여, 짐의 뜻에 맞게 시행하시오."

제1차 출정에 얽힌 일화

이렇게 해서 건흥 5년(227) 봄, 승상 제갈량이 출정해 한중에 주둔하며, 면沔수 북쪽 양평陽平과 석마石馬에 진영을 꾸렸다.

앞서 곽충郭沖이 토로한 다섯 가지 숨겨진 고사 가운데, 세 번째 이야기로 이런 일화가 전해온다.

제갈량이 양평陽平에 주둔하여, 위연魏延한테 대군병력을 거느리고 동쪽 아래로 내려가도록 파견하고서, 자신은 오직 1만명만 남겨 본거지인 성을 지키고 있었다. 이때 사마의가 당시 20만 대군을 거느리고 제갈량을 막으러 나왔다. 그가 지름길로 행군하다 보니, 위연의 군대와 길이 엇갈려, 바로 제갈량이 주둔하던 성의 60리 앞에 당도했다. 사마의 군대 척후병이 정탐을 하고 돌아가, 제갈량이 성중에 아주 적고 힘없는 병력과 함께 머물고 있다고 보고했다. 제갈량도 사마의 군대가 거의 다 다가와 금방 서로 맞부딪칠 줄을 알아차렸다. 허나 남은 병력을 이끌고 앞으로 행진하여 위연 본대와 합류하기에는 너무 멀리 떨어졌다. 그렇다고 위연 군대를 되돌아오라고 불러 추격하라고 명하기에도 서로 미치기 어려운 형세였다. 이에 장수와 병사들이 모두 낯빛을 잃고 어찌할 줄 몰라 안절부절 사색이 되었다.

허나 제갈량은 의기소침하지 않고 태연자약하니 평정한 마음으로 침착히 하명했다. 군중에 모두 깃발을 내려 눕히고 북소리도 쉬며, 함부로 움막초소를 나가지 못하도록 엄명을 내렸다. 그리고 또 성에 사방 대문을 활짝 열어젖히고, 땅바닥을 쓸고 물을 뿌리며 평화로이 청소하라고 분부했다. 제갈량이 평소 아주 신중한데, 함부로 허약한 세력을 밖으로 드러내는 것은, 필시 무슨 복병이 있을 거라고 사마의는 도리어 의심했다. 그 결과 스스로 제 꾀에 넘어가 군대를 돌려 북쪽으로 물러나 산에 진을 쳤다. 이튿날 밥 먹을 때, 제갈량은 참모들 손을 부여잡고 크게 너털웃음을 터트리며 말했다.

"사마의는 틀림없이 내가 겁약하게 보인 것이 강한 매복을 위장하기 위한 속임수라고 판단하여 산으로 달아나 버렸을 것이다."

과연 제갈량의 척후병이 정탐하고 돌아와 보고한 내용도 제갈량 말과 똑 같았다. 사마의가 나중에 이 사실을 알고 몹시도 후회하며 통한했다고 전한다.

허나 삼국지 주를 단 배송지는 또 회의를 제기한다. 이 일화는 제갈량의 신출귀몰한 지략을 미화하기 위해, 누군가 일부러 과장해 꾸며낸 이야기일 거라는 회의다. 그는 이렇게 분석 비평한다.

사실을 살펴보자면, 양평陽平은 한중漢中에 있는데, 제갈량이 처음 양평에 주둔할 적에는, 사마의가 아직 형주荊州 도독으로 완성宛城에 주둔하고 있었으며, 조진曹眞이 사망한 후에 비로소 제갈량과 관중關中에서 서로 만나 대치·항쟁했다. 위나라에서 일찍이 사마의한테 완宛에서 서성西城을 경유해 촉蜀을 정벌하라고 파견한 때에는, 막장맛비(霖雨)를 만나 끝내 출정에 성공하지 못했다. 그 전후로는 다시는 양평에서 만나 교전한 일이 없었다. 설사 곽충이 전하는 말이 사실이라고 할지라도, 사마의가 일단 20만 군중을 출동하여 제갈량 병력이 적고 허약한 줄 알았다면, 설사 강한 복병이 있을까 의심스러웠다고 할지라도, 바로 그에 대한 신중한 방비를 설치해 공략할 수도 있었을 것이다. 헌데, 어찌 그런 대책도 강구하지 않고 선뜻 군대를 돌려 달아날 수 있단 말인가? 또 위연전魏延傳에 기록을 보면, "위연은 매번 제갈량을 따라 출정할 적마다, 정예병 1만인만 내달라고 청해 제갈량과 다른 길로 행군해 동관潼關에서 서로 만나자고 원했는데도, 제갈량은 직접 제동을 걸어 불허했다. 그래서 위연은 항상 제갈량이 겁약하다고 불만을 품고, 자기 재능을 제대로 발휘하지 못함을 한탄했다."

그렇다면, 제갈량이 위연한테 1만 명을 별도로 통솔하는 것조차 허락하지 않은 셈인데, 어떻게 곽충 말과 같은 사건이 벌어질 수 있었겠는가? 갑자기 장중한 대군병력을 위연한테 맡겨 앞으로 행진하게 하고, 자신은 경솔하게 허약한 병력으로 스스로 위험하게 지키는 무모한 전술 말이다. 또 곽충은 사마의 아들 부풍왕扶風王과 함께 말하면서 사마의 단점을 현저히 드러냈다. 아들을 앞에 두고 그 아버지를 폄하·훼방하는 짓은 윤리도의상 용납되지 않는 법인데, 그럼에도 "부풍왕이 개탄하면서 곽충 말이 옳다고 화답했다"고 전한다. 그래서 곽충이 전하는 기록이나 인용문은 모두 사실이 아니라 거짓 허위라고 배송지는 판단한다. 어쨌든, 사실이 다소 과장되었을 수는 있겠지만, 제갈공명의 신출귀몰한 병법전략과 정관靜觀 내공內功을 부각시키는 일화임에 틀림없다.

불길한 전조 맹달 사건

건흥 6년(228) 봄, 제갈량은 일부러 짐짓 사곡도斜穀道로 나아가서 미眉를 취하겠노라고 큰소리치면서, 조운趙雲과 등지鄧芝한테 위장군대(疑軍)를 이끌고 기곡箕谷에 진을 치라고 명했다. 이에 위 대장군 조진曹眞이 막대한 군중을 출동해 이를 막으려 대치하였다. 그 사이 제갈량은 몸소 여러 주력군대를 통솔해 기산祁山을 공략하러 출정했다. 군대진영이 아주 질서 정연하고 균제미가 넘쳤으며, 상벌이 엄숙하고 호령이 엄명했다. 이때 남안南安、천수天水、영안永安 세 군郡이 위를 등지고 제갈량에 호응하니, 관중이 일시에 크게 진동했다.

위략魏略에는 이런 기록이 전한다. 처음 삼국이 정립했을 적에, 촉蜀에는 오직 류비劉備만 있었다. 류비가 죽은 뒤로는 몇 년 동안 아무런 소리도 없이 고요해서, 위나라도 별다른 대비 없이 평안히 지냈다. 그러다가 갑자기 제갈량이 출정한다는 소식이 들리자, 위 조야에서 두려움과 공포로 떨었다. 특히 롱우隴右와 기산祁山 지역이 더욱 심했다. 그래서 세 군에서 동시에 제갈량한테 호응했다.

이 무렵, 제갈량은 적진의 내부 호응 및 민심이반을 꾀하고자, 맹달孟達한테 은밀히 서신을 보내 회유와 설득으로 고국 복귀를 종용했다.

맹달은 본디 법정法正과 함께 류장 휘하에 있다가, 귀순해 의도宜都 태수에 임명되었다. 건안 24년(219) 방릉房陵 협공에 나섰는데, 류비는 맹달 혼자 힘겹겠다고 여겨 양자 류봉을 보내 가담시켰다. 헌데, 그해 가을 관우가 조조대군을 대파할 적에, 류봉과 맹달한테 지원을 요청했으나, 둘은 관할 지역을 막 접수해 안정되지 않았다는 이유로 꿈쩍도 하지 않았다. 그해 겨울 관우가 손권의 급습을 받고 고립무원으로 궁지에 몰려 끝내 처참하게 죽자, 류비는 몹시 애통해 원한을 품었다. 게다가 류봉이 한중왕 류비의 양자 지위를 과시해, 맹달과 서로 다투며 불화가 심했다. 급기야 봉이 맹달의 북과 나팔을 가로채, 군사 지휘권을 빼앗아버렸다. 맹달은 죄를 얻을까 두렵기도 하고, 봉에 대한 분노원한이 폭발해 끝내 류비를 등지고 위나라로 달아났다. 떠나는 마당에 맹달은 명문의 사표를 올렸다. 인용한 격언이 으뜸 백미다.

"교제를 끊을 적엔 나쁜 소리를 않고, 떠나가는 신하는 원망불평이 없다.(交絶無惡聲, 去臣無怨辭)"

조조가 죽고 아들 비丕가 위왕을 계승한 220년 7월, 맹달은 부곡 4천가구를 이끌고 위에 투항해버렸다. 위에 요직과 장군·후작을 받은 맹달은, 다시 류봉을 습격하러 돌아와서, 봉한테 명문의 회유 서신을 보내 마음을 흔들었다.

"그대는 비록 한중왕 류비 양자로서 잠시 권세를 누렸지만, 이미 태자가 정해진 마당에, 혈연이 전혀 없는 길손 같은 남으로 의심을 사기

십상이다. 권력승계를 둘러싸고 친 골육 간에도 축출과 살륙이 다반사인 인간사에, 틀림없이 머지않아 재앙이 닥칠 게 분명하다. 그러니 일찌감치 지혜롭게 스스로 화를 모면하고 큰 복을 구해 대인을 만남이 이롭지 않겠는가?"

이에 봉은 그 말을 듣지 않았는데, 부하가 배반하고 형세가 불리해지자, 패주해 성도로 귀환하여 죽임을 당했다.

한편, 위에 귀순한 맹달은 문제한테 총애를 받았다. 허나 226년 5월 문제가 죽고, 절친하게 지내던 환개桓階와 하후상夏侯尙도 죽고 없자, 고립무원으로 마음이 불안해졌다. 제갈량이 이 소식을 듣고, 맹달을 다시 불러들일 수 있겠다고 판단했다. 그러잖아도 남정에서 귀환 길에, 위에서 투항한 리홍李鴻을 만나, 맹달이 자기를 신임하고 있더라는 소식을 들어 연락하려던 참이었다. 제갈량은 이렇게 적었다.

"지난해 남으로 출정했다가 세밑에야 귀환하는데, 때마침 리홍을 한양에서 만나 소식을 전해 듣고, 감개무량하여 장탄식을 했습니다. 족하의 평소 포부와 뜻이, 어찌 부질없는 명성과 영예만 좇아 배반하고 떠나길 좋아하겠습니까? 오호라 맹자시여! 이는 실로 류봉이 족하를 능멸·침탈해, 선주의 선비 우대 정신을 크게 손상시킨 일이었습니다. 또 리홍 말을 듣자니, 왕충이 거짓말을 날조했는데도, 족하께서 내 마음을 너그럽게 헤아려 왕충 말을 믿지 않았더군요. 표명하신 말씀을 전해 듣고, 평생의 우호관계를 추념하여, 간절히 동쪽을 바라보며 이 서신을 적어 보냅니다."

이렇듯 은밀히 유인하는 서신과 답신이 여러 차례 오가던 차에, 평소 맹달과 사이가 벌어진 위흥魏興 태수 신의申儀가 내통사실을 밀고했다. 위 명제는 처음엔 믿기지 않았다. 허나 사마의가 참군 량기梁幾를 보내 감찰한 뒤, 맹달한테 조정에 들라고 권했다. 그러자, 맹달은 발각되어 죽임을 당할 게 뻔해, 몹시 두려운 나머지 12월에 마침내 배반하고 말았다. 결국 사마의가 토벌하러 가서 성안에 맹달 부하들을 유인해 성문이 열리고, 태화太和 2년(228) 춘정월 포위 16일만에 신성新城을 평정했다. 맹달 목은 락양에 전해져, 사거리서 불살라졌다.

한편, 진서晉書 선제宣帝기에 따르면, 건흥 5년(태화 원년, 227) 6월, 사마의는 완宛에 주둔해 형주와 예주의 전군을 감독했다. 당초, 촉장 맹달이 투항해 위 문제가 심히 후대하자, 사마의는 맹달의 언행이 경박하고 기교가 많아 신임할 수 없다고 간언했다. 명제는 듣지 않고 달을 후작에 봉해 부절을 주어 신성태수에 임명했다. 이에 맹달은 오·촉과 연락해 몰래 중원을 도모하고자 했다. 촉상 제갈량은 달이 배반을 되풀이하는 걸 싫어하고 후환을 염려했다. 마침 달이 위흥태수 신의와 사이가 벌어졌다. 량은 사단을 촉진하고자, 곽모郭模를 보내 거짓 투항하며 신의한테 들러 맹달 모의를 누설케 했다. 누설 사실을 안 맹달이 거병하려던 참에, 사마의는 달이 신속히 행동하면 속수무책으로 당할까 염려해, 일부러 늦추기 위해 먼저 서신을 보내 타일렀다.

"장군이 전에 류비를 버리고 귀순해 국가에서 장군한테 강토를 내주어 촉을 도모하도록 중책을 맡겼으니, 그 마음 흰 해(白日)를 관통하고 남습니다. 촉 인민은 우둔하건 지혜롭건 모두 장군한테 절치부심할 것이오. 제갈량이 격파하고 싶겠지만, 다만 길이 없어 고심할 것이오. 곽모가 말한 건 작은 일이 아니오. 제갈량이 어찌 경솔히 누설시키겠소. 이건 쉬 알 수 있는 뻔한 일 아니오?"

맹달이 서신을 받고 크게 기뻐하며 머뭇거리고 거병을 결단하지 못하는 사이, 사마의는 몰래 군대를 출동해 토벌에 나섰다. 여러 장수들은 맹달이 두 적국과 내통해 결탁한 상태니, 사태를 관망한 뒤에 출동해야 한다고 말했으나, 사마의는 단호했다.

"맹달은 신의가 없어서, 서로 의심해 머뭇거리는 바로 이때를 틈타 재빨리 처결해야 한다."

이에 두 배 속도로 신속히 행군해 8일만에 성 아래 당도했다. 오와 촉은 각각 장병을 서성西城 안교安橋、목란새木闌塞로 보내 맹달을 구원하려 했으나, 사마의는 여러 장수를 보내 막게 했다. 당초 맹달은 제갈량한테 느긋하게 자신하는 서신을 보냈다.

"사마의가 주둔하는 완은 수도 락洛에서는 8백리 거리고, 나한테는 1200리 거립니다. 내가 거사하면, 천자한테 보고해 왕래하는 데만 1개월이 걸릴 겁니다. 그 사이 내 성은 이미 견고히 방비하고, 군사는 충분히 대비할 겁니다. 이곳이 깊고 험난해, 틀림없이 사마공이 친히 오지 않고 부장을 보낼 테니, 나는 걱정 없습니다."

허나 뜻밖에 재빨리 병력이 당도하자, 맹달은 깜짝 놀라 또 제갈량한테 서신을 보냈다.

"내가 거사해 8일만에 병력이 성 아래 당도하다니, 어찌 이리 신명처럼 신속하단 말이오?"

상용성上庸城은 삼면이 물로 둘러싸였는데, 맹달은 성 밖에 목책을 설치해 더욱 견고히 방비했다. 사마의는 물을 건너 목책을 파괴한 뒤 곧장 성 아래로 진군했다. 팔방에서 총공격을 개시한 지 16일만에, 맹달의 생질 등현과 부장 리보 등이 성문을 열고 항복했다. 이에 맹달을 참해 그 머리를 수도에 보내고, 만여명 포로를 이끌고 완으로 귀환했다. 맹달의 잔여 대중 7천여 가구는 유주幽州로 옮겼다.

이 무렵 촉 장수 여정姚靜、정타鄭他 등이 부하 7천여명을 거느려 투항하자, 사마의는 명제한테 그 원인을 이렇게 분석했다.

"적(제갈량)이 빽빽한 법망(密网)으로 부하를 옭죄니, 부하가 저버린 것입니다. 큰 기강(大綱)으로 관용하면 자연히 안락할 것입니다."

한번 반란을 일으키면 귀순한 곳에도 의심을 받기 마련이고, 총애와 권력을 얻어도 그로 인한 시기질투가 어우러져, 끝내 재모반이 일어나고 비참한 최후 종말을 맞이할 수 있다. 맹달 사건은 바로 이러한 역사경험 교훈을 생생히 보여주는 사례다.

어쨌든, 제갈량 제1차 북벌에 즈음하여 숨 가쁘게 벌어진 맹달 사건의 종말은, 왠지 공명한테 꺼림칙한 불길한 조짐이 되었을지도 모른다. 그게 순조롭게 잘 풀렸다면, 비바람을 만난 비룡처럼, 파죽지세로 진격해 큰 성공을 거두었을지도 모른다. 역사에서 가정이란 한낱 부질없는 공상에 불과하지만! 맹달 배반 사건을 신속히 수습한 사마의는, 더욱 더 신중한 심리적 경계와 대비를 꾀했을 것이다.

마속의 가정街亭 대패

이때 위 명제는 서쪽 장안에 주둔하고 있었는데, 장합張郃을 도독으로 특진시켜 제갈량을 막으라고 명했다. 제갈량은 마속을 선봉장으로 삼아, 여러 군대를 이끌고 독려해 장합과 가정街亭에서 교전하도록 명했다. 헌데, 마속은 제갈량이 정해 당부한 병법을 지키지 않아, 군사 출정에 절도를 잃고 산위로 올라가, 거동이 번잡하고 어수선해졌다. 게다가 조조한테서 류비로 귀순한 왕평이, 물길 끊기면 위험하다고 잇따라 간언했으나, 물을 버리고 산으로 올랐다. 마속이 남산에 의지해 내려오지 않자, 장합은 성을 함락하기 어려워 물 긷는 급수 길을 끊은 다음 공격했다. 마속 군사는 하산해 투항하고 풍비박산했다. 류성柳城에 주둔해 전열을 가다듬던 고상高詳은 곽회郭淮 공격으로 격파당했다. 오직 왕평만이 1천명을 거느린 채 북을 치며 수비하는데, 장합은 복병이 있을까 저어하여 더 이상 접근하지 못했고, 이에 왕평은 여러 진영과 패잔병을 수습해 서서히 퇴각했다.

가정을 잃자, 제갈량은 더 이상 주둔할 근거지가 없어져, 서현西縣에서 1천 호구 남짓 포획한 뒤 한중漢中으로 귀환했다. 이에 제갈량은 마속과 장군 장휴張休·리성李盛을 주륙하고, 장군 황습黃襲의 병력을 회수해 군중한테 사죄했다. 반면, 왕평은 패전을 침착히 잘 수습한 공로로 특별히 승진하여 참군이 되고, 5부를 통솔해 군영사무를 관장하게 되었으며, 나중에 장군으로 승진해 정후亭侯에 봉해졌다.

이에 제갈량은 스스로 실책한 죄를 자청해 상소문을 올렸다.

"신하는 미약한 재능으로 분수에 넘치는 직위를 탐내 훔치고, 무모하게도 몸소 깃발과 도끼를 잡고 삼군을 독려했습니다. 허나 군사를 제대로 가르치지도 못하고, 군법을 분명히 밝히지도 못해, 큰일을 당해 두려움에 봉착하고 말았습니다. 급기야는 가정에서 군명을 어기는 허물과, 기곡에서 신중히 경계하지 못한 실책을 거듭 범하였습니다. 이러한 잘못들은 죄다 신하가 직책을 제대로 임명하지 못한 탓입니다. 신하는 인재를 제대로 알아보는 현명함도 부족했고, 중요한 일처리에도 다분히 어둡고 서툴렀습니다. '춘추'에서 병법전술에 실패 책임은 장수한테 귀속한다는 원칙에 따라, 신하의 직책이 그 책임을 감당해야 마땅합니다. 청하옵건대, 스스로 3등급을 폄하 강등하여, 그 잘못을 책임지고 감독하고자 원합니다."

이에 제갈량은 우장군右將軍으로 강등되어, 여전히 승상의 직무를 행하면서 만사를 총괄 통치(總統)했다. 조운도 병력은 적고 적군은 강하여 기곡에서 매우 불리했는데, 그나마 군중을 결속해 견고히 수비한 덕분에 대패는 면하고, 귀환 후 강등되었다.

읍참마속泣斬馬謖

마속은 재능이 출중한 마씨 5형제의 일원으로, 맏형 마량馬良은 바로 그 유명한 '백미白眉'란 성어에 장본인이다. 흰 눈썹이 난 마량이 5형제 중 가장 훌륭하다는 정평이 고향에서부터 자자했다. 마량은 일찍부터 류비 신임이 두터웠지만, 제갈량한테도 '존형'이라 부르고 오에 사절로 파견될 적에는 친서 초안을 위촉받을 만큼 친밀했다. 류비가 황제 존호를 받은 뒤 시중이 되었으나, 류비가 안타깝게도 관우 죽음을 애통히 여겨 여러 사람 만류에도 불구하고 오나라 정벌을 강행했다가 대패하는 바람에, 마량도 36세 한창 나이에 전사하고 말았다.

마속은 재주가 뛰어나고 군사전략을 즐겨 논하여, 승상 제갈량이 특히 가상히 여겼다. 헌데, 류비는 달리 보았는지, 임종에 제갈량한테 "마속은 말이 좋고 실속이 적어 크게 쓸 수 없으니, 군은 잘 살펴 조심하시오!"라고 특별히 당부했다. 하지만 제갈량은 그렇지 않다고 여겼다. 게다가 남방 원정 때 '공성攻城'이 아닌 '공심攻心'으로 심복心服을 얻으라고 만고 명언을 충고해, 대성공을 거두지 않았던가?

제갈량이 북벌에 나서 기산을 향해 첫 공격을 감행할 적에, 당시 주변 사람들은 모두 중진급 장수 위연魏延과 오일吳壹 등을 선봉으로 삼아야 한다고 주장했다. 허나 제갈량은 대중의 뜻을 거슬러 마속을 선봉으로 발탁했다가, 뜻밖에 장합한테 가정 전투에서 대패해, 진공에 발판을 잃고 한중으로 퇴군해야만 했다. 이런 상황에서 패전책임을 묻는 대중 물의가 비등했을 테고, 제갈량도 찔리는 마음이 강렬했을 테니, 부득이 마속을 희생양으로 바칠 수밖에 없었을 것이다.

마속이 투옥되어 39세 한창 나이로 죽게 되자, 제갈량은 비애와 통한에 눈물을 펑펑 쏟지 않을 수 없었다. 더구나 죽기 직전 마속이 옥중에서 적어 보낸 유언 서신을 읽은 제갈량 마음은 오죽했으랴?

"현명한 공께서 저를 아들처럼 여기시고, 저는 명공을 아버지처럼 모셨습니다. 원컨대, 우禹임금이 못난 아들 곤鯀을 처형해 천하 대업을 일으킨 대의를 깊이 사념하셔서, 평생 교유가 이번 일로 어그러지지 않는다면, 저는 비록 죽어도 황천길에 여한이 없겠습니다."

얼마나 순수하고 아름답고 용기 있는 충절 영혼인가? 이 말에 십만 군중이 모두 눈물바다가 되었다. 제갈량은 몸소 마속 장례 제사에 참석하고, 그 고아를 평생 친아들처럼 잘 돌보았다.

마속이 제갈량 남방정벌에 '공심攻心'의 '심복' 전략을 헌책해 큰 성공을 거두게 했으면서도, 정작 자신이 북벌에 선봉으로 참여해 부장의 간언도 듣지 않고 실책으로 대패한 역설적 사연을 접하니, 불현듯 전국시대 조趙나라 명전략가 마복군 조사趙奢의 아들 조괄趙括 고사가 떠오른다. 그 아버지와 어머니까지 모두 '아니다'고 몹시 염려했는데, 적군의 위장 첩보전에 넘어가 어리석은 임금이 내맡기고, 본인은 글로 읽은 병법만 믿고 자만에 빠져, 45만 대군을 몽땅 잃은 패전 말이다. 이론과 현실이 이렇게 다르고, 병법과 실제전투는 그렇게 판이할 수 있음을 느끼게 된다.

이때 제갈량이 눈물을 흘린 주된 까닭은 무엇일까? 소설에서는 승상의 선제에 대한 추모와 충절을 돋보이려는 듯, 선제가 생전에 경고한 유언이 떠올라 그 선견지명에 감복해 눈물을 흘린 걸로 묘사했다.

물론 그런 의미도 함축했을 것이다. 또 자신이 마속과 지나치게 친밀한 주관적 인정관계에 골몰해, 냉정한 객관적 판단이 흐려진 순간적 실책에 대한 통한의 눈물일 수도 있다. 믿었던 마속의 능력이 이밖에 안되는가에 대한 탄식도 담길 수 있겠다. 무엇보다도 천명에 대한 회의와 실망, 결정적 실패로 인한 좌절감도 어우러졌겠다. '하늘이 과연 내가 이끄는 촉한에 천하대업 성공의 행운을 주지 않는 걸까?' 마속에 대한 개인적 친분과 의리에서 비롯한 인정의 눈물도 온통 뒤범벅으로 섞여 착잡한 심경이었으리라.

삼국지를 통해 우리한테 익히 알려진 '읍참마속'이란 아주 유명한 고사성어는, 역사 진실과는 거리가 좀 멀어 보인다. 역사서 삼국지에 마속 목을 쳤다는 기록은 어디에도 없다. 중국에선 이 말 자체가 안 쓰인다. 자치통감과 소설 삼국지(연의) 내용을 바탕으로 일본에서 처음 등장한 신조어다. 다만, 분명하고 확실하게 제갈량의 엄정한 법집행과 공평무사 정신을 대변한다.

일찍이 모택동은 자치통감 권71 위기魏紀3에 '가정을 잃고 마속을 참수하다(失街亭斬馬謖)'는 구절을 읽고, 제갈량이 출정해 첫 전투에서 친히 최전선에 나서지 않은 사실을 비평하는 주석을 적었다.

"첫 전투는 제갈량이 마땅히 스스로 진영에 나서야 했다."

이어 제갈량이 다시 출정해 장합을 죽인 기사에는 이렇게 적었다.

"가정에서 패전한 뒤, 제갈량은 매번 출정 때마다 반드시 전선에 임했다."

제갈량이 몸소 대군을 통솔 진군해 진중을 지휘하며, 병력을 분산하거나 남에게 책임을 맡겨서는 안 된다는 취지였다.

한편, 마속의 패전에 관한 미묘한 실마리가 보인다. 출사표에 나오는 상총向寵의 숙부인 상랑向朗은, 형주목 류표의 관리였다가 류비한테 귀순한 원로였다. 제갈량 남정 시에 후사를 통괄할 정도로 신임이 두터웠는데, 건흥 5년(227) 제갈량을 따라 한중漢中에 이르렀다. 상랑은 평소 마속과 친분이 두터웠는데, 마속이 패전해 도망한 사실을 알고서도, 애석하게 여겨 신고하지 않은 모양이다. 이에 제갈량이 한스럽게 여겨, 그는 관직에서 물러나 성도로 귀환해, 연희 10년(247) 서거했다.

아마도 마속이 뜻밖에 참담한 패전을 당하여, 다급한 김에 홀몸(單騎)으로 포위망을 뚫고 달아났다가, 부끄럽고 죄책이 두려워 나타나지 않고 숨어 있었던 모양이다. 친밀한 상랑이 알면서도 마속과 각별히 친밀한 인정 때문에, 알리지 않고 침묵한 게 아닐까 추정되기도 한다.

나중에 결국 마속이 체포되어 투옥되었고, 역사기록에 충실하자면, 옥중에서 '물고物故'=사망하였다. 옥중에서 처형되었을 수도 있지만, 어쩌면 병사病死나 다른 원인으로 죽었을 수도 있다. 한술 더 뜨자면,

마속이 죽은 가장 큰 이유는, 패전 자체라기보다는, 패전 후 혼자 살려고 도망친 책임 때문이 아닐까 여겨지기도 한다.

마속 처형의 반대와 만류 간언

제갈량이 마속을 선봉장으로 출전시켰다가 패전 책임을 물어 처형하려고 할 적에, 리막은 역사고사를 거론하며 마속 처형을 반대해 적극 만류했다.

"진秦이 맹명孟明을 살려주어 서융을 제압하고, 초楚가 자옥子玉을 죽여 2대에 걸쳐 경쟁력을 잃었습니다."

그 간언으로 제갈량 뜻을 거슬러 촉으로 귀환했다! 영남永南에 리막李邈은 본디 류장의 관리였다. 류비가 류장의 호의를 기화로 익주를 빼앗자, 류비를 면전에서 힐난했다. 류장이 같은 종실이라고 류비를 후대해 토적을 맡겼는데, 조조는 치지 않고 오히려 적반하장으로 류장을 멸망시킨 짓은 몹시 잘못되었다고! 이에 류비가, '못마땅한 줄 알았으면 어찌 류장을 도와 항전하지 않았느냐'고 꾸짖었다. 그러자 리막은 '감히 하지 않은 게 아니라, 능력부족이라 어쩔 수 없었다.'고 대꾸했다. 이에 주위에서 그를 죽이려 하자, 제갈량이 만류해 죽음을 모면했고, 나중에 태수와 승상참군 및 안한安漢장군이 되었다. 헌데, 이번에는 패전한 마속의 처형에 강력히 반대하고 적극 만류해, 감히 역린을 범한 것이다. 나중에 건흥 12년(234) 제갈량이 서거해 후주가 소복을 입고 사흘이나 애통해하자, 리막은 이렇게 직언으로 상소했다.

"려록呂祿이나 곽霍、우禹 등 충신도 반드시 모반·반란심을 품지 않은 건 아닐 테고, 효선孝宣도 꼭 신하를 죽이는 임금이 되길 좋아한 것은 아닐 것입니다. 다만 오직 신하로서 핍박을 무서워하고, 군주로서 위협을 두려워한 까닭에, 간사한 죄악이 싹튼 것입니다. 제갈량이 몸소 강력한 병권에 의지해 늑대처럼 둘러보고 호시탐탐하여, 그를 견제할 존귀한 세력이 없는지라, 신하는 항상 위태롭게 여겼습니다. 이제 제갈량이 죽고 없어져, 종족이 온전해지고 서쪽 변경이 조용히 휴식하리니, 대소 관리 모두 경하할 일입니다."

이에 후주가 노하여, 그를 하옥시켜 죽이게 했다.

한편, 리막 뿐만 아니라, 제갈량 심복인 장완도 나중에 한중에서 승상을 만나 마속 처형에 똑같은 아쉬움과 안타까움을 토로했다. (다만, 소설 삼국지연의는 상황적 긴박감을 강화해 문학적 흥미를 돋구기 위해서, 제갈량이 마속을 막 처형하기 직전 장완이 나타나 만류하는 걸로 바꿔 묘사했다.)

"옛날 초나라가 득신得臣을 죽이자 적국 진 문공이 얼마나 기뻐했는지 알 만하지 않습니까? 천하가 아직 평정되지 못했는데, 지략이 뛰어난 선비를 죽이니 어찌 아깝지 않겠습니까?"

이에 제갈량은 다시 눈물을 흘리며 대답했다.

"손무孫武가 능히 천하에 승리를 거둘 수 있던 까닭은, 법적용이 엄명했기 때문이오. 그래서 양건楊乾이 법을 어지럽히자, 위강魏絳이 (그를 차마 죽이지는 못하고 대신) 그 머슴을 죽인 것이오. 사해가 분열해 바야흐로 병력교전이 치열한 판에, 만약 (군)법을 폐지하면 무엇으로 어떻게 도적을 토벌하겠소?"

얼마나 아쉬움과 안타까움이 넘치는지, 습착치 평론에도 절절하게 여실히 드러난다.

"제갈량이 윗나라(上國)를 이겨 합병하지 못한 것도 마땅하지 않은가?! 무릇 진晉이 (정鄭을 둘러싸고 초와 패권을 다툰 필邲 전투에서 대패한) 림보林父가 (군법에 따라) 죽겠다고 자청했지만, 법을 일시 폐하고 살려주어 큰 공을 거두었고; 초楚 성成왕은 득신得臣이 자기한테 얼마나 유익한 신하인 줄 모르고 (패전책임을 물어) 죽게 해 나중에 패전을 거듭했다. 지금 촉은 고루하고 편벽한 구석 지방으로 인재가 이웃나라보다 적은데, 오히려 준걸을 죽이고 노둔한 하급인재만 거두어 쓰며, 법이 인재보다 더 중요하다고 분명히 역설하면서, 세 번 패전한 이유를 귀감으로 삼지 못했으니, 대업 성취가 당연히 어렵지 않았겠는가? 게다가 선주가 일찍이 마속은 크게 쓸 수 없다고 경계했으니, 그리 대단한 인재였을까? 제갈량이 훈계를 받고도 지키지 못했으니, 마속을 내치기가 어려웠던가 보다. 천하를 도모하는 재상명장으로서, 많은 인물의 능력을 크게 거두어 모아, 각자 재주를 헤아려 적절한 임무를 주고 그릇 따라 직책을 맡기지 못했단 말인가? 출중한 지인의 큰 잘못인즉, 현명한 군주의 훈계를 어기고 적재적소 중용을 잃어, 마침내 유익한 인재를 죽였으니, 그를 지혜롭다고 말하기도 어렵지 않겠는가?!"

리막과 장완과 습착치가 거론한 공통 사례史例는, 춘추시대 로魯 희공 28년(기원전632) 정월 진晉문공이 위衛를 정벌하자, 여름에 초楚가 구원하러 출정해, 진문공을 비롯한 제후 연합군과 벌인 유명한 성복城濮 대전이다. 초가 패전책임을 물어 득신을 죽이자, 진문공은 회심에 미소를 지었다. 그로부터 35년 뒤 로 선공 12년(기원전597) 초 장왕이 정鄭을 포위하자, 진 경공은 패권을 다투기 위해 필邲에 출정해 또 한판 전투를 벌였으나 대패했다. 대장 순림보荀林父는 손숙오한테 패전한 책임을 지고 군법軍禮에 따라 죽겠다고 자청했다. 진 경공이 허락하려 하자, 사정자士貞子가 적극 만류하며 간언했다.

"안 됩니다. 전에 성복城濮 전쟁에서 우리 진 군사는 대승을 거두고, 사흘이나 관사에 머물면서 초나라 군량미를 맘껏 먹으며 자축향연을 벌였는데, 문공께서는 오히려 근심어린 낯빛이 뚜렷했습니다. 좌우에서 '이렇게 기쁜 승전에도 근심하시니, 만약 근심이 있으면 기뻐하시렵니까?'라고 묻자, 문공께서 '초 득신이 아직 살아있으니 근심을 그칠 수 없다. 짐승도 궁지에 몰리면 오히려 사투를 벌이는데, 하물며 대국에 재상이야 오죽하겠는가?'라고 답하셨습니다. 그러다 득신이 패전책임을 지고 죽었다는 소식을 들은 뒤에, 문공은 비로소 기뻐하며 '나에 큰 독이 사라졌다.'고 말했습니다. 이에 진은 거듭 승리하고, 초는 패전을 거듭하며 두 세대에 걸쳐 다시는 패권을 다투지 못했습니다. 지금 하늘이 아마도 우리 진한테 패전으로 큰 경종을 울리는 듯한데, 게다가 순림보까지 죽게 하여 초의 승전을 거듭 축하한다면, 우리는 앞으로 오랫동안 다시는 패권을 경쟁할 수 없지 않겠습니까? 림보는 군주를 섬김에 조정에 나와서는 충성을 다할 생각만 하고, 집에 물러가서는 허물을 고쳐 보완할 생각만 하였으니, 진실로 사직을 보위할 귀중한 대신인데, 어떻게 죽게 한단 말입니까? 무릇 전쟁에 실패는 마치 일식이나 월식처럼 잠시 그늘에 가리는 건데, 어찌 본래 광명에 손상이 있겠습니까?"

이에 진 경공은 순림보를 살려주고 그 지위를 유지하게 했다.

땅도 좁고 인재도 적은데, 엄격한 법치원칙만 고수하느라 유능한 장수들을 죽였으니, 촉으로서는 크나큰 손실이 아닐 수 없다. 예외 없는 원칙 없다. 역사에 보면, 큰 잘못과 실수를 저지른 자한테 절치부심 보속할 시간과 기회를 주면, 나중에 큰 공적을 세워 만회한 경우도 허다하다. 제갈량이 임기응변 융통성을 발휘했더라면 어땠을까? 아쉬움이 감도는 대목이다. 허나, 제갈량 입장에서도 참 난처했을 것이다. 사실 마속의 패전 자체보다도, 자신의 '용인用人' 실패 책임이 더욱 컸을지 모른다. 선주가 임종에 유언으로 마속의 병법이 실전보다 이론에 치우쳐 경솔함을 경계했고, 전장에서도 여러 부장이 마속을 최선봉으로 내세움을 반대했다. 그런데도 몸소 챙겨 결정했으니, 어찌 되었든 누군가 책임은 져야할 상황! 그렇다고 자신이 전략실패 책임을 지고 죽을 수는 없지 않은가? 비록 자책 상소로 3등급 강등처분은 감수했지만, 그것만으로는 부장과 병사, 인민들을 달래기에 턱없이 부족하게 여겨졌을지 모른다.

제1차 북벌 실패 뒷이야기

한편, 곽충郭沖이 전한 다섯 고사 가운데 네 번째 이야기는 이렇다.

제갈량이 기산에 출정하자, 롱서隴西와 남안南安 2군이 때맞춰 호응해 투항했다. 이에 천수天水를 포위하고 기성冀城을 함락해, 강유姜維를 생포하고 병사와 부녀자 수천명을 포획해 촉으로 귀환했다. 이에 사람들이 모두 제갈량한테 승전을 축하하자, 제갈량은 씁쓸한 낯빛에 근심어린 얼굴로 마지못해 사양하였다.

"온 천하가 본디 한漢나라 백성 아닌 자가 없는데, 국가 위력이 넉넉지 못하여 백성들이 이리와 늑대 아가리에서 곤욕을 치르고 있습니다. 한 사람이 죽어도 모두 제 잘못이요 죄인데, 이번 일로 서로 축하하시니, 어찌 부끄럽지 않겠습니까?"

이에 촉 사람들은 모두 제갈량이 단지 변경을 개척하는데 만족하지 않고, 위나라를 병탄할 큰 뜻을 품은 줄 알았다고 전한다.

허나 제갈량이 위나라 병탄 포부를 지닌 지는 벌써 오래 되었다. 이번 출정으로 인해 비로소 대중들이 그 뜻을 알게 된 것은 아니다. 또 이때 군사가 출정해 큰 성공을 이루지 못했고, 죽거나 부상당하거나 심지어 배반한 자도 많았다. 3군이 투항하여 귀순했으나, 영토에 편입해 소유할 수도 없었다. 강유姜維는 천수天水에 한낱 필부일 따름이다. 그를 생포해봤자, 위나라에 무슨 손실이겠는가? 또 서현에 1천호구 포획해봤자, 가정街亭에서 잃은 인구를 채우지도 못한다. 그러니 무슨 대단한 전공이라고 촉 사람들이 서로 축하하느라 호들갑을 떤단 말인가? 삼국지 주를 단 배송지가 덧붙인 비평이다.

한편, 한진춘추漢晉春秋에는 이러한 기록이 전한다.

어떤 사람이 더러 제갈량한테 다시 한 번 더 병력을 발동하라고 적극 권하자, 제갈량이 말했다.

"대군이 기산祁山과 기곡箕谷에 진을 치고 도적보다 수가 훨씬 많은데도, 도적을 격파하지 못하고 도리어 도적한테 격파 당했습니다. 그 치명적 결점(패인)은 병력 부족에 있는 게 아니라, 바로 한 사람한테 달린 것입니다. 그래서 이제 병력을 감축하고 장수를 줄이면서, 상벌을 분명히 밝히고 허물을 잘 살피고 사유해, 장래 변통의 길을 도모하고자 합니다. 만약 그렇게 하지 못한다면, 병력이 비록 제아무리 많다고 한들 무슨 도움이 되겠습니까? 앞으로는 나라에 충성하고 사려 깊은 여러분들이, 단지 제 허물과 잘못과 부족함을 부지런히 지적하고 공격해주십시오. 그렇게만 한다면, 천하 대사는 안정을 도모할 수 있고, 도적을 죽여 공명功名을 세우는 일도 발돋움하며 기다릴 수 있습니다."

득의양양 위 명제 심리전술 포고문

제갈량의 제1차 북벌에 대한 위의 대응 상황을 위서魏書와 위략魏略은 이렇게 전한다.

촉 대장 제갈량이 변경을 침범해, 천수天水、 남안南安、 안정安定 세 군에 관리와 인민들이 배반하여 제갈량에 호응했다. 갑작스런 침공에 조정 신하들은 어찌할 줄 몰라 당황하자, 명제는 이렇게 말했다.

"제갈량이 험난한 산악지형에 견고히 의지하더니, 이제 스스로 제 발로 나왔다. 이는 병법서에서 적을 꾀어 불러들이는 술책에 부합한다. 제갈량이 세 군을 탐하여, 진격할 줄만 알았지 후퇴할 줄 모르니,

지금 이때를 타서 반드시 제갈량을 격파하리라."

그리고 병마와 보병·기병 5만을 출동해 제갈량을 막도록 했다. 대장군 조진을 관우關右 도독으로 임명해, 우장군 장합이 제갈량을 가정에서 공격해 대파했다. 제갈량이 패주하고, 세 군이 평정을 되찾자, 명제는 장안에 행차했다. 그리고 천하에 포고문을 공표하고, 익주에도 보내 통지했다. 제갈량의 출사표를 염두에 두고 맞대응해 폄하하며, 자기네 승전을 크게 선포하는 사기싸움 심리전술 색채가 농후하다. 삼국지 명제기(태화 2년 정월)에 전하는 구체 내용은 이러하다.

"류비는 배은망덕하게 스스로 파촉으로 달아나 숨었고. 제갈량은 부모 국가를 저버리고 잔적 일당에 아부했다. 신명과 인간이 그 해독을 입어, 죄악이 쌓인 몸 죽어 사라졌다. 제갈량은 겉으로 부촉 받은 고아를 받든다는 명분을 내세워, 속으로 전권을 독단하는 실권을 탐하고 있다. 류선 형제는 그저 빈 성을 지킬 뿐이다. 제갈량은 또 익주 땅을 업신여겨 모멸하고, 그 인민을 가혹하게 학대한다. 그래서 리랑利狼、탕거宕渠、고정高定、청강靑羌 등이 모두 떨어져 나가 제갈량을 원수로 적대시한다. 그런데도 량은 갖옷을 뒤집어 입고 땔감을 짊어져, 속까지 다 닳고 터럭이 죄다 빠졌다. 발뒤꿈치를 잘라 신발에 맞추고, 살갗에 먹물을 새기고 뼈까지 상하게 한다. 그러면서 도리어 기뻐 칭찬하며 스스로 유능하다고 자랑한다. 우물 바닥에 병력을 행진하고, 소 발굽 뒤에 따라 걷는다. 짐이 즉위한 이래, 세 변방이 별일 없었다. 그래도 오히려 천하가 자주 병란을 당한 걸 불쌍히 여겨, 사해의 원로 어른들을 잘 봉양하고 어린 고아 후손을 양육하고 힘썼다. 그래서 먼저 예악으로 풍속을 교화한 다음, 농한기에 무예를 훈련하면서, 제갈량은 도외시하고 전혀 우려하지 않았다. 그런데 량이 리웅李熊처럼 어리석은 만용의 지혜와 뜻을 품고서, 형주와 한단(荊邯)의 도덕적 경계를 사념치 않고 무시한 채, 관리와 인민을 몰고 기산에 이익을 도적질하러 왔다. 왕의 군사가 한바탕 위용을 떨치니, 그만 담이 떨어지고 사기가 꺾여, 마속과 고상高祥은 깃발만 보고 패주하고 말았다. 맹호 같은 신하가 패잔군을 추격해 시체를 밟고 피를 흥건히 적셨으니, 제갈량 어린애가 짐 군사 위용에 크게 깜짝 놀랐을 것이다. 용맹한 정예군이 환희 용약하여, 모두 계속 끝까지 추격하길 원했다. 허나 짐이 생각하건대, 천하 영토가 모두 왕의 신하 아님이 없고, 군대가 지나거나 머문 곳엔 가시덤불만 무성히 자란다. 그래서 천 가구 고을에 신의성실하고 선량·충직한 인민들이, 음탕하고 혼미한 일당과 함께 도탄에 빠지게 하고 싶지 않았다. 그러므로 먼저 이러한 의지를 열어 보여, 국가조정의 성의를 분명히 밝히노라. 잘 사유해 부지런히 변화에 힘써, 혼란한 나라에 더 이상 지체하지 않길 바란다. 파촉에 장수관리와 병사인민들은 모두 제갈량한테 겁박당하고 있으며, 공경公卿 대부 이하는 모두 손을 묶고 듣고만 있다."

가히 제갈량 명예와 자존심을 박살내는 경멸과 모욕으로 가득 찬 심리전술 선전포고문이다. 이에 제갈량이 구체로 어떤 심리반응을 보였는지는 확인할 수 없다. 다만, 겉으로 확실히 드러난 결과는, 절치부심하고 와신상담하는 정신으로, 마속과 책임자를 처벌하고 자신도 강등하며, 설욕을 벼르며 재기의 발판을 다진 의욕과 행동이었다.

제2차 북벌과 후출사표後出師表 (228)

첫 출정에 참담한 패전으로 귀환한 제갈량은 쉽게 풀이 죽거나 낙담하지 않았다. 장병들 미세한 공로도 자세히 살펴, 열사와 장사들 기개를 가상히 표창했다. 여러 허물은 자기 탓으로 책망하여, 잘못을 천하에 적극 공표했다. 그와 함께 사병의 무예를 갈고 닦아 뒷날을 도모하면서, 정예군을 선발해 훈련에 박차를 가하니, 인민들이 언제 패배했는지조차 까마득히 잊어버릴 지경이었다. 때마침 제갈량은 손권이 조휴曹休를 격파해, 위나라 병력이 대대적으로 동쪽에서 남하한다는 소식을 접했다. 관중關中이 텅 비어 허약해졌다는 첩보를 듣고, 첫 북벌에 실패한 그해(228) 11월에 제갈량은 다시 출사표를 올렸다.

"선제께서 우리 한漢 후예와 조조 도적이 서로 양립·공존할 수 없음을 깊이 숙려하시어, 왕업 기반이 아직 편안히 정해지지 않았기에, 임종에 신하한테 도적 토벌을 간곡히 부탁하셨습니다. 선제께서 현명하신 지혜로 신하 재주를 잘 헤아리신 까닭에, 신하가 도적을 토벌하기에는 재주가 모자라고 도적이 강성한 줄 잘 아셨습니다. 허나 그렇다고 도적을 토벌하지 않는다면, 우리가 세우려는 왕업도 그냥 망하여 물거품이 될 것입니다. 우리가 오직 앉아서 망하길 기다린다면, 또 그 누가 도적들을 토벌하겠습니까? 그래서 신하한테 후사를 부탁하면서, 전혀 의심하지 않고 전폭 맡기신 것입니다. 하여 신하가 유명遺命을 받잡은 날에는, 앉으나 누우나 자리가 불안해 어쩔 줄 몰랐고, 음식을 먹어도 전혀 단맛을 몰랐습니다. 오로지 북벌만 골똘히 사유하다 보니, 먼저 마땅히 남방을 안정시켜야겠다는 판단이 섰습니다. 그리하여 오월 한여름 무더위에 로瀘수를 건너 황량한 불모지에 깊숙이 진입하여, 이틀에 한 끼를 먹으며 강행군했습니다. 신하가 스스로 아낄 줄 몰라서 자중자애하지 않은 것이 아닙니다. 왕업 기반을 안정시키자면, 외딴 촉땅 도읍(蜀都)에 안주하여서는 온전히 만족할 수 없기 때문이옵니다. 그래서 위험한 난관을 무릅쓰고, 선제 유지를 받들어 성취하고자 무진 애를 쓰는데도, 하릴없는 자들은 좋은 계책이 아니라고 물의를 일으킵니다. 지금 바야흐로 도적들이 서쪽에서 피로해진 데다가, 동으로 다시 출동하느라 부산합니다. 병법에도 이르기를 적군의 피로를 틈타라 하였으니, 지금이야말로 바로 진격해 쫓을 절호의 시기입니다. 그래서 지금 중요한 일을 다음과 같이 아룁니다.

한 고조황제께서는 해와 달처럼 현명하셨고, 참모 신하들은 깊은 연못처럼 뛰어나게 지혜로웠습니다. 그럼에도 험난한 강산을 두루 섭렵하고 온갖 창상을 입으면서, 죽을 고비와 위기를 여러 차례 넘긴 뒤에야 비로소 안정을 이루었습니다. 지금 폐하께서는 고조황제에 미치지 못하시고, 참모 신하랍시고 장량張良、진평陳平에 턱없이 모자랍니다. 그러고도 장원한 계획으로 승리해 앉아서 천하를 안정시키고자 하시니, 이것이 신하가 이해할 수 없는 첫째 의문입니다.

류요劉繇와 왕랑王朗은 각각 자기 주군州郡에 틀어박혀, 그저 안정이나 꾀했습니다. 계책이랍시고 말하는 게, 걸핏하면 성인 말씀을 그럴듯이 인용하면서, 온갖 의심과 회의로 뱃속이 가득 차고, 갖가지 비난과 비방만 가슴속을 메웠습니다. 그렇게 올해도 출전하지 않고 명년에도 정벌하지 않으며 미루기만 했습니다. 오나라 손책孫策으로 하여금 앉아서 커지게 방치하더니, 드디어 강동을 병탄하게 만들었습니다. 이것이 신하가 이해할 수 없는 둘째 의문입니다.

조조는 지략과 계책이 누구도 빗댈 수 없이 출중하고, 그 용병술은 흡사 손자·오자 병법을 방불케 합니다. 그럼에도 불구하고, 그도 남양南陽에서 곤욕을 치르고 오소烏巢에서 험난에 빠졌으며, 기련祁連에서 위태로웠고 려양黎陽에서 궁핍했으며, 북산北山에서 완전히 패전하고 동관潼關에서 거의 죽을 뻔했습니다. 조조도 그런 온갖 험난과 위기를 겪은 연후에야, 짐짓 한때 안정을 얻은 듯 보였습니다. 하물며 신하처럼 재주가 형편없이 빈약한 처지에, 전혀 위태롭지도 않은 채 천하를 평정하겠다니, 이것이 신하가 이해할 수 없는 셋째 의문입니다.

조조도 다섯 차례나 창패昌霸를 공격해 함락하지 못하고, 네 번이나 소호巢湖를 건넜으나 성공하지 못했습니다. 리복李服을 믿고 썼으나 리복이 오히려 그를 도모했고, 하후夏侯한테 믿고 맡겼으나 하후가 패망하기도 했습니다. 선제께서 매양 조조가 아주 유능하다고 칭찬을 아끼지 않았는데도, 그도 오히려 이러한 실수가 있었습니다. 하물며 신하처럼 노둔하고 어리석은 하근기가, 어떻게 전투마다 매번 반드시 승리할 수 있겠습니까? 이것이 신하가 이해할 수 없는 넷째 의문입니다.

신하가 처음 한중漢中에 당도한 이래 불과 만1년밖에 안 된 사이에, 조운趙雲、양군陽群、마왕馬玉、염지閻芝、정립丁立、백수白壽、류합劉郃、등동鄧銅 등 여러 명장들과, 부곡部曲 수장 및 둔병 부대장屯將 70여인과 용맹스런 최전선 선봉장突將과 종賓족、수叟족、청강靑羌족의 산기散騎 및 무기武騎 1천여인을 잃었습니다. 이들은 모두 수십년에 걸쳐 선제께서 사방에서 규합하신 정예 장병들로, 어느 한 주군에서 얻을 수 있는 인재들이 아닙니다. 만약 다시 몇 년이 더 지난다면, 전군에 2/3는 잃을 텐데, 그런 다음에는 어떻게 도적을 대적하겠습니까? 이것이 신하가 이해할 수 없는 다섯째 의문입니다.

지금 인민은 궁핍하고 장병은 피로한데, 천하일은 그만 두고 쉴 수 없는 형편입니다. 어차피 일을 쉴 수 없다면, 그냥 거주해 사는 것이나 군대를 행진하는 노고나, 그 비용은 완전히 똑같습니다. 그런데 지금 천하일을 도모하지 않고서, 그저 한 주州 땅을 차지한 걸로 만족해 안주하면서 오래 적과 대치하겠다니, 이것이 신하가 이해할 수 없는 여섯째 의문입니다.

무릇 평정하기 어려운 게 일입니다. 예전에 선제께서 초楚에서 크게 패전했을 적에, 그때 조조는 손을 어루만지면서 천하가 평정되었다고 크게 기뻐했습니다. 그런 다음에 선제께서 동으로 오吳、월越과 연합해, 서로 파巴、촉蜀을 되찾으면서, 온 병력을 출동해 북벌 길에 올라 마침내 하후夏侯가 머리를 바쳤으니, 이때는 바로 조조가 크게 실패하고, 한나라 부흥 대사가 금방 이루어지는 듯했습니다. 그런 연후에 오나라가 다시 동맹서약을 어겨, 관우關羽가 뜻밖에 죽임을 당하고, 선제께서 자귀秭歸에서 크게 낭패하여, 조비曹丕가 황제를 자칭하게 되었습니다. 무릇 천하 일이란 이처럼 한 치 앞날도 미리 예견하기 어려운 법입니다. 하여 신하는 몸과 마음을 다해 온힘을 다 쏟아 부어 죽은 뒤에야 그만두고자 합니다. 일의 성패와 이해득실은 신하의 지혜로는 미리 거슬러 예측 목도할 수 없습니다."

이게 또 유명한 후출사표後出師表다. 첫 북벌이 어처구니없는 실책으로 낭패하고 수많은 장병을 잃고 돌아와 민심이 어수선했을 것이다. 들끓는 민심과 물의를 진정시키기 위해서, 부득이 가장 아끼는 참모 마속도 죽게 하고 자신도 스스로 세 계급 강등 처분했다. 그리고 반성 점검과 훈련수습을 통해 전열을 재정비해 제2차 북벌에 출정하고자 뜻을 밝힌 것이다. 당시 조야에서 적잖은 회의와 반대가 일었을 것이다. 반전 저항세력과 여론을 무마하기 위한 설득 비판이나, 도적을 토벌해 복수만회하려는 절치부심이, 특유의 충정과 함께 어우러져 결연히 드러난다. 여기서 제갈량을 대표하는 또 다른 고사성어 '국궁진췌鞠躬盡瘁' '사이후이死而後已'가 탄생했다. 이 표문表文은 제갈량 문집에는 실려 있지 않으며, 장엄張儼이 전한 묵기默記에서 유래한다. 그 뒤 고문진보나 고문관지 등에 명문으로 실려 전해온다.

학소郝昭의 결사 항전과 2차 실패

이렇게 해서 그해(228) 겨울 11월에 제갈량은 대군을 이끌고 제2차 출정을 단행했다. 12월 제갈량은 다시 산관散關을 나가 진창陳倉을 포위했다. 위략魏略은 제갈량 2차 북벌 실패 경위를 이렇게 전한다.

위 장군 학소郝昭는 미리 꼼꼼히 축성해 잘 대비했다. 제갈량은 쉽게 함락할 수 없음을 알고, 학소와 동향인 근상靳詳을 시켜 성 밖에서 항복하도록 설득했다. 학소는 기골이 매우 웅장한데, 어려서 군대 들어가 부곡 감독으로 수차례 전공을 세워 잡호장군이 되었다. 하서河西에 주둔해 지킨 지 10여년이 되었는데, 인민이나 외적들이 모두 경외해 복종했다. 그런 학소가 쉽게 투항할 리는 없었다. 그가 망루 위에서 대뜸 대꾸했다.

"위나라 과법科法은 경도 익히 알고, 내 인간성은 경이 잘 알 테요. 나는 국가은혜를 많이 입고 집안 명망도 중후하니, 경은 더 말할 게 없소. 다만 반드시 죽을 각오만 있을 뿐이오. 경은 돌아가 제갈량한테 감사를 전하고, 곧바로 공격하시오."

근상은 천여 명으로 수만 군대를 대적하려는 것은 중과부적 어리석은 생각이니, 자멸하지 말고 투항하라고 거듭 유세했다. 학소는 "전에 말은 이미 확정되었고, 나는 경은 알지만 화살은 모른다."고 단호히 거절했다. 제갈량은 수만 군중을 거느렸고, 겨우 천여 명인 적군은 구원병이 쉽게 오지 못할 상황에서, 드디어 진군공격이 개시되었다.

처음엔 구름다리를 세우고 육중한 수레로 성문을 충격했다. 학소가 불화살을 쏘아 반격하자, 구름다리를 타고 오르던 촉군 병사들이 모두 불타 죽었다. 또 밧줄로 큰 돌을 연달아 아래로 떨어뜨려 수레를 파괴했다. 이에 제갈량은 다시 백척 망루(井闌)를 세워 성안에 화살을 쏘아대고, 흙덩이로 참호를 메워 성벽을 곧장 타고 오르게 했다. 학소는 또 성안에 담장을 한 겹 더 쌓아 막았다. 제갈량이 다시 땅을 파서 굴을 뚫고 성안에 진입하려 시도했다. 학소도 질세라 성안에 땅을 파고 굴을 가로막아 버렸다. 이렇듯 밤낮으로 20여일 치열한 공방전을 벌여도 승부가 나지 않으니, 제갈량도 묘책이 없었다. 마침내 원군이 도착하고 제갈량은 후퇴했다.

명제는 조서를 내려 학소가 잘 수비한 공로를 칭찬하며 후작을 하사했다. 조정에 귀환하자, 명제는 친견하여 위로하고, 중서령 손자孫資

를 돌아보며 극찬했다.

"경의 향리에 이처럼 통쾌한 사람이 장군이 되어 혁혁한 공을 세우니, 짐이 또 무슨 우환을 걱정하겠소?"

그리고 크게 기용하려 했으나, 학소가 곧 죽고 말았다. 학소는 임종에 아들 개凱한테 유언했다.

"내 장군이 되어보니, 장군은 할 게 아닌 줄 알았다. 나는 여러 번 무덤을 파헤쳐 그 관목을 꺼내 전쟁공격 도구로 썼다. 그래서 후장厚葬도 죽은 자한테 전혀 백해무익한 줄 알았다. 너는 반드시 내가 입은 옷으로 수렴殮하거라. 또 사람은 살아서 처소가 있는 것이지, 죽으면 또 어디에 있겠느냐? 이제 본 묘지에서 멀리 떠나 동서남북 어디 가더라도, 네가 있는 곳이면 된다."

제갈량은 식량도 떨어지고, 조진曹眞이 보낸 비요費曜 원군이 당도하니, 끝내 퇴각할 수밖에 없었다. 제갈량이 퇴각하자, 위 장군 왕쌍王雙이 기마병을 거느려 추격해왔다. 제갈량은 그와 접전을 벌여 격파하고 왕쌍 목을 베었다. 당시 도로사정도 형편없었을 텐데, 한겨울 삭풍한설에 대규모 병력을 이끌고 북벌원정에 나섰으니, 저항반발과 불평불만도 적지는 않았으리라. 게다가 군량까지 바닥나면, 제아무리 신출귀몰한 제갈공명인들 어찌하겠는가?

제3차 북벌과 승상 복직

1,2차 북벌에서 별 소득 없이 돌아와 숨도 채 돌리기 전에, 건흥 7년(229) 이른 봄 제갈량은 또 다시 제3차 북벌을 결행한다. 이때에도 관례상 결의를 다지고 군대 사기를 진작시키기 위해 출사표를 던졌을 법하다. 아마도 앞 두 출사표와 독특하게 다른 내용이 없어서 따로 전할 필요가 없었는지도 모르겠다.

어쩌면 두 차례 거창한 대의명분과 웅장·화려한 말잔치가 무위로 끝나자, 역시 공자 말대로 "먼저 말할 내용을 실행에 옮긴 다음, 그 결과로 말을 하라"는 행동주의 원칙을 따랐는지도 모를 일이다. 중국 속담에는 "말이 다하면 도가 끊긴다.(言盡道斷)"는 말도 있고, 로자는 "말이 많으면 자주 곤궁하다.(다언삭궁多言數窮)"고 경종을 울렸다. 아무튼 귀신도 모르게 은밀한 신중론으로 전환했을 수 있다.

제갈량은 우선 진식陳式을 파견해 무도武都와 음평陰平을 공격했다. 위나라 옹주雍州 자사 곽회郭淮가 군중을 이끌고 나와 진식을 공격하려고 하자, 제갈량이 몸소 출정해 건위建威에 이르니, 곽회는 그냥 퇴각하였고, 드디어 두 군을 평정했다. 이에 후주 류선은 특별히 조서를 내려 제갈량을 다시 승상에 책봉했다.

"가정街亭 전투에 허물은 실로 마속한테 있었는데, 군께서 스스로 허물을 뒤집어쓰고 깊이 자책하며 스스로 폄하해 좌천을 자청했습니다. 군의 뜻을 거듭 헤아리고 존중해, 직분을 지키고자 하는 군의 말을 듣고 그대로 따르기로 하였습니다. 허나 지난해 영광스런 출사로 적장 왕쌍의 목을 베는 눈부신 전공을 세웠고, 올해 다시 정벌에 나서 적장 곽회가 패주했습니다. 이에 저氐와 강羌의 항복을 받고 두 군을 평정 수복하여, 흉포한 무리를 위엄으로 진압한 공훈이 찬란히 빛납니다. 지금 바야흐로 천하가 어지럽고 뒤숭숭한데, 악질 원흉(元惡)을 아직 효수에 처하지 못한 상황입니다. 군께서 큰 임무를 맡아 국가에 중요한 근간 동량이신데, 오랫동안 스스로 겸손하게 덜어내 낮게 임하시니, 크고 위대한 업적을 널리 밝게 선양하기 어렵습니다. 이제 군께 승상 복직을 명하노니, 군께서는 부디 사양하지 마십시오."

이에 제갈량은 다시 승상에 복직했다.

손권 칭제와 경축 사절 파견 (229)

건흥 7년(229) 봄에 오왕 손권한테 공경백관이 모두 존호를 바치며 칭제를 권했다. 4월 하구와 무창에서 황룡과 봉황이 나타났다고 경하하자, 마침내 병신일에 남쪽 교외서 황제에 즉위해 연호를 '황룡'으로 고치고 대사면을 내렸다.

한진춘추漢晉春秋 기록에 따르면, 4월 손권이 황제 존호를 일컫기 시작하며, 신하들을 촉에 보내 두 황제가 나란히 존호를 쓰게 되었다고 알렸다. 이에 촉 조정에서는 의론하는 자들이 다함께 모여, 오와 촉이 나란히 외교해봤자 더 이상 이익이 없다고 쑥덕공론을 벌였다. 대의명분과 체통이 순응하지 못하니, 마땅히 동맹우호관계를 단절하여 천하 정의를 분명히 밝혀야 한다고 주장했다. 이에 제갈량이 점잖게 말했다.

"손권이 참람하게 반역 꾀하는 마음을 품은 지는 이미 오래 되었습니다. 우리 국가에서 그 간사한 이간질 속내를 알면서도 대략 눈감아준 까닭은, 서로 적군의 뿔과 다리를 나눠 붙잡아 협공지원을 구하기 위함입니다. 헌데, 지금 만약 갑자기 확 외교를 단절해버린다면, 틀림없이 우리를 몹시도 원망하며 큰 원수로 여길 것입니다. 그러면 곧장 병력을 동남 변경에 보내 국경 수비를 강화해야 되고, 모름지기 그들과 힘을 겨뤄 땅을 차지한 다음에야 비로소 중원 수복을 의론할 수 있을 것입니다. 허나 저들은 어진 인재가 아직도 제법 많고, 장군과 재상이 서로 화목하고 우호가 돈독하여, 하루아침에 바로 평정할 수는 없는 형세입니다. 갑자기 서로 병력을 대치하기 시작해 가만히 앉아서 늙기만 기다린다면, 이는 북쪽에 도적들만 좋게 하는 꼴이 되니, 결코 훌륭한 상책이 아닙니다.

"예전에 한나라 효문제孝文께서 겸손한 언사로 낮추어 흉노한테 외교하고, 선제께서 오나라를 우대하여 동맹을 맺은 것은, 모두 임기응변 융통책이었습니다. 그렇게 원대한 사려와 크나큰 국익은 보통 필부들이 알거나 분개할 수 있는 게 아닙니다. 지금 의론하는 자들이 모두 다, 손권은 삼국정립을 이롭게 여겨 더 이상 능력을 다하지 않고, 또 그 뜻도 바라보는 걸로 만족해 상륙하려는 마음이 없으니, 우리와 동맹우호 관계가 진정성 없는 사이비라고 비난합니다. 허나 왜 그런가 하면, 그 지혜와 능력이 대등히 견줄 수 없기에, 양자강에 국한해 스스로 안보나 꾀하는 것입니다. 손권이 양자강을 넘어올 수 없는 것은, 마치 위나라 도적들이 한漢수를 건널 수 없는 것과 마찬가지 형세입니다. 능력이 남아도는 데도 이익을 취하지 않고 그냥 놔두는 게 아닙니다. 만약 대군을 움직여 토벌한다면, 저들은 높게는 그 땅을 나누어 배수진을 칠 테고, 아래로는 인민들을 위협해 영토를 넓히려고 혈안이 되어, 안으로 무력으로 시위하면서, 결코 가만히 앉아서 묵과하진 않을 것입니다. 만약 저들이 움직이지 않고 조용히 우리와 화목을 유지한다면, 우리가 안심하고 북벌을 감행해도, 동쪽으로 오나라를 돌아보고 신경 쓸 우려는 전혀 없습니다. 하남河南 군중이 모두 서쪽으로 몰려오지 않는 것만도, 우리한테는 이미 몹시도 크고 깊은 이익입니다. 그러니 손권이 황제를 참칭한 죄는 아직 공개로 밝혀 성토해서는 안 됩니다."

마침내 촉은 손권 칭제를 공인·축하하기로 결정하고, 6월 위위衛尉 진진陳震을 축하사절로 파견해 손권 즉위를 경축하며, 손권과 나란히 삼분천하를 선언했다. 예주·청주·서주·유주는 오에 속하고, 연주·기주·병주·량주는 촉에 속하되, 영토 경계는 함곡관으로 약정하고, 함께 동맹서약을 했다.

"하늘이 혼란을 내려 황제기강이 사라지니, 역적신하가 틈을 타서 국가권병을 겁탈했네. 동탁이 개시하더니 조조가 끝내 차지해, 극악무도한 흉포함이 사해를 뒤덮었네. 9주가 갈기갈기 찢겨 천하가 온통 뒤죽박죽이니, 백성과 신명이 함께 원망해 통탄이 그칠 줄 모르네. … (촉)한과 오는 비록 충심에서 서로 신뢰하나, 영토를 나눠 국경을 긋는 일은 동맹서약을 해야 하네. 제갈승상은 덕망권위가 멀리 현저해, 본국을 보필해 떠받들며 국외에 의로운 병력을 출정해, 신의는 음양을 감응하며 정성은 천지를 움직이네. 다시 거듭 동맹을 맺고 정성스런 서약을 널리 확장해, 동(오)서(촉) 선비와 백성들이 모두 함께 듣고 알게 하려네. 그래서 제단을 세워 희생을 바쳐 신명께 밝히 고하며, 거듭 피를 칠해 작성한 문서 천상정부(天府)에 보존하려네. 높으신 하늘님 아래로 두루 살펴 들으시고, 신령스런 권위 몹시 크고 맑으시니, 신중함을 맡고 동맹을 맡은 여러 신명과 뭇 귀신들 빠짐없이 지켜보시리. 오늘 (촉)한과 오가 동맹을 맺은 이후로는, 한마음으로 힘을 다해 공동으로 도적 위魏를 토벌하며, 서로 위기를 구원하고 환난상휼하며, 재이는 함께 슬퍼하고 경사는 서로 축하하며, 좋고 싫음을 다 함께 나누어 결코 두 마음 품지 않으리. (촉)한을 해치는 자가 있으면 곧장 오가 토벌하며, 오를 해치는 자가 있으면 금방 (촉)한이 정벌하리. 각자 약정한 영토를 지키며 서로 침범함 없으리. 길이 후세에 전해 시종일관 이어가리. 온갖 서약은 모두 문서에 실린 대로다. 믿음직한 말은 요염하지 않으니, 진실한 우호관계에 거하리. 이 맹서가 달라진다면, 화를 자초하고 혼란을 당하리. 약속 어기고 협력하지 않으면, 천명 업신여기는 오만방자니, 명명백백 신령스런 상제께서 감독하시고 토벌하시며, 모든 산천신명들이 규탄하고 죽이리니, 그 군사는 타락하고 국운은 계속되지 못하리. 오호라 위대하신 신명이시여, 명명백백히 비추어 살피소서!"

이때 제갈량은 외교사절 편에, 오에 벼슬하던 형 제갈근한테 보낸 서신에서 진진을 극구 칭찬했다.

"진효기孝起는 충직하고 순후한 성품이 나이 들수록 더욱 돈독해집니다. 동오와 서촉을 잘 찬술하여 서로 기쁘고 즐겁게 화합시키는 재주는 더더욱 고귀하고 가상합니다."

과연 진진은 무창에 이르러 손권과 함께 단에 올라 희생 피를 발라 동맹 서약을 행했다. 이때 진진은 오에 가서 뭘 보고들은 건지, 제갈량한테 "지금 바야흐로 뱃속(심복)에 비늘철갑(鱗甲)이 들어 있어, 향당에서 모두 가까이해선 안된다고 말한다."고 보고했다. 2년 뒤(231) 도호 리평이 모함무고를 저질러 서민으로 강등되자, 제갈량은 장사 장완과 시중 동윤한테 서신을 보내, 2년전 진진이 귀띔한 말을 회상하며, 진진의 선견지명 경고를 높이 칭찬하기도 했다.

제4차 북벌 출정 (231)

2년이 지나 건흥 9년(231) 이른 봄에, 제갈량은 다시 기산祁山으로 출정했다. 이때는 나무로 만든 기계 소인 목우木牛로 식량과 물자를 운반하여 노동력을 크게 절감하고 효율을 높였다. 그해 3월, 위 대사마 조진曹眞이 죽자, 사마의가 막으러 나왔다.

위서魏書 기록에 따르면, 위 조정에서는 제갈량 출정 군대에 군량미 운반수레가 없어 양식보급이 곧 끊기면, 공격하지 않아도 스스로 무너질 테니, 병력을 수고롭게 움직이지 말자는 의론이 강했다. 더러는 미리 상영上邽 주위 생 보리를 베어, 촉군 식량보급 기회를 제공하지 말아야 한다는 주장도 있었다. 그러나 명제는 모두 듣지 않았다. 전후로 사마의 병력을 증강하고, 보리밭을 잘 지키라고 명했다. 이에 사마의가 제갈량과 서로 대치하며 그 보리로 군량을 충당했다고 한다. 7월 제갈량이 후퇴하자, 위나라는 또 장군들한테 차등적인 작위 포상 잔치를 벌였다.

한진춘추漢晉春秋는 이때 상황을 이렇게 전한다.

제갈량이 기산을 포위하면서, 선비족 가비능軻比能을 불러들였다. 과연 가비능 등이 옛 북지北地 석성石城까지 진격해 제갈량과 호응했다. 이때 위나라 대사마 조진曹眞이 질병에 걸렸는데, 마침 사마의가 형주에서 상경하여 조공을 올리자, 위 명제가 바로 분부했다.

"지금 서쪽 군사가 매우 중요한데, 군이 아니면 부탁할 사람이 없소."

그리고 서쪽으로 나가 장안에 주둔하면서, 장합張郃、비요費曜、대릉戴陵、곽회郭淮 등을 총괄 감독하고 지휘하도록 명했다. 이에 사마의는 비요와 대릉한테 정예병 4천을 거느리고 상규上邽에 머물면서 잘 지키라고 명한 뒤, 나머지 병력은 모두 이끌고 서쪽으로 나와 기산을 구원하도록 했다. 장합은 병력을 나누어 옹雍과 미郿에 주둔하고자 했으나, 사마의가 말했다.

"만약 앞 군대를 홀로 감당할 수 있다고 생각되면, 장군 말씀이 맞습니다. 허나 만약 감당할 수 없는데도 앞뒤로 군대를 나눈다면, 이는 바로 초楚나라 삼군三軍이 경포黥布한테 사로잡힌 이치와 똑같은 꼴이 될 것이오."

드디어 접전이 벌어졌다. 제갈량은 병력을 나누어 잔류와 공격을 맡기고, 자신은 몸소 상규에서 사마의를 맞이해 대적했다. 곽회와 비요 등이 제갈량을 요격했으나, 제갈량이 그들을 격파하고 그곳 보리를 대량으로 베어 수확했다. 이어 사마의와 상규 동쪽에서 마주쳤다. 사마의가 병력을 이끌고 물러나 험한 지형에 진을 치므로, 두 군대가 교전할 수 없었다. 제갈량은 군사를 이끌고 귀환했다. 사마의는 제갈량을 찾아 로성鹵城에 이르렀는데, 장합이 말하였다.

"저들은 멀리서 원정 와서 우리를 맞이하는지라, 우리한테 전쟁하자고 청하며 도발해도 잘 안 되는 판입니다. 우리가 전쟁하지 않고 버티는 게 유리해 장기전을 계획한다고 투덜거리지요. 또 저들은 기산에서 우리 대군이 가까이 진을 치고 있고, 민심과 인정도 흔들림 없이 견고한 줄 잘 알고 있습니다. 따라서 우리는 여기에 잘 주둔하고 있다가, 틈을 보아 재빨리 병력을 나누어 기묘한 병법을 구사해야 합니다. 전술상 그들 뒤로 나설 것이로되, 그들 앞으로 진격해 그들을 핍박해서는 절대 안 됩니다. 그렇게 한다면 앉아서 인민들 희망을 잃게 됩니다. 지금 제갈량 주둔 군대는 식량이 적어서, 머지않아 곧 떠나갈 것입니다."

그러나 사마의는 말을 듣지 않고, 일부러 제갈량을 찾아갔다. 그 앞에 당도해서는 다시 산에 올라 땅을 파고 진영을 차린 뒤, 그 안에 틀어박혀 도대체 싸우려고 하지 않았다. 이에 가허賈栩와 위평魏平이 여러 차례 전투를 요청하면서, 다소 조롱 섞인 말로 심기를 건드렸다.

"공께서 촉蜀 군사를 호랑이처럼 두려워하니, 천하가 모두 비웃으면 어찌할 셈이시오?!"

이에 사마의가 몹시 언짢아 골머리를 앓았는데, 게다가 다른 여러 장수들도 다 함께 전투를 자청했다. 5월 신사辛巳일에 이윽고 장합한테 무당감無當監 하평何平을 남쪽 포위망에서 공격하도록 명하고, 자신은 스스로 가운데 길로 제갈량을 향해 나아갔다. 제갈량은 위연魏延、고상高翔、오반吳班한테 출전하여 대적하도록 명하여 크게 격파했다. 그리하여 투구 쓴 머리 3천을 베고, 검은 쇠갑옷 5천벌, 쇠뇌 3천1백 개를 포획했다. 이에 사마의는 진영으로 후퇴해 수비에 주력했다. 이번에도 제갈량은 식량이 다 떨어져 할 수 없이 퇴각해야만 했다. 그러자 위나라 장수 장합이 추격해오므로, 그와 더불어 일전을 벌여 장합을 사살했다.

같은 사물도 관점에 따라 보이는 모습이 판이하듯, 제4차 북벌을 사마의 관점에서 기록한 진서 선제기 내용은 또 얼마나 다른지 대조해 보자. 태화 5년(231), 제갈량이 제4차 출정으로 천수를 침공했다. 명제가 서방 일은 사마의가 아니면 맡길 사람이 없다며 장안에 주둔시키고, 장합、비요、대릉、곽회 등한테 제갈량을 대적케 했다. 장합이 사마의한테 병력을 나누어 옹雍、미郿에서 후방을 지원하라고 요청하자, 사마의는 의견이 달랐다.

"만약 앞 군대 홀로 감당할 수 있다면 장군 말이 옳지만, 만약 감당할 수 없는데도 앞뒤로 분산한다면, 이는 초나라 삼군이 경포한테 사로잡힌 꼴이 될 것이오."

그리고 합세해 진군했다. 제갈량은 대군이 온다는 소식을 듣고, 몸소 군중을 거느려 상규에 보리를 베러 갔다. 여러 장수가 두려워하자 사마의가 말했다.

"제갈량은 사려는 많고 결단은 적어서, 반드시 병영 안정을 확고히 도모한 뒤 비로소 보리를 벨 것이다. 내가 두 배로 신속히 움직이면 이틀이면 충분하다."

이에 채비를 갖춰 이른 새벽부터 밤늦게까지 치달렸다. 제갈량이 대군이 달려오는 뿌연 먼지를 보고 달아나자, 사마의가 말했다.

"내가 길을 두 배로 달려 피로하다. 이는 병법을 잘 알아 부린 탐욕이다. 제갈량이 감히 위수渭水에 주둔하지 못할 테니, 이제 쉽게 대적할 수 있다."

이어 사마의는 한양에 진출해 제갈량과 서로 만나 진을 치고 기다렸다. 부장 우금牛金을 보내 날렵한 기병으로 유인했는데, 접전을 벌이는가 싶더니, 제갈량이 후퇴해 기산까지 추격했다. 제갈량이 로성에 주둔하더니, 남북 두 산에 의지해 물을 끊고 이중으로 에워쌌다. 사마의가 공격해 포위를 깨뜨리자, 제갈량은 밤에 달아났다. 이에 추격해 격파하니 죽거나 붙잡힌 자가 1만 남짓 되었다. 명제가 특사를 보내 군대를 위로하고 포상으로 봉읍을 추가했다. 당시 군사軍師 두습과 독군 설제가 명년 보리가 익을 때 틀림없이 제갈량이 또 침공할 텐데, 롱우에 곡식이 없으니 겨울에 미리 운반해 놓아야 한다고 건의하자, 사마의가 말했다.

“제갈량이 두 번 기산으로 출정했고, 한 번 진창을 공격해 모두 좌절하고 예봉이 꺾여 돌아갔다. 그러니 설령 나중에 또 출정한다고 해도, 다시는 성을 공격하지 않고, 응당 야전을 벌이려고 할 것이다. 그렇다면 서쪽이 아니라, 반드시 산맥 동쪽일 것이다. 제갈량은 출정 때마다 매번 식량부족이 한이어서, 돌아가 반드시 곡식 축적에 진력할 것이다. 내 생각에 세 번 수확하기 전에는 움직일 수 없다.”

이에 기주 농부를 상규로 이주시켜 농사짓게 해 안정을 되찾았다.

제4차 출정 뒷이야기

곽충郭沖이 전하는 다섯 가지 고사 중 마지막 다섯 번째 이야기다.

위 명제가 친히 군대를 이끌고 촉을 정벌하러 장안에 이르러 사마의를 파견했다. 장합이 이끄는 여러 군대를 감독지휘하면서, 옹雍과 량凉에 힘찬 병졸 30여만 대군을 이끌고 몰래 은밀히 행진해 검각劍閣으로 향하도록 명한 것이다. 제갈량은 당시 기산에 진을 쳤다. 8만 대군이 깃발과 병기로 아주 날카롭게 험난한 요새에서 수비했다. 그때 위나라 군대는 막 진을 치기 시작했는데, 촉군은 당번 기수병이 교대할 참이었다. 당시 제갈량은 군사참모 양의楊儀의 책략을 받아들여, 군대를 2교대로 참전하도록 운영하던 참이었다. 이러한 전세를 본 참모와 보좌들이 다 같이 한목소리로 건의했다. 적군이 너무 많고 강성하여, 우리 병력으로는 도저히 제압할 수 없으니, 귀환할 병력을 짐짓 한 달간 보류해 쉬게 하면서, 다른 교대 군사가 당도하길 기다려 성세聲勢를 배가해 한판 승부를 벌여야 마땅하다는 것이었다. 허나 제갈량은 단호히 말했다.

"내가 병력을 통괄해 군사행진을 지휘함에, 가장 귀중히 여기는 으뜸 기본원칙은 바로 큰 믿음(大信)입니다. 옛날 춘추시대 진문공은 원原나라를 얻으려고 믿음을 잃는다면 크나큰 수치라고 여겨 퇴각했습니다. 저번에 군장을 꾸려 출정할 적에 미리 기일을 정해놓아, 고향에서 처사식들이 학수고대하며 날짜만 손꼽아 기다릴 것입니다. 비록 정벌에 임하여 어려움이 닥쳤다고는 하지만, 대의명분 신의로 보아 도저히 폐기할 수 없습니다."

이에 제갈량은 집으로 돌아가고 싶은 사람은 죄다 떠나가라고 채근해 보냈다. 그러자 떠나가는 사람은 모두 기뻐하며 떠났다. 그리고 한바탕 전투를 원하는 사람만 남아서, 더욱 용맹스럽게 발분해 목숨을 바칠 각오를 다짐했다. 그들은 서로 쳐다보며 이르기를, "제갈공諸葛公 은혜는 죽어도 오히려 다 갚을 수가 없다."고 한목소리로 말했다. 전투 당일에 누구나 할 것 없이 서로 칼날을 빼들고 앞을 다투어 일당십의 기세로 돌격하지 않음이 없었다. 마침내 장합을 죽이고 사마의를 패퇴시켰다. 한바탕 접전으로 대첩을 이루었으니, 이는 바로 믿음에서 비롯한 사기 덕분이었다.

이에 대해 삼국지 주를 단 배송지松之는 몹시 회의적인 난색을 표시한다. 제갈량이 앞서 기산에 출정하였고, 위 명제는 몸소 장안에 이르렀을 뿐, 그해에는 다시 더 나오지는 않았다. 또 제갈량 대군이 관關과 롱隴에 있는데, 위 군대가 어떤 경로로 제갈량을 지나쳐 검각劍閣으로 행했단 말인가? 제갈량이 이미 전장戰場에 있는데도, 본디 오래 주둔할 계획이 없었고 바야흐로 병력을 거두어 촉으로 귀환한다는 이야기는, 모두 정상적인 일반 이치에 어긋나는 말이다. 손성孫盛과 습착치習鑿齒는 온갖 다른 이설과 일화들을 수소문해 찾아 빠뜨리지 않고 남김없이 기록했다. 헌데, 그 둘이 곽충 이야기는 결코 싣지 않았으니, 그 말이 사실과 다르고 이치에 어긋남이 많다는 반증이리라.

무위로 끝난 개과천선 용서

제4차 북벌에서 귀환한 이듬해인 건흥 10년(232), 제갈량은 황사黃沙에서 농경을 장려하면서, 병사들한테 휴식을 취하며 무예를 훈련하도록 독려했다. 그해 류염劉琰이 전 군사軍師 위연과 불화가 심해 허망한 말을 지껄여 물의를 일으켰다. 제갈량이 엄숙히 책망해 꾸짖자, 류염은 반성문을 적어 사죄했다.

"염은 본디 품성이 허망하고 경박한 행실에다, 주취로 황폐한 병까지 겹쳐, 선제 때부터 분란과 물의가 분분해 거의 망할 운명이었습니다. 허나 자못 현명하신 공께서 일심으로 국정을 운영하신 덕택에 힘입어, 제 자신 더러운 죄악을 용서받아 가까스로 목숨 건져, 지금까지 국록과 작위를 유지해 성명을 보전해왔습니다. 헌데, 근자에 또 주취로 혼미해 횡설수설로 큰 잘못을 저질렀습니다. 자비로운 은혜로 한 번만 더 인내를 머금어, 법대로 처리하지 않고 살려주시어 성명性命을 보존케 하소서. 앞으로 반드시 극기복례로 자신을 책망하며, 죽도록 개과천선할 것을 천지신명께 서약합니다. 또 다시 명령을 어긴다면, 더 이상 뵐 면목이 없을 것입니다."

이에 량은 염을 용서해 성도로 귀환시키며, 관직과 벼슬은 그대로 두었다. 종실인데다 개과천선하겠다고 서약하니 관용한 것이리라. 헌데, 제갈량 서거 1년 전 쯤이니, 어쩌면 돌아갈 때가 되어 좀 더 관대하게 변할 걸까? 알 수 없다. 류염은 종친으로 풍류를 좋아하고 담론을 잘해, 류비한테 항상 빈객으로 후대 받아 고릉태수가 되었다. 후주 때는 도향후에 봉해져, 리엄에 버금가는 반열에 올라 장군으로 승상 국정에 동조하며, 사치스런 수레·의복음식과 가무에 밝은 시녀로 환락을 즐겼다. 제 버릇 개 못 준다고, 1년여 만에 류염이 끝내 제 정신을 잃는 황홀한 사건이 터졌다. 제갈량이 마지막 5차 출정 중인 234년 정월, 류염 처 호씨가 태후한테 축하인사 드리러 궁중에 들어갔다. 태후가 특별히 호씨를 붙잡아 그 달이 지나서야 비로소 나왔다. 호씨는 미색이 빼어나, 염은 처가 후주와 사통했으리라 의심했다. 졸병을 불러 호씨를 5백대 때리고, 예쁜 게 죄라고 심지어 발로 얼굴을 짓밟게 한 뒤 내쫓아버렸다. 호씨가 자초지종 사실대로 고소해, 염은 투옥되어 재판에 회부됐다. 담당법관은 참신하고 기발한 명판결을 내렸다.

"병졸은 아내를 매질할 사람이 아니고, 얼굴은 발로 짓밟힐 곳이 아니다.(卒非撾妻之人, 面非受履之地.)"

류염은 끝내 기시棄市형에 처해졌다. 이때부터 대신 아내 및 어머니의 입조경하 인사가 끊어졌다. 술과 여색의 화근을 단적으로 보여주는 사건이다.

제5차 북벌과 위의 두문불출 폐칩 작전

이듬해 겨울(233) 사곡斜谷 입구에 군량미를 운송하고 제5차 북벌 출정 채비를 미리 단단히 하였다. 제4차 북벌에서 귀환한 이듬해인 건흥 10년(232), 제갈량은 황사黃沙에서 농경을 장려하면서, 병사들한테 휴식을 취하며 무예를 훈련하도록 독려했다. 마침내 운명의 해가 밝자마자, 건흥 12년(234) 봄 2월, 제갈량은 10만 대군을 죄다 거느리고 사곡斜谷으로 출정했는데, 류마流馬로 운반해 노동력을 크게 절감했다. 무공武功 오장원五丈原에 본거지를 잡고, 사마의와 위남渭南에서 대치했다. 제갈량은 매번 군수보급 차질로 군량이 바닥나서 계속 전투하지 못하고, 자기 뜻을 펴지 못한 채 중도에 퇴군한 경험을 뼈아프게 아쉬워했다. 그래서 이번에는 병력을 일부 나누어 병영에 주둔하며 경작하게 하는 둔전屯田제를 시행했다. 오래 주둔하며 지구전을 수행할 기초 터전으로 삼고자 철저히 계획한 것이다. 경작하는 병사들이 위渭수 주변 거주민 사이에 뒤섞여 함께 농사를 지었으므로, 백성들도 안도하고 군사들도 사사로운 횡포나 남용이 없었다.

위서와 위씨춘추魏氏春秋는 이렇게 전한다.

청룡 2년(234) 4월, 제갈량이 사곡으로 출정해 위남渭南에 주둔하자, 사마의가 나와 막았다. 과연 제갈량은 사마의한테 여러 차례 사절을 보내 서신을 전달했다. 아울러 규방 요조숙녀의 수식 장신구를 선물해, 사마의 수치심을 건드려 분노를 자극했다. 이에 사마의가 출전하려 하자, 신비辛毗가 부절을 들고 조서를 낭독해, 장병군대 출동이 멈췄다. 명제 조서는 이렇게 당부했다.

"다만 성을 견고히 지켜 막으며, 적의 예봉을 꺾기만 하라. 저들이 진격해도 뜻을 얻지 못하고, 물러나도 더불어 전투하지 못한 채, 오래 머물러 식량이 떨어지고 노략질해도 얻을 게 없다면, 틀림없이 달아날 것이다. 달아날 때 추격한다면, 수고와 피로를 덜고 완전히 승리하는 방도다."

사마의는 촉군 사절한테, 제갈량 잠자리와 음식 기거 및 일처리가 얼마나 번잡한지 정황만 묻고, 군사에 관한 일은 전혀 묻지 않았다. 이에 사신이 대답했다.

"제갈공께서는 새벽 같이 일어나고 밤늦게 자면서, 곤장 20대 이상 형벌은 모두 친히 열람하고 결재하십니다. 그리고 드시는 음식은 몇 되(升)도 되지 않습니다."

이에 사마의는 "제갈량 몸이 곧 죽겠다. 얼마나 오래 버티겠는가?"라고 말했다고 전한다. 이는 다분히 사마의의 선견지명 지혜를 부각시키려는 진晉의 어용 사관을 반영한 기록으로 보인다.

사마의는 제갈량과 여러 날 서로 대치했는데, 제갈량이 여러 차례 도전했으나, 보루에 단단히 틀어박혀 대꾸도 하지 않았다. 그 동안 7월 명제는 뱃길로 손권을 정벌해 패퇴시켰다. 사마의가 제갈량과 서로 대치 중이니 안전히 장안으로 귀환하자고 요청하자, 명제는 아주 낙관하며 수춘에 가서 전공을 포상했다.

"손권은 도주하고, 제갈량은 담이 떨어져 대장군이 통제할 테니, 나는 근심이 없다."

한편, 한진춘추漢晉春秋는 당시 정황을 이렇게 전한다.

제갈량은 출정해 진을 친 다음, 여러 차례 전투하고자 도전을 했다. 사마의도 또한 조정에 표문을 올려 진실로 전투를 청하는 시늉을 했다. 위 조정에서는 위위衛尉 신비辛毗한테 부절을 쥐어 보내, 전투하지 못하도록 통제했다. 그러자 강유姜維가 제갈량한테 말했다.

"신좌치辛佐治가 군주 부절을 지니고 와서, 도적들이 다시는 싸우러 나오지 않겠습니다."

이에 제갈량이 말했다.

"저이는 본디 싸울 마음이 전혀 없었다. 헌데도 굳이 표문을 올려 정말 싸우길 원하는 것처럼 청한 것은, 다만 그 부하 군중들한테 무용을 드러내 과시하기 위해서였다. 장군이 출정해 군대를 지휘하게 되면, 군주 명령을 받지 않는 법이다. 진실로 저이가 나를 통제할 수 있고 전투할 의향이 있었다면, 어찌 천리 먼 길에 표문을 올려, 굳이 군주한테 전투를 청하는 쇼를 벌이겠는가?"

군중에 붉은 별이 떨어지다 (234)

제갈량 건강은 갈수록 악화되어 갔다. 대외 비밀로 군중은 평온한 듯했지만, 제갈량은 심상치 않은 신병을 은밀히 후주한테 알렸을 테다.

익부기구잡기益部耆舊雜記에 따르면, 제갈량이 무공에서 질병이 위독해지자, 후주가 리복李福을 보내 위문하며 국가대계에 대한 자문을 요청했다. 리복이 가서 뜻을 전하고 제갈량의 말을 들었다. 작별한 지 며칠 뒤, 문득 뜻을 다 전하지 못했다는 생각이 뇌리에 스쳐, 다시 말머리를 돌려 찾아뵙고 여쭙자, 제갈량이 말했다.

"나는 군이 다시 돌아올 줄 알았소. 일전에 주고받은 말은, 비록 여러 날이 지나도 다함이 없어서, 다시 와서 한번 결정할 일이었소. 군이 질문한 일은, 공염(公琰: 장완)이 적합하겠소."

리복이 사례하며 다시 여쭈었다.

"전에 정말 실수로, 만약 공께서 백년 뒤(死後)라면, 누가 국가대사를 맡을 만한지 공께 자문을 청하지 못했습니다. 그래서 곧장 되돌아왔습니다. 그리고 또 청하옵건대, 장완 뒤에는 누가 맡을 만합니까?"

제갈량이 말했다.

"문위(文偉: 비의)가 그 뒤를 이을 만하겠소."

또 다시 그 다음 차례를 묻자, 제갈량은 묵묵부답이었다. 리복이 귀환해 그대로 보고했다. 리복은 인품이 정밀하고 예리하며 과단성이 있어, 위정에 아주 기민했다. 승상 임종 직전 국가대사를 위한 마지막 중대한 사절임무를 성공리에 수행한 것이다.

어쨌든, 제갈량과 사마의는 그렇게 서로 대치하길 백일 남짓 계속했다. 그러다가 그해 8월, 제갈량은 질병이 위독해져 군중에서 운명하였으니, 그때 나이 쉰네 살이었다. 제갈량 군대가 모두 물러난 뒤에, 사마의는 제갈량이 병영을 쳤던 보루처소에 이르러, 제갈량을 추념하며 경탄했다.

"참으로 천하에 기특한 천재(奇才)다!"

진양추晉陽秋에 따르면, 끝이 모서리 진 붉은 별이 동북쪽에서 서남쪽으로 길게 흐르면서 제갈량 진영으로 떨어졌다. 세 번 떨어졌다가 두 번 되돌아 나왔는데, 떨어질 적엔 컸는데 돌아 나올 적엔 작아졌다고 한다. 그리고 얼마 지나지 않아 곧 제갈량이 운명했단다.

한편, 위서魏書 기록에 따르면, 제갈량은 식량이 다 떨어지고 형세가 궁핍하여, 근심하고 성내면서 피를 토하였고, 하루저녁에 병영을 모두 불사르고 달아나다가 골짜기에 들어서서 중도에 발병해 운명했다고 전한다. 한진춘추는 제갈량이 곽씨오郭氏塢에서 운명했다고 전한다.

배송지는 위서 기록에 대해 몹시 회의하며 비평한다.

"제갈량이 위渭수 물가에 진을 치고 둔전을 경영할 적에, 위 대군이 모두 두려워 발자취를 거두어, 승부가 어떻게 판가름 날지 그 형세를 측량할 수도 없었다. 그런데 제갈량이 피를 토하고 죽었다고 기록한 것은, 대저 제갈량이 스스로 운명해 전투를 벌이지도 못하고 끝난 한 판인지라, 마치 자기네들이 승리한 것처럼 스스로 떠벌려 자랑한 과대망상 왜곡이다. 무릇 제갈공명 같은 지략으로 어찌 고작 사마중달을 다루고 대적하지 못해, 피를 토할 수 있단 말인가? 그리고 류곤劉琨이 군사를 잃었다는 기록이나, 진晉 원제元帝가 '제갈량이 군대에서 실패해 피를 토했다.'고 적은 전문(箋文: 주석) 따위는, 바로 위서魏書의 이 허망한 기록을 곧이곧대로 믿고 인용한 말일 따름이다. 또 골짜기에 들어가 운명했다는 기록은, 촉 군사들이 제갈량 운명 소식을 비밀로 부치고 몰래 퇴각하다가, 골짜기에 들어서서 비로소 발상發喪을 한 까닭에 나온 말이다."

사마의 쪽에서 기록한 마지막 북벌

진서 선제기는 또 사마의 지략과 통찰력을 크게 부각시켜 전한다.

청룡 2년(234), 제갈량이 또 십여만 군사를 이끌고 과연 진창 동쪽 사곡으로 출정해, 미郿에 위수 남쪽 벌판에 보루를 쌓았다. 명제가 근심해 진랑秦朗한테 보병과 기병 2만을 주어 사마의 지휘를 받도록 병력을 증강했다, 여러 장수가 위수 북쪽에 진을 치고 대치하자고 주장하자 사마의가 말했다.

"백성은 모두 위수 남쪽에 모여 살아, 바로 그곳이 반드시 쟁취할 땅이다."

드디어 병력을 이끌고 위수를 건너 배수진을 쳐 보루를 쌓고 여러 장수한테 말했다.

"제갈량이 만약 용감하다면, 마땅히 무공武功으로 나와 산을 의지해 동쪽으로 향할 것이다. 만약 서쪽 오장원五丈原으로 올라온다면, 우리 군대는 별일 없을 것이다."

헌데, 제갈량은 과연 평원으로 올라와 북으로 위수를 건너려 했다. 사마의는 부장 주당을 내보내 양수에 주둔하며 유인하게 했다. 며칠 동안 제갈량은 꿈쩍도 하지 않자, 사마의가 말했다.

"제갈량은 평원을 차지할 생각이니, 양수로 향하지 않을 의향임을 알겠다."

이에 호준과 곽회를 양수에 보내 대비케 하고, 제갈량과 적석에서 만나 평원에서 접전을 펼쳤다. 제갈량이 진격하지 못하고 오장원으로 귀환했다. 그때 꼬리 긴 별이 제갈량 보루로 떨어지자, 사마의는 그가 반드시 패할 줄 알고, 기병奇兵을 보내 제갈량 뒤를 끊어 5백여명을 죽이고 천여명을 사로잡았으며, 항복한 자도 6백여명이었다. 당시 조정에선, 제갈량이 의기양양하게 멀리 나와 임시 주둔하는 군대라 속전속결을 노릴 걸로 판단해서, 매번 사마의한테 신중하게 지키며 급변 상황을 기다리라고 명했다. 제갈량이 여러 차례 도전해도 사마의가 출전하지 않자, 제갈량은 규방 요조숙녀의 장식물을 보내 모욕하며 자존심을 건드렸다. 사마의가 분노해 한바탕 결전을 벌이겠다고 표문을 올려 청했으나, 명제는 불허하고 특별히 아주 강직한 신하 신비辛毗한테 부절을 주어 군사軍師로 파견해 온전히 통제했다. 나중에 제갈량이 다시 나와 도전하여, 사마의가 출병해 응전하려 하자, 신비가 황제 부절을 쥐고 군문에 서서 가로막아 멈췄다.

당초 촉장 강유는 특사 신비가 당도했다는 소식을 듣고 말했다.

"신비가 부절을 쥐고 왔다니, 적군은 다시는 나오지 않겠습니다."

그러자 제갈량이 말했다.

"저자는 본디 싸울 마음이 없소. 그래도 일부러 싸우겠다고 주청한 것은, 부하 군중한테 자기가 겁쟁이로 보일까봐 무용을 과시하기 위해서요. 장군은 출정하면 군주 명령을 받지 않는 법이오. 진실로 나를 제압할 수 있다면, 어찌 천리 길을 오가며 결전을 주청한단 말이오?"

사마의 아우 부孚가 서신을 보내 군사에 대해 묻자, 사마의는 이렇게 답신했다.

"제갈량은 뜻은 원대하나 기미를 살피지 못하고, 모의는 많이 하나 결단성이 적고, 군사를 좋아하나 권변이 없다. 비록 십만 대군을 이끌고 왔지만, 이미 내 계획(수중)에 떨어져서, 반드시 격파하고 말 것이다."

그렇게 서로 보루를 바라보고 대치한 지 백여일이 지나, 제갈량이 병사하자 그 부장들이 병영을 불사르고 달아났다. 백성들이 달려가 그 소식을 알리자, 사마의가 병력을 출동해 추격했다. 제갈량의 장사長史 양의가 깃발을 되돌려 북을 치며 사마의한테 대적하는 태세를 취했다. 사마의는 적의 곤궁을 고려해 핍박하지 않았고, 이에 양의는 진영을 꾸려 떠나갔다. 하루가 지나 그 병영보루에 가서 남긴 흔적과 자취를 살펴, 군사 관련 도서와 수많은 군량미를 발견했다. 사마의는 제갈량이 죽은 줄 알고, "천하에 기재奇才다!"고 찬탄했다. 신비가 그래도 아직 알 수 없다고 말하자, 사마의가 대답했다.

"군대와 병가에서 가장 귀중한 것은, 군대 관련 병서와 은밀한 계획, 그리고 병마와 군량미인데, 지금 모두 버리고 갔소. 사람이 오장육부를 다 빼내고서 어찌 살 수 있단 말이오? 얼른 재빨리 추격해야 하오."

관중에는 가시투성이 질려蒺藜가 많았다. 사마의는 병사 2천명한테 부드러운 재질에 바닥이 평평한 나막신을 신고 앞서 행진하게 했다. 질려 가시가 나막신 바닥에 다 들러붙자, 그 뒤에 기마병과 보병이 함께 행진했다. 적안赤岸까지 추격해서야 비로소 제갈량이 죽은 줄 알았다. 이에 주위에 물어보니, 당시 백성들이 항간에서 "죽은 제갈량이 산 사마중달을 달아나게 했다.(死諸葛走生仲達)"고 수군대는 속담을 들려주었다. 이에 사마의는 웃으며 말했다.

"나는 이내 산 줄로만 생각했지, 죽은 줄은 전혀 생각지 못했다."

앞서 서로 대치중에 제갈량 사신이 왔을 적에 사마의가 물었다.

"제갈공은 기거가 어떠하시오? 쌀은 얼마나 드십니까?"

"서너 되 드십니다."

그 다음에 정사를 묻자, "곤장 20이상 형벌은 모두 스스로 살펴 결재하십니다."고 대답했다. 이에 사마의는 주위 사람을 보고, "제갈공명이 어찌 오래 가겠는가?"라고 말했다. 과연 그 말처럼 실현되었다. 제갈량 부장 양의와 위연이 권력투쟁을 벌여, 양의가 위연을 죽이고 그 병력을 병탄했다. 사마의는 그 틈을 타서 진격하려 했으나, 명제는 불허했다. 이상이 진서 선제기에 전하는 제갈량과 사마의의 마지막 대적 관계다.

죽은 제갈량이 산 사마의를 물리치다

한편, 한진춘추는 이렇게 전한다.

촉 군대에서 양의楊儀 등이 군사를 정돈해 출발하는데, 백성 중에 제갈량 운명 사실을 안 자가 달려가 알리니, 사마의가 추격을 시작했다. 이에 강유姜維가 양의한테 깃발을 거꾸로 되돌려 북을 치며 막 사마의를 향해 진격 태세를 취하게 했다. 사마의는 더 이상 가까이 접근하지 못하고 이내 물러났다. 이에 양의는 다시 진영을 추슬러 차분히 퇴각하면서, 골짜기에 들어선 연후에 비로소 발상發喪했다.

그때 사마의가 흠칫 후퇴한 사실을 두고, 백성들 사이에는 '죽은 제갈량이 산 사마중달을 도망치게 했다.(死諸葛走生仲達.)'는 속담이 널리 퍼져, 지금까지 꾸준히 인구에 회자한다. 어떤 사람이 항간에 떠도는 이 속담을 사마의한테 사실대로 알리자, 사마의는 솔직하게 '나는 그가 산 줄로만 알았지, 죽었다고는 생각지도 못했다.'고 속내를 털어놓았다.

이에 관한 중요한 배경원리가 불교 대장경에 전해지는바, 후술한다.

소박한 유언과 후주의 추도 조책詔策

제갈량은 운명하면서 소박하고 조촐한 유촉遺囑을 남겼다.

"내 시신은 한중漢中 정군산定軍山에 매장하되, 따로(새로) 산릉을 만들지 말고, 있는 자연 구릉 지형을 그대로 활용해 분묘를 조성하라. 무덤은 관을 들일 정도로만 자그맣게 하고, 입고 있던 옷차림으로 입관하되, 그밖에 다른 기물은 부장附葬하지 말라."

얼마나 애틋한 유명遺命인가? 이에 후주 류선은 제갈량 죽음을 애통해하며, 조서로 책策문을 내려 애도 추념했다.

"생각하건대, 군께서는 타고난 자질이 문무를 겸비하고, 현명한 예지와 돈독한 정성으로, 선제께서 고아인 짐을 부탁하신 유명을 받들어, 짐을 바로잡고 보필하셨습니다. 끊긴 한 왕실을 다시 이어 쇠미한 국운을 부흥시키고자, 오로지 혼란을 평정하고 도적을 제거하는 일에 뜻을 두셨습니다. 이에 육군六軍을 정돈하여 출정하지 아니한 해가 없이 혼신의 힘을 다하셨으니, 신령스런 무용이 눈부시게 빛나고 위엄이 사방팔방 황무지까지 크게 진동하셨습니다. 기울어가는 한나라 말미에 특별한 수훈과 공로를 세우심은, 마치 은나라 이윤伊尹과 주나라 주공周公의 거대한 공훈에 비길 만합니다. 어찌 이리 불행하고 박복하게도, 중대한 위기에 처한 대사를 눈앞에 두고, 끝내 질병으로 운명하신단 말입니까? 짐은 몹시 상심하고 애도하여, 간장과 심장이 갈라지는 듯합니다. 무릇 덕망을 숭상하고 공훈의 질서를 세우고자, 행장을 적어 시호를 추존하오니, 앞으로 미래세에 길이 빛나게 밝혀 불후의 업적과 공덕을 기록으로 전하기 위함입니다. 이에 좌중랑장左中郎將 두경杜瓊을 부절 지닌 특사로 임명해 급히 보내, 군께 승상丞相 무향후武鄉侯 인수印綬를 추증하오며, 충무후忠武侯라는 시호를 군께 바칩니다. 혼께서 신령스러우시다면, 여기 바치는 은총과 영광을 가상히 여겨 흔쾌히 받아 주소서! 오호애재! 오호애재!"

청렴한 재산공개

당초 제갈량은 출정에 앞서 후주 류선한테 출사표를 올리면서, 스스로 자기 집안 형편을 다음과 같이 솔직히 아뢴 적이 있었다.

"성도成都에 누에를 쳐서 비단을 짜기 위한 뽕나무 8백 그루와 척박한 밭 15경頃이 있어서, 자제子弟와 가족들 의식주는 저절로 넉넉하고도 남음이 있습니다. 그리고 신하가 밖에서 나라 일을 보면서는, 특별히 조달하는 방도를 마련하지 않습니다. 그저 몸 가는 대로 의식주는 수시로 국고 관물로 공급을 받기 때문에, 그밖에 따로 생업을 위한 가산은 한 자 한 치도 전혀 없습니다. 따라서 언제라도 신하가 죽는 날에는, 안으로는 쌓여있는 비단이 전혀 없고, 밖으로도 남아도는 재화가 조금도 없어서, 폐하의 신망과 기대를 저버리는 일이 결코 없을 것입니다."

과연 제갈량이 운명한 뒤 살펴보니, 정말 그가 말한바와 똑같았다. 그래서 군신 모두 그가 청렴결백하며 공정·충직한 마음가짐으로 솔선수범했음에 다시 한 번 탄복하고 몹시 존경하였다.

최근 산동지방 유력 언론에선, 제갈량의 청렴한 공개다짐이 중국 역사상 공직자 재산공개에 효시라고 칭송해 극찬한다.

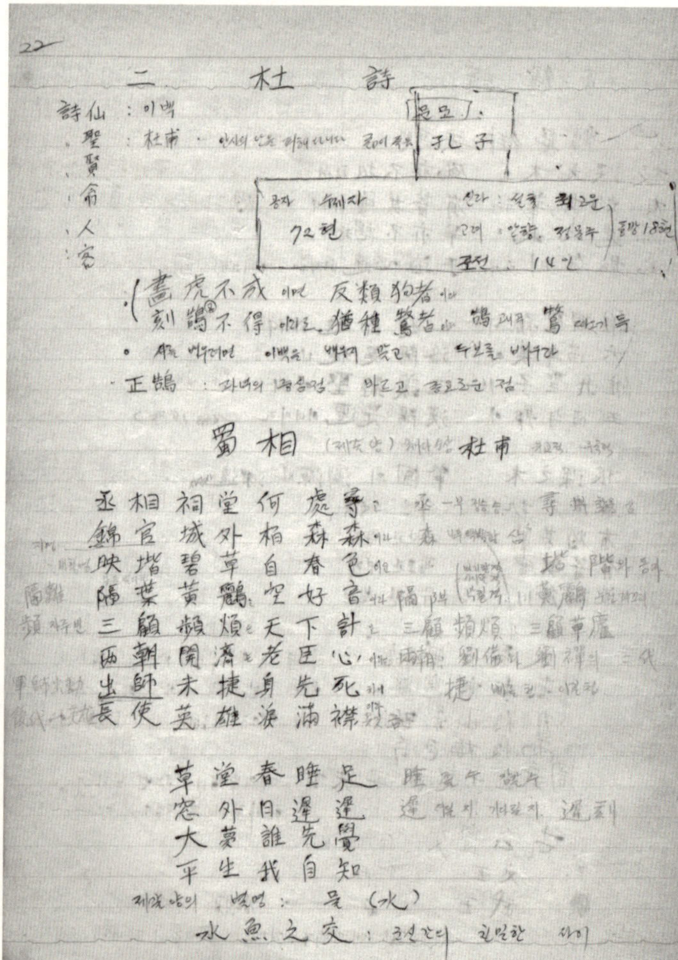
二 杜詩

詩仙 : 이백

詩聖 : 杜甫

孔子

畵虎不成 反類狗者

刻鵠不得 猶類鶩者

蜀相 杜甫

丞相祠堂何處尋
錦官城外柏森森
映階碧草自春色
隔葉黃鸝空好音
三顧頻煩天下計
兩朝開濟老臣心
出師未捷身先死
長使英雄淚滿襟

草堂春睡足
窓外日遲遲
大夢誰先覺
平生我自知

물 (水)

水魚之交

둘.

피붙이와 사귐交遊

재지才智는 필적할 박색추녀 황씨 부인

상양기襄陽記에는 제갈량이 아내를 맞이한 혼인담이 전한다.

언남沔南에 고아하고 상쾌하며 흉금이 탁 트인 저명인사 황승언黃承彦이 있었다. 제갈공명이 혼처를 구한다는 소식을 듣고, 그는 제갈량한테 대뜸 청했다.

"군께서 아내를 선택하려 한다고 들었는데, 저한테 아주 못생긴 딸(醜女)이 하나 있습니다. 머리는 누렇고 살갗은 검은 색이나, 재주만큼은 군에 배필로 손색이 전혀 없어 서로 잘 어울릴 만합니다."

제갈공명이 선뜻 허락하니, 곧바로 마차에 태워 시집보내 왔다. 이 사건은 당시 사람들한테 아주 유쾌한 즐거운 웃음거리가 되었다. 시골 동네에선 이를 화제로 이야기하다 보니 속담까지 만들어졌다.

"공명처럼 아내를 선택하지 말라. 莫作孔明擇婦,

바로 승언의 못생긴 딸을 얻을라! 正得阿承醜女."

헌데, 민간 전설은 재미로 살을 붙이고 꽃을 장식했다. 제갈량은 25세 때 24곳 중매혼담을 모두 거절해 주위에서 얼마나 대단한 천상선녀를 얻는지 두고 보자고 힐난했다. 어느 날 스승 황승언의 딸이 아버지한테 쓴 서신을 우연히 보았는데, 필체가 단정하고 힘찰 뿐 아니라, 내용도 한실 부흥을 진작하는 기상이 넘쳐, 첫눈에 밤하고 마음이 움직인 모양이다. 한실을 보좌할 자신의 내조 적임자로 직감하고, 매파를 궁리하다가 형수한테 간곡히 부탁했다. 절세 추녀라는 형수 말에도 불구하고, 제갈량은 혼담 주선을 요청했고, 처녀가 동의해 면양沔陽 스승 댁에 아내를 맞이하러 갔다. 후원에 들어가는데, 신부가 나무와 쇠로 만든 기계(로봇) 맹호猛虎를 문 뒤에 설치해 갑자기 덤벼들게 작동시켜, 제갈량을 깜짝 놀라게 했다. 진땀을 흘린 뒤 정신을 차려, 시녀 안내로 누각에 올라 스승 딸과 상견례를 치른 재갈량은, 추녀란 소문과 정 딴판으로 절세미인인 모습에 또 한 번 깜짝 놀랐다.

대화를 통해 정감과 의기가 서로 투합하고 분위기가 무르익자, 제갈량은 규수한테 두 가지를 물었다. 먼 길을 찾아온 구혼자한테 철문 안쪽에 기계(로봇) 맹호를 설치한 까닭을 묻자, 황녀는 구혼이 진실한지, 담력과 지략은 얼마나 되는지 시험했다고 답변했다. 보기 드문 미인이 어째서 추녀로 소문났는지 묻자, 황녀는 자기 이름이 '초녀楚女'인데, 발음이 비슷해 사람들이 놀리느라 '추녀醜女' 불러 와전된 것이라도 대답했다. 제갈량이 그런 왜곡된 소문 때문에 낭자 종신대사가 영향을 받았겠다고 위로하자, 황녀는 수줍은 듯 얼굴을 붉히며 제갈량을 한번 바라보더니, "당신이 찾아와 구혼하지 않습니까?"라고 대답해, 둘 다 유쾌히 웃었다.

기계 맹수는, 아마도 공명 처도 재주와 지혜가 뛰어났다는 기록과, 나중에 제갈량이 군수품 운반용으로 창안한 목우木牛류마流馬를 연결시킨 상상력의 산물일 듯하다. 과연 황씨부인 지혜가 공헌했을까?

후세인들은 시까지 지어 찬미했다고 전한다.

제갈구혼도면양 諸葛求婚到沔陽	제갈량이 혼인 구해 면양에 이르니,
선택배우유주장 選擇配偶有主張	배우자를 선택해 자기주장 분명했네.
황부화원정종신 黃府花園訂終身	황씨 저택 꽃 핀 정원서 종신 언약하니,
추녀원시미교낭 醜女原是美姣娘	추녀는 뜬소문, 원래 아름다운 낭자라네!

직계 자손

● 제갈교喬는 본디 제갈량의 형님인 근瑾의 둘째 아들이다. 본래 자字는 중신仲愼인데, 나중에 제갈량 후사로 입양되면서 백송伯松으로

바뀌었다. 당시에 자기 형 원손(元遜: 제갈각의 자)과 나란히 명성이 자자했다. 더러는 교喬가 재주는 형만 못하지만, 성품과 업적은 오히려 낫다고 평론한다.

당초, 제갈량은 아들을 낳지 못하자, 형님한테 조카 교喬를 후사로 달라고 요청했다. 이에 근瑾이 손권한테 이뢰어 교를 서쪽으로 보내와서, 제갈량이 교를 자기 적장자로 삼아 자를 바꿔주었다. 교는 부마도위駙馬都尉에 임명되어 제갈량을 따라 한중漢中에 이르렀다. 이 무렵 제갈량이 형님 근瑾한테 보낸 서신에는 이렇게 적혀 있다.

"교喬 본디 마땅히 성도成都로 귀환해야 하나, 지금 여러 장수의 자제들이 다 함께 나와 군량미와 군수품을 운반하는지라, 생각하건대 마땅히 그들과 영욕을 함께 하며 동고동락 해야겠습니다. 그래서 지금 교는 오륙백 병력을 거느리고 감독하며, 여러 장수 자제들과 함께 산골짜기에서 운반에 종사하고 있습니다."

교는 건흥建興 원년(또는 6년: 223 또는 228. '元'과 '六'이 비슷해 혼동착오가 있음) 나이 25세에 요절했다. 그 아들 반攀은 관직이 행호군익무장군行護軍翊武將軍에 이르렀으나 또한 일찍 죽었다.

한편, 오吳나라 손권 아래 있던 형님 제갈근의 아들 제갈각諸葛恪은, 뒤에 상술하듯이 변고를 당해 죽고, 그 자손들까지 모두 몰살당하고 말았다. 나중에 제갈량 자신의 친생 자손이 나와 대를 잇자, 교의 아들 반攀은 다시 친가로 복귀해 형님 후사를 잇게 되었다. 제갈량이 미리 형님 자손이 몰살당해 후사가 끊길 줄 알고, 그 대비책으로 형님 세 아들 중 둘째를 자기 양자로 데려와 씨(종자)를 보존한 것인지도 모른다. 어쨌든, 결과로만 보면, 제갈량의 신출귀몰한 지혜는, 형님 혈통이 끊기지 않고 이어지도록, 기막힌 선견지명을 발휘한 셈이다.

● 제갈량 친아들 첨瞻은 자字가 사원思遠이다. 건흥 12년(234) 제갈량은 최후 결전을 벌이려 무공武功에 출정할 적에, 형님 근瑾한테 보

낸 생전 마지막 서신에서 이렇게 적었다.

“첨은 이제 벌써 여덟 살로 총명하며 지혜롭고 아주 귀여운데, 너무 일찍 조숙해 아마도 중후한 큰 그릇은 못될까 저어합니다.”

제갈량 나이 47세에 뒤늦게 얻은 외아들이니, 얼마나 귀중한 옥동자로 금지옥엽처럼 여겼을지 짐작할 만하다.

8세에 아버지를 잃고 고아가 된 첨은, 나이 17세에 공주한테 장가들어 부마로서 기도위騎都尉에 임명되었다. 이듬해 우림중랑장羽林中郎將이 되고 승진을 거듭했다. 사성교위射聲校尉、시중侍中、상서복야尙書僕射를 거쳐, 아버지처럼 군사장군軍師將軍이 되었다. 아무래도 아버지 후광을 많이 입었을 테다.

첨瞻은 서화書畵를 잘했고, 탁월한 인식력과 기억력을 지녔다. 촉 인민들은 제갈량을 추모하여, 모두 첨의 재주와 기민함을 사랑했다. 조정에서 매번 좋은 일과 선정이 펼쳐질 적마다, 비록 첨이 건의 제창한 것이 아닐지라도, 백성들은 모두 ‘제갈후가 한 일이래.’ 라고 서로 수군거렸다. 그래서 아름다운 명성과 영예가 지나치게 넘쳐, 실제보다 과장 전파되는 지경이었다.

경요景耀 4년(261) 35세에 행도호위장군行都護衛將軍이 되어, 보국輔國대장군 남향후南鄕侯 동궐董厥과 함께 상서 직무를 수행했다. 6년 겨울, 위나라 징서徵西장군 등애鄧艾가 촉을 공격해왔는데, 음평陰平에서 경곡도景穀道를 경유해 옆으로 치고 들어왔다. 첨瞻은 제군을 독려해 부涪에 이르러 멈춰 주둔했다. 선봉부대가 패하자, 후퇴 귀환해 면죽緜竹에 주둔했다. 등애가 글을 보내 첨을 회유했다.

“만약 항복한다면, 내 반드시 표문을 올려 랑야왕琅邪王이 되도록 해주겠다.”

랑야는 아버지 제갈량 고향이다. 이에 첨이 격노해, 등애가 보낸 사절을 그 자리서 목을 치고, 드디어 결전을 벌여 대패하고 말았다. 진중에서 전사하니, 그때 나이 서른일곱(37)이었다. 군중이 모두 뿔뿔이 흩어졌고, 등애는 줄곧 말을 치달아 곧장 성도까지 도달했다. 첨의 맏아들 상尙은 아버지 첨과 함께 전몰했다.

간보干寶는 이렇게 평한다.

"첨瞻이 비록 위기를 부축할 지혜도 모사라고, 직군에 힝기할 용기도 부족했지만, 밖으로는 나라에 기대를 저버리지 않고, 안으로는 아버지 뜻을 바꾸지 않았으니, 충효를 겸비했다 하리라!"

화양국지華陽國志에 따르면, 첨의 맏아들 상尙은 대세를 한탄하며, 스스로 말을 치달려 위나라 군대진영에 돌진해 죽었다고 한다.

"부자 모두 국가에 중후한 은택을 입었는데, 일찌감치 간사한 환관 황호黃皓를 처참하지 못해, 이처럼 존망이 위급한 낭패를 초래했으니, 살아서 무엇하리?!"

● 첨의 둘째 아들 경京은, 족보에 따르면 자가 행종行宗인데, 반攀의 아들 현顯 등과 함께, 함희咸熙 원년(264) 하동河東으로 이주되었다.

진晉 태시泰始 기거주起居注에 실린 조서詔는 이렇게 높이 칭송한다.

"제갈량은 촉에서 진심전력 하였고, 그 아들 첨瞻은 국가 위난에 의롭게 죽었으니, 천하에 선은 한가지다."

제갈량 손자 경京은 재능에 맞게 관리에 임명되어, 나중에 미郿 현령이 되었다. 헌데, 상서복야尙書僕射 산도山濤가 아뢰었다.

"미 현령 제갈경의 조부 제갈량은, 비록 한말 혼란 시기에 천하대세와 동떨어져, 부자간에 촉에 박혀 천명을 알지 못했지만, 그래도 자신이 섬기는 정부에 진심을 다했습니다. 또 경 자신도 미현을 다스림에 스스로 좋은 명망으로 칭송받고 있습니다. 그래서 신하가 생각건대, 마땅히 그를 발탁해 동궁사인東宮舍人에 보직함으로써, 군주를 섬기는 도리를 밝혀 선양하심이 좋겠습니다."

그래서 제갈경은 직위가 강주자사江州刺史에 이르렀다.

친형님 제갈근諸葛瑾

제갈근諸葛瑾은 자가 자유子瑜고, 랑야 양도인이다. 한말에 혼란을 피해 강동으로 내려왔다. 건안 5년(200) 손책이 죽고 손권이 자리를 물려받아 준수한 명사를 초빙했다. 때마침 손권 자부(姊婿) 곡아홍曲阿弘이 근을 보고 기이하게 여겨 권한테 추천해, 근은 로숙과 함께 빈객이 되었다. 나중에 손권의 장사長史가 되고, 중사마로 옮겼다. 건안 20년(215) 손권이 근을 촉에 사절로 보내 류비와 우호관계를 틀 적에, 근은 아우 량과 함께 공적 외교회동에서만 상견하고, 물러나 사적 만남은 없었다.

제갈근은 손권과 담론할 적에 은근한 비유로 간언할 뿐, 절실한 직언은 하지 않았다. 은미하게 풍채를 드러내 대강 의도만 개진하고, 만약 의중에 맞지 않으면 곧 그만두고 화제를 돌렸다. 그리고 다시 서서히 다른 일에 빗대 실마리를 풀어 사물로 유추하게 해서, 손권 뜻이 왕왕 풀리곤 했다. 오군태수 주치朱治는 공훈이 큰 장수로, 손권이 매우 공경하고 신망했다. 한번은 함부로 힐난하기 어려워 분개하며 답답해하자, 근이 그 까닭을 미루어 짐작했다. 감히 드러내 말할 수 없어서, 보편 물정과 사리로 자기 마음에 비추어 역지사지해 주도록, 손권 앞으로 서한을 적어 바쳤다. 손권이 보고 기뻐 웃으며 말했다.

"내 뜻이 풀렸소. 안씨顔氏 덕망이 사람들을 더 친밀하게 했다더니, 바로 이거로군요."

또 한 번은 손권이 교위 은모殷模 언행을 괴상히 여겨, 죄가 어디에 이를지 모르게 험악한 분위기였다. 많은 신하들이 그를 위해 변론을 했으나, 손권의 분노는 더욱 심해졌다. 그렇게 서로 반복하는 동안, 오직 근만 잠자코 침묵했다. 마침내 손권이 "어찌 자유만 아무 말이 없소?"라고 묻자, 근이 자리를 회피하며 대답했다.

"근은 은모 등과 동향인데, 본래 고향이 전란으로 뒤집어져 생명이 다 죽는지라, 하는 수 없이 조상 분묘도 내버리고, 노약자를 이끌고 초피를 뒤집어쓴 채 거룩하신 교화에 귀순했습니다. 노예처럼 유랑하던 중에, 생존뿐만 아니라 성공하는 복덕을 입었으니, 몸소 나서서 매몰차게 독려할 수 없는 처지입니다. 만일 답변이 빗나가기라도 해서, 은모 홀로 은혜를 저버리고 큰 죄악에 빠진다면 어찌하겠습니까? 신하는 잘못을 사죄할 겨를도 없거니와, 진실로 감히 무슨 말씀을 여쭙겠습니까?"

손권이 그 말을 듣고 창연히 감탄하며 말했다.

"특별히 군을 위해(군 때문에 특별히) 사면하겠소."

말 한 마디로 천 냥 빚도 갚고, 죽을 목숨도 살릴 수도 있다더니, 참으로 어진 이 말 한 마디는 그 은덕이 크다.

나중에 손권을 따라 관우를 토벌한 공으로 선성후宣城侯에 봉해져, 수남장군으로 려몽呂蒙을 대신해 령남군 태수가 되어 공안公安에 머물렀다. 류비가 관우 복수한다고 정벌해오자, 손권이 화친을 요청해, 근이 류비한테 서한을 보냈다.

"못난이가 듣건대, 깃발과 북을 이끌고 백제성에 당도하셨다구요? 더러 신하가 오왕을 위해 이 주州를 침공해 관우를 해쳐 원한이 막심하고 재앙이 중대하니, 화친에 응할 필요가 없다는 의론이 대세일 줄 압니다. 이는 비좁은 마음으로, 대의를 유념하지 못한 것입니다. 폐하를 위해 그 대소와 경중을 비교 토론해보겠습니다. 폐하께서 만약 위세를 억제하고 분노를 덜어 잠시 제 말씀을 살펴보시면, 여러 신하들한테 물을 필요도 없이, 어떻게 할지 계책이 곧장 결정될 것입니다. 폐하께서 관우와 한 황실 선제는 누가 더 친하십니까? 형주와 천하는 어느 게 더 큽니까? 서로 원수로 미워한다면, 누가 먼저 망하겠습니까? 만약 이러한 운수를 살피신다면, 손바닥 뒤집기보다 더 쉽습니다."

서로 원한을 품고 싸운다면 위나라만 어부지리를 얻어, 한실 부흥의 대의명분도 물거품이 될 거라는 취지다. 이에 대해 배송지는 류비 분통이 골수에 사무친 상황에서 씨도 먹히지 않을 서한이라며, 이런 글을 전기에 실은 것은 문장 낭비라고 혹평하기도 한다. 사실 제갈량을 비롯해 촉의 모든 참모가 간언해 만류해도 듣지 않았는데, 적국 장수의 유세 서한이 눈에 들어오기나 했겠는가? 류비는 복수정벌에 실패해 그 후유증으로 백제성에서 죽고 만다.

어쨌든 차치하고, 당시 혹자가 제갈근이 따로 친밀한 지인을 류비한테 보내 내통했다고 보고하자, 손권은 태연히 말했다.

"짐과 자유는 죽어도 변치 않겠다는 맹서를 했다. 자유도 짐을 저버리지 않고, 짐도 자유를 저버리지 않았다."

강표전에 따르면, 근이 남군에 있을 적에 이런 소문이 파다했다. 이에 륙손이 결코 그런 일이 없을 거라고 보증하며, 유언비어에 현혹되지 말라고 주청했다. 이에 손권이 공감했다.

"자유와 짐은 여러 해 함께 일해, 골육친지처럼 은혜가 깊고, 서로 깊이 잘 아오. 그 사람 인격은 길이 아니면 가지 않고, 의롭지 않으면 말하지 않소. 전에 현덕이 공명을 사절로 우리 오에 보내왔을 적에, 짐이 자유한테 말했소. '경과 공명은 동기간으로, 아우가 형을 따름이 도의상 순리일 텐데, 어찌 공명을 붙잡지 않소? 공명이 만약 여기 머물러 경을 따른다면, 짐이 현덕한테 서신을 보내 잘 해명해서, 개인의 자유의사를 따르도록 하겠소.' 그러자 근이 이렇게 대답했소. '아우 량이 오판해 자신을 남한테 잘못 맡겼지만, 도의상 두 마음은 없습니다. 아우가 여기 남지 않음은, 제가 아우 따라가지 않음과 같습니다.' 그 말은 신명을 관통해 감동시키고도 남거늘, 지금 어찌 그런 일이 있겠소? 짐이 전에도 망언을 듣고 자유한테 보내 보여주었더니, 그가 천하 군신 사이에 큰 절개를 의론해 답변해 왔소. 짐과 자유는 신명교유(神交)라 할 수 있어, 바깥 말에 흔들리거나 이간질될 수 없소. 경이 보내온 지극한 뜻은 밀봉해 자유한테 보내 경의 뜻을 알려주겠소."

황무 원년(222)에 좌장군이 되어 전권을 위임받아 공안을 다스리며 완릉후에 봉해졌다. 우번虞翻이 광망한 짓으로 유배가자, 오직 근만 그를 위해 잘 말해주었다. 이에 우번은 친시한테 보낸 서신에서 감격을 토로했다.

"제갈공이 돈독한 인애로 하늘을 본받아 생명을 살리려고 청아한 변론을 펼쳐, 내 상당한 보호를 받았소. 허나, 악이 크고 죄가 깊어 무거운 기탄을 받았으니, 비록 기로祁老 같은 제갈공이 구원하시고자 해도, 내 양설羊舌 같은 덕망이 없으니, 석방을 기대하기는 어렵겠소."

제갈근은 용모와 도량이 훌륭해, 당시 사람들이 크고 우아한 인품에 복종했다. 손권도 존중해 큰일은 찾아가 자문을 구하곤 했다.

손권이 존호를 칭제하자, 대장군 겸 좌도호에 배수되어 예주목이 되었다. 적오 원년(238) 봄, 손권이 신임한 교사校事 려일呂壹이 가혹하고 각박한 법적용과 간사한 죄로 처형되자, 손권은 자책함과 동시에 제갈근 등 대신도 책망했다. 근은 구체적 사건에 답변함에 항상 언사가 유순하고 사리가 올발랐다. 아들 각恪은 당시 명성이 자자해 손권이 몹시 기이하게 여겨 중용했는데, 근은 항상 거리끼며 집안을 보전할 자식이 아니라고 근심하곤 했다.

적오 4년(241) 4월 위북장군 제갈각은 륙안六安을 공격하고, 대장군 제갈근은 사중柤中을 취했다. 6월 환군한 뒤, 윤6월에 대장군 제갈근은 68세로 서거했다. 소박한 관에 입고 있던 의복으로 수렴殮하여, 장례는 절검해 검소히 치르라고 유언했다.

제갈근이 대장군이 되었을 적에, 아우 량은 촉 승상이었고, 두 아들 각恪과 융融이 모두 군마를 담당해 장수들을 감독했다. 또 집안 아우 탄誕은 위魏에서 명망을 크게 드날렸다. 이에 한 집안 세 형제가 삼국에서 각자 으뜸 관직을 맡아, 천하 백성이 크나큰 영광으로 칭송했다. 제갈근은 재주와 지략은 비록 아우만 못했으나, 덕행은 더욱 순수했다. 아내가 죽었어도 재혼하지 않고, 애첩한테 난 아들은 관직에 천거하지도 않았다. 근의 덕행은 이처럼 근신謹愼했다.

제갈근 사후, 맏아들 각恪은 이미 스스로 후작에 봉해진지라, 아우 융融이 아버지 근의 작위를 물려받았다. 융이 병력을 거느려 공안에 주둔하니, 부곡·관리·사졸들이 모두 친근히 따랐다. 국경 밖에 일이 없으면, 가을겨울에 활쏘기와 사냥으로 무예를 연마하고, 봄여름에는 빈객을 초청해 고상한 모임을 가졌다. 예전 관리와 사졸이 더러 불원천리로 찾아오기도 했다. 매번 모임에선 빈객들한테 돌아가며 각자 자기 능력을 말하게 하고, 자리를 바짝 당겨 앉아 비슷한 실력끼리 조를 짜서 대적케 해, 더러 장기나 윷놀이나 투호나 활쏘기 시합을 벌이곤 했다. 그동안 달콤한 과일이 계속 들어오고 청주가 서서히 돌며, 융은 두루 돌아다니며 살펴보느라 종일 피곤한 줄 몰랐다. 융의 아버지와 형은 질박하고 소탈한지라, 군대 장수로서 몸에 화려한 장식이 없었다. 오직 융만은 화려한 수를 놓은 비단에 사치스런 복장이었다. 손권이 죽자 분위장군이 되었다. 나중에 형님 각이 회남을 정벌하자, 융은 부절을 받아 군대를 이끌고 면沔에 진입해 서쪽을 공격했다. 형님 각이 주륙된 직후, 융을 체포하려는 병력이 당도하자, 융은 갑자기 황공해 어찌할 줄 모르고 머뭇거리다가, 성이 포위당하자 독약을 마시고 죽었다. 융의 세 아들도 모두 죽임을 당했다.

형님 맏아들 (장조카) 제갈각諸葛恪

제갈각諸葛恪은 제갈근의 맏아들로 자가 원손元遜이다. 어려서부터 명성이 높아, 약관에 기도위에 배수되어, 태자 등登의 빈객이자 벗(賓

友)으로 도덕과 기예를 강론하며 모셨다.

아버지 제갈근은 얼굴이 당나귀처럼 길었다. 한번은 손권이 모든 신하를 다 모아놓고 당나귀 한 마리 끌어오게 해, 근의 얼굴과 대조해 본 다음 '제갈자유'라는 이름을 써놓았다. 이에 각이 무릎을 꿇고, 붓을 빌려 두 글자만 넛보태사고 청했다. 손권이 허락하고 붓을 내주자, 각은 그 아래 '~의 당나귀(之驢)'라고 두 글자를 써 넣었다. 온 좌중이 왁자지껄 환소하자, 손권은 그 자리서 당나귀를 각한테 하사했다.

다음에 다시 만나 손권이 각한테, "경의 아버지와 숙부(제갈량)는 누가 더 현명한가?"라고 묻자, 각은 지체 없이 자기 아버지가 낫다고 답했다. 손권이 그 까닭을 묻자, 각이 대답했다.

"신하 아비는 섬길(일할) 줄 아나, 숙부는 모르기 때문입니다."

자기가 류비보다 낫다는 완곡한 아부가 얼마나 달콤했을까? 손권은 크게 너털웃음을 터뜨리고, 각한테 술을 돌리라고 명했다. 장소張昭 앞에 이르자, 소가 이미 취기가 있어 마시지 않으려고, "이는 양로의 예법이 아니다."고 사양했다. 손권이 "경이 장공 말문이 막혀 마시게 하시오."라고 말하자, 각이 장소를 난처하게 했다.

"전에 사상부師尙父는 아흔이 되어서도 깃발을 잡고 도끼를 들었으며, 늙었다는 말은 하지도 않았습니다. 지금 군대 일은 장군이 뒤에 서고, 술과 음식은 장군이 먼저 대접받는데, 어찌 양로가 아니라고 말씀하십니까?"

장소는 더 할 말이 없어 주는 술잔을 끝까지 받아 마셔야 했다. 나중에 촉과 우호관계로 신하들이 모두 모였는데, 손권이 촉 사절한테 말했다.

"여기 제갈각은 우아해 말 타기 좋아하니, 귀국해 승상한테 여쭈어 좋은 말 한 필 보내주시오."

각이 그 자리서 꾸뻑 사례했다. 손권이 말은 오지도 않았는데 면전에서 사례한 까닭이 뭐냐고 묻자, 이렇게 대답했다.

"무릇 촉은 폐하의 바깥 마구간인데, 지금 은혜조서를 내리셨으니, 말은 틀림없이 당도할 것입니다. 어찌 감히 사례하지 않겠습니까?"

각의 민첩한 재치는 대개 이러했다. 각의 별전別傳에는 몇몇 재치 있는 일화가 더 전해온다.

손권이 일찍이 촉 사절을 맞이해 환영연회를 베풀면서, 그 인품과 재능을 시험하려고, 미리 배석할 신하들한테 사절이 당도해도 자리에서 일어나지 말고 고개 숙여 음식을 먹으라고 지시했다. 촉 사절 비의費禕가 도착하자, 손권은 짐짓 먹기를 멈췄는데, 신하들은 자리에서 일어나지도 않자, 비의가 조롱하는 말을 던졌다.

"봉황이 와서 맴도는데, 기린(손권)은 먹던 걸 토하고, 노새와 나귀는 알지도 못하고 엎드려 먹기에 정신없구나!"

그러자 제갈각이 맞받아 응수했다.

"무릇 오동을 심은 뜻은, 봉황을 기다림인데, 어떤 제비·참새가 와서 스스로 봉황이 맴돈다 말하는고? 어찌 총알을 쏘아 고향으로 돌아가게 하지 않을까 보냐?"

비의가 과자를 먹다가 붓을 들어 '보리 시(麥賦)'를 짓자, 제갈각도 붓을 청해 '맷돌 시(磨賦)'를 지어 화답했다. 이에 좌중이 모두 훌륭하다고 칭찬했다.

한번은 손권이 "요즘 스스로 어떤 오락을 즐기기에, 이렇게 더 살지고 윤택하냐?"고 묻자, 제갈각이 대답했다.

"신하가 듣잡건대, 부유하면 집이 윤택하고, 덕 있으면 몸이 윤택하다고 합니다. 신하는 감히 스스로 오락을 즐기지 않고, 다만 자기를 수양할 따름입니다."

손권이 또 "경과 등윤은 어떻소?"라고 묻자, 각이 대답했다.

"계단을 오르고 신발을 끄는 것은 신하가 등윤만 못하지만, 주판을 굴려 대책을 강구해 운용함은 등윤이 신하만 못합니다."

제갈각이 일찍이 말 한 필을 손권한테 바치면서, 귀에 표지로 구멍을 뚫자, 옆에 있던 범신范愼이 보고 비아냥거렸다.

"말이 비록 큰 가축이지만, 하늘에서 정기를 품수했거늘, 지금 귀를 흠집 내면 이찌 어진 마음을 해치지 않겠소?"

그러자 각이 그 자리서 맞받아 대꾸했다.

"어미가 딸한테 은애가 몹시도 지중하거늘, 딸 귓불을 뚫어 구슬(귀걸이)을 달아줌에, 어찌 어진 마음이 손상되겠소?"

태자가 한번은 제갈각한테 농담으로 조롱했다.

"제갈원손元遜은 말똥(馬矢=馬屎)이나 드시지요!"

그러자 제갈각이 화답했다.

"태자께서는 계란이나 드시길 원합니다."

손권이 의아해 물었다.

"남이 경한테 말똥이나 먹으라는데, 경은 그 남한테 계란이나 먹으라니, 무슨 까닭이오?"

제갈각이 "나온 곳(항문)이 같다."고 답하자, 손권은 파안대소했다.

한번은 머리가 흰 새가 궁전 앞에 둥지를 틀자, 손권이 무슨 새냐고 물었다. 제갈각이 '백두옹白頭翁'이라고 답하자, 장소張昭가 좌중에서 가장 늙은 자기를 새에 빗대 희롱한 걸로 의심해 말했다.

"각이 폐하를 속입니다. '백두옹'이란 새 이름은 들어보지도 못했습니다. 각한테 '백두모白頭母' 새도 찾아내게 하십시오!"

이에 질세라, 각이 맞받아 대꾸했다.

"앵모(鸚母: 앵무鸚鵡와 동음)새가 있는데, 반드시 짝이 있는 건 아닐 겁니다. 보오輔吳장군(장소)한테 앵부鸚父새를 한번 찾게 하시죠!"

장소는 말문이 막혔고, 좌중은 모두 박장대소하며 즐거워했다.

손권은 제갈각을 심히 기특히 여기고, 일도 잘하는지 시험하려고 절도節度를 맡겼다. 절도는 손권이 처음 설치한 관직으로 군량미를 담당하는데, 문서가 엄청 많고 복잡해 좋은 직책이 아니었다. 초임관 서상徐詳이 죽자, 각한테 맡긴 것이다. 그 소식을 전해들은 제갈량이, 륙손陸遜한테 서신을 보내 특별히 당부했다.

"집안 형님(제갈근)이 연로하시고, 각은 성품이 치밀하지 못한데, 지금 각한테 군대병력에서 최고 요긴한 군량미를 맡긴다니, 제가 비록 멀리 있지만 혼자 걱정되어 불안합니다. 족하께서 특별히 지존께 이 뜻을 전달해주시길 바랍니다."

륙손이 바로 손권한테 아뢰자, 이내 각을 병력통솔로 옮겼다.

제갈각은 단양이 산천은 험하고 인민은 용감하고 날래서 잘 순종하지 않으니, 자기가 가서 3년이면 갑병 4만을 만들어오겠다며 보내달라고 자청했다. 대중은 모두 어려운 일이니 가지 말라고 만류했다. 단양은 지세가 험난하고 네 군과 인접해 수천리에 걸쳐 산과 골짜기가 만 겹이나 되며, 인민들은 성읍을 이루어 살지 않고 산에 의지해 들락날락하며, 물고기가 심연에 숨고 원숭이가 나무로 올라가듯 출몰해 노략질하는지라, 정벌해도 소굴을 찾기 어렵고, 전투할 적엔 벌떼처럼 몰려들고 패하면 새처럼 달아나 길들일 수 없다고 달랬다. 부친 제갈근도 끝내 성공할 일이 아니라고 말하며, "각은 우리 집안을 크게 일으키지 않고, 장차 우리 종족을 크게 망치겠다."고 탄식했다.

허나, 각이 굽히지 않고 반드시 성공할 거라고 자신만만 간청하자, 손권은 각을 무조撫趙장군 겸 단양태수로 임명해, 무장기마병 3백을 딸려 보냈다. 이에 각은 장엄한 위의를 갖춰 북과 나팔을 연주하며 귀가했다. 그때 나이 32세였다. 각은 부임해 사방 관할에 문서를 보내, 각각 자기 경계를 지키며 평민들을 정착 거주하도록 교화하라고 명했다. 관내 부장들한테 병력을 잘 관리하고 울타리를 수선하되 교전하지 말라고 분부했다. 곡식이 익기를 기다려, 병력을 급히 출동해 씨도 남기지 말고 모두 베어오게 시켰다. 묵은 곡식이 바닥나고, 햇곡식은 수확하지 못하자, 산속에 숨은 평민들이 기아와 곤궁으로 점차 나와 자수했다. 각은 악을 버리고 교화에 따르라고 엄히 칙명을 내린 뒤, 지시를 어긴 현감 호항胡伉을 가차 없이 처참해 순시하니, 인민들이 그 소식을 듣고 노약자를 이끌고 나왔다. 이에 각은 자신이 만 명을 거느리고, 나머지는 각 부장한테 나누어 통솔케 했다.

손권은 그 공로를 가상히 여겨, 상서복야 설종을 보내 위로하며, 각을 위북장군에 명하고 도향후에 봉했다. 각은 수춘壽春을 도모하고자 했으나, 손권이 안 된다고 말렸다. 적오 중에 위 사마의가 각을 공격하려 하자, 손권이 병력을 출동해 대응하려 했으나, 천기를 관찰하는 자가 불리하다고 말하자, 각을 시상柴桑으로 옮겨 지키게 했다. 이 무렵 각은 승상 륙손陸遜한테 서신을 보내 인재등용을 토론했다.

"지금 인물이 드물고 덕업을 지닌 자는 몇도 되지 않으니, 서로 좌우에서 보필해야 한다는 청론이 설득력 있습니다. 어리석은 소견에, 군자는 한 사람한테 완비되길 구하지 않습니다. 공씨 문도가 대략 3천이라 하나, 식견이 드러난 자는 72인입니다. 자장·자로·자공 등 72제자도 아성의 덕을 지녔다 하나, 각자 단점이 있었으니, 하물며 그 아래 사람은 오죽하겠습니까? 또 중니도 제자가 완비되지 않았다고 내치지는 않았고, 더구나 단점을 빌미로 장점까지 버리지는 않았습니다. 더구나 지금 선비 등용은 옛날보다 더 관대해야 합니다. 왜냐면, 시무는 종횡으로 널브러졌는데 선량한 인재는 적어, 국가 관직을 항상 채우지 못해 어렵기 때문입니다. 진실로 성품이 사악하지 않고 능력을 다할 의지만 있으면, 적극 장려해 임용할 만합니다. 성현도 완전할 수 없거늘, 선비는 진실로 섬세하고 가혹하게 따져서는 안 됩니다. 그래서 도덕으로 인재를 따지면 어렵고, 인간으로 인재를 살피면 쉽다고 했으니, 현명하고 어리석음을 알 수 있습니다. 한말 이래 중국 사대부들이 서로 비방을 일삼아 큰 화에 이른 사단도, 본디 큰 원수가 아니라, 그저 자신은 극기복례를 제대로 못하면서, 다른 사람한테는 오로지 정의正義로 책망했기 때문입니다. 무릇 자신이 극기복례를 못하면 남들이 복종하지 않는 법인데, 게다가 남들한테 정의로 책망하면 남들이 감당하겠습니까? 안으로 그 행실에 복종하지 않고, 밖으로 그 책망을 감당하지 못하면, 서로 원망하지 않을 수 없습니다. 서로 원망이 생기면, 소인배가 그 틈에 끼어 이간질하기 마련이니, 두세 번 같은 말이 반복되고 가랑비에 속옷 젖듯 스며드는 아첨과 참소가 번갈아 들리면, 비록 지극히 현명하고 지극히 친신할지라도 스스로 흔들리지 않기 어렵습니다. 하물며 이미 틈이 벌어진 사이에 현명하지도 못한 자라면 오죽하겠습니까? 그래서 사이좋던 대신들이 우호관계를 유지하지 못하고, 끝내 칼부림에 피를 흘린 것입니다. 무릇 작은 허물을 눈감아주지 않고 미미한 것까지 세세히 따져 책망한다면, 집집마다 원망하게 되고, 전국에 온전한 행실 지닌 선비가 없게 될 것입니다."

제갈각은 이 서신으로 륙손이 자기를 혐오할 줄 알고, 사리를 널리 확충해 그 취지를 보강했다. 륙손이 죽자, 각은 대장군이 되어, 부절을 받고 무창에 주둔하며, 륙손을 대신해 형주를 맡았다. 오래 지나 손권이 병세가 심해지자, 어린 태자를 보필하도록 제갈각을 불러 대장군 겸 태자태부에 명하고, 중서령 손홍孫弘을 소부에 임명했다. 손권은 질병이 위급해지자, 각과 홍, 태상 등윤、장군 려거、시중 손준 등을 불러 후사를 부촉했다. 손권은 젊은 애첩한테 홀렸는지, 태자를 폐위하고 늦게 둔 어린 아들을 태자로 앉혀 놓고, 스스로 불안해져 후사를 특별히 당부한 것이다. 허나 권력투쟁은 필연으로 예고되었고, 그 와중에 피비린내 나는 살륙이 뒤따랐다.

이튿날 손권이 죽자, 손홍은 평소 각과 사이가 좋지 않은 데다, 그 지배를 당할까 두려워해서, 손권 사망소식을 비밀에 부치고 거짓 조서를 만들어 각을 제거하려 했다. 손준이 알고 각한테 알렸다. 각은 국사國事 자문 핑계로 손홍을 청해, 그 자리서 죽여 버렸다. 그리고 나서 발상發喪해 장례를 치렀다. 이때 공안에 있는 아우 융한테 보낸 서신에 이렇게 적었다.

"이번 달 16일 을미에 황제께서 민국을 저비리시니, 뭇 대소 신하들은 상심해 애도하네. 우리 부자형제는 특수한 은혜를 입어 보통 사람과 다르니, 비통해서 간과 심장이 찢어지네. 황태자께서 정유일에 즉위하시니, 비애와 환희가 교착해 어찌할 줄 모르겠네. 나는 몸소 어린 군주를 잘 보필하도록 각별한 유촉을 받아, 가만히 스스로 생각해보니, 재주는 비천한데, 주공과 같은 부촉에다 승상으로 한실을 보필하는 중책까지 맡아, 두렵기 그지없네. 아우가 있는 곳은 적과 창칼을 겨누고 대치하는 변경이니, 지금 더욱 병력을 정돈하고 장수병사를 격려해, 비상한 경비태세를 유지해야 하네. 만 번 죽을 생각으로 한 목숨 돌보지 않아, 조정에 보답하고 조상께 누를 끼쳐선 안 되네. 도적들이 황제 부음을 듣고 몰래 침공할까 두려우니, 여러 장수들은 각자 국경수비에 만전을 기해야 하네. 변경 여러 관리들한테 특별히 하명하여, 휘하 장수들이 함부로 경비를 저버리고 장례에 참석하러 오는 일이 없도록 하게. 비록 비통하여 가눌 수 없는 심정이지만, 공의를 위해 사사로운 인정을 접고, 백금伯禽처럼 군복을 입고 지키는 것이네. 만약 조금이라도 어그러진다면, 결코 작은 일이 아니기 때문일세. 친족부터 바로잡아 소원한 사람한테 모범을 보임이 고인들의 현명한 훈계라네."

제갈각은 다시 태부에 배수되어, 엄명한 정치를 내려놓고 교관校官을 쉬게 하며, 죄책을 용서하고 관세를 없애, 은택을 베풂에 힘썼다. 이에 대중이 모두 기뻐하여, 각이 출입할 때마다 백성들은 목을 늘여 그 모습을 보려고 애썼다.

당초, 손권은 황룡 원년(229) 건업으로 천도하고, 이듬해 동흥제방을 쌓아 호수를 막았다. 나중에 회남 정벌에 실패하면서 수리하지 않고 황폐해졌는데, 각이 건흥 원년(252) 10월에 대중을 동흥에 모아 다시 큰 제방을 만들었다. 좌우 산기슭에 두 성을 쌓고, 각각 천명씩 주둔시켜 완성해 지키도록 명한 뒤, 군대를 이끌고 귀환했다. 위는 오군이 자기 강토에 들어와 수모를 당한 걸 치욕으로 여기고, 대장군 호준과 제갈탄 등 7만 군사를 보내, 두 성을 포위 공격해 제방을 허물려고 했다. 이에 각은 4만 군사를 끌고 새벽부터 밤중까지 급히 달려 구원에 나섰다. 호준 등은 전군에 부교를 만들어 호수를 건너 제방 위에 포진하고, 병력을 나누어 두 성을 공격했으나, 성이 높아 쉽게 함락하지 못했다. 제갈각은 네 장군을 선봉으로 내보냈다. 때마침 추운 겨울이라 눈이 내리는데, 위군 장수들은 모여 술을 마시고 있었다. 오군 병력이 적은 걸 보고, 그들은 안심하여 투구와 갑옷을 풀고 창칼도 지니지 않은 채, 단도와 방패만 갖고 벌거벗은 몸을 옷자락으로 가리며 크게 비웃었다. 곧바로 무장을 하지 않고 방심한 사이, 오군이 올라와 북 치고 피리 불며 시끄럽고 어수선하게 창칼을 휘둘러댔다. 위군은 경악해 뿔뿔이 흩어져 달아나며, 서로 부교를 타려고 다투다 다리가 무너져 끊어지자, 물속에 빠지고 뛰어들어 서로 밟고 아수라장이 되었다. 락안태수 등 사망자가 수만이었고, 오를 배반한 장수로 위의 선봉장이 된 한종도 목이 베였다. 마차와 소·말·당나귀·노새 수천씩과 수많은 전리품이 산더미처럼 쌓였다. 전승한 공로로 귀환해 각양도후에 봉해지고, 형양주목과 중외제군감독을 겸했다. 금 1백근과 말 2백필, 비단과 베 각 만 필씩 하사받았다.

허나, 이번 대승으로 제갈각은 드디어 적을 얕보는 마음이 생겼다. 12월에 전승했는데, 이듬해 봄 다시 출정하려 했다. 여러 대신들이 자주 출정하면 피로해 감당할 수 없다고 이구동성으로 간언했다. 각은 듣지 않았다. 중산대부 장연蔣延은 집요히 간쟁하다가 붙들려 나왔다. 이에 제갈각은 대중을 설득하려고 장문의 변론을 적어 효유했다.

대강 요지는, 하늘엔 두 해가 없고, 땅에 두 왕이 없는 법인데, 천하를 겸병해 후세에 전하는 왕업 완성은, 지금이 놓칠 수 없는 절호기회라는 것이다. 조금 지나 위 인구가 불어나면 대적하기 어려우니, 지금 어리석게 구차한 평화에 안주하지 말고, 원대한 뜻을 발분해 도적을 토벌해 끝장내야 한다는 논조였다.

이 글을 보고 대중은 모두 각이 기필코 하겠다는 출사표로 여기고, 더 이상 감히 입을 열지 못했다. 단양태수 녑우聶友는 평소 각과 사이가 좋아 서신으로 간언했다. 선제도 이루지 못한 대업을 성취하고자 하는 비상한 뜻과 공로는 종묘 신령사직에 복이지만, 지금 다시 출병함은 천시에 맞지 않다고 간곡히 만류했다. 허나 각은 자기가 쓴 글 뒤에 답신을 적어 보냈다.

또 손권 임종에 제갈각과 함께 조정보필 유촉을 받아 위장군이 된 등윤滕胤도 간곡히 만류하며 간언했다. 등윤은 백부와 아버지가 일찍이 손권 휘하에 벼슬하다 단명한 인연으로 도정후에 봉해졌는데, 어려서부터 절개와 지조가 있고 용모와 위의도 수려해 약관에 부마가 되었다. 나이 30에 단양태수가 되어, 여러 군을 돌며 선정을 베풀어 명망이 높았다.

"군이 국상國喪 및 황위계승에 즈음해 이윤·곽광 같은 유촉을 받아, 안으로는 조정을 평안히 하고 밖으로는 강적을 꺾어, 명성이 천하에 크게 진동하고, 만백성 마음이 군 덕분에 안식하길 기대합니다. 지금 외람된 생각에, 피로한 역사 후에 군사를 출정하시면, 인민은 피로하고 능력이 다하는데, 먼 곳 적은 만반준비를 다할 것입니다. 만약 성을 공략해 함락하지 못하고 야전에서 수확이 없다면, 이는 앞에 공로를 잃어버리고 나중에 책망만 초래할 것입니다. 그러니 갑옷을 벗고 군사를 쉬게 하며, 틈을 보아 움직임만 못합니다. 또 병력 출동은 큰 일이고, 일은 대중이 협력해야 성취할 수 있는데, 대중이 진실로 기뻐하지 않는다면, 군 혼자 평안하시겠습니까?"

이에 각이 말했다.

"불가하다고 말하는 여러분은, 모두 계산은 해보지도 않고, 구차한 안일만 꾀하는 자들인데, 그대도 또 그렇게 여기신다면, 내 또 무얼 희망하겠습니까? 지금 조씨는 어리숙하고 용렬하여, 정치가 사사로운 가문에 떨어져, 저곳 신하와 인민 마음은 이미 조정을 떠났습니다. 내 이제 국가 병력과 자산을 바탕으로 전승 위엄을 떨친다면, 어디 간들 이기지 못하겠습니까?"

마침내 대중의 뜻을 거슬러 출정을 강행해, 주군에서 20만 군중을 징발하니, 백성들이 소동해 인심을 잃고 말았다.

각은 출정해 회남에서 위엄을 크게 떨치려고 인민을 징발하려 했으나, 부장들이 만류해 그만두었다. 신성을 포위 공격했으나, 달이 지나도록 함락되지 않았다. 사졸들은 피로한데다, 더위에 잘못 마신 물로 설사와 부종까지 겹쳐, 태반이 질병에 걸려 사상자가 땅을 뒤덮었다. 병영 관리들이 날마다 환자가 많이 생긴다고 보고하자, 각이 거짓으로 여겨 참수하려 했다. 누구도 더 이상 감히 말할 수 없었다. 이에 각은 안으로 계책이 빗나가고 성을 함락하지 못하자, 수치심에 분노가 얼굴에 역력히 드러났다. 장군 주이朱異가 시비를 가리자, 각은 노해 곧장 그 병력을 빼앗아버렸다. 도위 채림蔡林은 여러 차례 계책을 진언했다가 듣지 않자, 말을 달려 위로 망명했다. 위에서 오군 전체가 피로와 질병에 곤한 줄 알고 구원병을 보내오자, 각은 하는 수 없이 군대를 이끌고 떠났다. 사졸들은 부상질병으로 도로에서 질질 끌려가다시피 하며, 구덩이에 빠져 처박히거나 적에 사로잡혔고, 분통을 이기지 못해 크고 작은 원성과 불만을 마구 터트렸다. 허나 제갈각은 평안히 태연자약했다. 강가에 한 달간 주둔하며 심양에 둔전을 일구려 했으나, 조서가 연달아 당도하자, 군대를 돌려 서서히 귀환했다. 이로부터 대중은 크게 실망하고, 원망과 비난모독이 크게 일기 시작했다.

가을에 귀환해 중서령 손묵을 불러 거친 목소리로 꾸짖었다.

"경등은 어찌 감히 망령되이 여러 차례 조서를 만들어 보냈소?"

손묵은 황공해 두려워하며 사죄하고 나와, 질병을 칭탁하고 귀가했다. 각이 출정한 후 주청 문서를 작성·서명한 담당관은 모두 파면하고, 새로 선임했다. 갈수록 정치는 위엄을 더해, 죄책을 추궁하는 일이 잦아졌다. 보고나 알현을 할 자는 두려워 숨이 막힐 지경이었다. 또 숙위병을 교체해 친밀한 측근으로 채우고, 다시 병력을 정돈해 청주와 서주로 출정하려 했다.

이에 손준孫峻은 인민들 원망이 많고 대중들 혐오가 들끓는 인연을 계기로, 손량과 함께 각을 옭아매 제거하려는 변고를 모의해, 술자리 연회를 마련하고 각을 초청했다. 연회 전날 밤, 각은 왠지 정신이 어수선하고 뒤숭숭해, 밤새 뒤척이며 잠을 이루지 못했다. 날이 새 세수하려 하자, 대야 물에서 비린내가 났다. 시자가 옷을 건네주는데, 의복도 악취가 났다. 각은 연고를 몰라 괴상히 여기고, 물과 옷을 바꿔 보았으나, 피비린내 악취는 처음과 같았다. 마음이 꺼림칙하고 구슬퍼져 내키지 않으나, 의관을 장엄히 정제하고 나서려는데, 개가 옷자락을 물고 끌어당겼다. 각은 "개가 나를 가지 못하게 하는가?"라고 혼잣말로 중얼거리며, 발길을 돌려 자리에 앉았다. 조금 뒤 다시 일어서자, 개가 다시 옷을 물고 늘어졌다. 각은 시종한테 개를 쫓아내게 하고 드디어 마차에 올라탔다.

당초 각이 회남으로 출정하려 할 적에, 어떤 효자가 상복을 입고 각의 누각 안으로 들어왔다. 시종이 알리자, 밖에서 왜 들어왔는지 캐묻게 했다. 효자는 자기도 모르게 들어왔다고 답했다. 그때 안팎으로 수비가 삼엄했으나, 아무도 그가 들어오는 걸 보지 못해, 대중이 모두 괴이하게 여겼다. 출정한 뒤에는 앉아있던 청사의 지붕 동량 중간이 부러져 내렸다. 신성에서 동흥에 출정해 주둔할 적엔, 흰 무지개(白虹)가 그가 탄 배에 보이더니, 장릉蔣陵에 돌아오니 흰 무지개가 다시 그가 탄 마차를 에워쌌었다.

궁궐에 당도해 마차를 궁문에 멈출 때, 손준은 이미 휘장 안에 복병을 배치하고, 혹여 각이 때맞춰 들지 않아 일이 누설될까 두려워, 몸소 마중 나와 각을 보고 말했다.

"만약 군의 존체가 평안치 못하다면, 조금 뒤에 들어오셔도 됩니다. 제가 주상께 말씀드리죠."

각이 어떤 상태와 심경인지 알아보고자 던진 말인데, 각은 스스로 힘을 내서 들어가겠다고 답했다.

그때 측근 장약과 주은 등이 은밀히 글쪽지를 각한테 건넸다.

"오늘 준비해 설치한 연회가 수상하니, 다른 변고가 있을까 의심스럽습니다."

각은 글을 보고 갔다. 궁전 제일 안쪽 문(路門)을 넘기 전에 태상 등윤滕胤을 만나자, "갑자기 복통이 심해 사람을 만나기 어렵소."라고 말했다. 등윤은 손준의 음모를 알지 못하고 각한테 말했다.

"군이 만나보지도 않고 스스로 발길을 돌리시려구요? 지금 주상께서 주연에 군을 초청해 군이 문까지 왔으니, 기운을 내서 들어가 보시죠."

각이 머뭇머뭇 주저하며 다시 돌아서 전각에 들어섰다. 손량한테 사례하고 자리에 앉자, 술잔이 돌려졌다. 각이 의심스러워 마시지 않자, 손준이 말했다.

"가사 군의 질병이 다 낫지 않았으면, 평소 복용하는 약주를 스스로 마셔도 됩니다."

이에 각은 안심하고 따로 준비해간 술을 마셨다. 술이 여러 순배 돌고 나자, 손량은 안으로 들어갔다. 그러자 손준은 일어나 측간으로 가서, 긴 옷을 벗고 짧은 간편복으로 갈아입고 나와 외쳤다.

"제갈각을 체포하라는 조서가 있다!"

각이 경악해 일어나 미처 검을 빼기도 전에, 준이 칼로 아래를 내리쳤다. 장약張約이 옆에서 손준을 내리쳐 왼손을 잘랐다. 손준도 응수해 장약을 내리쳐 오른 팔을 끊었다. 호위무사들이 모두 우르르 전각 위로 올라가자, 손준은 "잡을 놈은 각인데, 이미 죽어 끝났다."고 말했다. 그리고 모두 칼을 거두어 꽂고, 바닥을 정돈하고 다시 술을 마셨다.

이렇게 해서 제갈각은 유촉을 받아 전권을 장악해 휘두른 지 딱 1년반만에 죽임을 당했다.

이에 앞서, 항간에 동요가 널리 퍼졌다.

"제갈각! 홑옷 차림에 갈대 돗자리에 말리고 허리 묶여, 어찌 서로 성자각에서 구한단 말인가?(諸葛恪, 蘆葦單衣篾鉤落, 於何相求成子閣.)"

성자각成子閣은 석자강石子岡을 뒤집은 반어법이다. 건업建業 남쪽에 있는 긴 구릉을 석자강이라 부르는데, 죽은 자를 매장하는 곳이다. 구락鉤落은 장식한 혁대인데, 세간에서 구락대라 부른다. 제갈각은 과연 갈대 자리에 그 몸이 말리고 허리를 대자리로 묶인 채, 이 석자강에 내던져졌다.

각의 맏아들 작綽은 기도위騎都尉였는데, 로왕魯王 사건에 관여해 연루되자, 손권이 직접 처벌하지 않고, 아비 각한테 보내주며 잘 가르쳐 타이르라고 분부했다. 이에 각은 집안 수치로 여기고 분노해 짐독으로 죽였다.

둘째 아들 송竦은 장수교위고, 막내 아들 건建은 보병교위였다. 아버지 각이 주륙당했다는 소식을 듣고, 마차에 자기 어머니를 태워 달아났다. 손준이 기마감독 류승劉承을 보내 추격해, 송은 백도白都에서 처참했다. 건은 강을 건너 북쪽 위나라로 달아나려고 수천리를 갔는데, 추격병사에게 붙잡혔다. 각의 외생질 도향후 장진張震과 상시常侍 주은朱恩 등도 모두 삼족이 몰살당했다.

당초 둘째 아들 송은 여러 차례 아버지 각한테 간언했으나, 각이 말을 듣지 않자, 항상 재앙이 닥칠까봐 근심걱정으로 두려워했다. 삼족이 몰살당하고 나서, 림회臨淮 장균臧均이 간곡한 표문을 올려, 각의 시신을 수습해 장례를 치르도록 애걸했다.

"신하가 듣잡건대, 천둥치고 번개 번쩍임은 한나절을 넘지 않고, 태풍이 휘몰아쳐도 충격은 하루를 넘기 드뭅니다. 허나 그 뒤에 비구름이 따라와 만물을 윤택하게 적십니다. 이는 천지의 위엄도 하루 내내 이어질 수 없고, 제왕의 분노도 감정과 의도를 끝까지 다할 수 없다는 뜻입니다. 신하가 미친 어리석음으로 금기를 꺼려 피할 줄 모르고, 감히 파멸의 죄를 무릅쓰고, 촉촉한 비바람의 은택을 만나길 간청하옵니다.

엎드려 생각건대, 고인이 된 태부 제갈각은 조상의 열렬한 풍류를 이어받았습니다. 그 아버지와 백숙부는, 한 황실 운명이 다해 9주 천하가 솥발처럼 나뉘어 정립하자, 각각 한 나라씩 나눠 맡아, 각자 충의와 근면으로 세상을 빛나게 드높였습니다. 각恪에 이르러서는, 왕국에서 태어나 성장해 거룩한 교화를 입고 영명한 위인의 명성을 날리며, 국가 일에 복무해 업적을 쌓았습니다. 마음에 화근이 싹트기 전에는, 선제께서 임종에 이윤·주공의 중책을 맡기고, 만기萬機의 정사를 부촉하셨습니다.

각은 본디 성격이 강직 괴팍乖愎하고 자긍심이 넘쳐 남을 능멸하여, 천하통치권(神器)을 공경히 지켜 나라 안을 화목하고 조용히 안정시키지 못했습니다. 토목공사와 난포한 군사를 일으켜, 1년도 안 되어 출정하길 세 번이나 거듭해, 병사와 인민을 수없이 잃고, 국고재정을 고

갈시키며, 국헌을 전단해 제 멋대로 폐지하고 바꾸며, 형벌 위엄으로 대중을 겁박해 대소 신하를 숨죽이게 했습니다.

시중 무위장군 도향후(손준)께서 그와 함께 선제의 유촉조서를 받드셨는데, 각의 간사한 포학이 나날이 다달이 더욱 심해짐을 보고, 장차 천하우수를 동탕케 해서 사직을 위태롭게 무너뜨릴까 염려하시어, 위엄과 분노를 분발해 하늘을 관통하는 정성을 품고, 신명보다 앞선 숙려계획과 형가(荊軻: ?-기원전227)나 녑정(聶政: ?-기원전397)[1]보다 백배나 뛰어난 지략용기로, 몸소 흰 칼날을 지니고 각을 전당에서 해치웠으니, 공훈은 주허朱虛를 초월하고, 업적은 동모東牟를 능가합니다. 국가의 근본 해악을 하루아침에 싹 제거해, 그 목을 널리 공개해 순시하니, 6군이 기뻐 날뛰고, 해와 달이 광채를 더하며, 바람과 먼지는 꿈쩍도 안 했으니, 이는 진실로 종묘의 신령스러움이자, 천상인간의 공동 증험입니다.

지금 제갈각 3부자 머리를 저자에 내건 지 여러 날 되어, 이미 수만 명이 관망하고, 욕하고 꾸짖는 소리가 시류풍조가 되었습니다. 국가의 큰 형벌은 진동하지 않음이 없고, 남녀로소 누구나 분명히 보지 않음이 없습니다. 인정이란 사물을 만나 교감함에, 즐거움이 극에 달하면 슬픔이 생기는 법입니다. 각을 살펴보면, 왕성하게 존귀할 때 세상에 버금가는 이 없었고, 몸소 최고 보필하는 자리에서 그간 몇 년을 지냈건만, 이제 주륙당해 내버려지니 금수나 다를 바 없습니다. 끝까지 다 보고 나면 인정이 돌이켜지는지라, 어찌 참담하게 구슬프지 않을 수 있겠습니까? 또 이미 죽은 사람은 땅으로 돌아가 흙과 같은지라, 뚫고 파고 깎고 찔러 봤자, 다시 더 가중할 형벌이 없습니다.

---

1 녑정(聶政: ?-기원전397): 전국시대 한韓 렬후烈侯 시 엄수嚴遂가 재상 협루俠累와 권력 투쟁해 원한이 맺히자, 그를 대신해 보복해주겠다고 자청해, 승상부에 들어가 협루를 찔러 죽인 뒤 자살함.

원하옵건대, 거룩하신 조정에선 천지건곤의 법칙을 살피시고, 분노가 열흘을 넘지 않음을 본받으시어, 그 고향 지인이나 옛 관리부하로 하여금 그 시신을 수습해, 일반 병사나 선비 복장으로 세 치 관에 수렴收斂해 장례를 치르도록, 은혜를 베푸시기 바랍니다. 옛날에 항적項籍도 빈장殯葬의 예를 받았고, 한신도 수렴의 은혜를 입었으니, 이것이 바로 한 고조가 신명과 같은 명예를 얻은 까닭입니다.

오직 폐하께서 삼황의 인애에 돈독하시니, 비애로 긍휼히 여기시는 자비심을 베푸소서! 국가은택이 죄악으로 형륙을 당한 해골까지 미쳐, 죽은 뒤에도 그침 없는 은혜를 받게 되면, 그 영예로운 명성이 먼 곳까지 퍼져나가리니, 천하에 권선징악하는 가르침이 그 어찌 크지 않겠습니까? 옛날 한고조 때 란포(欒布: ?-기원전145)가 조서를 어겨 팽월彭越을 제사지낸 일은, 신하도 혼자 안타깝게 여겨 탄식했습니다. 먼저 주상께 간청하지 않은 채, 오로지 자기 명의로 방자한 인정을 보였으니, 주륙당하지 않은 것만도 진실로 천만다행입니다. 지금 신하는 감히 어리석은 감정을 함부로 떠벌리고 드러내 하늘의 은혜를 누설해 망가뜨릴 수 없는지라, 삼가 엎드려 글로 적어 우매함을 무릅쓰고 개진해 올리오니, 거룩하신 조정에서 애긍히 살피시길 구걸하옵니다."

이에 손량과 손준은 제갈각의 옛 관리한테 시신을 수렴해 장례를 치르도록 허락했고, 마침내 석자강에서 찾아와 치렀다.

제갈각이 군대를 후퇴해 귀환할 적에, 녑우聶友는 각이 장차 낭패할 줄 알고, 등윤滕胤에게 서신을 보내 미리 탄식했다.

"사람이 강성할 적엔 산하대지도 뽑을 수 있지만, 하루아침에 시들어 위축되면 인정이 천변만단이라, 말하자니 비탄만 터져 나오네."

각이 죽임을 당한 뒤, 손준은 녑우를 몹시도 꺼려, 울림鬱林태수로 내쫓으려 했다. 이에 녑우는 수심에 차 발병해 죽었다.

손준孫峻과 손침孫綝의 최후

한편, 제갈각을 처치한 손준孫峻은, 손견孫堅의 아우 손정孫靜의 증손이니, 손권과는 6촌으로 족손이다. 손권 임종 때 함께 유촉을 받아 무위장군으로 숙위를 맡아 도향후에 봉해졌는데, 제갈각을 죽인 뒤 승상대장군으로 중외 전군을 감독하는 부절을 받아 전권을 쥐었다. 등윤이 각의 아들 송竦의 장인(妻父)이라고 직위를 사임하자, 손준은 연좌될 범위가 아니라고 반려해, 둘은 마음이 들어맞진 않았지만, 겉으론 서로 포용해 정사를 처리했다. 손준은 평소 중후한 명망이 없었는데, 우쭐해진 교만심으로 음험한 해코지를 일삼아, 남형과 살륙이 급증하자 백성들이 시끌시끌해졌다. 또 궁녀들을 어지럽게 간음하고, 로반魯班공주와 사통했다. 오봉 원년(254)에는 오후영吳侯英이 손준을 죽이려고 모의했다가, 비밀이 누설되어 죽임을 당했다.

이듬해 위 관구검과 문흠이 반란을 일으켜 악가樂嘉에서 내전이 일자, 손준은 여러 장군을 거느려 수춘을 습격했다가 귀환했다. 마침 촉사절 환영연회를 틈 타, 장군 손의孫儀가 손준 살해를 모의했으나 누설되어 자살하고, 로육魯育공주를 포함해 수십 명이 죽었다.

손준은 조정대신들의 반대와 등윤의 만류간언에도 불구하고, 광릉 축성을 강행하다 성공하지 못했다. 그 이듬해(256) 문흠이 손준한테 위를 정벌하라고 유세하자, 손준은 여러 장군들에게 사방에서 포위 협공해 청주와 서주를 공략하라고 명했다. 손준은 등윤과 함께 백여 명 시종을 거느려 전별하러 갔다. 려거 장군 병영을 시찰했는데, 통제 관리가 엄정하고 질서정연한 모습을 보고, 손준은 갑자기 혐오감이 들어 심장통증을 호소하며 떠났다. 그날 밤 꿈에 제갈각 공격을 당하더니, 공포에 떨면서 심장병이 발작해 죽었다. 나이 38세로, 제갈각을 처치한 지 3년(34개월) 만이었다.

손준 뒤를 이어 사촌아우 손침孫綝이 권력을 잡자, 려거가 크게 두려워해 여러 장군들과 연명으로 등윤을 승상으로 추천했다. 손침이 등윤을 대사마로 명하자, 려거가 등윤과 함께 손침을 제거하려 모의했다. 손침이 알고 선수를 쳐 제압하고 등윤 삼족을 멸했다. 또 손준 사촌아우 손려도, 자신을 무시하는 무례한 손침을 죽이려고, 왕돈惇과 공모하다 실패해 함께 죽었다. 257년 5월, 위 대장군 제갈탄이 수춘에서 반란을 일으켜 오에 투항의사를 밝히고 사마소 토벌을 내세우자, 손침은 장수들한테 3만병력을 이끌고 지원하라 명했다. 위가 20만 대군으로 제갈탄을 포위하자, 다시 3만을 증파했는데, 별 소득 없이 수많은 전사자와 장군 처형으로 끝났다. 이에 원성이 드높았다.

한편, 손량이 친정을 개시해 로육공주 피살 경위 등 난처한 질문을 쏟아내자, 손침은 몹시 두려워 질병을 칭탁하고 조회에 나가지 않았다. 손량이 로반공주 및 대신·장군과 함께 손침을 제거하려고 도모했다. 허나 손침 사촌누이의 딸, 손량의 비가 이 사실을 손침에게 밀고하자, 손침은 선수를 쳐 공모자를 죽이고, 급기야 손량을 폐위시켰다. 258년 9월 손침은 손휴를 옹립한 뒤, 소고기와 술을 예물로 바쳤다. 손휴가 받지 않자, 손침은 좌장군 장포張布한테 가서 술에 취해 원망을 쏟아냈다.

"저번 어린 군주를 폐위할 때, 다수가 나한테 스스로 즉위하라 권했으나, 나는 폐하가 현명하다고 영접했소. 황제는 내가 아니면 즉위하지 못했을 텐데, 이제 예를 올려도 거절당하니, 일반 신하와 다를 게 뭐람? 다시 생각을 바꿔 도모해야겠어!"

장포가 이 말을 손휴한테 알리자, 손휴는 함구하고 변고가 있을까 두려워서, 손침에게 후한 포상을 하사하고 관직도 추가했다. 누가 손침이 반란을 모의한다고 신고해오면, 신고자를 손침한테 보냈고, 손침은 곧장 죽였다. 손휴가 즉위한 지 석 달 만인 영안 원년(258) 12월 정묘에, 서울에는 내일 큰 변고가 있을 거란 노래가 파다히 퍼졌다. 손침은 듣고 불쾌했다. 밤에 대풍이 불어 나무가 뽑히고 모래가 휘날리자 더욱 두려워졌다. 이튿날 무진일 섣달그믐 대연회에, 손침은 질병을 칭탁하고 빠지려 했다. 허나 손휴가 참석을 강력히 요청하며 사절을 십여 차례나 보냈다. 손침이 부득이 궁전에 들어가려 하자, 부하대중이 가로막고 말렸다. 손침이 말했다.

"국가에서 여러 번 하명하니 사양할 수 없네. 미리 병력을 정돈해 대기하게. 부중에 불을 지피면, 그 구실로 얼른 빠져나와 돌아오겠네."

그리고 들어갔다. 조금 있다 불길이 치솟아, 손침이 나가봐야겠다고 말하자, 손휴가 붙잡으며 말했다.

"밖에 병사가 많은데, 그까짓 일로 승상까지 번거로우실 거 있소?"

손침이 자리에서 일어나 뜨려고 하자, 정봉과 장포가 좌우에 눈짓해 그를 붙잡아 결박하게 했다. 손침이 머리를 땅바닥에 조아리며, 교주로 유배시켜 달라고 애원하자, 손휴가 "경은 어찌하여 등윤과 려거를 유배 보내지 않고 죽였소?"라고 반문했다. 손침이 다시 그러면 관노비로 몰수시켜주길 원한다고 말하자, 손휴는 어찌 등윤과 려거를 노비로 만들지 않고 죽였냐고 따졌다. 이내 그 목을 치고, 그 머리를 그 부하군중한테 내보이면 큰소리로 외쳤다.

"손침과 함께 공모한 자는 모두 사면한다!"

이에 무기를 내려놓은 자가 5천 명이나 되었다. 개闓는 배를 타고 북으로 달아나, 추격해 죽이고 삼족을 멸했다. 손준은 무덤을 파서 관을 열고 그 관인끈(印綬)을 회수하고, 그 나무를 쪼개 묻었다. 로육공주 등을 살해한 까닭이다. 손침은 권력을 잡은 지 2년4개월 만에 죽었는데, 나이 28이었다.

손휴는 손준 및 손침과 성씨가 같은 친족인 사실을 몹시 수치로 여겨, 특별히 그들을 족적에서 제명하고, 고준故峻·고침故綝이라고 불렀다. 손휴는 또 조서를 내렸다.

"제갈각·등윤·려거는 죄 없이 준·침 형제한테 잔인하게 살해되어, 마음이 매우 비통하다. 얼른 모두 예법에 맞게 다시 장례를 치르고, 각각 제례를 올리도록 하라! 그리고 제갈각 등의 사건에 연루되어 멀리 유배된 자들은 모두 귀환하도록 부르라."

제갈량 조카 제갈각 전기를 소개하려고, 손권 사후 6년8개월 동안 벌어진 잔인하고 처참한 권력투쟁과 골육상잔을 정리해보자니, 고려시대 무신정권 시절 서로 죽이고 권력 찬탈하던 역사가 떠오른다.

"역사란 스승이다!(史者, 師也.)" 필자가 박사학위 논문을 작성하면서, 동아시아 고전을 두루 섭렵해 얻은 종합 결론적 영감이다. 칼로 흥성한 자는 칼로 패망한다는 엄연한 인과응보 법칙이 새삼 실감난다. 선악이 모두 우리 스승이라는 옛 성현들 교훈처럼, 우리도 이런 역사에서 모범귀감과 반면교사를 절실히 발견해, 현재와 미래 향상발전에 발판으로 삼아 도약하길 기원한다.

손권이 늙어서 늦게 둔 막내아들이 귀여웠던지 아니면 애첩이 보채고 조르는 간청에 넘어갔던지, 손량을 태자로 정해 왕위를 계승했는데, 어리고 유약한지라 끝내 내쫓기고 말았다.

동궐董厥과 번건樊建

동궐董厥은 제갈량 승상부령사令史를 맡았는데, 제갈량이 그 능력을 인정하며 칭찬했다.

"동령사는 선량한 선비다. 내 그와 대화할 적마다, 그는 사려가 참 신중하고 적절하다."

나중에 주부가 되었고, 제갈량 사후에는 상서복야와 상서령을 거쳐 대장군이 되었다. 동궐 뒤를 이어 번건樊建이 시중과 상서령이 되었다.

번건이 연희 14년(251)이 교위校尉로 오나라에 사절로 갔는데, 때마침 손권은 병세가 위독해 번건을 접견하지는 못하고, 대신 제갈각한테 번건과 종예宗預를 비교하면 어떠하냐고 묻자, 각이 대답했다.

"재주와 식견은 종예만 못하지만, 우아한 성품은 훨씬 낫습니다."

제갈첨、동궐、번건이 촉 정사를 통괄하면서, 강유는 항상 대외정벌에 나서 조정을 비우고, 환관내시 황호黃皓가 권병을 훔쳐 사사로이 농단했다. 그런데 모두 함께 두둔하고 편들기만 했지, 이를 바로잡아 광정하지는 못했다. 이러한 진수의 기록에 대해, 손성孫盛의 이동기異同記는 반론을 펼치며 강력히 비판한다.

제갈첨과 동궐 등은, 강유가 전공을 세우지도 못하면서 출정을 좋아해 국내가 피폐해졌다고 여겨, 후주한테 표문을 올려, 강유를 소환해 익주자사에 임명하고 그 병권을 빼앗아야 한다고 말했다. 촉 장로들은, 첨이 또 염우閻宇로 강유를 대체해야 한다는 표문을 올렸다고 한다. 동진 영화 3년(347), 촉 사관 상거常璩는 촉 장로 말을 인용해 이렇게 말했다. (제갈량 사후에 촉에도 사관史官을 둔 듯하다.)

"진수陳壽는 일찍이 제갈첨의 부하관리였는데, 첨한테 모욕을 당한 인연으로, 죄책을 내시 황호黃皓한테 귀속시키면서, 제갈첨이 그 잘못을 바로잡지 못했다고 비평했다."

한진춘추에 따르면, 나중에 번건이 진나라에 급사중이 되었는데, 진무제가 제갈량이 나라를 어떻게 다스렸는지 묻자, 번건은 이렇게 대답했다.

"나쁜 말(비평)을 들으면 반드시 고치고, 허물을 떠벌려 꾸미거나 감추지 않았으며, 상벌의 공신성은 신명을 감동시키기에 충분했습니다."

이에 무제도 감탄하며 말했다.

"참 훌륭하오. 나한테도 이런 사람이 있어 보필해준다면, 어찌 지금처럼 수고롭고 피로하겠소?"

그러자 번건이 머리를 조아리며 간언했다.

"일찍이 촉을 평정해 큰 공훈을 세우고도, 억울한 모반 혐의를 뒤집어쓰고 처형된 등애鄧艾가 너무 원통하다는 게, 천하 보편 여론인 듯합니다. 폐하께서 알면서도 신원을 처리해주지 않으면, 어찌 혐의를 받지 않겠습니까?"

이에 무제가 빙긋이 웃으며 화답했다.

"내가 바야흐로 밝혀주려 했는데, 때마침 경의 말이 내 뜻을 더욱 진작시켜 주오."

그리고 마침내 조서를 내려 등애 신원을 처리했다.

동회董恢 - 외교변재와 임기응변

상양기에 따르면, 동회董恢는 자가 휴서休緖로 상양 출신인데, 촉에 들어가 선신중랑宣信中郎이 되었다. 일찍이 비의費禕가 사절로 오에 갈 적에, 부사로 따라갔는데, 손권이 만취해 물었다.

"양의와 위연은 목동이나 나무꾼 같은 소인배라, 비록 닭이 울고 개가 짖듯 시무에 조금 보탬은 되겠소. 헌데, 이미 맡은 직임과 권세가 가볍지 않아, 만약 어느 날 제갈량이 죽고 없게 되면, 반드시 혼란의 화근이 될 것이오. 제군이 어리석고 혼미해 이를 염려해 예방할 생각도 못하고 있소. 어찌 이른바 자손을 위해 좋은 꾀를 남겨주지(貽厥孫謀) 않으시오?"

비의가 깜짝 놀라 사방을 두리번거리며 곧바로 대답을 못하자, 동회가 눈으로 비의를 쳐다보면 말했다.

"얼른 말하시오. 양의와 위연의 불협화음은 사적 분노에서 비롯한 것일 뿐, 경포黥布와 한신처럼 통제하기 어려운 심술은 아닙니다. 지금 바야흐로 강적을 소탕하려 중원에서 혼전을 벌이는데, 공훈도 인재로 이루어지고, 대업도 인재로 기반을 넓힙니다. 만약 후환을 예방한다는 명분으로 이들을 저버리고 임용하지 않는다면, 이는 풍파에 위험을 대비한다고 거꾸로 배와 노를 아예 폐지해 쓰지 않는 것과 같으니, 장구한 계획이 아닙니다."

이에 손권이 크게 웃으며 기뻐했다. 제갈량도 소식을 전해 듣고, 말을 잘할 줄 안다고 칭찬했다. 사흘이 채 안 되어, 승상부 관리로 발탁하고, 나중에 파군태수로 임명했다.

위연魏延 – 귀환 길 권력투쟁 추태

위연魏延은 자가 문장文長이고 의양義陽 출신이다. 부곡으로 류비를 따라 촉에 들어와, 여러 차례 전공을 세워 아문장군이 되었다. 류비가 한중왕이 되어 성도로 천도하게 되자, 중진 장수한테 한천漢川 주둔방어를 맡겨야 했다. 중론은 틀림없이 장비한테 맡길 거라 예상하고, 장비도 마음속으로 자신이 맡을 거라 기대했다. 허나 류비는 위연을 발탁해, 한중을 감독하는 진원鎭遠장군 겸 한중태수에 임명했다. 전군이 모두 깜짝 놀랐다. 류비가 모든 신하들을 다 모아놓고 연한테 물었다.

"지금 경한테 중임을 맡겼는데, 경은 중책을 맡아 어떻게 하겠소?"

이에 위연이 대답했다.

"만약 조조가 온 천하군대를 다 이끌고 온다면, 대왕을 위해 힘껏 막아보겠습니다. 그저 십만 군중 정도 몰고 온다면, 대왕을 위해 모두 삼켜버리겠습니다."

류비가 훌륭하다고 칭찬하고, 대중도 모두 그 말과 기백이 장하다고 칭찬했다. 류비가 황제 존호를 칭하자, 진북장군에 배수되고, 건흥 원년(223) 도정후都亭侯에 봉해졌다. 5년(227), 제갈량이 한중에 주둔하며, 다시 위연을 전방감독 겸 승상사마、량주자사에 임명했다. 8

년(230) 사절로 강羌에 진입했다가, 위魏 후장군 비요費瑤와 옹주雍州자사 곽회郭淮를 만나 양계陽谿에서 한판 접전을 벌였다. 이때 적을 대파해 전군사前軍師 정서대장군으로 승진해 부절을 하사받고, 남정후南鄭侯에 봉해졌다.

위연魏延은 매번 제갈량을 따라 출정할 적마다, 병력 만인만 내주면 한신 고사처럼 제갈량과 다른 길로 진격해 동관潼關에서 만날 수 있다고 요청했다. 허나 량이 불허하고 통제하자, 연은 항상 제갈량이 겁쟁이라 자기 재능을 알아주지 못해, 다 발휘하지 못한다고 한탄했다.

위략魏略에는 이렇게 전한다.

하후무夏侯楙가 안서장군으로 장안을 지켰는데, 제갈량이 남정南鄭에서 여러 부하들과 계책을 상의하자, 위연이 말했다.

"듣건대, 하후무는 어리고 군주 사위라 겁이 많고 꾀가 없답니다. 지금 저한테 정예병 5천만 내주시면, 식량 5천인 분을 짊어지고, 곧장 포중褒中을 가로질러 진격하겠습니다. 진령秦嶺을 따라 동으로 가서 자오子午에서 북상하면, 열흘이 안 되어 장안에 도달할 수 있습니다. 하후무는 제가 엄습한다는 소식을 들으면, 틀림없이 배를 타고 도주할 것입니다. 장안에는 오직 어사와 경조태수만 있고, 횡문橫門에 저택루각과 일반서민의 곡식이 넉넉하니, 그걸 먹으면 됩니다. 동방에서 서로 구원하려 모인다고 해도 20일 남짓 걸릴 텐데, 공께서 사곡斜谷으로 오셔도 그 안에 반드시 도달하실 수 있습니다. 이와 같이 한다면, 일거에 함양 서쪽을 평정할 수 있습니다."

제갈량은 너무 위험천만하다고 여겼다. 평안히 탄탄한 길을 따라 롱우隴右를 평정해 취하는, 십분 완전한 필승전략이 근심걱정 없다고 선호해, 위연의 계책을 쓰지 않았다. '자라 보고 놀란 가슴, 솥뚜껑 보고 놀란다!' 아마도 경솔한 마속을 믿고 가정에서 참패해 북벌 기초가 흔들린 쓰라린 경험 탓도 컸을 것이다. 위연의 도박판에 전군을 걸기엔 너무도 위험하고 불확실해 자신이 없었을 것이다.

위연은 사졸을 잘 양성하고 용맹이 출중한데, 자긍심이 아주 높은 성격이라, 당시에 사람들이 모두 그를 피해 몸을 낮췄다. 오직 양의楊儀만이 위연의 체면을 조금도 봐주지 않았는데, 연이 몹시 격분하여 서로 물과 불처럼 상극 잉숙관계였다. 건흥 12년(234) 제갈량이 북곡구北谷口로 출정할 때 연이 선봉이 되었다. 제갈량 본영에서 10리를 나갔는데, 연이 머리 위에 뿔이 나는 꿈을 꿨다. 점몽가 조직趙直한테 길흉을 묻자, 직이 연한테 짐짓 거짓으로 말했다.

"무릇 기린은 뿔이 있어도 쓰지 않으니, 이는 전투하지 않고도 적군이 스스로 파멸하려는 형상입니다."

그리고 물러나서 사람들한테 참뜻을 말했다.

"뿔 각角 자는 칼 도刀 아래 쓸 용用이 합쳐진 형상이오. 머리 위에 칼을 쓴다는 상징이니, 몹시 불길한 흉조요."

꿈보다 해몽이라는데! 그해 가을, 제갈량은 질병이 심해지자, 은밀히 장사 양의、사마 비의、호군 강유 등한테 자신이 죽은 뒤 군대를 철수해 후퇴할 방도를 지시했다.

"위연한테 후방 습격을 차단케 하고, 강유가 그 다음을 맡는다. 만약 위연이 혹시라도 명령을 따르지 않으면, 바로 군대를 출발시킨다."

제갈량이 운명하자, 발상하지 않고 비밀에 부친 다음, 장의가 비의한테 위연을 찾아가 넌지시 의중을 떠보라고 주문했다. 그러자 위연은 과연 자기주장만 내세웠다.

"승상이 비록 사망하셔도, 나는 스스로 여기 존재할 것이오. 승상부에 친근한 관리들이 호상하고 귀환해서 장례를 치르시오. 나는 스스로 여러 군대를 통솔해 도적을 격파하겠소. 어떻게 한 사람 죽었다고 천하일을 폐지한단 말이오? 또 위연이 어떤 사람인데, 양의의 지휘 통솔을 받아 후방차단 임무나 맡아야 한단 말이오?"

그래서 양의는 비의와 함께 행군 및 보류 부분을 작성해, 각자 친필 서명한 다음 여러 부하 장수들한테 통고했다. 비의는 위연한테 거짓으로 둘러댔다.

"내 마땅히 군을 위해 양장사한테 가서 해명을 좀 해야겠소. 장사는 문관이라, 군사에 대해 잘 모르니 틀림없이 명을 어기지 않을 것이오."

비의가 문을 나가 말 타고 달아나자, 그때사 위연은 알아차리고 후회해, 추격했으나 따라잡지 못했다. 연은 사람을 보내 양의 등을 찾아가, 제갈량이 작성한 처리규칙을 직접 확인했다. 모든 병영이 차례대로 군대를 이끌고 귀환한다는 지시문을 보고, 위연은 대노했다. 양의가 출발하기 전에 먼저 부하들을 이끌고 곧장 남으로 귀환하며, 지나는 곳마다 누각을 불태우고 길을 끊어버렸다. 위연과 양의는 각자 서로 상대방이 반역했다는 표문을 조정에 올렸다. 하루에 깃 달린 격문이 교대로 당도했다. 후주는 시중 동윤과 류부장사 장완에게 물었다. 완과 윤은 모두 양의를 보증하고 위연을 의심했다. 양의 등은 산에 나무를 베고 길을 내면서 밤낮 곱빼기로 행군해 거의 위연을 따라잡았다. 위연이 먼저 남곡구에 당도해 선점한 뒤, 병력을 보내 양의 등을 역습 공격하자, 양의 등은 하평何平한테 선봉에 나서 위연을 막으라고 명했다. 하평이 위연을 꾸짖으며 나섰다.

"공께서 서거하셔서 몸이 채 식기도 전에, 너희들이 어찌 감히 이럴 수 있느냐?"

위연 병사들은 잘못이 연한테 있는 줄 알고, 위연 명을 따르지 않고 스스로 모두 해산해버렸다. 위연은 홀로 외톨이가 되어, 그 아들 몇 사람과 함께 황급히 도망하여 한중으로 달아났다. 양의는 마대馬岱를 보내 추격해 목을 쳐서 양의한테 갖다 바쳤다. 양의는 자리에서 일어나서 스스로 그 머리를 짓밟으며 비아냥거렸다.

"용렬한 노예! 그래도 또 악행을 저지를래?"

그리고 위연의 삼족을 멸했다. 제갈량 사후에 즉시 벌어진 참담한 비극과 복수 연좌제였다!

당초, 장완은 난국을 수습하러 숙위제영을 통솔해 북행길에 올랐다가, 수십리를 가서 위연 사망 소식이 들리자 곧 돌아섰다. 원래 위연이 북으로 위에 투항하지 않고 남으로 귀환한 까닭은, 단지 양의 등을 죽여 제거하려는 뜻이었다. 평소 여러 장군들이 서로 뜻이 같지 않았다. 제갈량이 죽은 마당에, 각자 이제 반드시 자신이 대신 중임을 감당할 만하다고 자신하며, 당시 여론이 평가해주길 기대한 것이다. 본래 취지가 이러해서, 끝내 배반은 하지 않은 것이다.

위략魏略에 따르면, 제갈량은 병세가 악화하자, 위연 등한테 말했다.

"내가 죽은 뒤 다만 스스로 근신해 수비만 할 뿐, 절대로 다시 출정하지는 말라!"

그리고 위연한테 자기 일을 대신 맡아 처리하되, 은밀히 호상해 귀환하라고 당부했다. 위연은 드디어 사망사실을 숨기고 행렬이 포구褒口에 이르러 비로소 발상했다. 량의 장사 양의는 오래 전부터 위연과 불화가 심했는데, 연이 군사를 대신 행하는 걸 보고 그가 해칠까 두려워졌다. 그래서 위연이 전군을 이끌고 북으로 적국에 빌붙으려 했다고 거짓으로 공언하며, 드디어 군중을 동원해 위연을 공격했다. 위연은 본디 이런 마음이 없어서 전투를 벌이지 않고 달아났는데, 그를 추격해 죽인 것이다. 삼국지 주를 단 배송지는, 적국에서 전해들은 말을 기록한 것이라, 본전 내용과 진위를 다툴 수 없다고 잘라 말한다.

양의楊儀 - 숙청의 인과응보

그러면 위연을 처치해 득의양양했을 양의는 결말이 어떠했는가?

선주가 황제존호를 칭하고 동으로 오를 정벌할 적에, 양의는 상서령 류파와 화목하지 못해 멀리 홍농태수로 좌천됐었다. 건흥 3년(225), 승상 제갈량의 참군이 되어 부사를 맡아 남정에 동행했다. 5년(227) 제갈량을 따라 한중에 갔고, 8년(230) 장사長史로 수군장군이 되었다. 제갈량이 자주 출정함에, 양의가 항상 부대 구분교대를 계획하고 양곡 보급을 담당해, 조금도 머뭇거림이나 염려 없이 곧장 시원스레 처리했다. 군대 기강절도는 양의가 발상한 방안을 많이 취했다. 량은 양의의 재간을 몹시 아끼고, 또 위연의 날랜 용맹에 많이 의지했다. 다만 두 사람이 서로 불평하며 불화해, 그 어느 한쪽을 두둔하고 다른 한쪽을 폐할 수 없는 게 항상 아쉬운 통한이었다. 12년(234) 제갈량을 따라 출정해 곡구에 주둔했다. 량이 적진 앞에서 서거하자, 양의는 군대를 통솔해 귀환하며 위연을 성토해 주륙했다.

이에 스스로 공훈이 지대하다고 여기고, 제갈량 뒤를 이어 집정해야 마땅하다고 믿었다. 허나 도위 조정趙正을 불러 주역 점을 쳐서 가인家人 괘를 얻자, 잠자코 침묵하며 언짢았다. 사실 제갈량 평생 은밀한 뜻인즉, 양의는 성격이 거칠고 편협해, 장완이 적임자라고 뜻을 두었다. 과연 장완이 상서령 겸 익주자사가 되었고, 양의는 중군사에 임명되었다. 별다른 직책이나 실권 없이 그저 편안한 한직이었다.

당초 선주 때는 양의가 상서이고 장완이 상서랑이었다. 나중에 비록 둘 다 승상 참군장사가 되었지만, 양의는 출정 때마다 따라가서 몹시 수고로운 일을 감당했다. 스스로 생각하기에, 나이나 벼슬이나 장완보다 앞서고 재능도 더 낫다고 여긴 터라, 원망과 분노가 말과 낯빛에 드러나고, 불평불만 탄식소리가 오장에서 터져 나왔다. 당시 사람들이 그 말에 절제 없음을 두려워해, 감히 그 곁에 따르거나 가까이하려 하지 않았다. 오직 후군사 비의만이 이따금 가서 살펴보고 위안할 뿐이었다. 양의는 비의한테 원망과 한탄을 주렁주렁 지껄였다. 게다가 쓸데없는 헛소리까지 했다.

"전에 승상이 별세하셨을 적에, 내가 만약 전군을 이끌고 위나라로 갔다면, 내 처지와 출세가 어찌 지금 이처럼 영락했겠는가? 이제 후회해봤자 돌이킬 수 없구나!"

엄청난 말을 들은 비의는 혼자 가슴속에 숨겨두고 감당할 수 없는 지라, 은밀히 표문을 적어 올렸다. 이듬해 13년(235) 양의는 파면되어 서민으로 한가군漢嘉郡에 귀양 갔다. 유배지에 이르러 양의는 다시 비방하는 글을 올렸다. 그 언사와 취지가 몹시도 과격하고 간절해, 드디어 군에 체포구금 명령이 내려졌다. 양의는 끝내 자살하고, 처자식은 촉으로 귀환했다.

장예張裔

장예張裔는 본디 촉군 성도 사람으로. 공양춘추公羊春秋를 배우고 사기·한서를 섭렵해 담론변설이 유창했다. 류장 때 효렴으로 천거되어, 장비한테 패하자, 류비한테 사절로 가서 군신 및 인민 안전 보장을 약속 받고 성문을 열어 맞이했다. 익주에 민란이 일어 태수를 죽이자, 장예가 부임했다. 허나 토호들이 그를 오 손권한테 압송해버렸다. 류비 사후 제갈량이 등지鄧芝를 사절로 파견해, 손권한테 장예를 돌려보내달라고 청했다. 예는 오에 온 뒤 수년간 초야에 파묻혀 복역 중이라, 손권이 잘 몰라 등지한테 그러마고 허락했다. 장예가 출발할 적에, 손권이 불러 몇 마디 물으며 주고받았다.

"예전에 촉에 탁씨卓氏 과부가 몰래 달아나 사마상여한테 가더니, 귀국 풍속은 어찌 그렇소?" (司馬相如는 蜀郡 成都 출신이다.)

"어리석은 생각에, 탁씨 과부는 그래도 남편을 버린 주매신 처보다는 나은 줄 압니다." (朱買臣은 吳 출신인데, 강태공처럼 공부에만 골몰해 집안 살림이 몹시 빈궁하자, 처가 그를 버리고 떠났다.)

"군이 귀환하면 반드시 서쪽 왕조에 등용될 텐데, 장차 무얼로 나한테 보답하겠소?"

"예는 죄를 져서 돌아가니, 장차 목숨이 유사에 맡겨질 것입니다. 만약 요행히 모가지를 보전한다면, 58세 이전은 부모한테 타고난 나이요, 오늘 이후 목숨은 대왕께서 하사하신 것입니다."

손권이 장예를 인재로 여겨 유쾌한 낯빛으로 웃으며 기뻐했다. 장예는 궁궐을 나서며, 겉으로 어리석은 체하지 못한 잘못을 깊이 뉘우치며, 곧장 배에 올라타 속도를 두 배로 재촉해 재빨리 달아났다. 과연 손권이 사람을 시켜 추격했는데, 예가 이미 영안永安 경계에 진입해 수십리나 멀어진 상태라 따라잡지는 못했다.

촉에 귀환하자, 승상 제갈량이 참군에 임명해 부사를 맡겼다. 제갈량이 한중에 출정해 주둔할 적엔, 예가 사성교위로 부에 남아 장사長史를 맡았다. 곁에서 승상을 보좌한 그는 항상 제갈량을 칭송했다.

"공은 소원하다고 포상을 빠뜨리지 않고, 측근이라고 처벌을 봐주지 않으며, 공로가 없으면 작위를 받을 수 없고, 권귀세도라고 형벌을 모면할 수 없다. 이래서 어질건 어리석건 모두가 다 자신을 잊고 국가를 위해 헌신하는 것이다."

이듬해 일 처리를 자문하러 북쪽 제갈량한테 가는데, 환송 인파가 수백이나 되어 마차가 길을 가득 메웠다. 예는 친지한테 서신을 보내 그 정황을 묘사했다.

"근래 길을 나가면서 밤낮으로 손님을 맞이하느라 조금도 편히 쉴 수 없었다. 사람들이 스스로 승상장사를 공경하는데, 장군사란 남자는 아예 달라붙어 피곤해 죽을 지경이었다."

젊어서부터 건위犍爲 양공楊恭과 절친한 벗이었다. 공이 일찍 죽자, 몇 살 안 된 고아를 예가 맞이해 집을 나눠 살게 하며, 공의 어미를 친어미처럼 모셨다. 공의 자식이 성장하자, 아내를 맞이해 집과 논밭을 사서 생업을 마련해주고 집안을 잇게 했다. 이처럼 인의 실행이 지극했다. 보한장군이 되어 장사 직을 행하다가, 건흥 8년(230) 약 65세로 죽었다.

양홍楊洪

양홍楊洪은 건위犍爲 무양武陽 사람으로, 장예와 절친한 친구다. 류장 때 여러 군에 근무하다가, 류비가 촉을 평정한 뒤 합류했다. 류비가 한중 쟁탈전을 위해 급히 병력발동 서한을 보내자, 군사장군 제갈량이 양홍 의견을 물으니, 홍이 이렇게 대답했다.

"한중은 익주의 목구멍으로 존망에 관건입니다. 만약 한중이 없다면 촉도 없으니, 이는 가문의 큰 화근입니다. 지금 당장 눈앞에 일은, 남자라면 마땅히 전투하고, 여자는 마땅히 운반해 합심총력을 기울어야 합니다. 어찌 병력발동을 의심하십니까?"

당시 촉군태수 법정은 선주를 따라 북벌에 동행해서, 량이 양홍한테 촉군태수를 맡겨 모든 일을 제대로 잘 처리했다. 드디어 황제 즉위까지 마쳤다.

류비가 칭제한 뒤 오 정벌에 실패해 영안에 머물자, 제갈량은 문병 차 찾아가 성도가 텅 비게 되었다. 이 틈을 타서, 한가漢嘉태수 황원黃元이 반란을 일으켜, 림공臨邛성을 불 지르고 마구 횡포를 저질렀다. 평소 제갈량이 잘 대해주지 않자, 류비 질병 소식을 듣고, 사후에 환난을 두려워해 미리 선수를 친 것이다. 이에 양홍이 태자한테 아뢰어, 곧장 친위병을 보내 황원을 토벌하도록 청했다. 중론이 분분히 엇갈렸으나, 양홍이 예측해 마련한 책략대로 진행해 과연 생포했다.

건흥 5년(227), 제갈량이 북벌에 나서면서, 장예를 부에 남겨 장사를 시키려고 양홍 의견을 묻자, 홍이 대답했다.

"예는 선천자질이 명찰해 치안에 뛰어나, 재능은 진실로 감당할 것입니다. 허나 성품이 불공평해 혼자 전담하면 안 될 테니, 상랑向朗을 함께 남기면 좋겠습니다. 상랑은 진위의 편차가 적어, 예가 그 아래 보좌해 재능을 발휘한다면, 일 처리에 양쪽 모두 좋을 것입니다."

당초 장예와 양홍은 어려서부터 친하고 사이좋은 벗이었다. 예가 오에 쫓겨나 있을 적에, 홍이 예의 군에 부임했다. 예 아들 욱郁이 군 서리였는데, 조그만 잘못으로 형벌을 받는데, 홍이 특별히 용서하거나 봐주지 않았다. 나중에 예가 그 소식을 전해 듣고 몹시 원한을 품어, 둘 사이 우호가 적잖이 깨졌다. 그러다 제갈량 출정 후 홍이 예한테 가서, 승상 질문에 답변한 내용을 일러주자, 예는 이렇게 대답했다. "공이 나를 부에 머물게 하셨으니, 그대가 말릴 수 없소."

당시 사람들은 더러 홍이 스스로 장사가 되고 싶어서 그랬다느니, 또는 홍이 자신에 대한 예의 혐오를 잘 알아서 예가 요직을 맡지 않고 뒷일을 맡길 바랐다느니, 의심해 쑥덕거렸다. 허나 다른 일화를 보면, 이는 사실이 아님을 알 수 있다. 나중에 예가 사염교위 잠술岑述과 불화로 격분해 원한을 터트리자, 제갈량이 예한테 서신을 보냈다.

"군이 예전에 시골에서 재직할 때, 내 마음은 음식을 먹어도 맛을 모를 정도였소. 나중에 쫓겨나 남해를 떠돌 적엔, 서로 비탄하며 잠자리도 편안치 못했습니다. 다행히 귀환해 대임을 맡겨 함께 왕실을 부흥하자고 당부하며, 나는 스스로 군과 옛날에 이른바 금석처럼 견고한 교유(石交)라고 여겼습니다. 석교의 도리는 원수라도 천거해 서로 보탬이 되게 하고, 골육을 깎아내서라도 서로 현명함을 밝혀도, 오히려 서로 사양하거나 사과하지 않는 법입니다. 하물며 내가 단지 원검(元儉: 잠술?)한테 뜻을 좀 위임한 걸 가지고, 군이 그렇게도 참을 수 없습니까?"

그래서 사람들은 양홍이 사사로운 의도 없이 공평무사한 줄 알게 되었다. 홍은 어려서부터 학문을 좋아하지 않고, 충직·청렴·관대·명랑하여, 국가공무를 집안일처럼 근심하고, 계모를 지극한 효성으로 섬겼다. 건흥 6년(228) 재직 중에 별세했다.

하지何祗

양홍의 문하 서기보좌 하지何祗는 재간과 공로로 군 서리에 천거되어, 몇 년 지나 광한태수가 되었다. 파촉에서는 제갈량이 당시 인재를 재능에 따라 모두 기용한다고 인정·승복했다. 하지가 매번 조회 때 양홍 다음 자리에 앉자, 대중이 하지를 조롱하며 물었다.

"군의 말(馬)은 누가 몰아주오?"

그러면 하지는 대답했다.

"옛 관리 말(馬)은 감히 몰지 않습니다. 다만 명부께서 채찍을 잡지 않을 뿐입니다."

그래서 대중은 이 말을 웃음거리로 여겨 퍼뜨렸다.

하지는 어려서 빈한했으나, 관대하고 후덕하여 남을 잘 돕고, 체격이 몹시 장대했다. 또 음식과 음악·여색을 좋아하며 절검할 줄 몰라서, 사람들이 그리 존귀하게 여기지 않았다. 한번은 꿈에 우물 가운데 뽕나무가 난 걸 보고, 점몽가 조직趙直한테 물으니, 이렇게 해몽했다.

"뽕나무는 우물 안에 날 식물이 아니라, 마땅히 옮겨 심겠소. 그런데 뽕나무 '상桑' 자는 네 십十 아래 팔八이니, 군의 수명은 아마 이를 넘지 못할까 저어하오."

하지는 웃으며, "그거면 만족하오."라고 답했다. 처음에 군에서 근무하다 나중에 독군에 종사했다. 당시 제갈량은 법 적용집행이 준엄하고 정밀했다. 량은 하지가 안일하게 방종하며 직무에 태만하단 보고를 은밀히 듣고, 갑자기 찾아가 감옥죄수 기록을 감찰했다. 주위 많은 사람들은 하지가 큰일 날 줄 알고 우려했다. 허나 지는 은밀히 감찰 소식을 전해 듣고, 한밤중에 등불을 켜고 죄수를 살펴보며 죄상과 처리기록을 독해했다. 제갈량이 새벽같이 찾아갔는데, 하지는 이미 모두 암송해서 질문에 조금도 걸림이나 막힘없이 술술 대답하며 해석했다. 제갈량은 몹시 기이하게 여기고, 성도령으로 발령했다. 당시 비郫 현령 자리가 비어, 하지가 두 현을 겸임했다. 두 현 호구가 엄청 많고 성도에 가까운지라, 여러 가지 간사한 짓이 많았다. 사람들이 매양 잠자다가 문득 깨어나면 곧장 간사한 짓을 볼 정도였다. 허나 하지가 얼마나 잘 적발하던지, 사람들은 그가 무슨 기술이 있는 줄 알고 감히 속이지 못했다. 남한테 계산을 맡기고, 하지는 그가 읽는 걸 듣기만 하고 마음속으로 암산해, 한 되 한 홉도 차이가 나지 않을 만큼 정확했다. 문산 원주민이 불안해지자, 하지를 문산태수에 보내니 모두 믿고 복종해 안정되었다. 하지가 광한으로 옮기자, 문산 원주민이 반란을 일으켜, "전 하지 부군을 다시 보내주면, 우리를 안정시킬 수 있다!"고 요구했다. 다시 하지를 보내기 어려워, 하지 친족에서 한 사람 뽑아 보내자, 문산이 다시 안정을 되찾았다. 하지는 건위로 전근했는데, 과연 해몽대로 나이 48세에 별세했다.

비시費詩

비시費詩는 건위犍爲 남안 사람으로, 류장 때 면죽령이었다. 류비가 면죽을 공격하자, 시는 먼저 투항해 독군종사, 장가牂牁태수 등을 거쳤다. 류비가 한중왕이 되어 전장군이 되었다. 관우가 한충黃忠도 후장군이 되었다는 소식을 듣고 분노해, "대장부는 결코 늙은 병사와 동렬이 되지 않겠다!"며 배수하지 않았다. 이에 비시가 단호히 꾸짖었다.

"무릇 왕업을 이루자면, 등용하는 인재가 하나가 아닙니다. 예전에 소하와 조참은 고조와 어려서부터 친구였고, 진평과 한신이 망명해 나중에 왔지만, 그 반열을 따지면 한신이 최고 위였으나, 소하나 조참이 그걸 원망했다는 말은 듣지 못했습니다. 지금 한중왕이 한때 공로로 한승漢升보다 높아졌지만, 뜻의 경중으로 치면 어찌 군후君侯 따위와 나란히 같겠습니까? 또 왕과 군후는 한 몸 같아서 기쁨과 슬픔도 같이 하고 화복도 공유합니다. 어리석은 제 생각에는, 군후께서 관직 호칭의 고하나 작록의 다소를 괘념해서는 안 될 줄 압니다. 저는 한낱 임명장을 받들어 전달하는 심부름꾼일 뿐입니다. 군후가 배수하지 않는다면, 그냥 돌아갈 것입니다. 다만, 이 거동으로 후회하실까 저어해, 애석할 따름입니다!"

이에 관우가 크게 깨닫고 드디어 곧바로 배수했다.

나중에 여러 신하들이 한중왕께 황제존호를 칭하자고 추대하자, 비시가 상소했다.

"전하께서 조조 부자가 황제를 핍박해 지위를 찬탈하는 걸 보고, 만리를 떠돌며 군중병사를 규합해 도적을 토벌하고자 대의를 일으키셨습니다. 지금 도적을 극복하지 못했는데, 먼저 스스로 황제 자리에 오른다면, 아마도 사람들이 마음에 의혹을 품을까 저어합니다. 옛날 고조께서 초와 약속하길, 먼저 진을 격파하는 자가 왕이 되자고 약속했습니다. 헌데, 함양을 도륙하여 자영子嬰을 사로잡은 뒤에도, 오히려 추대를 사양하셨습니다. 하물며, 지금 전하께서는 아직 뜨락과 대문을 나서지도 않고서, 곧장 황제로 자립하시렵니까? 어리석은 신하는 진실로 전하를 위해 취할 방책이 아니라고 아룁니다."

이러한 정직한 비판으로 대중과 류비의 뜻을 거스른 탓에 영창永昌 종사로 좌천되었다.

이에 습착치는 이렇게 평론한다.

"무릇 근본을 창업하는 군주는 모름지기 크게 평정한 후 자기를 바로잡고, 법통을 찬탈한 군주는 신속한 건국으로 대중마음을 사로잡길 바란다. 그래서 혜공惠公이 아침에 포로가 되자 자어子圉는 저녁에 즉위했고, 전한 경시更始가 아직 생존하는데도 광무제는 연호를 개시했다. 이들이 어찌 군주를 잊고 사리를 도모했겠는가? 사직 때문이었다. 지금 선주가 의병을 규합해 도적을 토벌 중인데, 도적이 강성하고 화근이 막대해, 황제는 사라지고 국가는 망했다. 두 조정의 종묘가 끊겨 제사도 못 지내는데, 진실로 어진 종친이 아니라면 그 누가 대를 이을 수 있겠는가? 조종을 잇고 하늘 뜻을 받듦은 함양의 약속에 비유할 일이 아니다. 정의에 근거해 역적을 토벌함에, 어찌 미루고 사양할 수 있겠는가? 이러한 때, 신속히 유덕한 분을 모셔 대통을 잇도록 추대해야, 인민들이 흔쾌히 정도로 복귀(反正)하고, 세상이 예전 문물을 바로 보게 되어, 천도에 순응하는 무리들이 한마음으로 화합하고, 역적에 부역하는 자들이 두려움에 떨게 된다. 이런 시세와 이치를 모르고 반대함은, 가히 어리석은 미혹이라 할 것이다. 그러니 강등되어 쫓겨남도 마땅하지 않은가?!"

삼국지에 주를 단 배송지는, 습착치 평론 가운데 이 의론이 가장 훌륭하다고 동조해 극찬한다.

건흥 3년(225), 비시는 제갈량을 따라 남정 길에 동행했다. 귀로에 한양현에 이르렀을 적에, 투항한 리홍李鴻이 제갈량을 찾아와 만났다. 장완과 비시가 옆에 배석했는데, 리홍이 말했다.

"접때 맹달 있는 곳을 지나다가, 때마침 (촉 아문장으로 리엄 부하였는데 몹시 미움을 받아 처형을 두려워해 달아나 위魏에 투항한) 왕충王沖이 남쪽(촉)에서 (투항해) 오는 걸 만났습니다. 그가 맹달한테 말하기를, 전에 맹달이 촉을 배반해 위에 투항한 거취에 대해, 명공(제갈량)께서 몹시 절치부심하여, 맹달 처자식을 주륙하려 했는데, 선주께서 그 말을 듣지 않았다(용서해 주었다)는 것이었습니다. 그러자 맹달이, '제갈량은 보고 살피는 게 본말이 있는지라, 결코 그럴 분이 아니다.'고 답변했습니다. 달은 충의 말을 전혀 믿지 않고, 확실히 명공을 추앙해 마지않았습니다."

이에 제갈량이 장완과 비시한테, "성도에 귀환해 자도(子度: 맹달)한테 서신을 써서, 서로 소식을 전해봐야 하겠소."라고 말하지, 비시가 진언했다.

"맹달은 소인배입니다. 전에 진위(振威)를 섬길 적에도 불충하더니, 나중에 또 선주를 배반했습니다. 왔다 갔다 하는 사람한테 어찌 서신을 주고받으신단 말입니까?"

이에 제갈량은 잠자코 대답하지 않았다. 량은 맹달을 다시 꾀어내서 외부원군을 삼으려 했다. 그래서 마침내 북벌 출정에 앞서 맹달한테 서신을 보냈다. 맹달은 제갈량 서신을 받고, 여러 차례 서로 소식을 주고받으며, 위를 다시 배반하려는 말을 언급했다. 위는 사마의를 보내 달을 정벌해 목을 쳐 없앴다. 제갈량도 맹달이 별로 정성스런 마음이 없어서, 가서 구조하지 않고 내버려 두었다. 제갈량 사후 장완이 집정하자, 비시는 간의대부가 되어 집에서 죽었다.

사관은 여러 위인을 이렇게 평론한다. 왕련은 견고부동한 절개, 장예는 임기응변의 기민함, 양홍은 공평한 충성심, 비시는 진솔한 직언, 이들 모두 기록해 전할 만하다. 선주의 널따란 포용, 제갈량의 먹줄 같은 법도, 비시의 직언에도 불구하고, 국세가 점차 기울었다. 하물며 용렬한 후주야 어찌 감당하겠는가?

두미杜微

두미杜微는 류장 때 종사에 임명되었으나 질병으로 사직하고, 류비가 촉을 평정하자 귀머거리로 행세하며 두문불출했다. 건흥 2년(224),

승상 제갈량이 익주목을 수령해, 덕망 있는 인사들을 선발해, 진복秦宓을 별가로, 오량五梁을 공조로, 두미를 주부로 임명했다. 두미는 하도 고사해 특별히 수레를 보내 모셔 왔다. 제갈량이 접견해 미가 스스로 사양하자, 량은 미가 말귀 먹은 줄 알고, 글을 써서 보여 주었다.

"고명하신 덕행을 듣잡고, 오랫동안 뵙고 싶어 굶주리고 목말랐으나, 맑고 흐림이 서로 달리 흐르는지라, 뵙고 자문할 인연이 없었습니다. 왕원태·리백인·왕문의·양계휴·정군간·리영남 형제·문중보 등이, 매번 선생의 고상한 뜻을 어찌나 찬탄하던지, 뵙지 못했어도 오랜 친구 같습니다. 외람되이 텅 빈 제가 귀하 주를 거느리게 되었사오나, 덕은 엷고 책임은 막중해 참담하니 우려스럽습니다. 조정에 주공께서 올해 나이 18세인데, 선천 자질이 어질고 명민해 덕을 사랑하고 선비를 겸허히 우대하십니다. 천하 인민이 한실을 사모하니, 군과 함께 천명을 받들고 민심에 순응하여, 현명한 군주를 보필해 말세를 부흥하는 공을 세워 청사에 공훈을 전하고 싶습니다. 현자와 바보는 서로 함께 도모하지 않는 법이라고, 스스로 세상과 단절해 궁핍한 수고로움만 고수하시는 듯한데, 스스로 좀 굽히심이 어떠하신지요?"[2]

그래도 두미가 늙고 병들어 귀가하고 싶다고 한사코 애걸하자, 제갈량은 또 글을 써서 답했다.

"조비는 황제를 찬탈하고 시해해 스스로 황제가 되었으나, 이는 흙

2 마지막 문장은 다른 번역이 있다. "현인과 우인은 같이 일을 꾀하지 않는다고 하였으니 그런 까닭에 저는 홀로 떨어져 헛된 수고만 했나 봅니다. 송구스럽게도 귀하가 와주시리라고는 생각지도 못했습니다." 오수형 편역, 제갈량 문집, 난세를 건너는 법, 1998년, 61쪽. "그대는 현명한 자와 어리석은 자는 서로 함께 대계를 도모할 수 없다고 여기며, 스스로 세상과 내왕을 끊고 궁핍함을 지키는 것이 너무나 자신을 억울하게 하는 것이라고 생각되지 않습니까?" 조희천 옮김, 와룡의 눈으로 세상을 읽다(諸葛忠武侯文集), 2006년, 125쪽.

으로 만든 용俑과 볏짚으로 만든 개처럼 유명무실합니다. 여러 현인들과 함께 더불어 그 간사한 허위를 정도로써 소멸시키고자 합니다. 헌데 괴이하게도, 군께선 서로 가르침을 일깨우지 않고, 그저 산야로 귀환하기만 원하십니다. 조비는 또 병역을 크게 일으켜 남방 오초로 향합니다. 지금 조비가 일이 많은 틈을 타서, 우리는 국경을 닫고 부지런히 농경에 힘써, 인민을 양육하고 물자를 축적하며, 아울러 갑병을 다스려 훈련하고자 합니다. 그들이 한풀 꺾이길 기다린 다음에 정벌한다면, 병사들을 수고롭게 전투를 벌일 필요도 없이 천하가 평정될 것입니다. 군께서는 다만 덕망으로 이때를 보필하시기만 하십시오. 군께 군사를 맡으라고 책망하지 않을 텐데, 어찌 그리 떠나가고자 급급하십니까?"

두미를 이토록 공경해 간의대부에 배수하고, 그 뜻을 존중했다.

주서周舒, 주군周群, 장유張裕 - 아는 게 병이다

당시 파서巴西 랑중閬中 출신 주서周舒는 학술이 높았는데 벼슬하지 않았다. 항간에는 "한을 대신할 자는 마땅히 진흙을 높이 바른다.(代漢者當塗高)"라는 "춘추도참春秋讖"이 전해왔다. 사람들이 그 비결의 뜻을 물으면, 주서는 "당고도當塗高란 위魏다."고 대답해, 항간에 그 말이 널리 퍼져 있었다.

그 아들 주군周群도 어려서 아버지한테 배우고, 부유한 집안에 노비도 많아서, 집에 누각을 짓고, 머슴한테 항상 천기를 살피도록 했다. 그 예언도 자주 적중했다. 류비가 촉을 평정하고 유림교위에 임명했다. 나중에 한중에 출정하려고 묻자, 주군이 대답했다.

"그 땅은 얻겠지만, 그 인민(마음)은 못 얻겠습니다. 만약 편군偏軍이 출정하면 반드시 불리하니, 더더욱 신중히 경계해야 합니다."

당시 주군보다 훨씬 뛰어난 천재 장유張裕는, "군대가 틀림없이 불리할 테니, 한중을 다투지 말라"고 간언했다. 류비는 끝내 장유 말을 듣지 않고 출정했는데, 과연 주군 말대로 땅은 얻고 인민은 얻지 못했다. 장군 오란吳蘭과 뢰동雷銅 등을 성도에 들여보냈으나, 모두 전몰하고 돌아오지 못했다. 이에 주군은 무재茂才로 등용되었다.

한편, 장유는 다른 사람한테 더 큰 예언을 했다.

"경자년에 천하 왕조가 바뀔 것이다. 류씨 왕조는 운이 끝난다. 주공이 익주를 얻은 지 9년 뒤, 인寅묘卯년 사이에 잃을 것이다."

그 사람이 은밀히 그 말을 류비한테 알렸다.

과연 220년 경자년에, 위 조비가 헌제를 폐위하고 스스로 황제가 되어, 동한이 멸망했다. 그 뒤 60년 뒤인 280년 경자년엔, (265년 조위를 대신해 들어선) 진이 오를 병탄해 삼국시대가 끝났다. (필자가 태어난 1960년 경자년엔 4.19 혁명이 일어나 이승만 정권이 하야했다.) 류비는 214년 갑오년에 성도에 진입해 익주목을 수령하고, 그 9년 뒤인 223년 계묘년에 서거했다. 명분상 류선이 황위를 계승했으나, 실질 권한은 승상 제갈량이 전권을 행사했으니, 그 말이 크게 틀린 건 아닌 셈이다.

장유는 당초 류장 휘하 관리였는데, 류비가 류장과 만날 적에 수행했다. 류비가 장유 수염 많은 걸 화제로 조롱하자, 장유도 지지 않고 류비 수염 적은 걸 소재로 조롱해 화답했다. 이때부터 류비는 항상 장유가 불손하다고 괘씸히 여겼다. 그러던 차에, 자기한테 불리한 천기 예언을 남한테 누설하자 몹시 분노했다. 이에 한중 출정 예언이 빗나간 걸 빌미로 하옥시켜 죽이려 했다. 제갈량이 그 죄를 청하는 표문을 올리자, 류비는 "향기로운 란꽃芳蘭이 문에 났으니, 뽑아내지 않을 수 없다."고 답했다. 이에 장유는 기시형에 처해졌다. 장유는 관상술에도 밝아, 매번 거울을 들어 자기 얼굴을 쳐다보고는, 스스로 사형당해 죽을 줄 알아서, 거울을 땅바닥에 내팽개치지 않은 적이 없었다.

두경杜瓊

두경杜瓊은 촉군 성도 사람으로 어려서 임안任安한테 배워 학문에 조예가 깊었다. 류장 때 발탁되어 류비한테도 의조議曹에 종사했고, 후주 때는 간의대부로 대홍려와 태상太常까지 올랐다. 허나 인품이 고요하고 침묵하여 말수가 적었다. 문을 닫고 자신을 지키며 세상일에 관여하지 않았다. 장완·비의 등이 모두 크게 존중했다. 비록 학문이 심오했으나, 천문을 보고 논설하지 않았다. 후배 통유通儒인 초주譙周가 그 뜻을 묻자, 두경이 이렇게 답했다.

"이 학술을 밝히기는 몹시 어렵소. 모름지기 몸소 보고 그 형색을 인식해 체험해야 하며, 남을 믿을 수는 없소. 새벽과 밤에 몹시 고통스럽게 수행한 연후에 알 수 있으며, 또 천기를 누설하면 아예 모르는 것만 못하오. 그래서 다시는 보지 않는 거요."

그래서 초주가 여쭈었다.

"예전에 주징군(周徵君: 주군 아비 주서周舒)이 '진흙을 높이 바를 자는 위다(當塗高者魏也)'고 말한 뜻은 무엇입니까?"

두경이 답했다.

"위魏는 궁궐 이름이오. 진흙을 높이 바른다고 함은, 성인이 비유로 말씀하신 거요. 그래도 또 괴상한 게 있소?"

초주가 잘 이해하지 못하겠다고 말하자, 두경이 부연 설명했다.

"옛날에는 관직 명칭에 조曹를 쓰지 않았소. 한漢 이후로 관직명은 모두 '조曹'라 부르죠. 관'리吏'는 '속조屬曹'라 부르고, 하급 '졸卒'개는 '시조侍曹'라 부르니, 이는 아마도 하늘 뜻인가 보오."

두경은 나이 80세가 넘어 연희 13년(250) 별세했다. '한시장구韓詩章句' 십여만자를 저술했으나, 아들들은 가르치지 않고 내학을 전수한 제자도 없다. 초주가 두경 말을 정리 기록한 내용은 이렇다.

"춘추전에 진秦 목후穆候가 태자 이름은 '구仇'로 짓고 아우는 '성사成師'라 지었는데, 사복師服이 말했다. '괴이하도다. 군주가 아들 이름을 이렇게 짓다니! 아름다운 짝을 비妃라 하고, 원한 맺힌 짝을 구仇라 한다. 지금 군주의 태자 이름이 구仇고, 아우가 성사니, 혼란조짐을 시사한다. 형은 교체될 것 같다.' 그 뒤 과연 사복 예언대로 되었다. 한漢 령제靈帝는 두 아들 이름을 사후史侯、동후董侯라 지었다. 둘은 황제에 즉위한 뒤 모두 폐위되어 제후가 되었으니, 사복 예언과 흡사하다. 선주의 휘 '비備'는 갖출 구具 뜻이고, 후주 휘 '선禪'은 넘겨줄 수(授: 禪讓) 뜻이다. 말하자면 류劉는 이미 갖추진 명목(具色)이니, 마땅히 남한테 선양해 물려준다는 뜻이다. 그래서 혹자는 목후나 령제의 아들 이름보다 더욱 심하다고 여긴다."

나중에 환관 황호黃皓가 안에서 권력을 농단했다. 경요景耀 5년(262) 궁중에 큰 나무가 아무 까닭 없이 스스로 부러졌다. 초주는 몹시 우려하며, 더불어 말할 사람도 없어서 기둥에 글을 적었다.

"많고 크니 기필코 모이리라. 갖추어 넘겨주니 어떻게 다시 회복하랴?(衆而大, 期之會, 具而授, 若何復?)"

조曹는 많을 중衆이고, 위魏는 큰 대大이니, 천하가 그로 모일 것이다. 촉이 끝내 멸망해, 모두 초주 예언이 영험하다고 여겼다. 초주는 두군杜君 말씀을 미루어 확장해 추론한 것이지, 자기가 특별히 독특하게 신령한 사색을 한 건 아니라고 말한다.

초주譙周

초주譙周는 파서巴西 서충국西充國 사람으로, 그 아버지는 경학에 밝았으나 벼슬을 사양했다. 어려서 고아가 된 초주도 학문을 좋아해, 집안이 가난해도 생업을 묻지 않고, 침식을 잊고 경전독송에 빠져 혼자 흔연히 웃곤 했다. 육경에 정통하고 서찰을 잘 썼으며, 천문에도 밝았으나 크게 유념하지 않았다. 8척 장신에다 소박한 용모에 진실로 꾸밈이 없었다. 겉으로 유창한 변론재주는 없었으나, 안으로 침잠해 통찰 인식은 명민했다. 초주가 처음 제갈량을 만나 뵐 적에, 좌우에서 모두 웃었다. 그가 나온 뒤, 유사가 웃은 자들을 논죄하지고 청하자, 제갈량이 "나도 오히려 (웃음을) 참을 수 없었는데, 하물며 좌우 사람은 오죽했겠는가?" 라고 답했다. 후주 때 승상 제갈량이 익주목을 수령하자, 초주를 권학에 종사케 했다. 제갈량이 적진에서 서거했을 적에, 초주는 집에 있다가 부음을 듣자마자, 곧장 부리나케 달려갔다. 그 뒤 곧바로 분상奔喪을 엄금하는 조서가 내려졌다. 오직 초주만 그 전에 신속히 달려가 현장에 도달할 수 있었다. 대장군 장완이 자사가 되자, 전학典學에 종사해 주州의 배움(학교)을 총괄했다. 후주가 태자를 세우자, 초주는 복僕을 거쳐 가령家令이 되었다. 후주가 자주 나들이하며 음악 연회를 늘리자, 초주는 지극히 간절한 우국충정 논조로 긴 상소문을 올려 충간했다. (내용 생략)

또 당시 군대 출동이 잦아 백성이 피폐해지자, 초주는 상서령 진지陳祗와 그 이해득실을 자세히 토론한 뒤, 귀가해 '구국론仇國論'이란 제목으로 세태를 풍자하는 비유문장을 적었다. "대국은 우환이 없어 교만이 많아지고, 소국은 우환이 있어 항상 선을 사유한다. 교만이 많으면 혼란이 생기고, 선을 사유하면 잘 다스리게 되는 게, 항상적인 이치다."는 논조로, 우국충정으로 간언하는 내용이었다. (내용 생략)

나중에 광록대부가 되어, 정사에 직접 관여하지는 않았으나, 조정에 큰 의론이 있어 방문하면, 경전에 근거해 대답해 의문을 풀어주었다.

경요 6년(263) 겨울, 위 대장군 등애가 급습해 깊숙이 침입하자, 백성들이 어수선해져 산야로 숨어들어 막을 수가 없었다. 후주가 군신회의를 열었으나 뾰쪽한 계책이 나오자 않았다. 더러 우방인 오나라로 망명하자고 하고, 더러 남쪽 7군이 험난해 수비하기 쉬우니 그리 들어가자고 했다.

초주는 대세가 불가피하고, 두 번 모욕당하느니 한번이 낫다며, 차라리 항복하자고 건의했다. 후주가 머뭇거리며 남쪽으로 피난할까 의심하자, 초주는 다시 네 가지 자세한 논거를 들어 항복하자고 상소했다. 결국 초주 대책에 따라 항복해, 류씨도 근심 없고 온 국민도 큰 피해 없이 한 시대 막이 내렸다. 삼국지 주에 인용된 손작孫綽과 손성孫盛의 평론은, 구구절절 초주의 항복론을 매우 신랄히 비판·혹평한다. 초주는 진 사마소의 죽음도 예언하고, 진의 예우를 사양한 채, 스스로 예견한 대로 태시 6년(270) 70여세로 별세했다.

황권黃權

황권黃權은 자가 공형公衡이고, 본디 류장의 주부였다. 별가 장송張松이 류비를 맞이해 장로를 토벌하자고 건의하자, 황권은 적극 만류해 간언했다.

"좌장군(류비)은 날랜 명성이 높은데, 지금 불러 와서 부하장수(部曲)로 대우하면 불만일 테고, 빈객으로 예우하자니 한 나라에 두 군주를 용납할 수 없는 법입니다. 만약 용납해 그가 태산처럼 평안하다면, 군주는 곧 달걀 쌓아놓은 위태로움(累卵之危)에 처할 것입니다. 다만 국경을 닫아 잠그고, 황하가 맑아지길 기다림이 좋겠습니다."

허나 류장이 듣지 않고 사절을 보내 류비를 맞이하고, 황권은 광한태수로 내보냈다. 류비가 익주를 취하자, 다른 군현은 금세 빌붙었다. 허나 황권은 성문을 굳게 잠그고 수비하다가, 류장이 손 든 뒤에 비로소 투항했다. 류비는 황권을 편장군에 임명해 호군으로 삼아, 그 계책에 따라 한중을 쟁취했다. 류비가 황제를 칭한 뒤 오 정벌에 나서자,

황권이 간언했다.

"오나라 군대는 사납게 전투하고, 또 우리 수군은 강물이 순류라서, 전진은 쉽지만 후퇴는 어렵습니다. 청컨대, 신하가 선봉이 되어 적을 감당할 테니, 폐하는 후방에 주둔해 방어함이 좋겠습니다."

류비가 듣지 않고, 황권한테 후빙 진북장군으로 강북군대를 감독해 위나라 군사를 막도록 하고, 자신이 강남에 출정했다. 오 장군 륙의陸議가 물길을 타고 포위망을 끊어, 남군이 패전하자 류비는 군대를 이끌고 후퇴했다. 허나 길이 끊겨 황권은 귀환할 수 없게 되자, 통솔하던 군대를 이끌고 위에 투항했다. 법 집행 담당관사가 황권 처자식을 잡아들이자고 아뢰었다. 류비는 "짐이 황권한테 빚을 졌지, 권이 짐한테 빚지지 않았다."고 답하고, 처음과 같이 대했다. 결정적인 간언을 듣지 않아 큰 낭패를 초래했으니, 결정권을 행사한 자가 책임을 짐은 당연한 법리다. 류비는 양심과 정의감이 살아 있었던 거다.

위문제가 황권한테 귀순동기를 물었다.

"군이 거역을 버리고 순리를 본받으니, 진류·한신을 본받아 추종하려 하는가?"

황권이 대답했다.

"신하는 류 군주의 특별한 대우를 과분하게 받아, 오에 투항할 수는 없었고, 촉으로 돌아갈 길도 없어서, 마지못해 목숨을 건지려 귀순했습니다. 패군 장수는 죽음을 모면하면 다행인데, 무슨 흠모할 고인의 뜻이 있겠습니까?"

문제가 훌륭히 여겨 진남장군에 배수하고, 육양후育陽候에 봉한 뒤 시중侍中까지 추가해 우대했다. 촉에서 투항한 사람이 더러 황권 처자식이 주륙되었다는 말을 하자, 권은 그게 빈 거짓말인 줄 알고 발상發喪하지 않았다. 나중에 자세히 물어보니, 과연 권의 말과 같았다. 류비 부음이 전해지자, 위 신하들이 모두 경하했으나, 권 혼자 그렇지 않았다. 문제가 권이 도량이 큰 줄 알고, 한번 놀라게 시험하고자 좌우를 시켜 권을 불렀다. 당도하기도 전에 여러 차례 사람을 보내 다급히 재촉했다. 말과 사절이 황급히 달리느라 관리와 시종은 혼비백산했는데, 권의 행동거지와 안색은 태연자약했다.

나중에 익주자사를 수령해 하남으로 옮겼다.

한번은 사마의가 황권을 크게 존중해 넌지시 물었다.

"촉에는 경 같은 사람이 몇이나 되시오?"

황권이 웃으며 대답했다.

"명공께서 이토록 존중해주실 줄 미처 생각지 못했습니다."

사마의는 제갈량한테 보낸 서한에서 이렇게 찬탄했다.

"황공형黃公衡은 참 통쾌한 선비입니다. 매번 앉고 일어섬에 족하를 찬탄해 칭송하는데, 입에서 화제가 떠나지 않습니다."

사마의가 황권과 제갈량을 동시에 찬탄한 것이다! 사마의가 제갈량을 얼마나 존경하고 흠모했는지 짐작할 수 있다. 비록 빙탄불상용의 적대관계에선 경외와 공포의 대상이었겠지만, 인간적인 도의와 정리情理만은 참으로 진하게 훈훈히 풍기는 서한교신이 아닐 수 없다. 이 서한에 제갈량이 어떻게 답신했을지 문득 궁금해진다. 관포지교管鮑之交나 금란지교金蘭之交는 아닐지라도, '갈마지교葛馬之交' 또는 '량의지교亮懿之交'라 불러도 좋을 듯하다.

황권은 경초 3년(연희 2년, 239) 차기장군이 되어, 이듬해 별세했다. 촉에 남겨진 아들은, 나중에 제갈량 아들 첨瞻을 따라 등애의 침공에 항전하다가, 함께 전사했다.

리회李恢

리회李恢는 남방 건녕建寧 사람으로, 류비가 마초와 우호관계를 맺을 적에 사절로 특명을 잘 수행했다. 선주가 서거하자, 남방 제군이 발호하여 제갈량이 평정하러 출군했다. 이때 리회의 선발대가 건녕 깊숙이 들어갔는데, 곤명에서 수많은 토착반군에 포위되어 중과부적으로 위급해졌다. 회는 기지機智로 군량이 떨어져 귀환하는 중이니, 퇴로를 열어 안전을 보장해달라고 거짓으로 속인 뒤, 방비가 허술한 틈을 타서 급습해 대승을 거두었다. 바로 이어 당도한 제갈량 본군이 남방을 평정함에 큰 공헌을 했다. 군대가 귀환한 뒤, 나중에 남방이 다시 배반해 태수를 살해했다. 회가 몸소 출정해 토벌하고, 주모자들을 제거한 뒤 토호들을 성도로 옮겼다. 그리고 거기서 풍부한 물자를 징수해, 제갈량의 북벌 군수비용 조달에 크게 보탬이 되었다. 북벌 중인 건흥 9년(231) 한중에서 별세했다.

려개呂凱

려개呂凱는 남서쪽 끝 영창군 사람으로 군 관리였다. 류비가 서거하자, 어수선한 틈을 타서 옹개雍闓가 반기를 들어 오에 투항했다. 오가 옹개를 영창태수에 임명하자, 려개가 다른 군 관리들과 함께 관문을 닫고 그 부임을 막았다. 옹개가 영창군에 격문을 여러 차례 보내 횡설수설 주장하자, 려개가 긴 격문으로 회답했다. 그 안에 제갈량의 선정치적을 칭송하는 내용이 나온다.

“지금 영명한 인재 제갈승상께서 우뚝 나서서, 기미가 드러나기 전에 깊이 통찰하신다. 어린 고아를 부탁한 선제의 유촉을 받아, 말세부흥에 크게 힘써 보필하신다, 대중과 더불어 아무 거리낌 없이, 공평히 공로를 포상하고 허물은 잊으신다. 장군도 만약 한바탕 번연히 돌이켜 회개한다면, 쉽게 발을 내디뎌 더욱 큰 진보를 이루어, 고인의 업적도 따라잡기 어렵지 않으리라. 비루한 우리 구석 지방 수령이 어찌 대수롭겠는가?"

이렇듯 려개의 권위와 은덕이 안으로 크게 떨치자, 군민이 신뢰하여 절개를 온전히 지킬 수 있었다. 승상이 토벌하러 남정 길에 올랐을 적에, 옹개는 이미 부하한테 죽임을 당했다. 이에 제갈량이 남방에 당도하여 후주께 표문을 올렸다.

"영창군 관리 려개와 부승府丞 왕항王伉 등은, 멀리 외딴 변방에서 충성심을 지킨 지 십여년이 되었습니다. 옹개와 고정高定이 각각 동과 북에서 핍박함에도, 려개 등은 도의를 고수해 그들과 서로 내통하지 않았습니다. 신하도 전혀 생각지 못하게, 영창군 풍속이 이처럼 돈후하고 정직합니다!"

이에 려개를 운남태수에 임명하고 양천정후陽遷亭侯에 봉했다. 그가 반군한테 살해되자, 아들 상祥이 뒤를 이었다. 왕항도 정후亭侯에 봉해지고, 영창태수가 되었다.

마충馬忠

마충馬忠은 어려서 외가에서 자라면서, 성을 호狐, 이름은 독篤이라 불렀다. 나중에 본성을 회복하고, 이름을 충忠으로 바꾸었다. 류비가 오 정벌에 실패해 황권이 부득이 위에 투항했으니, 얼마나 몹시 애석했겠는가? 그러던 차에 마충을 만났으니, 류비는 어진 인재를 다시 얻었다고 매우 흡족해 그를 칭찬했다.

건흥 원년(223), 제갈량이 승상부를 열자 마충을 문하(감)독으로 임명하고, 3년 남방에 출정해서는 충을 장가태수에 임명했다. 군에서 반란이 일었으나, 마충이 권위와 은혜로 잘 무마하고 구휼하며 다스려 안정되었다. 8년(230) 승상참군이 되어, 장사 장완을 보좌해 류부사留府事를 맡았다. 이듬해 제갈량이 기산에 출정하자, 마충은 제갈량

주둔지에 가서 군사를 경영했다.

마충은 인품이 관대하고 도량이 커서, 한바탕 껄껄 크게 웃을 뿐, 낯빛에 분노를 드러내는 법이 없었다. 그러나 일 처리는 유능하며 결단력 있고, 권위와 은혜가 나란히 빛나, 남방 인민들이 경외하면서도 사랑했다. 반년에 남으로 돌아와 연희 12년(249) 별세하자, 백성들이 스스로 문상 와서 눈물을 흘리며 슬피 울지 않은 이가 없었다. 그를 추모하는 사당까지 세워 지금까지 존재한다.

장억張嶷

장억張嶷은 파군 남충국 사람으로, 약관에 현에 공조가 되었다. 류비가 촉을 평정할 즈음, 산적들이 현을 공격해, 현령이 가족도 버리고 도망했는데, 억이 시퍼런 칼날을 무릅쓰고 현령 부인을 업어 피난시켜 유명해졌다. 건흥 5년(227), 제갈량이 출정해 한중에 주둔하자, 광한·면죽에 산적 장모張慕 등이 군수물자를 도적질하고 백성을 겁탈했다. 이에 억이 도위로 장병을 이끌고 토벌하는데, 그들이 뿔뿔이 흩어져 달아나면 사로잡기 어렵다고 판단했다. 그래서 거짓으로 화친하자고 주연을 기약했다. 술이 거나하게 취하자, 억은 몸소 좌우부하를 거느리고 창모 등 50여 명 목을 베었다. 산적 장수들을 모조리 섬멸하고 잔당을 수색해, 열흘 만에 평안해졌다.

휼계로 다수 산적을 소탕한 인과응보인지, 나중에 아주 심한 질병에 걸렸으나, 집안이 빈한해 치료하기 어려웠다. 마침 광한태수 하지何祗가 통달한 후덕으로 유명했는데, 억이 본디 좀 소활한 사이였으나, 스스로 수레를 타고 찾아가 의탁해 치료했다. 하지는 흔쾌히 받아주고 의료비를 대주어, 몇 년만에 다 나았다. 그 붕당 교우관계에 신의가 이처럼 돈독했다. 아문장이 되어 마충 부하로 문산 강족의 반란

토벌에 참여하고, 남방 4군의 평정에도 준비 및 전승의 공로가 컸다. 그 후로도 많은 전공을 세워 승승장구했다.

장억이 비의 대장군을 처음 만날 적에, 좀 방자한 성품에 사람들을 두루 사랑하면서, 갓 교유하는 새 사람을 너무 지나치게 믿고 가까이 대하는 걸 보고, 경계 서한을 적어 보냈다.

“전에 잠팽岑彭이 군사를 이끌고, 래흡來歙이 부절을 의지해, 모두 자객한테 해를 당했습니다. 지금 현명한 장군께서 존귀한 지위와 막중한 권한을 지니셨는데, 마땅히 이전 일을 귀감 삼아 조금 경계하시기 바랍니다.”

나중에 비의는 과연 위에서 투항한 곽수郭脩한테 살해되었다. 그 예언과 경종이 그대로 실현되었다.

오 태부 제갈각이 처음에 위군을 격파하고, 병력을 크게 일으켜 공격해 취하려고 했다. 제갈량 아들 시중 제갈첨이 제갈각恪의 사촌아우인데, 장억이 첨에게 서한을 보내 경계했다.

“동 군주 손권이 막 서거하고, 새 황제는 실로 어리고 약한데, 태부가 보필의 중책을 부탁받았으니, 어찌 쉽겠습니까? 종친인 주공의 재능으로도 오히려 관숙·채숙의 유언비어 변고를 치렀고, 곽광이 중임을 받았어도 연燕·개蓋·상관上官의 반역혼란을 겪었으나, 다행히 성成·소昭의 현명한 능력 덕택에 이 환난을 모면했습니다. 전에 매번 오 군주가 상벌생살권을 직접 쥐고 부하한테 맡기지 않았다고 들었습니다. 또 이제 서거하는 임종에 마침내 태부를 불러 후사를 부탁했다고 전하니, 정말 진실로 우려할 일입니다. 게다가 오와 초 인민은 사납고 성급한 기질로 유명한 게, 예부터 기록으로 전합니다. 헌데, 태부가 어린 군주를 떠나 적군의 마당에 들어간다니, 아마도 원대한 계획과 장구한 심산은 아닌 듯싶습니다. 비록 오나라 기강이 숙연하고 상하가 화목하여, 백에 하나도 실수하지 않는다 할지라도, 현명한 자의 신중한 사려는 아닙니다. 과거에서 교훈을 취하면 현재니, 현재가 바로 과거입니다. 사촌 아우이신 랑군께서 태부께 충간을 진언하지 않으신다면, 그 누가 다시 말을 다할 수 있겠습니까? 얼른 군대를 귀환해 농경 생산을 널리 권장하고, 덕정과 은혜에 힘써 든든히 준비한 다음, 몇 년 안에 오와 촉이 동서로 나란히 거병해 토벌해도, 진실로 결코 늦지 않습니다. 원컨대, 제 말을 받아들여 깊이 통찰하시기 바랍니다."

제갈각은 나중에 끝내 온 종족이 몰살당했다. 장억의 선견지명 식견은 대부분 이러한 부류였다.

군에서 15년 재직해 군내가 화목하니 안정되자, 누차 조정 귀환을 요청해 성도로 오게 되었다. 이에 현지 인민들이 몹시도 연모해 수레바퀴를 부여잡고 울며 말렸다. 모우읍을 지날 적에는, 읍 수령이 어린애를 업고 나와 환영하여, 행차 뒤를 따라 촉군 경계까지 따라오고, 장억 뒤를 따라 조공을 바치러 온 자도 백여명이나 되었다. 장억은 귀환해 탕구蕩寇장군이 되었다. 장렬한 비분강개로 많은 선비들이 존경했으나, 호탕하고 예절에 구애받지 않아 더러 힐난하는 자도 있었다. 이때가 연희 17년(254)이었다. 투항하는 위 수장을 맞이하러 나가, 위 장군 서질徐質과 교전하다가 전사했다. 남방 원주민들은 장억 부음을 듣고 몹시 슬퍼 울며 애도했고, 사당을 세워 추모했다.

장완蔣琬

장완蔣琬은 자가 공염公琰인데, 약관에 외사촌 아우 류민劉敏과 함께 유명했다. 완은 류비를 따라 촉에 들어가 성도 아래 광도廣都 수장이 되었다. 류비가 한번은 유람하다가 갑자기 광도에 이르렀는데, 완은 정사를 잘 다스리지 않을 뿐만 아니라, 때마침 몹시 술에 취해 있었다. 류비는 대노해 그 죄를 물어 주륙하려 했는데, 군사장군 제갈량이 간청해 만류했다.

"장완은 사직을 보위할 그릇이지, 사방 백리 지방을 다스릴 인재가 아닙니다. 그는 인민 평안을 위정에 근본으로 삼아서, 그밖에 자잘한 수식은 괘념치 않습니다. 원컨대, 주공께서 거듭 신중히 통찰하시기 바랍니다."

선주는 제갈량을 아주 우아하게 존경하던 터라, 그 말을 듣고 처벌하지 않았다. 그래서 그 자리서 관직을 파면함에 그쳤다. 제갈량의 인재 식별 안목과 도량이 특출한 일화다! 류비는 자신 사후에 대사를 제갈량에게 맡길 요량만 했겠지만, 제갈량은 또 자기 사후 대사를 맡길 인재를 물색해 준비하고 있었던 것이리라! 과연 장완은 류비와 제갈량 사후, 류선을 보필해 촉국을 안정시켰으니 말이다.

장완은 관직에서 쫓겨난 뒤, 밤에 희한한 꿈을 꾸었다. 한 소(牛) 머리가 문 앞에 있는데, 거기서 피가 펑펑 흘러내리는 모습이었다. 흉악한 꿈이라 여기고 내심 몹시 꺼림칙했다. 점몽가 조직趙直을 불러 묻자, 조직이 이렇게 해몽했다.

"무릇 피를 몽견함은 일이 분명함을 뜻하고, 소는 뿔과 코를 보면 '공公' 자의 형상입니다. 군의 지위는 반드시 '공公'까지 이를 테니, 크게 길한 조짐입니다."

얼마 지나지 않아, 성도 위쪽 집방什邡령이 되었다. 선주가 한중왕이 되자, 완이 조정에 들어가 상서랑이 되었다. 류비 사후 건흥 원년(223) 제갈량이 승상부를 열자, 완을 동조연東曹掾으로 발탁했다. 이어 수재(秀才: 茂才)로 천거하자, 완이 고사하며 류옹劉邕·음화陰化·방연龐延·류순廖淳에게 양보하니, 제갈량이 교지로 정중히 답변했다.

"사유컨대, 친함을 등지고 덕망을 내버려 백성을 피폐케 하면, 인민 대중이 마음에 숨김이나 거리낌 없이 비평할 것이며, 또 원근을 막론하고 진실로 그 뜻을 잘 이해하지 못할 것입니다. 그러니 군은 마땅히 그 공거功擧를 현저히 드러내, 이번 수재 선발이 청명하고 막중한 인사임을 증명해야 합니다."

완은 참군(參軍: 군사참모)으로 옮긴 뒤, 건흥 5년(227) 제갈량이 한중에 주둔하자, 장사長史 장예張裔와 함께 승상부에 남아 정사를 통괄했다. 8년(230) 장예 후임으로 상사가 되어 무군撫軍장군이 되었다. 제갈량이 자주 밖으로 출정함에, 장완은 항상 넉넉한 식량과 병력을 뒤에서 공급했다. 그래서 제갈량은 매양 장완을 극구 칭찬했다.

"공염公琰은 의지가 충직하고 우아하여, 마땅히 나와 함께 왕업을 보필할 자다."

그리고 은밀히 후주한테 표문을 올려 후사를 지정해 두었다.

"신하가 만약 불행히 죽게 된다면, 후사는 장완에게 부촉함이 좋겠습니다."

건흥 12년(234) 제갈량이 군중에서 서거하자, 장완이 상서령으로 국사를 통괄했다. 당시 동조연 양희楊戱는 평소 간략한 성품이라, 완이 그한테 말을 해도 때때로 응답조차 안했다. 혹자가 그런 양희를 좀 혼내 주라고 장완에게 말했다.

"공이 희한테 말해도 대꾸조차 안 하니, 희가 윗사람을 업신여기고 너무 오만한 거 아닙니까?"

그러자 완이 점잖게 말했다.

"사람 마음이 서로 같지 않음은, 각자 그 얼굴이 다른 것과 같지요. 얼굴 맞대고는 따르는 척하고, 뒤돌아서 딴 말하는 걸, 고인은 몹시 경계했습니다. 양희는 내가 옳다고 찬동하자니 자기 본심이 아니고, 그렇다고 내 말에 반대하자니 내 잘못을 드러내는 셈이 되니, 그래서 잠자코 침묵하는 겁니다. 바로 이점이 양희의 상쾌함입니다."

또 한 번은 독농督農 양민楊敏이 장완을 비꼬았다.

"일하는 게 어둡고 어수선해, 정말 앞 사람(제갈량)만 못하다."

혹자가 이 말을 그대로 장완한테 일러바쳤다. 담당관이 양민을 잡아다 신문해 다스리자고 청하자, 완이 말했다.

"내가 진실로 앞 사람만 못하니, 신문하고 따질 게 없소."

의아한 담당관이 그 말을 존중해 신문하지 않기로 하고, 그 대신 완이 일 처리에 어둡고 어수선한 진상이 어떤 건지 여쭙자, 완이 말했다.

"진실로 일 처리가 앞 사람만 못하다면, 일이 이치에 딱 부합하지 않을 것이며, 일이 이치에 딱 부합하지 않으면 그게 바로 어둡고 어수선한 거지, 또 다시 무얼 묻는단 말이오?"

나중에 양민이 다른 일로 하옥되자, 많은 사람들은 이제 그가 틀림없이 죽을 거라고 우려했다. 허나, 장완은 은원恩怨이나 애증 같은 차별심이 없이 담담해, 중죄는 면했다. 이처럼 장완은 나라를 다스림에 호오에 관계없이 공평한 도를 지켰다.

나중에 장완은, 전에 제갈량이 여러 차례 진천秦川을 엿보고 노렸는데, 길이 험해 군수운반이 힘들어 끝내 뜻을 이루지 못한 사실을 상기하고, 물길을 따라 동으로 내려가는 게 좋겠다고 판단했다. 그래서 배를 많이 만들게 해서, 한漢과 면沔을 경유해 위魏나라 흥興과 상용上庸을 습격하고자 도모했다. 허나 만약 성공하지 못하면 후퇴할 귀환 길이 어렵다는 중론이 거셌고, 게다가 숙질이 연속 발작해 제때 실행하지 못했다. 이에 장완은 귀환해 질병이 악화되어, 연희 9년(246) 11월에 별세했다.

비의費禕

비의費禕는 자가 문위文偉인데, 익주목 류장劉璋의 인척으로, 어려서 고아가 되어 당숙한테 의지해 자랐다. 당시 절친하던 벗 허흠(許靖 아들)이 죽자, 동윤과 함께 장지에 참석했다. 동윤이 아버지 마차를 빌려가는데, 윤이 태워주고 싶지 않은 기색이 뚜렷했으나, 비의는 얼른 앞에서 먼저 올라탔다. 장례식에 당도하니, 제갈량을 비롯한 수많은 귀인이 모였다. 마차가 너무 눈에 띄어, 동윤은 안색이 평안치 못했으나, 비위는 태연자약했다. 선주 때 사인舍人과 서자庶子를 거쳐, 후주 때 황문시랑이 되었다. 제갈량이 남성에서 귀환할 적에, 뭇 관료들이 수십 리 밖까지 나가 맞이하는데, 나이와 직위가 높은 사람이 많은데도, 량이 비의를 자기 수레에 동승하도록 특명을 내려, 대중들이 다시 쳐다보게 되었다.

그 뒤 바로 오에 우호사절로 갔다. 손권은 재치와 해학이 넘치며 불시에 조소를 일삼았고, 제갈각과 양패羊誶 등 박학다식하고 달변인 인재가 많았다. 대화변론에 예봉이 난무했으나, 비의는 순순한 언사와 돈독한 뜻으로 이치에 근거해 답변하며 결코 굽히지 않았다. (앞서 제갈각 별전에 소개한 내용은, 吳 측에서 제갈각 재치를 부각시킨 기록이다.)

손권은 몹시 감탄하며 칭찬했다.

"군은 천하에 정숙한 덕을 지녀, 반드시 촉 조정에 고굉이 될 테니, 앞으로 자주 오지 못하겠소."

허나 제갈량이 한중에 주둔한 동안, 비의는 참군으로 자주 오에 사절로 왕래했다.

군사軍師 위연과 장사長史 양의가 서로 증오해, 매양 함께 앉아 쟁론을 벌일 적이면, 위연이 더러 칼날을 빼 양의를 겨누어, 양의가 눈물범벅이 되어 울부짖곤 했다. 그럴 때면 비의가 항상 그 사이에 끼어들어, 시비를 분별하며 돈독히 타일러 화해시켰다. 제갈량 생전에 위연과 양의가 각자 재능을 최대한 발휘할 수 있었던 것은, 비의가 잘 조정한 덕분이 컸다. 제갈량 사후 후군사後軍師가 되고, 장완 뒤를 이어 상서령이 되었다. 연희 11년(248) 한중에 출정했다. 장완과 비의는 비록 외지에 출정해 있더라도, 포상과 형벌은 모두 멀리서 먼저 판단해 결정한 다음 시행했다. 법치행정 직무를 이처럼 꼼꼼히 챙긴 것은, 제갈량이 지명한 후계자답게 제갈량 기풍을 그대로 계승한 특색인가 보다. 15년(252) 승상부를 연 비의는, 이듬해 정초 대회에서 기쁜 마음에 술을 많이 마셔 몹시 취했는데, 위魏에서 투항한 곽순의 칼날에 죽었다. (비의와 제갈각 모두 해학재치가 넘친 말로 사람들을 즐겁게 웃겼는데, 불행히도 둘 다 자객 칼날에 운명했다. 참 미묘한 운명이다.)

강유姜維

강유姜維는 자가 백약伯約으로, 본디 위 천수天水군 기冀현 사람이다. 어려서 아버지가 군을 수비하는 장수로 강융羌戎 반란에 목숨을 잃자, 어머니와 함께 살며 정씨 학문을 좋아했다. 자라서 참군이 되었는데, 건흥 6년(228) 제갈량 군대가 기산을 향할 적에, 강유는 여러 관리와 함께 천수태수를 따라 순시에 나섰다. 제갈량 군대가 바짝 접근하고 여러 현에서 호응한다는 소식을 들은 태수는, 강유 등이 모두 딴 마음을 품은 줄 지레 짐작하고, 밤중에 상규上邽로 도망했다. 강유 등이 태수가 떠난 줄 알고 뒤늦게 바삐 좇아갔으나, 성문을 닫고 받아주지 않았다. 다시 기冀현으로 귀환했으나, 거기서도 들이지 않자, 할 수 없이 제갈량한테 귀순했다.

마속이 가정에서 대패하자, 량은 서현 천여 가구와 강유 등 귀순자를 데리고 귀환했다. 그래서 강유는 어머니와 헤어지게 되었다. 제갈량은 강유를 창조연倉曹掾에 발탁해 봉의奉義장군에 임명하고 당양정후當陽亭侯에 봉했는데, 그때 나이 27세였다. 제갈량은 승상부 장사 장예와 참군 장완한테 이런 서한을 보냈다.

"강백약은 충직하니 시무에 밝고 부지런하며, 사려가 정밀합니다. 그가 지닌 성품과 재능을 살펴보니, 영남永南이나 계상(季常: 마량) 등 여러 사람보다 훨씬 뛰어납니다. 그 사람은 정말 량주凉州에 걸출한 선비입니다. 모름지기 먼저 궁중호위병 5-6천명을 가르쳐야 합니다. 강백약은 군사에 몹시 기민하고 담력과 정의감이 있으며, 병법의 이치를 깊이 이해하고 있습니다. 이 사람은 마음에 한 황실을 간직하며, 재능은 남들보다 배가 많습니다. 군사교련을 마치고 나면, 마땅히 궁중에 보내 주상을 알현케 해야 합니다."

말하자면, 제갈량은 제1차 북벌출정에서 가정전투에 참패하고 심복 군사참모 마속을 잃은 다음, 그 대신 '꿩 대신 닭' 격으로 강유를 얻어 귀환한 셈이다.

그 뒤 계속 승진한 강유는, 제갈량이 서거하자, 성도로 귀환해 우감군·보한장군이 되어 전군全軍을 통솔하고, 평상후平襄侯에 봉해졌다. 연희 19년(256) 대장군이 되어 수많은 출정과 전쟁을 치르며 부침했다. 등애가 음평에서 경곡도를 경유해 침공해오자, 제갈첨은 전사하고, 후주는 항복하며 전군에 창칼을 버리라고 명했다. 이에 장수와 병사들은 모두 분노해 칼을 빼들고 돌을 내리쳤다.

적장 종회는 강유를 후대해, 나들이에는 마차를 함께 타고, 앉으면 동석했다. 그는 장사長史 두예杜預한테 이렇게 칭찬했다.

"강백약은 중원 명사에 비교하자면, 공휴公休나 태초太初보다 뛰어납니다."

종회는 등애를 모함해 제거한 뒤, 강유 등을 데리고 성도로 가서 자칭 익주목으로 반란을 일으켰다. 강유한테 5만병력을 주어 선봉이 되게 하자, 위 장수와 병사들이 분격하여 종회와 강유를 죽였다. 강유 처자식도 모두 몰살되었다. 전하는 말에는, 강유가 죽어 갈라보니, 그 담이 됫박만큼 컸다고 한다. 강유에 대한 역사가 평론은 양극으로 뚜렷이 엇갈린다. 지면관계상 생략한다.

등지鄧芝

등지鄧芝는 한나라 사도 등우禹의 후손이다. 관상가 장유가 보더니 대뜸 말했다.

"군은 일흔을 넘기고, 관직은 대장군에 이르러 후작에 봉해지겠소."

나중에 류비가 보더니 크게 기특히 여겨, 현령으로 발탁했다. 광한 태수로 치적이 훌륭해 상서로 등용됐다. 선주 때 일찍이 오왕 손권이 화친을 청해, 송위와 비의 등이 사절로 왕래했다. 선주가 갑자기 영안에서 서거하자, 제갈량은 혹여 손권이 선주 부음을 듣고 엉뚱한 계략을 꾸미지 않을까 내심 두려워했다. 어떻게 할 줄 몰라 고심하던 차에, 등지가 제갈량을 뵙고 여쭈었다.

"지금 주상께서 어리고 연약한 몸으로 막 즉위하셨는데, 오나라에 대사를 새로 보내 우호를 맺음이 좋겠습니다."

그 말을 듣고 제갈량은 알았다는 듯이 대답했다.

"나도 오래 동안 사념해왔으나, 미처 적임자를 얻지 못했는데, 바로 오늘에야 비로소 찾았소."

등지가 그 사람이 누구냐고 묻자, 제갈량은 "바로 군을 대사로 보내겠소!" 라고 대답했다. 마침내 등지가 우호사절로 가자, 손권은 과연 여우처럼 미심쩍어 의심하고, 제때 만나주지도 않았다. 이에 등지가 스스로 표문을 올려 만남을 청했다.

"신하가 지금 온 것은, 단지 촉을 위해서만이 아니라, 또한 오를 위해서 입니다."

그러자 손권이 등지를 만나 말했다.

"과인은 진실로 촉과 화친을 원합니다. 그러나 촉 군주가 어리고 약하며, 나라가 작고 지세가 핍진해, 위가 이 틈을 노려 침공하면, 스스로 보전하지 못할까 저어하여, 그래서 망설였습니다."

이에 등지가 대답했다.

"오와 촉 두 나라는 네 주에 걸친 넓은 땅을 차지하고, 대왕께서는 대대로 유명한 영웅이시며, 제갈량도 또한 당대에 호걸입니다. 촉은 첩첩산중 험난한 지형으로 견고하고, 오는 세 강이 가로막아 안전합니다. 이 두 상섬을 합해, 함께 공동으로 입술과 이처럼 서로 의지하고 돕는다면, 무엇이 두렵겠습니까? 함께 전진하면 천하도 아우를 수 있고, 물러나 지키면 세 솥발처럼 삼국이 정립할 것은, 불을 보듯 명확한 자연의 이치입니다. 대왕께서 지금 만약 위에 보호를 요청한다면, 위는 틀림없이 위로는 대왕이 몸소 조공을 바치러 오길 요구하고, 아래로는 태자를 볼모로 보내 시중을 들라고 요구할 것입니다. 만약 그 명령에 복종하지 않는다면, 그를 명분으로 내세워 배반을 성토한다고 정벌에 나설 것이며, 우리 촉도 가능하다고 판단되면 반드시 흐름을 따라 순조롭게 진격할 것입니다. 이와 같이 된다면, 강남땅은 더 이상 대왕의 소유가 아닐 것입니다."

손권이 한참 동안 잠자코 침묵하더니, 이윽고 "군의 말이 맞소"라고 대답했다. 드디어 위와 단절하고, 촉과 화친하기로 결정해, 장온張溫을 화답사절로 촉에 보냈다. 촉이 우호를 확인하기 위해 다시 등지를 보내자, 손권이 등지한테 웃으며 말했다.

"만약 천하가 태평해져, 우리 두 군주가 나누어 통치한다면, 그 또한 즐겁지 않겠소?!"

이에 등지가 대답했다.

"하늘에는 두 해가 없고, 땅에는 두 왕이 없는 법입니다. 위를 병탄하고 난 뒤 판세는, 대왕께서 천명을 깊이 인식하지 못하십니다. 두 나라 군주가 각자 덕을 열심히 쌓고, 신하들은 각각 본분에 충실하여, 장차 북과 창칼을 들고 한바탕 전쟁이 벌어질 것입니다."

손권이 크게 웃으며 말했다.

"군의 정성은 마땅히 그래야지요!"

손권은 제갈량한테 서한을 보냈다.

"정굉丁宏 말은 화려하고 과장되어 은밀한 교화가 부족한데, 두 나라를 화합시키는 사람은 오직 등지만 있을 뿐입니다."

제갈량이 한중에 주둔할 적에, 등지는 중감군·양무장군이 되었다. 제갈량 서거 후 곤주자사와 양무정후가 되고, 강주도독으로 나가자, 손권이 여러 차례 등지와 서로 소식을 주고받으며 후한 예물을 보냈다. 연희 11년(248), 부릉국 인민이 도위를 살해하고 반란을 일으켰다. 등지가 군대를 이끌고 토벌해 그 괴수를 처치하자 백성들이 안도했다.

화양국지華陽國志에 따르면, 등지가 부릉을 정벌할 적에, 원숭이를 쏘아 명중했다고 한다. 검은 원숭이가 산속 나무에 올라탄 모습을 보고서, 본디 활쏘기를 좋아하는 성품인지라, 손수 활시위를 당긴 것이었다. 헌데, 원숭이가 그 화살을 뽑아내더니, 나뭇잎을 따서 말아 그 상처구멍을 막았다. 이 모습을 본 등지는, "아하! 내가 생물의 본성을 어겼구나! 내가 장차 죽으려나 보다!"라고 탄식했다.

일설에는, 어미 원숭이가 새끼를 껴안고 있는 모습을 보고 등지가 활을 쏘아 어미한테 명중하자, 그 새끼가 화살을 뽑아내고 나뭇잎으로 상처구멍을 막았다. 이에 등지는 장탄식하며, 활을 물속에 내던지며, 스스로 머지않아 죽을 줄 알았다고 전한다.

어쨌든, 이건 역사기록이 생생히 전하는 살생의 인과응보 실록으로, 귀중한 귀감이 아닐 수 없다. 3년 뒤 등지가 죽었다.

등지는 대장군 20여년 재직 기간에, 상벌을 엄명히 판단하고, 사졸들을 잘 보살폈다. 자기 의식주는 관가에서 받는 걸로 족하여 검소함에 구애받지 않았다. 허나 사재를 축적·관리하지 않아, 처자식은 춥고 굶주림을 면하지 못했고, 죽은 뒤 집에 남은 재산이 없었다. 성품은 강직하고 간명하여 꾸밈없는 솔직한 의기로, 다른 선비들과 잘 화합하지 못했다. 당시 사람들은 존귀하게 공경하는 이가 적었고, 오직 강유만 비슷한 성품과 기질로 서로 통했는지 특이하게 경탄했다.

장익張翼

장익張翼은 건위 사람으로, 고조부와 증조부가 제법 유명한 치적을 남겼다. 선주 때 발탁되어, 건흥 9년(231) 남방 건녕군에 래강도독庲降都督이 되어 다스렸다. 엄한 법치로 원주민의 환심을 사지 못하자, 현지 원로 류주劉胄가 반란을 일으켰다. 장익이 병력을 출동해 류주를 토벌하러 나섰는데, 격파하기 전에 중앙에서 귀환하라고 발령했다. 여러 부하들이 얼른 기마로 곧장 달려가 죄를 청하라고 말하자, 익은 이렇게 대답했다.

"그렇지 않소. 나는 토호가 준동하는데 직책을 제대로 수행하지 못해 호출 받은 것이오. 아직 후임자가 오지 않았고, 나는 막 전장에 임해서 군량미를 운반·축적해 도적탕진의 밑천을 준비 중이오. 헌데, 어떻게 강등되어 퇴출된다는 이유로, 국가공무를 폐치한단 말이오?"

이에 부하군사들을 잘 통솔해 부지런히 공무를 수행하다가, 교대할 후임자가 당도한 뒤 출발했다. 그가 마련해 다진 기반으로 마충馬忠이 류주를 섬멸했다. 제갈량이 사태의 전말 소식을 듣고, 아주 잘했다고 칭찬했다. 윗물이 맑아야 아랫물이 맑다고, 그 승상에 그 부관 같은 행적이다. 제갈량의 통치방식과 원칙을 여실히 생생히 보여주는 좋은 모범이 아닐 수 없다. 제갈량이 무공武功에 출정하자, 장익은 전군도독前軍都督으로 부풍태수가 되었다.

제갈량 사후 류주 토벌 전공으로 관내후 작위를 하사받고, 연희 원년 상서가 되었다. 18년(255) 강유와 함께 성도에 귀환했는데, 강유가 다시 출정하려고 하자, 오직 장익만이 조정에서 쟁론을 벌였다. 나라는 작고 인민은 피폐하니, 병력을 자주 움직여서는 안 된다고 반대했다. 강유가 듣지 않고, 장익 등을 데리고 출정했다. 적도狄道에 이르러 위 옹주자사 왕경을 대파해, 그 병사들이 물에 빠져 죽은 자가 수만이었다. 장익이 간언했다.

"이제 그만 그칠 때입니다. 더 진격해선 안 됩니다. 진격하면 이 큰 전공을 잃을 수도 있습니다."

강유가 대노하자, 장익은 "화사첨족"이라고 꼬집었다. 강유는 끝내 왕경을 적도에서 포위했으나, 성을 함락하지 못했다. 장익이 이견을 밝힌 뒤로, 강유는 내심 장익과 불편했으나, 출정에는 항상 동행했고, 장익도 부득이 따라갔다. 경요 6년(263), 강유와 함께 종회한테 항복하고, 이듬해 정월 종회를 따라 성도에 갔다가, 혼란 중에 죽었다.

양희楊戲

양희楊戲는 건위 무양 출신인데, 제갈량이 깊이 알아주었다. 나이 스물 남짓에 주에 서기로 독군종사가 되어 형옥을 담당했다. 법의 해석적용과 의심스런 사안 판결이 명쾌해, 모두들 공평하고 합당하다고 칭송했다. 제갈량이 찬상한 사법공평성을 보면, 제갈량의 성품기질이 또 다시 확연히 드러난다. 승상부 주부를 지내고, 제갈량 사후 많은 직책을 역임해, 가는 곳마다 번거롭지 않고 청렴·검약했다.

연희 20년(257) 대장군 강유를 따라 출정해 망수芒水에 이르렀는데, 양희는 평소 마음에 강유한테 순복하지 않던 터라, 술 마신 뒤 우스갯소리로 강유를 희롱하는 불손한 말을 지껄였다. 강유는 겉으론 관용했으나, 내심 몹시 꺼렸다. 더 이상 감당할 수 없었던지, 귀환해 유사를 시켜 양희를 파면해 서민으로 만들었다. 경요 4년(261) 죽었다.

양희는 성품이 비록 간소하고 좀 게으르다싶을 정도로 대충 생략하는 기질이지만, 남한테 감언이설로 환심을 사거나 마음에 없는 지나친 감정으로 사물을 대하는 법은 없었다. 문장을 잘 지어 종이에 넘쳤고, 옛 친구에 대한 우의는 매우 돈독했다. 당시 초주譙周는 당세에 둘도 없는 인재라 정평이 나서, 그가 공경하는 사람이 드물었는데, 오직 양희만은 존중해 이렇듯 칭찬했다.

"우리들 후세에는 끝내 이처럼 훌륭한 분이 없을 것이오."

그래서 식견이 있는 사람들은 양희를 높이 보았다. 양희는 연희 4년(241) 계한보신찬季漢輔臣贊을 지었는데, 삼국지 촉서 말미에 상당부분 수록되어 전한다.

요주姚伷

요주姚伷는 랑중閬中 사람으로, 선주가 익주를 평정한 후 공조서좌가 되었다. 건흥 원년(223) 광한태수가 되고, 제갈량이 한중에 주둔하며 승상부 연掾으로 발탁했는데, 문무 인사를 잘 천거하자 제갈량이 칭찬했다.

"국가에 충성과 유익은 인재천거보다 중대한 일이 없고, 인재천거는 각자 자기가 숭상하는 자질과 인물에 힘쓰기 마련이다. 헌데, 지금 요연姚掾은 굳셈과 부드러움을 함께 겸비해, 문무 인재를 널리 등용하게 하니, 참으로 넓고 우아한 일이다. 원컨대, 다른 여러 연掾들도 각자 이런 모범을 본받아서, 여망에 부응하길 바란다."

나중에 참군이 되었고, 제갈량 사후 상서복야로 옮겼다. 당시 사람들은 그의 돈독하고 순수하며 진지한 정성에 탄복했다. 연희 5년(242) 별세했다.

려예呂乂

제갈량이 아무리 완벽하게 통치를 했어도, 거의 매년 군사를 출동하여 수많은 사상자를 내다보면, 병력자원은 갈수록 고갈되기 마련이다. 또 생명은 누구나 죽기 싫어하는 게 인지상정인지라, 아무래도 병역을 회피하려는 잔꾀가 날 수밖에 없다. 과연 제갈량이 해마다 출군하며 여러 군에 병력과 물자를 징발하다보니, 대부분 서로 구원할 자원이 바닥나 허덕였다. 헌데, 파서태수 려예呂乂는 병사 5천명을 모집해 제갈량한테 데려가 인계하면서, 잘 위로하고 타이르며 점검했는데, 한 사람도 달아나거나 빠져 숨는 자가 없었다. 나중에 한중태수로 옮겨 둔전농경을 감독하며 군량 공급을 책임졌다. 량이 서거한 뒤, 광한 및 촉군 태수로 옮겼다. 촉군은 제일 큰 도회지로 호구가 매우 많았는데, 제갈량이 죽자 병사들이 도망과 은닉을 일삼으며 간교한 거짓이 한둘이 아니었다. 헌데, 려예가 부임해 이를 금지·예방하여 잘 효유하고 훈도하자, 몇 년 사이 호적에 누락·은닉한 자가 만여 명이나 자진해서 나와 신고했다.

和穆하고 優劣得所也니이다 親賢臣遠小人은 此先漢所以興隆也이요

親小人遠賢臣은 此後漢所以傾頹也이니 先帝在時에 每與臣으로

論此事하실새 未嘗不嘆息痛恨於桓靈也니이다 侍中尙書長史參軍은

此悉貞亮死節之臣也이오니 願陛下는 親之信之하시면 則漢室之隆은

可計日而待也니이다 臣本布衣로 躬耕於南陽하고 苟全性命於亂世하여

不求聞達於諸侯이러니 先帝不以臣卑鄙하시고 猥自枉屈하시어 三顧臣於

草廬之中하시고 諮臣以當世之事하시니 由是感激하여 遂許先帝以驅馳니이다

後値傾覆에 受任於敗軍之際하고 奉命於危難之間하여 爾來二十

有一年矣이로소이다 先帝知臣謹愼故로 臨崩에 寄臣以大事也니이다

受命以來夙夜憂歎은 恐託付不效하여 以傷先帝之明이니이다 故로

五月渡瀘하고 深入不毛하여 今南方已定하고 甲兵已足하니 當奬帥三軍하여

北定中原이오시며 庶竭駑鈍하여 攘除姦凶하고 興復漢室하여 還于舊都는

此臣之所以報先帝而忠陛下之職分也니이다 至於斟酌損益하여

進盡忠言則攸之禕允之任也이오니 願陛下는 託臣以討賊

興復之效하사 不效則治臣之罪하시고 以告先帝之靈하소서

셋.

남김과 이바지

문집과 저술

먼저 삼국지 편찬자 진수(陳壽: 233-297)가 당시 현존하던 제갈량 자료를 직접 편집한 상황은 이렇다. 삼국 통일 후 진晉 조정에서 삼국역사를 편찬하면서, 특별히 제갈량 관련 기록을 따로 편집하도록 분부했다. 저작랑을 지낸 진수와 시중 순욱荀勖, 중서령 화교和嶠가 삼국지 편찬과 문집 편집을 마친 다음 이렇게 아뢰었다.

"신하에게 분부한 옛 촉 승상 제갈량 고사 편찬을 마쳤습니다. 량은 위태로운 나라를 맡아 쓸데없이 보필한답시고, 험난한 지형지세를 믿고 고분고분 따르지 않았습니다. 그럼에도 (진 조정에선) 선행이 유실되어 사라짐을 부끄럽게 여겨, 오히려 그 언론고사를 기록해 보존키로 했습니다. 진실로 대진大晉의 광명정대한 지극한 덕택이 끝없이 미치는 조치니, 자고로 이런 일은 없었습니다. 이에 중복을 삭제하고 내용에 따라 분류해 모두 24편이 되었습니다."

그렇게 편집된 최초 제갈씨집諸葛氏集은 모두 24편으로 14,112자에 이르는데, 그 목차는 다음과 같다.

1. 개부작목開府作牧, 2. 권제權制, 3. 남정南征, 4. 북출北出, 5. 계산計算, 6. 훈려訓厲, 7. 종핵상綜覈上, 8. 종핵하綜覈下, 9. 잡언상雜言上, 10. 잡언하雜言下, 11. 귀화貴和, 12. 병요兵要, 13. 전운傳運, 14. 여손권서與孫權書 15. 여제갈근서與諸葛謹書, 16. 여맹달서與孟達書, 17. 폐리평廢李平, 18. 법검상法檢上, 19. 법검하法檢下, 20. 과령상科令上, 21. 과령하科令下, 22. 군령상軍令上, 23. 군령중軍令中, 24. 군령하軍令下.

허나 당시 문집은 오랜 역사를 거치면서 전란으로 일실과 재편을 거듭한 모양이다. 현전하는 판본은 그 내용이 당시와 많이 다르다.

제갈량의 저술은 진수가 삼국지 촉서 제갈량전에 그 내용목록과 함께 제법 상세히 전하는 기록이 있으나, 현전하는 제갈량전집은 그와 사뭇 다른 목차와 내용이다. 아마도 1,800년의 장구한 세월을 전해오면서, 숱한 전쟁혼란에 이리저리 산실된 것을, 중간에 다시 수집해 재편한 것이라서 그런가 보다. 역대 정사에 전하는 제갈량 관련 저술·문집 목록을 참고로 정리 소개한다.

송서宋書 오행지 복요服妖에 보면, 오나라 부인들 머리 및 의복 장식이 단정치 못해 풍속이 급박해지고, 삼년상을 치르면서 왕왕 죽기도 하여, 제갈씨가 이를 염려해 정교론正交論을 지었다고 전한다. 아마도 제갈량 형님 제갈근이나 그 아들 제갈각의 저술인 듯하다.

수서隋書 권33, 경적經籍지2 : 론전한사論前漢事 1권, 촉 제갈량 찬.

수서 권34, 경적지 3 : 제갈무후집계諸葛武侯集誡, 2권.

량梁나라에 제갈량병법諸葛亮兵法 5권이 있었으나, 망실됨.

수서 권35, 경적지4 : 촉 제갈량집諸葛亮集 25권. (량梁나라본 24권)
제갈무후계諸葛武侯誡 1권.

당서 권46, 경적지 상 : 제갈량은몰오사諸葛亮隱沒五事 1권, 곽충 찬.

당서 권47, 경적지 하 : 집계集誡 2권, 제갈량 찬. 제갈량집, 24권.

신당서 권58, 예문지2: 제갈량, 론전한사論前漢事 1권, 제갈전 5권.

곽충, 제갈량은몰오사諸葛亮隱沒五事 1권. 제갈량, 정결기貞潔記 1권.

신당서 권59, 예문지3 : 제갈량집계, 2권. 촉蜀 제갈량집 24권.

집주음부경集註陰符經 1권, 태공·범려·귀곡자·장량·제갈량·리순풍·리전·리흡·리감·리예·양성.

송사 권203, 예문지2 : 장식張栻, 제갈무후전 1권.

송사 권205, 예문지4 : 제갈량, 무후16조武侯十六條, 1권.

제갈량, 12시풍운기후十二時風雲氣候, 1권.

제갈량, 행병법行兵法 5卷, 용병법用兵法 1卷, 행군지장行軍指掌 2권, 점풍운기도占風雲氣圖 1권. 제갈량, 장원將苑 1권, 병서수결兵書手訣 1卷, 문무기편文武奇編 1권. 제갈량집 14권.

송사 권206, 예문지5 : 제갈량, 12시풍운기후十二時風雲氣候 1卷, 오행. 운무가五行雲霧歌 1권.

송사 권207, 예문지6 : 제갈량, 행병법行兵法 5권, 용병법用兵法 1권, 행군지장行軍指掌 2권, 점풍운기도占風雲氣圖 1권.

제갈량, 장원將苑 1권, 병서수결兵書手訣 1卷, 문무기편文武奇編 1권.

무후팔진도武侯八陣圖 1권.

송사 권208, 예문지7 : 제갈량집 14권.

명사 권97, 예문지2 : 양시위楊時偉, 제갈무후전서諸葛武侯全書 10권.

청사고淸史稿 권146, 예문지2 : 제갈충무고사諸葛忠武故事 5권, 張澍집. 충무지忠武志 8권, 장붕핵張鵬翮 찬.

무후팔진심법집략武侯八陣心法輯略 1권, 왕종기汪宗沂 집.

명사와 청사고에는 실려 있지 않으나, 현전하는 판본이 더 있다.

명 사종思宗 숭정崇禎 5년(壬申 : 1632) 11월 제갈량 36세손 제갈희·제갈탁이 함께 편집한 제갈공명전집이다.

諸葛羲·諸葛倬 輯, 諸葛孔明全集, 世界書局, 1936年版; 北京市中國書店, 1986年, 影印版.

新校諸葛亮全集, 世界書局, 1984년 재판본에는, 제갈량집서전표고 5권. 제갈량문집 4권, 제갈량관계문헌 2권이, 제갈충무고사諸葛忠武故事 5권과 함께 수록되어 있다. 모두 청 張澍가 편집한 판본이다.

한편, 금사金史 도단극녕(徒單克寧, 본명 습현習顯) 전에 보면, 대정大定 29년(1189) 정월 계사일에 세종이 복안전福安殿에서 승하할 적에, 극녕 등이 유조를 받들어 황태손을 황제로 옹립해 장종章宗이 되었다. 장종은 극녕을 동평군왕에 봉하고. 초하루와 보름(朔望)에 조회에 들어 전상殿上 자리에 앉게 했으나, 극녕이 고사했다. 얼마 지나지 않아 극녕은 울면서 연로사직을 간청했다. 장종은 오히려 태부 겸 상서령에 임명해 상의尙衣와 옥대를 하사하고, 조서로 제갈공명전을 금나라 문자로 번역하게 시켜 극녕에게 하사했다 제갈량처럼 죽을 때까지 국궁진췌 보필하라는 뜻이었으리라. 그리고 상서성에 조서를 내려 명했다.

"태부가 연로하니 열흘마다 정기 휴일 외에, 나흘에 하루씩 더 쉬도록 하고, 큰일은 친히 기록하되, 자잘한 일은 손수 살필 필요가 없다."

금 5백량、은 5천량、돈 천만、중채重彩 2백단、견絹 2천필을 하사했다.

한편, 그보다 약 1백년 전쯤에, 우리나라 고려 선종宣宗 8년(1091)에, 송에 사절로 갔던 리자의李資義 등이 귀환해 주청한 내용이 실려 있다.

"황제께서 우리나라에 좋은 서적이 많다고 말하고, 원하는 도서목록을 주면서 '비록 권질이 부족하거나 낙장본이라도 모름지기 필사해 가져오라.'고 분부하셨습니다."

그 구체 목록에 바로 '제갈량집 24권' 등 수많은 고전문헌과 문집들이 들어 있으니, 이 모두 일찍부터 고려에 반입되어 널리 인쇄 유통되었음을 알 수 있다.

역사에 전하는 언론 습유拾遺

삼국지나 현전하는 문집에는 보이지 않으나, 제갈량 평생 언론문자를 인용해 전승하는 기록도 적지 않다. 오랜 세월 전란과 천재지변을 겪으면서 문집서책이 소실되고 산일散逸되어, 사람들 두뇌에 기억되어 입으로 전해져 기록된 습유拾遺들이 귀중한 사료가 된다. 본디 '문헌文獻'이란 '문'자 기록과, 두뇌 기억을 구술한 '헌'납獻納 자료를 함께 아우른다. 정사에 산견하는 제갈량 언론 습유를 살펴본다.

송서에 보면, 남조 송대 왕미王微는 난세에 벼슬에 뜻이 없어 질병을 칭탁하고 고사했다. 리부상서 강담江湛이 리부랑으로 천거하자, 미는 담한테 보낸 사양 서신에서 구구절절한 이유와 사연을 열거했다. 자신은 경박하고 화려한 재주로 유명무실하다고 겸양하면서 구체로 실례를 든다. 광무제가 봉연馮衍을 거들떠보지도 않고, 제갈공명이 래민來敏을 공문거孔文擧보다 더 심각한 혼란 야기자로 비판했는데, 자신은 마치 봉연이나 래민만큼 형편없는 자라고 말한다. 자신의 재승덕박을 드러내며 사절의 명분으로 든 일화다.

남제서南齊書 주군지州郡志에는 익주를 소개하면서, "익주는 험난한 요새로 비옥한 평야가 펼쳐진 천혜의 창고다."는 제갈량 말을 인용한다. 반면 건녕군을 비호하는 녕주甯州는 제갈량이 불모지라 일컬었다고 한다.

신출귀몰한 지혜 – 필요가 발명에 어머니!

제갈량의 천재성과 특출한 재능은 일찍부터 정평이 나서, 삼국지를 기록한 진수도, "제갈량은 타고난 천성이 정교한 사려에 뛰어났다. 덜고 보태어 쇠뇌를 연발하는 기계장치(損益連弩), 그리고 목우木牛·류마流馬에 이르기까지, 모두 그의 창의적 고안에서 나왔다. 병법을 추론하고 발전시켜 팔진도八陳圖를 만든 것도 모두 그 핵심요체를 터득해서였다."고 전한다.

중국 역사상 제갈량만큼 숱한 유물사적과 일화전설을 남긴 위인도 드물 것이다. 특히 제갈량이 처음 고안창작한 발명품 및 실용신안 특허품이 참 많다. 더구나 아주 다양한 분야와 방면에서 온갖 기지機智와 혜안이 번득이는 창안이 많다. 물론 그 근본 원천은 주로 당시 최고 중차대한 시대사명인 북벌중원과 한실부흥의 대의명분에서 비롯하지만, 그 사명과 이념을 구체로 실현하기 위한 출병정벌과 관련해, 지극히 실용적인 필요에서 창출된 것이기도 하다.

주지하듯이, 제갈량은 신출귀몰할 정도로 지혜가 출중하여, 촉蜀의 승상으로서 전국의 정치행정을 총괄했다. 뿐만 아니라, 당시 삼국이 각축하던 여러 전쟁을 직접 현장에 나서서 진두지휘한 군사장군으로서 문무를 겸비한 실무전형 장상將相이었다. 영어권 문화에도 "필요가 발명에 어머니.(Necessity is the mother of invention.)" 라는 속담도 있고, "필요는 법(의 금지, 구속)을 모른다.(Necessity knows no law.)" 라는 속담도 있다. 제갈량이 바로 그랬다. 그래서 신출귀몰한 천재로 더욱 정평이 난 모양이다.

중과부적이라, 적은 군사로 북과 동의 양대 강국을 대적하자니, 적은 군사를 최대한 효율적으로 운용할 전략전술을 강구하지 않을 수 없었을 것이다. 그래서 탄생한 것이 그 유명한 팔진법八陣法과 팔진도八陣圖로, 역대 병법전술사에 아주 독특한 지위를 지닌다. 그 구체 내용은 역사상 수많은 장군들의 비전을 거쳐 지금까지 전승되었고, 숱한 시인묵객들의 시문으로도 칭송되어 왔다. (병법전략은 이만 그치니, 앞뒤에 소개한 팔진도(법) 평론들을 참조하시라.)

서촉은 당시 중국에서 가장 험난한 요새지형으로 유명했다. 수비하기에는 더할 나위 없이 유리하고 편한 지형지세지만, 거꾸로 적군을 토벌하러 출정해 진군·공격해 나오거나 전술상 후퇴하기는, 그만큼 더욱 힘들고 어렵다. 특히 군대가 출동할 때 가장 큰 필수 수반품인 군수보급-군량미 운반 문제는, 전쟁승패를 판가름하는 중요한 핵심 관건이 되는 경우가 많았다.

갑옷과 창칼로 중무장한 기병과 보병이 행진해 출입하기만도 힘든데, 그 엄청난 분량의 군량을 운반하는 일을 생각해보라! 얼마나 끔찍한 일인가? 이걸 장수의 지휘 아래 병졸들이 맨몸으로 맨손으로 다 감당해 처리해야 한다. 싸우기도 전에 녹초가 되고 풀이 죽을 수밖에 없다. 그래서 보급부대가 따로 있지만, 항상 전투 병력과 긴밀히 연계되어 뒷받침해주어야 하는데, 곧잘 보급로 차단은 전투력에 치명적 타격을 가해 붕괴시키고 만다. 실제로 제갈량은 항상 식량부족으로 전선에서 후퇴해야만 했다.

자고로 인민이 가장 힘들고 싫어하는 일이 농경과 전쟁이라고 한다. 그리고 그토록 하기 싫은 일을 억지로라도 시켜서 효율과 성공을 거두자니, 사형과 멸족까지 서슴지 않는 중형엄벌이 난무하지 않을 수 없었을 게다. 상앙과 리사·한비자를 비롯한 법가에서, 신상필벌의 엄격한 법치로 변법개혁에 성공하고 인민을 효율적으로 통제해, 전국혼란을 종식하고 중원통일의 역사적 과업을 달성한 것도, 그런 연유일 것이다. 후한 말 혼란으로 군벌이 각축하여 삼국으로 정립되어가던 시기에, 촉한의 내정과 대외 전쟁정벌을 총 책임지고 지휘·감독한 제갈량도, 그래서 법가 편향적 철학사상 기반을 가질 수밖에 없었을 것이다.

어쨌든, 천하통일을 위해 가능한 모든 최고 효율적 전략전술을 노심초사 강구한 제갈량은, 군량 운반의 획기적 혁명을 이룬 목우木牛류마流馬를 발명해 실전에 활용했다. 나무로 만든 소와 물처럼 흐르는 말이란 뜻인데, 언뜻 듣기에 트로이 목마가 연상되기도 하는 단어다. 삼국지 주에 자세한 목우류마 제원諸元과 제작방법까지 현전하는 걸 보면, 당시로서는 가히 획기적 기계혁명이라고 할 것이다. 후대에도 창의적 발명가들이 나타나 제갈량의 목우류마를 재현해 실험한 역사 기록이 몇 건이나 전해진다.

제갈량이 말로 일깨우고 글로 주청한 내용은 볼만한 게 많은데, 별도로 문집이 하나 전해진다.

위씨춘추魏氏春秋에 따르면, 제갈량은 여덟 가지 힘쓸 일(八務)、일곱 가지 경계(七戒)、여섯 가지 무서움(六恐)、다섯 가지 두려움(五懼) 등을, 조리 정연한 문장으로 작성해 신하와 자제를 훈계 책려했다.

팔진도八陳圖와 팔진법八陣法

제갈량의 팔진도는 너무도 비범하게 출중해서, 아마도 당시 위국 군사를 총괄한 사마의한테도 경외와 공포의 대상이 되었을 것이다. 너무도 유명한 팔진도는, 비록 제갈량이 충분히 활용하지 못하고 말았지만, 진수가 제갈량문집을 편찬해 역사기록으로 보존한 것처럼, 제갈량을 가장 두려워해 공포에 떨었던 바로 그 적군이 계승해, 지혜로운 문화유산으로 전해졌다.

◉ 진서 직관지에 보면, 사마의 아들 사마소가 진왕晉王일 적에 촉을 멸망시킨 뒤, 재능이 뛰어나고 군사에 해박한 진협陳勰한테 제갈량의 팔진도 및 용병술 등 병법 전반을 수용하게 명한 기록이 나온다.

◉ 위서魏書와 북사北史에 보면, 북위 때 고려高閭는 표문을 상소해, 위정爲政의 방도를 문덕文德, 무공武功, 법도法度, 확고한 방비(防固), 형상刑賞의 다섯으로 요약한다. 그중 장병의 무용 훈련방법을 구체로 상세히 개진하면서, 제갈량의 팔진법을 채택해 평지에서 적군을 방어하는 방법으로 적극 활용할 것을 주장한다.

◉ 송사 직관지에 보면, 북송 인종 경력慶曆 3년(1043) 무성왕묘에 무학武學을 설치해 완일阮逸을 교수로 명했다가 8월에 바로 그만두었는데, 그 이유가 참 흥미롭다.

"옛날에 제갈량이나 양호羊祜、두예杜預 같은 명장들이 어찌 손자·오자 병법전술만 오로지 배웠겠습니까?"

송 조정에 숭문주의 기풍의 일면이 엿보이는 의론이기도 하다. 나중에도 설치와 폐지를 되풀이했다.

◉ 송사 병지에 보면, 군사 훈련제도 중 진법에 관하여, 신종 희녕 2년(1069) 11월 조설이, 제갈량의 팔진법을 강구해 변방장수들한테 전수해서, 만약의 사태변화에 대응하자고 애걸했다. 이에 곽규와 조설이

함께 강구해 지형을 살펴 참작해 팔진도를 작성해 아뢰었다. 8년에는 황제가 직접 팔진법을 비준하고 설명한 기록도 나온다.

팔진법은 황제黃帝가 치우蚩尤를 탁록에서 패퇴시킬 때 처음 활용한 병법인데, 제갈량이 어복의 평지모래 위에 돌을 8줄로 쌓아 펼쳐 재현한 것이란다. 진晉 환온桓溫이 보고 '상산常山의 뱀 형세다.'고 말했는데, 이는 곧 9군의 진법이다. 수隋나라 한금호韓擒虎가 그 진법을 깊이 밝혀 자기 생질 리정李靖에게 가르쳤다. 당시 세상이 오래 혼란에 휩쓸린지라, 리정이 수많은 장수와 신하들한테 전수했는데, 통달한 자가 파다했고, 그 뒤로 다채로운 변화가 있었다.

● 휘종 대관大觀 3년(1109) 진사에 급제해 벼슬길에 오른 호순척胡舜陟은, 감찰어사로 북쪽 금군에 대비책 강구를 역설했다. 북송 마지막 황제 흠종이 즉위하자(1126), 그는 거듭 변경방비 계책 강구를 주청했다. 병력훈련과 군량축적, 문무관 중 장수가 될 만한 인재 천거등용이 특히 시급하다고 건의했다. 시어중으로 옮겨서는 황태자한테 론어와 맹자를 강의해 성인의 도와 호연지기를 함양해야 한다고 주청했다. 특히 곽옹郭雍한테 주역을 전수받은 초정譙定이, 상수象數에 밝아 미래 인간사를 꿰뚫어 알 뿐만 아니라, 제갈량 팔진법을 통달했다고 칭송하며, 그를 특별히 중후한 예로 초빙하도록 호순척은 주청했다.

허나 호순척의 간절한 우국충정 간언도 무위로 돌아가고, 휘종과 흠종은 이내 북방 금군에 사로잡혀 인질로 끌려가 끝내 돌아오지 못하고 말았다. 조선시대 선조가 율곡 선생의 십만양병설 주청을 무시하고, 율곡 사후 임진왜란을 당해 의주까지 피난하며, 치욕과 수모를 겪었던 역사경험과 겹치는 대목이다.

이밖에도, 역대 명신들의 주청이나 시인묵객들의 시부詩賦에도 팔진도와 팔진법은 단골 주제로 자주 등장한다. 낱낱이 소개하기에는 시간과 지면도 모자라지만, 필자 기력도 유한하여 이만 줄인다.

둔전법의 역사적 계승 실험

제갈량이 항상 군량부족으로 철군하는 아쉬움을 해결하기 위해 병농兵農일치를 실시한 둔전법도, 후대 큰 모범이 되었다. 물론 농경과 전쟁(農戰)의 병행을 적극 주창한 법가적 실용주의 정책이다.

● 진서晉書 식화食貨지에 보면, 동진 원제元帝 태흥太興 2년(319) 오에 대기근이 들어 아사자가 수백에 이르면서, 오군태수가 곡창을 열어 구휼했다. 이때 후군장군 응첨應詹이 권농책을 상소한 내용이 전한다. 한나라 조충국趙充國이 금성金城에서 농경하며 서령西零을 평정하고, 제갈량이 위빈渭濱에서 경작하며 윗 나라에 대항해 작전을 펼친 사례를 인용하며, 당시 군대는 적군과 대치하는 상황도 아니니, 군인들한테 모두 농경을 병행하도록 부과해야 한다고 주장했다.

● 남송 고종(1127-1162 재위) 때는, 장준張浚이 추천한 손도부孫道夫가 대책을 올리면서, 한중漢中 농업생산 경영이 시급함을 강조했다.

"한중 지역은 앞으로 삼진三秦을 노려보고 뒤로 파촉을 엄폐하는 전략요충지로, 제갈공명과 장완이 중원을 도모하러 출정해 주둔하며 경작한 지역이다."

● 흥미롭게도, 남송과 대치한 금나라에서도, 선종(宣宗: 1213-1223 재위) 때 전탁田琢이 역시 권농의 중요성을 역설하면서, 둔전을 부국강병에 으뜸 모범인 방도라고 제시해 눈길을 끈다.

"옛날 명장은 비록 출정 중이라도 둔전을 필수로 경영했으니, 조충국과 제갈량이 그렇고, 옛날 선량한 관리는 반드시 농상農桑을 장려해 인민을 풍족케 했으니, 황패黃霸와 우후虞詡가 그렇다."

농업기반 사회경제에서, 농업생산력은 국가재정 및 국방병력 유지 군수비용에도 가장 긴요하고 막중한 비중을 차지했다. 농전農戰 또는 병농兵農 일치의 법가 사상은 국정전반에 필수 정책이었다.

연발쇠뇌連弩 '원융元戎'

진수가 전한 삼국지에 따르면, "손익련노損益連弩는 '원융元戎'이라 부르는데, 쇠로 길이 8촌(八寸: 여덟 치, 약 24cm)인 화살을 만들어 한 쇠뇌로 화살 열 발을 동시에 발사하는 장치였다." 요즘 총포로 말하면 다발총(따발총)이나 연발총에 해당하는 쇠 화살(쇠뇌) 연발-다발 장치인 셈이다. 아마도 당시까지 전해오던 구식 '연발쇠뇌를 덜고 보태어' 성능을 대폭 개량한 신식 연발 기계장치인 듯하다. 일찍이 모택동도 이 무기를 언급하며, 제갈량의 지혜를 칭찬했다.

뒤에 서술하듯이, 후대 유물 발굴에서도 제갈량 연발쇠뇌와 투구 등 많은 유품 기록이 나온다.

목우木牛와 류마流馬

제갈량집諸葛亮集에는 목우木牛와 류마流馬 제작법이 구체적인 모형 및 자세한 수치(규격)와 함께 적혀 전해온다. 목우는 수레 채를 얹어 운행을 시작하면, 사람이 6자(180cm) 갈 때 소는 네 걸음 걷는다. 한 해 먹을 식량을 싣고 하루에 20리를 가는데, 사람의 수고와 노동력을 크게 절감시켜 주는 기계(로봇)장치다. (목우류마 제원諸元은 권말 참고문헌 뒤끝에 소개함.)

제갈량의 목우류마도 후대에 계승되어, 정사에 제작사례가 전한다.

● 남제南齊 때 조충지(祖沖之: 429-500)는 음률과 박새博塞에 정통해 당시 대적할 자가 없는 독보적 기예를 자랑했다. 그가 제갈량의 목우류마를 본떠 만든 기계는, 바람이나 물의 힘을 빌지 않고, 사람 힘을 들이지 않아도 스스로 운행했다. 또 천리선千里船을 만들어 신정강新亭江에서 시험했는데, 하루에 백여 리를 갔다. 물레방아를 이용한 맷돌

인 수대마水碓磨도 만들었다. 창의성이 뛰어나 기특한 발명을 많이 한 모양이다. 주역·로자·장자의 삼현三玄과 론어·효경을 풀이하고, 구장九章산술에도 해밝아 저술을 남겼다.

● 북송 태조 초기 천하 평정 중에, 양윤공楊允恭은 양곡운반을 맡은 관리가 되어 건의했다.

"환주環州에서 적석積石으로 진입해 령무靈武에 이르는 일정은 보통 이레나 걸린다. 꼴과 식량 운반책 셋 가운데, 사람 및 노새 운반책은 힘과 비용이 많고 운반량은 적으니, 제갈량의 목우를 제작해 작은 수레로 병졸을 동원해 운반함이 가장 좋다. 매 수레마다 4인이 끌고 옆에 호위병이 창칼 들고 지키다가, 만약 도적이 나타나면 수레 안에 모여, 모든 사졸이 힘을 합쳐 외적을 방어하면 된다."

허나 제작이 번거롭고 귀찮았던지, 저지되고 말았다.

● 원나라 때 손택孫澤은 섭렵하지 않은 책이 없을 만큼 박학다식했다. 특히 음양과 천문역학 및 산술에 정통해, 제갈량의 목우류마 제작법을 의중으로 헤아려 직접 만들었는데, 나는 듯이 굴러가 운행했다. 또 물로 수레를 격발하는 혼천의渾天儀에서, 물 대신 수은으로 대체해 시각이 정확했다고 한다.

후대 전승하거나 발굴된 유물 기록

제갈량이 남긴 유물유품은 귀중한 보물로 여겨졌을 것이다. 촉을 멸망시킨 위魏와 그 뒤를 이은 진晉의 최고 권력자를 통해 그 유물은 전승되었을 듯하다. 진기하게도 역사에 그 진귀한 보물을 하사해 전승한 기록 편린이 보인다.

● 송서 및 남사의 열전에 따르면, 송에 왕현모王玄謨와 은효조殷孝祖는 명제(465-472 재위) 즉위 후 몹시 중한 예우를 받았다. 명제는 문제

의 어린 아들 전폐제를 죽이고 스스로 즉위해, 당시 사방에서 빈발한 반란을 토벌한 큰 공에 보답으로 장군 겸 자사에 임명했다. 특히 눈에 띄는 기록은, 부사도副司徒인 건안왕建安王이 자기赭圻에서 왕현모에게 제갈량의 통수개筒袖鎧를 하사했고, 명제는 친히 쓰던 제갈량의 통주개모筒袖鎧帽를 은효조한테 하사했다. 그 갑옷과 투구는 25석石 쇠뇌(弩)로 쏘아도 박히지 않는 철통방탄이었다고 전한다. 같은 시기에 서로 다른 사람이 지니던 제갈량 철갑투구를 각기 다른 장군한테 특별 하사했다는 기록을 보면, 제갈량이 친히 쓰던 유품·유물은, 당시 권력자가 차지해 쓰다가 특별 은사로 선물하는 방식으로, 2백년 넘게 전승되어온 사실을 확인할 수 있다. 물론 제갈량 유품을 잠시 소지해 전용했다고 해서, 그 점유자가 반드시 제갈량에 버금갈 지혜와 덕망을 갖춘 것은 아니다. 오로지 권력으로 침탈·장악한 물권일 뿐이다.

송 명제는 즉위한 지 1년도 안 되어, 권력쟁탈에 도전할 화근을 미연에 방지할 저의로, 무제 아들 28인을 모조리 섬멸하고, 죽기 1년 전에는 자기 아들의 왕권안정을 도모해 자기 형제들을 모조리 살륙했다. 오직 못난이 계양왕 류휴범만 남겨두었다. 잔인무도한 살륙의 인과응보로 혹독한 질병에 걸려, 명제는 재위 7년만에 34세 나이로 죽고, 그 아들 후폐제는 곧 소도성에게 죽임을 당했다. 왕현모는 비록 81세까지 살았지만, 엄격하고 각박해 병사들이 기피하는 노래를 불렀다.

"차라리 5년 징역을 살지언정, 왕현모는 만나지 말지어다!"

은효조는 특별은총을 빼기며 부하장수들을 가혹하게 대하고 엄히 다스려 인심을 크게 잃고, 전투 중에 화살에 맞아 52세로 죽었다.

그 이후로는 직접 전승한 기록은 보이지 않고, 대신 대지에 매장된 유물 발굴과 탑비 발견 기사가 몇 건 나타난다.

● 북제서北齊書와 북사北史 열전에 나오는 륙법화陸法和는, 스님처럼 산에서 살면서 대단한 법력을 지닌 신원불명의 도인이다. 량무제

말년(547)에 후경侯景이 거짓 투항하자, 법화는 주원영朱元英한테 가서 "빈도는 시주와 함께 후경을 치러 가겠다."고 예언했다. 량무제와 아주 각별한 인연이 있었던지, 도움을 요청하지도 않았는데, 스스로 휘하 제자들을 거느리고 가서 가볍게 적을 제압했다. 군대가 백제白帝성에 이르자 법화가 사람들한테 말했다.

"제갈공명은 정말 명장인데, 내 친히 보았었다. 이 성 옆에 그가 매장한 쇠뇌와 화살 및 화살촉이 1곡斛 남짓 묻혀 있을 것이다."

그 자리에 표지를 꽂아 파게 했더니, 과연 제갈량 유물이 나왔다.

● 주서周書와 북사北史에 보면, 륙등陸騰이 보정保定 2년(562) 륭주隆州 총관 겸 자사로서, 자주資州에서 군수를 살해한 민란을 원정 토벌해 평정했다. 이어 남만 원주민들이 병력을 동원해 봉기해 험난한 산세를 끼고 저항했는데, 륙등이 산천형세에 맞춰 길을 내자, 위세가 두려워 복종하겠다고 자청했다. 그때 산길을 내면서 많은 옛 기물(古銘)이 출토해 세간 이목을 끌었는데, 바로 옛날 제갈량과 환온桓溫이 남정한 옛길이었다.

● 북사와 수서隋書에는, 사만세史萬歲가 제갈량 공덕비를 발견한 기록도 나온다. 남녕 토호 찬완爨翫이 투항해 곤주昆州 자사에 배수했는데 나중에 배반하자, 사만세가 행군총관으로 격파하러 출정했다. 청령천으로 진입해 롱동·소발롱·대발롱을 거쳐 남중까지 진격하면서, 적군이 여러 차례 항거하는 요해처를 모두 격파하고 수백리를 행군해, 마침내 제갈량 공덕을 기록한 비석을 발견했다. 이에 사만세는 그 공덕비 뒷면에 이렇게 파서 새겼다.

"만세 후에 나보다 나은(나를 이기는) 자가 이곳을 지나리라."

(萬歲之後, 勝我者過此.)

이 구절은 여러 의미를 함축하는 중의법으로 표현했다. 제갈량 입장에서, '만세 이후에 자기보다 훨씬 뛰어난 사만세가 이곳을 지나리라!'고 예언한 형식을 빌렸다. 여기서 '만세'는 '만년'이란 자구적 의미보다는 '오랜 시간'이란 뜻도 있겠지만, 이미 진한 때부터 지존 황제의 '사망'을 직접 지칭할 수 없어서, 우회로 넌지시 표현한 문학적 대유법이다. 여기에다 역사현실에 실존인물로서 '사만세'란 작자 자신 이름까지 겹치니, 정말 기막힌 문자유희인 셈이다. 어쩌면, 사만세도 제갈량이 환생한 후신인지도 모를 일이다. 게다가 사만세는, 다시 만세 이후에나 비로소 자기보다 뛰어난 자가 나타나야 이곳을 지날 수 있다고, 자긍심을 문자 그대로 표현했을 것이다. 가까운 미래에는 자기보다 더 훌륭한 장수도 전공도 결코 나타나지 않으리라고!

어쨌든 만세는 다시 한 번 자신만만 기고만장한 듯, 좌우 측근한테 그 공덕비를 거꾸로 뒤집어 놓으라고 시킨 뒤 계속 전진했다. 서쪽으로 두 강을 건너 거람천에 진입해, 천여 리를 행진하며 30여 부족을 격파했다. 여러 원주민은 크게 공포에 떨며 사절을 보내, 직경이 1치나 되는 밝은 구슬(明珠)을 바치며 항복을 자청했다. 이에 돌에 수나라 공덕(隋德)을 찬미하는 글을 새겼다. 만세가 찬완을 데리고 조정에 귀환하려 청하자, 황제 허락했다. 찬완은 엉큼하게 두 마음을 품고 대궐에 나가지 않으려고, 만세한테 금은보물을 뇌물로 바쳤다. 이에 만세가 그를 놓아주고 귀환하는데, 익주에 있던 촉왕蜀王이 수뢰 사실을 알고, 사절을 보내 그걸 수색해 요구하려 했다. 불법 장물이므로 목숨까지 걸린 보물인지라, 달라고 해서 주면 내 것이 되고, 안 주면 수뢰죄로 고발하겠다는 협박인 셈이다. 이에 만세는 그 소식을 듣고, 받은 금은보화를 모두 강물에 던져버렸다. 사절이 와서 아무리 찾아도 없으므로, 만세는 아무 탈 없이 전공으로 개선해 주국柱國으로 승진했다. 진왕晉王 광廣이 몹시 흠경하며 교우交友의 예로 후대했다. 황제도 진왕과 사이가 좋은 줄 알고, 만세를 진왕부 군사총독에 임명했다.

● 신당서 남만열전에는 남조南詔를 소개한다. '소詔'란 왕이란 뜻으

로, 여섯 우두머리(추장)가 있어 '6조'라 불렀다. 서로 병력이 엇비슷해 통일된 군왕을 추대하지 못해 옥신각신 다투어서, 촉 제갈량이 토벌해 평정했다고 한다. 또 대종(代宗: 762-779 재위) 광덕(廣德: 763-4) 초에 봉가이鳳迦異가 자동성柘東城을 축수했는데, 옛날 제갈량이 새겨놓은 비석(石刻)이 그대로 있었다. 그 문장은 "비석이 엎어지면 남만은 촉한의 노예가 된다.(碑卽仆, 蠻爲漢奴.)"는 내용이었다. 이에 남만 원주민은 동맹서약을 경외해, 쓰러지지 않도록 항상 돌로 잘 지탱해 보호했다고 전한다. 남방 원주민의 자치에 맡기면서 상호 지킬 서약을 맺고, 그 신의성실을 담보하는 징표로 세운 기념비이리라.

◉ 명사 류현劉顯 전에는 류현이 14만 관군을 이끌고 토벌한 기록이 나온다. 도장만都掌蛮이 험난한 산세에 의지해 여러 차례 반란을 일으켜 토벌 당했다. 만력 원년(1573) 무렵 추장 아대阿大·아이阿二·방삼方三 등이 다시 험준한 구사산을 거점으로 원근을 노략질했다. 이에 류현이 먼저 토적의 첩보괴수 아구阿苟를 유인해 사로잡고, 릉소봉을 공략하고 도도채로 접근했다. 세 추장의 부장 아묵阿墨이 고수해 한 달 남짓 대치했다. 이에 물길을 뚫어 공격해 함락하고, 차례로 세 추장을 생포하면서 귀주 대반산까지 추격했다. 성채 60여 곳을 빼앗고, 적장 36인을 포획하며, 4,600명을 죽이거나 포로로 붙잡았다. 이때 땅을 4백여리나 개척하면서, 제갈량의 구리북(銅鼓) 93개와 큰 구리 냄비와 쇠 냄비 각 1개를 얻었는데, 아대가 울며 말했다.

"북(鼓)은 소리가 큰 것이 최상으로, 소 천 마리와 맞바꿀 수 있고, 그 다음 것은 7-8백 마리에 해당합니다. 북을 두세 개만 얻으면, 최고 권력을 차지해 왕으로 호칭할 수 있습니다. 북소리가 산마루에 울려 퍼지면, 모든 추장과 원주민이 다 운집하는데, 이제 끝장났습니다."

냄비(鍋)는 모습이 솥(鼎) 같았는데, 하도 커서 소가 들어갈 정도였고, 주위에 그림이 새겨지고 문채가 상당했다. 서로 전해오던 말에 따르면, 제갈량이 이 구리북으로 남만을 눌러 평정했는데, 북이 없어지면 남만의 운명도 끝난다고 했다.

이상 역대 간간히 출토 발굴된 제갈량 유물들에 관한 기록을 보면, 당시 제갈량이 남방 출정에 동원한 규모와 성세가 얼마나 엄청나게 방대했는지, 그 편린을 짐작할 수도 있겠다.

만두의 유래와 생명 존중 정신

실용적 필요에 의한 기발한 창안 이외에, 특히 호기심 어린 눈길을 끄는 흥미로운 일화가 있다. 바로 제갈량이 처음 만들었다는 음식 만두饅頭다. 그 사연을 보면 참으로 감동적인 인간 생명 존중 정신이 깃들어 있다. 제갈량이 처음 만든 만두에 인간 생명 존중이라니?

이제 전 세계에서도 '음식요리' 하면 '중국'으로 공인할 만큼 정평이 난 '중화요리'에서, 화려하고 다채로운 산해진미 진수성찬의 식정食程 맨 마지막에 대미를 장식하는 게, 밀가루로 만든 담백한 하얀 만두다. 그 만두를 제갈량이 처음 만들었단다. 허나 처음에는 군대 장병들 식사용으로 만든 음식은 아니었다.

만두 유래와 창안 사연은 "사물기원事物紀原" 주례음식부酒醴飮食部, '만두饅頭' 조에 나온다.

제갈량이 맹획을 토벌하러 남정 길에 오르자, 사람들이 남만南蠻 토지는 사악한 기운과 술수가 많아서, 모름지기 귀신한테 기도하여 음병陰兵의 도움을 빌려야 한다고 조언 충고했다. 말하자면, 로瀘수를 건널 적에 사악한 귀신이 사특한 농간과 심술횡포를 부리니, 눈에 보이지 않는 은밀한 신장神將 귀병鬼兵의 보우가피를 빌라고 한 것이다. 헌데, 당시 남만 풍속에는 반드시 사람을 죽여 그 머리를 희생으로 바쳐 제사 지내야, 귀신이 흠향하고 음으로 병력을 출동해 돕는다는 것이

다.(제갈공명전집에는 '사초기물事初紀物'로 표기됨)

허나 제갈량이 사람을 죽여 제물로 바치는 야만적 미신을 곧이곧대로 듣고 따를 리는 없다. 이미 춘추시대 시경詩經에도 산 사람을 함께 묻는 순장殉葬을 애도하며 강력히 비난하는 여론이 민가로 읊어졌다. 공자는 순장 대용으로 쓰인 인형용(俑: 진시황릉 병마용)을 만든 사람조차 어질지 못해 후손이 없을 거라고 저주에 가까운 혹평을 했다. 산 사람을 차마 순장殉葬할 수 없어, 대신 진시황릉에서 출토한 병마용 같은 부장품을 만들어 쓴 건데, 그나마 어진 마음에서 대용품을 창시한 행위조차 후손이 없을 과보를 받을 거라고 단죄했다.

하물며 그로부터 1천년 가까이 지난 후세에, 그토록 영명한 제갈량이 귀신한테 산사람을 제물로 바치겠는가? 더구나 남만에 가서 맹획을 일곱 번씩 사로잡았다가 풀어주며 완전히 심복시킨 그가 아닌가? 정의로운 대의명분의 진검 앞에 대적·저항한 적군조차 차마 죽이지 못하고 생포해 심복시키는데, 무고한 양민을 어떻게 죽일 수 있으랴?

하여 제갈량은, 공자가 일찍이 말한 대로, "제사 지낼 적엔 조상이 앞에 와 계신 것처럼, 신명께 제사 올릴 적엔 신명이 강림해 계신 것처럼 대한다."는 정신에 따라, 정성껏 귀신한테 제사지낸다는 마음으로, 사람들 충고를 임기응변 융통해 따르기로 했다.

그래서 탄생한 것이 바로 '만두饅頭'다. 제갈량은 양고기와 돼지고기를 뒤섞은 다음, 밀가루 반죽 면으로 감싸서 마치 사람 머리 모양으로 빚어 제사를 지냈다. 지성이면 감천이라고, 과연 귀신은 제갈량의 마음이 담긴 인두人頭 모양 짐승고기면麵 희생을 기꺼이 흠향했고, 음으로 신병귀졸을 출동해 도와 칠금칠종의 완벽한 승리를 이끌었다고 전한다. 이걸 후세 사람들이 '만두饅頭'라 부르기 시작했다고 한다.

물론, 처음 제물로 만들어 바친 희생은 어쩌면 사람 머리만큼 크게 실물에 가깝게 빚어졌을 것이다. 그리고 고래 전통 관습대로, 희생으로 바친 제물은, 제사 지낸 후 제사에 참여한 사람들이, 귀신의 흠향 강복을 분향分享하는 의미에서 골고루 나눠 먹었을 것이다. 그 맛이 과히 나쁘지 않았을 테고, 사람들은 이제 일상 음식에서 별미로 만들어 먹기 시작하면서, 만들기와 먹기에 편리하게 조금 작게 아담하게 만들었을 것이다. 남만 정벌 당시부터 바로 만들어 먹기 시작했는지는 알 수 없다. 다만 한참 치열한 전투로 정신없이 바쁘고 다급한 상황에서 차분히 만들어 먹기에는 여유가 좀 없었을 듯도 하다.

정말 소설 같고 신화나 전설처럼 들리는 이야기라서, 요즘은 아마도 정말로 믿을 사람이 별로 많지 않을 듯하다. 모두 제갈량의 신출귀몰한 지혜와 영명하고 출중한 창의성을 과대포장하기 위해 지어낸 허구 아닐까? 모든 선행은 제갈량에게, 모든 간사함은 조조에게 귀속시키는, 극단적인 양분법적 사고방식의 소치가 아닐까? 허나 관련 문헌 기록을 두루 찾아 살펴보니, 진실성과 신빙성이 매우 높다.

역사기록 및 문자어원으로 본 만두 유래

우선, 제갈량은 만물에 영장으로서 인간을 존중하는 정신에서, 선현과 공자의 철학사상을 그대로 수용했을 가능성이 매우 높다. 춘추좌전에도, "신神이란 총명하고 정직하며 한결같은 존재다."는 정의가 나온다. 신에 가까운 총명정직성과 지혜정신을 지닌 제갈량이, 그에 반하여 귀신한테 아첨하느라 무고한 양민을 산 채로 죽여 제물로 바칠 리는 없을 것이다. 미개한 야만족을 중원 문명으로 일깨워 개화시키고자 남만 정벌에 나선 게 아닐까? 그런데 거꾸로 정신正信적 문명을 저버리고 미신迷信적 야만풍속을 따라 동화되어 버린다면, 남정의 목적과 사명은 도대체 어디로 날아갈까?

허나 현실적으로 좀 더 설득력 있고 유력한 구체적 방증근거가 또 있다. '만두'에 '만饅' 자는 일단 문자 역사상 어원을 소급해보면, 제갈량 이전에는 아예 존재하지도 않았다. 제갈량보다 약 1백년 앞선 후한에 저명한 경학가이자 문자학자인 허신(許愼: 약58-약157)이 집대성한 현전 최고 문자학 사전 '설문해자說文解字'에는 이 '만饅' 자가 없다. 제갈량 직전까지 이 글자는 아직 세상에 출현하지 않았다. '만饅' 자와 아주 밀접한 관련이 있는 '교餃' 자도 없었다. 제갈량 이후 역사에 등장한 게 틀림없다!

참고로, '만饅'은 제갈량이 남정한 '만蠻'과 발음 및 성조가 완전히 같다. 어쩌면 동음으로 뜻까지 상통하게 만들어진 글자다. 물론 '만蠻'은 제갈량 이전 훨씬 오래 전부터 쓰인 글자로, 아열대 무더운 땅에 뱀이 많은 곳(에 사는 종족)이란 뜻이다.

한편, '만饅'에 소리 부분인 '만曼'은, 오래 된 글자로 설문해자에도 나오는데, '끌다(引)' '길(게 끌)다(長)'는 뜻이다. 어쩌면 면으로 길게 늘여 만두 외피를 만든 점을 함축하는 듯하다.

또 '만曼'은 '만蠻'과도 상통해 쓰인 글자라서, 더욱 중의적 함의가 짙다. 춘추春秋 로魯 소공昭公 16년 기사에는, 좌전과 곡량전은 '만蠻'으로 기록된 똑같은 내용이, 공양전에는 '만曼'으로 적혀 전한다. 뿐만 아니라, '饅頭'는 '曼頭'나 '蠻頭' 또는 '饅飳'로도 쓰여, 서로 통용하는 범위가 꽤나 넓다. '만두'에 관한 현전 최고最古 문헌기록은, 아마도 서진西晉 시대 속석(束晳: 261-300?)이 지었다는 '병부餠賦'가 아닌가 싶다.

"색다른 풍속에, 초봄 무렵 음기와 양기가 교차할 즈음(춘분 경), 찬 기운이 가시고 따뜻한 기운은 아직 덥지는 않은 시절에, 향연을 누림에는 '만두曼頭'를 차려야 마땅하다."

말하자면, 봄놀이 상춘賞春에 화전花煎을 부쳐 먹던 세시풍속처럼, 별미로 만들어 먹던 음식이다. 당시에도 아직 '만饅' 자가 등장하지 않았는지, '만曼두'로 표기한 게 눈에 띄는 특색이다. 맨 처음 '만두'는 '曼

頭'로 표기했는데, 나중에 의미가 파생됨에 따라 글자가 분화해 불어나면서, 먹는 음식을 나타내느라 옆에 '食'부를 붙인 '饅'자가 탄생해 '饅頭'라 표기한 것이다. 실제로 '饅'자는 '饅頭'가 거의 유일한 용례다. 오로지 '만두'를 특별히 구분해 표기하려고 새로 만든 글자다.

동진東晋 문학가 로심(盧諶: 285-351)의 제사법에도 보면, 봄 사당제사에 '만두饅頭'를 쓰면서 비로소 제수祭需로 등장했다. 이는 송나라 때 기록으로 추정되는 사물기원에 소개된 내용이다. 동진 때부터 '饅頭'로 표기한 것인지, 아니면 동진 때 '曼頭' 표기가 송대 기록에서 '饅頭'로 바뀐 건지는 명확하지 않다.

송증삼이동화록宋曾三異同話錄에는 좀 다른 내용이 전한다.

식품 만두饅頭는 본디 촉 지방 음식蜀饌인데, 세상에 전해지는 바에 따르면, 제갈량이 남방을 정벌할 적에, 그 지방 풍속에 사람 머리를 바쳐 귀신한테 제사지내는 걸 보고, 공명이 살인을 금지하기 위해서, 가축 고기와 면 두 가지를 가지고 사람머리 모양으로 만들어 바치도록 가르쳤다. 보통 흔히 '饅' 자로 쓰는데, 당시에 발음과 뜻이 어떠했는지는 알 수 없으나, 공교롭게도 '饅'과 '숨길·속일 만瞞'이 독음讀音이 같아서 오해가 있다. 허나 제갈공명이 남정 때 마속과 전략을 숙의할 적에, 성곽 공격보다 마음 공략(攻心)에 치중한 심리전술을 짰고, 실제 전투에서 사로잡힌 맹획한테 자기 진영을 자세히 살펴보게 드러낸 다음, 일곱 번 사로잡아 일곱 번 놓아주기까지 했다. 하물며 공명이 창안한 사물에 어찌 숨기거나 속이는 '기만欺瞞'적 거동이 있을 수 있겠는가? 다만, 저간 사정을 상세히 모르는 세속 사람들이 그저 막연한 추측과 호기심에서 기발한 해석을 해본 것일 뿐이다. (諸橋轍次, 大漢和辭典, 권12, 424쪽, '饅' 字條 참조.)

연익이모록燕翼詒謀錄에는, 인종仁宗 탄신에 신하들한테 포자包子를 하사했는데, 이는 만두의 별명이다. 더러 앙꼬가 있기도 하고 없기도

한데, 쪄 먹는 것을 '만두'라고 부른다. '사물기원事物紀原'은 송宋 고승高承이 편찬했다는 설이 유력하고, 명대 간행본이 전한다. 또 명대 제갈량 후손이 편찬한 "제갈공명전집"에도 인용 수록되어 있다. 이러한 견해는 현대 중국 사해辭海에도 공식 등재된 내용이다.

정사正史에 만두 기록과 다채로운 변모

● 정사正史 중에는, 료사遼史 예지禮誌에 '만두'에 관한 기록이 처음 등장하는 듯하다. 40년이나 재위한 성종聖宗이 서거한 상장喪葬(1031) 의식을 여실히 기록한 내용에 보면, 북송 사절이 조문 와서 헌식하는 과정에 "술과 안주、차와 선물、만두饅頭를 바친" 모습이 묘사되어 있다. 또 국왕 생신 및 새해 정초 축하 사절로 온 빈객의식에도 똑 같은 절차가 등장한다. 유독 북송 사절만 그렇다.

● 원사元史 제사祭祀지에도 보면, 종묘제례에서 지대至大 원년(1308) 춘정월, 황태자 건의로 조종 영정을 모신 영당影堂 제사에 새로 헌식을 추가하는데, 어린 양羊羔, 구운 물고기炙魚, 만두饅頭, 기자{食其}子, 서역탕병湯餅, 원미죽圜米粥, 사탕반갱砂糖飯羹이 포함되었다. 영당 이름이 신어전神御殿으로 바뀐 뒤에도 헌식은 계속된다.

료나 원 같은 북방민족이 참신한 외래식품으로 처음 나타난 만두에 호기심과 흥미를 보여, 국상 장례식과 종묘제례까지 헌식하고, 공식 역사기록까지 남긴 것으로 여겨진다. 그리고 료사遼史에는 만두산饅頭山이 영위지營衛志에 1번, 지리지地理志에 2번 각각 나온다. 원나라 문종 천력天歷2년1329 12월 신해일에 상도上都에 있는 '만두산'을 '천력산天歷山'으로 개명한 기록도 나온다. 강소성 구용현과 호북성 무창현 및 안휘성 귀지현에도 각각 '만두산'이 있다고 한다.

이러한 기록을 종합하면, 다음 사실을 알 수 있다. 이미 북송 초기에 만두가 일반 음식으로 널리 보편 사용되었고, 료에 국가를 대표하는 사절이 국빈외교에 공식 선물로 바쳤다. 원 같은 외민족도 중국 만두를 서역 식품과 동등한 반열에서 진귀한 보물로 여겨, 종묘에 제물로 헌식했다. 충분히 가능한 일이다.

● 우리 고려사에도 딱 한 번 등장한다. 충혜왕 후4년(1343) 10월에 어떤 사람이 궁내 주방에 들어가 만두饅頭를 가져가자, 왕이 노해서 도둑으로 여겨 곧바로 죽이라고 명했다. 물론 왕의 기물을 훔치는 죄 자체가 몹시 괘씸해 중형에 해당할 것이다. 하지만 당초 고려가 모범으로 삼은 당률(송형통) 적도賊盜률에 따르면, 황제한테 진공進供하려고 감관監官이 준비한 음식을 훔치면 도(徒: 징역)2년이고, 감관이 준비하기 전에는 도1년반에 해당한다. 원률은 구성요건을 아주 개별구체로 상세히 열거하는데, 직접 해당하는 죄목은 안 보인다. 국가창고를 지키는 관리나 군졸이 창고재물 훔치는 경우나 강도상해 경우는 사형이지만, 일반 절도는 최고 도3년에 그치고, 국고 절도는 1등급 가중할 뿐이다. 다만 장물이 5백관 이상이면 유형에 처한다.

당시 적용되었을 형법 규정에 비추어보면, 궁중 주방에 들어가 만두 좀 훔쳤다고 사형에 처한 것은, 지나치게 가혹한 엄벌이고, 또 만두가 당시 얼마나 진귀했는지 짐작할 수 있다. 그때 왕 나이 29세니 혈기방장 했겠지만, 만약 제갈량이 만두를 처음 만들어 쓴 사연과 마음을 왕이 알았더라면, 그렇게 쉽게 사형에 처하라고 명했을까?

참고로, 먹는 만두는 아니지만, 고려사에는 또 현종 1년(1010), 문종 2년(1048), 3년에 사절로 온 여진 추장 '萬豆', '漫頭弗', '曼豆弗' '漫豆' 등이 모두 6회 나온다.

● 일본에는 력응(曆應: 1338-1342) 시기에 원나라 림인정林因淨이 귀화해 처음 만들어 소개했다고 전한다. 대략 비슷한 시기에 고려와 일

본에 만두가 전래된 듯하다.

한편, 중화전자불전에도 '만두'가 무척 많이 나온다. '曼頭'는 9회 나오는데, 주로 다라니·주문이나 서역 인명 음역에 등장한다. '饅頭'는 575회나 되는데, 주로 송·명·청 대 스님이 남긴 선어록이나 게송이다. 조주趙州 종심從諗(778-897) 선사의 '趙州和尙十二時歌'에도 등장하니, 늦어도 당唐 대 널리 인구에 회자했음을 알 수 있다.

마지막으로 '만두'와 '교자餃子'의 어휘 사용과 의미를 한번 짚어보자. 지방에 따라 뜻과 어감이 다양하게 변화한 자취가 보이기 때문이다. 현재 '만두'는 밀가루로 발효·숙성한 식품으로, 원형으로 가운데가 부풀어 오른 융기형이다. 본디 제갈량이 처음 만든 것은 속에 양고기와 돼지고기로 앙꼬[1]가 들었는데, 나중에 앙꼬 없는 만두도 나왔다. 그 결과 북방에서는 앙꼬가 없는 걸 만두라 하고, 있는 걸 포자(包子: 빠오즈)라고 부른다. 남방 오어吳語를 사용하는 지역에서는 앙꼬가 있건 없건 모두 '만두'라고 부른다.

현재 우리가 '만두'라 부르는 것은, 중국에선 '교자餃子'라고 부른다. 물만두는 '수교水餃' 또는 '자교煮餃', 찐만두는 '증교蒸餃'다. 군만두도 있다. 제갈량이 처음 만든 만두에 고기 다진 걸 넣은 원형에 충실하자면, 우리가 지금 '만두'라 부르는 게, 비록 크기는 아주 작아졌지만, 진짜 원조 '만두'에 가까울 듯하다. 허나, 필자가 30년전 대만 유학 시절에 보고 먹은 바로는, 중국에 앙꼬 있는 '만두'는 지금 우리 '찐빵'이 해당한다. 앙꼬 없는 담백한 '만두'는, 중국에선 마치 햄버거처럼 속에 다채로운 반찬거리를 넣어 먹지만, 우리는 잘 먹지 않는다. 대신 우리는 송편 같은 독특한 형태로 새로운 변화발전을 보인 듯하다.

---

1 '가운데 고물糕物, 膏物'로서 央ㅅ膏, 또는 央ㅅ糕?

생명존중 정신의 음미

물론 "제갈량이 처음 만들어 제사에 희생으로 바친 '만두'가 진정으로 인간생명 존중 정신과 인권의식의 발로라고 칭송하고 추앙할 만한 가치와 필요가 있을까?" 라는 회의도 있을 법하다.

왜냐면, 그 전제 행동인 남만 정벌이, 과연 대의명분 뚜렷한 정당한 전쟁이었는지, 아니면 그저 패권주의 침략전쟁으로 무고한 인명살상과 엄청난 재산손상을 초래하고, 북벌 전쟁물자 군수비용 조달을 위한 식민지배 목적의 침공에 불과했는지, 현재로선 명백히 확인할 방법이 없기 때문이다. 분명한 사실은, 중국에서는 남방 영토 확장을 제갈량의 크나큰 역사적 공헌으로 칭송한다는 점이다.

진정 인간생명을 존중했다면, 전쟁 자체도 벌이지 않는 게 옳지 않은가? 그렇다! 분명 그런 문제점과 한계가 있다. 허나 이는 제갈량 혼자 뒤집어쓸 개별업장이 아니라, 인류가 국가사회 공동체를 구성해 생존경쟁을 펼쳐온 수천수만 년의 조직적 폐해다. 이를 전제하는 도량과 여유가 필요하리라. 무자비하고 치열한 전쟁 중에도 최소한 지켜야할 인도주의 금도가 있고, 또 부상자는 우적友敵을 가리지 않고 누구나 치료하며, 휴전과 화친을 위한 물밑 접촉대화는 계속하지 않은가?

그런 제반 한계와 제약을 전제로, 더구나 부단히 향상발전 진보를 거듭해온 인류 역사를 통시로 조망하면서, 시대적 역사적 한계까지 참작해서 비교적 공정히 객관평가를 내려 본다면, 제갈량이 만두를 처음 고안한 그 마음과 정신은, 인간생명을 존중하는 고귀한 의식의 발로였다고 칭송해도 크게 틀리거나 지나치지 않을 것이다.

앞으론 만두 하나를 먹을 적에도, 외형적 물질 재료가 어떻게 생산·조달되어 만두로 만들어졌는지 사유하며, 그 과정에 동원되고 참여한 수많은 사람들의 손길과 피땀의 노고에 감사하면서, 다른 한편으로는 제갈량이 당초 고안한 내재적 함축정신도 음미하여, 생명존중 의식도 공감해보면 더욱 좋지 않을까?!

제갈채諸葛菜

당 류우석劉禹錫의 가화록嘉話錄에 실린 내용으로, 명대 제갈량 36세손이 제갈공명전집에 옮겨 전하는 '제갈채'는 일명 '만청蔓菁'이다.

수주嶲州 경계 부근 산야에, 큰 잎과 굵고 거친 줄기에, 뿌리는 큰 무(라복蘿蔔) 같은 야채가 있다. 향토 주민들이 그 뿌리와 잎은 찌거나 삶아 먹어, 허기를 채우고 기아를 구제할 수 있다. 이 야채 이름은 '제갈채'라 부르는데, 사람들이 전하는 말은, 제갈무후가 남정 시 이 야채를 산중에 심어 군대 식량을 보충했다고 한다. 마치 광도廣都현 산에 자라는 상수리나무 숲을 '제갈목諸葛木'으로 부르는 것과 비슷하다.

제갈량이 주둔지에서 병사들한테 오직 만청蔓菁을 심게 한 이유는, 여러 가지로 이로움이 많기 때문이다.

첫째, 갓 나오는 잎은 날로 씹어 먹을 수 있다.

둘째, 잎사귀가 피고 나면 찌거나 삶아 먹을 수 있다.

셋째, 오래 머물면 뜯어도 계속 자란다.

넷째, 버리고 가도 아깝지 않다.

다섯째, 돌아오는 길에 다시 쉽게 찾아 뜯을 수 있다.

여섯째, 겨울에도 뿌리가 박혀 있어 캐 먹을 수 있다.

이러한 제갈 채소는 그 이로움이 얼마나 넓은가?

삼촉三蜀 인민들은 지금도 만청을 제갈채라 부르고, 강릉에서도 마찬가지로 부른다. 뒤에 소개하듯이, 불교 선가에서도 안빈락도 수행음식으로 즐겨 먹었는지, 이 제갈채를 상세히 소개하고 있다.

보권保券 – 전비 조달 국채 보증

명대 제갈량 36세손이 편집한 제갈공명전집에는 보증채권 기록이 실려 있다. 선주가 막 형주에 자리 잡을 적에, 워낙 곤궁해 군비조달을 위해 남양南陽에 거주하는 대성 토호 조晁씨한테 천만 전錢을 대차했는데, 제갈무후가 채권債權을 보증하는 문서를 작성해주었다고 한다. 이 보증 채권債券은 송나라 때까지 전해져 존재했었다고 전한다.

이에 관해 비슷한 내용이 근래 채록한 "제갈량의 전설"에 실려 있다. 류비가 형주에 진입해 병력과 군마와 군량미를 보강·충당해야 하는 긴박한 상황에서, 백성들은 전란으로 젊은 아들을 잃고 막중한 조세부과로 궁핍해지자, 황폐해진 논밭을 내버리고 아예 산속으로 숨거나 유랑해, 인구 자체가 극감했다. 제갈량이 항간을 순시해 백성 동정과 민정을 관찰하면서, 이러한 현실상황을 파악하고 류비한테 대책을 개진했다.

누구든 황무지를 개간하면, 3년간 조세를 전혀 수취하지 않겠다고 선언했다. 이 소문이 바람처럼 퍼져, 숨거나 떠돌던 백성들이 집과 땅을 찾아 모여들었다. 3년간 조세를 징수하지 않으니, 당연히 국고와 전비가 궁핍할 수밖에 없었다. 따라서 대안으로 제갈량이 제시한 것이, 조세 대신 식량을 대차하는 국채 발행이었다. 즉, 3년 면세 기간 동안 백성들이 수확한 잉여 곡식을 국가에 빌려주고, 국가는 3년 지난 뒤 징수할 조세로 대체 상계해 상환한다는 것이었다.

과연 백성들이 기꺼이 호응해, 류비는 국고 전비 궁핍의 숨통을 트고, 변화를 도모하는 계기가 되었다. 제갈량의 임기응변 지략을 보여주는 또 하나의 사례다. 형주 민간에서는 청나라 때까지 이 보증 채권을 간직해 보존했다고 전한다.

넷.

법치 정신과 권력의 명암

여기서는 제갈량의 주특기인 법치에 담긴 정신을 주로 살펴보면서, 법치 과정에서 권력행사에 드리워진 그늘과 법치 자체의 제약 및 제갈량의 인간적 한계 등을 함께 사유해보고자 한다.

륭중대책隆中對과 촉과의 법치 기초

제갈량의 법치는, 삼고초려한 류비한테 내놓은 륭중대책隆中對에서 출발한다. 제갈량은 가만히 앉아서 천하대세를 정관靜觀해 삼국정립 형세를 전망하면서, 익주로 들어가 기반을 다진 다음 천하급변의 기미를 살펴 민심을 얻어 중원을 회복하자는 청사진을 제시했다. 그 만남이 바로 역대 수많은 영웅호걸 심금을 울리면서 인구에 널리 회자해 아주 유명해진 삼고초려와 륭중대책隆中對이다. 그때 류비는 아직 기반도 다지지 못한 채, 거느린 군중도 고작 수천 명이라 조조한테 중과부적임을 몹시 근심했다. 이에 제갈량이 호구등록을 바탕으로 제시한 법치행정 대책은, 그 통치능력과 지혜를 짐작케 한다.

“지금 형주에는 인구가 적은 게 아니라, 호적에 등록한 자가 적을 뿐입니다. 평안히 살고 있는데 갑자기 군대를 발동해 징병을 한다면, 인심이 그리 기뻐하지 않을 것입니다. 그러니 먼저 류진남에게 말하여, 나라 안에 떠돌이 인구들이 모두 자진해 사실대로 신고하도록 해 호적에 등록시킨다면, 군중이 아주 많아질 것입니다.”

류비가 그 계책을 따라 군중이 많아지고 군대도 강성해졌고, 제갈량의 영명한 지략을 알아채 최상의 빈객으로 예우했다. 선견지명 지혜와 분명한 교화 방도를 지닌 제갈량은 류비를 따라나선 직후부터, 특유의 법치행정 능력과 수완을 발휘해 인정받는다.

전술한 것처럼, 당초 류비가 촉을 습격할 적에, 류장의 심복 조전趙戩과 달리, 징사徵士 부간傅幹은 류비가 관대하고 어질며 제갈량이 통치에 통달해 변화기미를 알고 정도를 지켜 성공할 것이라고 예언했다. 이때 이미 통치행정 역량이 널리 알려졌는데, 촉에 입성해 바로 '촉과蜀科'를 제정해 엄명한 통치로 위세를 떨쳤다. 특히 형법이 준엄하고 급박한 법치는 어디서 비롯했고, 또 왜 필요했던 것일까?

제갈량의 법치 정신은 주로 선진 법가인 상앙·한비자 사상을 기반으로 하여, 덕주형보德主刑輔 이론체계를 완성한 동중서 사상 등도 흡수했다고 한다. 제갈량은 키가 8척 장신으로, 스스로 곧잘 자신을 관중管仲이나 악의樂毅에 빗댔다. 또 류비는 유언에서 아들 류선한테, 한서와 례기禮記를 읽고 틈나면 제자서 및 륙도六韜、상군서商君書를 두루 열람해 지혜를 보태며, 승상한테 신불해·한비자·관자·륙도 사본을 1부씩 구해 보라고 당부했다. 이러한 기록 정황을 종합하면, 제갈량이 법가의 원류로 일컬어지는 관중이나 상앙·신불해·한비자의 법치행정 원리 및 철학사상정신을 이어받았음은 분명한 사실이다.

륭중대책 말미에는 마치 춘추시대 제 환공을 보필해 첫 패권을 이룬 관중의 기개와 포부를 엿보는 듯하다.

"만약 어느 순간 천하에 변화가 꿈틀대거든, 뛰어난 장수한테 형주의 군대를 이끌고 완宛과 락洛으로 진군하도록 명하고, 장군께서는 몸소 익주 군중을 거느리고 진천秦川에 출정하신다면, 백성들이 누가 감히 도시락과 물병을 챙겨 가지고 장군을 환영하러 나오지 않겠습니까? 진실로 이와 같이만 된다면, 천하 패권의 위업을 달성할 수 있고, 한 황실도 다시 부흥할 수 있습니다."

또 상앙이 주장한 '분명한 법(明法)'과 중형주의 정책 및 사면 반대 입장도 제갈량의 법치 언행에 여실히 반영된다. 법과 함께 통치'술'을 중시한 신불해의 사상도, 제갈량이 후주한테 현신을 가까이하고 간신·소인을 멀리하는 분간'술'로 권장하고, 자신도 스스로 '명분 및 명의에 따라 실질내용을 요구하고 책망하는(循名責實)' 통치술로 유효적절하게 활용한 정황이 다분하다. 한비자 법치사상에서는 시대에 따른 법의 적절한 변화로서 임기응변, 법을 근본으로 삼아 엄격히 집행함을 생명으로 삼는 원칙 등이 제갈량 법치정신에 큰 영향을 미친 걸로 평가된다.

역사관 및 시대 배경

제갈량의 엄격한 법치 시행에는, 그 기본 역사관과 후한 말 혼란무도한 시대배경이 크게 작용했다. 제갈량이 역사를 통관해보니, 준엄한 법으로 잘 통치한 나라는 왕성히 흥륭하고, 법령기강이 해이해지면 쇠퇴와 멸망이 뒤따른 역사경험을 알 수 있었다. 제갈량이 북벌출정하면서 후주를 대신해 사실상 스스로 기초했을 '위 정벌 조서(伐魏詔)'에서는 이렇게 천명한다.

"탕과 무왕은 덕을 닦아 왕이 되었고, 걸과 주는 지극히 포학해 망했다. 접때 한 왕조가 중도에 미약해져 법망이 흉포하고 간특한 자들을 걸러 잡지 못해, 동탁이 위난을 초래해 도읍과 경기 지역을 동탕케 하더니, 조조가 그 화근을 틈타 왕권대통을 몰래 훔쳐 사해를 크게 어지럽히며 군왕을 무시하는 마음을 품었다."

인덕에 의한 왕도를 기본 바탕으로 존숭하면서, 법치기강의 해이가 간사한 무리들 발호와 혼란으로 이어져 한의 멸망을 초래했다고 본 것이다. 이러한 후한 말 혼란한 시대배경에다가, 특히 파촉 지방 전임 통치자들이 우유부단한 무능력과 법치기강 해이로 끝내 민심을 잃고 무너진 사실도, 엄격하고 준엄한 법치로 다시금 기강확립의 필요성을 웅변하는 반면교사라고 제갈량은 역설한다. 또 법정法正이 혹독한 법치에 불평을 토로하자, 제갈량이 답변한 내용에도 분명히 드러난다.

진이 포학무도한 정치로 인민을 가혹하게 괴롭혀 원성이 자자해 고조가 취한 약법삼장과, 류장이 덕치도 법치도 제대로 시행하지 못해 토호들 전권 횡포로 무너진 당시 촉의 상황은, 판연히 다르다는 것이다.

이러한 사상기초와 시대배경을 바탕으로, 제갈량의 법치 정신이 당시 어떻게 펼쳐졌는지 구체로 살펴볼 필요와 가치가 있다. 이제 하나씩 검토해보자.

법치의 내용상 특징

위에서 인용한 법정의 요청에 대한 제갈량의 답변을 살펴보면, 선진 법가 사상의 핵심이 압축되어 나타난다. 신상필벌의 엄격한 법치로 변법개혁 및 천하통일을 도모한 상앙과 한비자의 철학정신이 그대로 반영된 것이다. 예컨대, 변법개혁을 추진한 상앙은 때맞춰 입법하고 일 따라 예를 제정해, 예법과 명령이 시의에 순응해야 함을 강조한다. 한비자도 법이 때와 함께 구르면 잘 다스려지고, 다스림에 세상에 맞아야 공로가 있는데, 때가 바뀌어도 다스림이 바뀌지 않으면 어지러워진다고 주장한다. 주례와 덕주형보의 유가적 통치방식은 전국시대 상황변화에 더 이상 적합하지 않으니, 이제 획기적 변법으로 대혁신을 이뤄야 한다는 취지다. 제갈량도 은덕을 요청한 법정 견해와 달리, 시대적 상황을 들어 엄중한 법치의 필요성을 강조한 점은, 법가와 일맥상통한 셈이다.

포악을 금지하고 혼란을 종식시켜 치안질서를 유지하기 위해서도 법치가 필요한 점, 인민들이 가장 싫어하는 고역인 농전農戰을 장려해 부국강병으로 중원회복을 죽을 때까지 도모한 점, 포상과 형벌 및 교화를 통일해 공신력과 권위 있는 법치를 추구한 점, 은혜와 후덕으론 다스리기 부족하고 형벌 위세가 서야 국가기강이 설 수 있다고 설득한 점들도, 모두 상앙이나 한비자 같은 전통 법가의 통치방식과 궤를 같이한다.

이러한 식견은, 후술할 사면 폐해 지적과 함께, 시종일관 제갈량 법치 정신의 진면목을 보여준다. 특히 진의 가혹한 법치로 무너진 천하를 다시 건진 한고조의 시대상황과, 법치기강이 해이해져 혼란으로 망한 후한 뒤에 다시 혼란을 거듭한 파촉 선임자를 교체해 혁신하려는 자신들의 당시 현황은, 판연히 다르다고 통찰한 혜안이 돋보인다. 류장뿐 아니라, 류표劉表도 조그만 은혜로 처와 친신親信들을 거느렸지만, 그가 죽자마자 친신들이 맏아들을 제치고 작은 아들을 내세우더니, 조조가 오자 그냥 통째로 바치고 말았다. 그러한 현실을 직시한 제갈량은 엄격한 법치로 기강확립을 최고제일 급선무로 삼았다. 마치 정鄭 자산이 유언으로 당부한 것처럼, 정치가 너무 사납고 맹렬하면 관대히 풀어 구제하되, 너무 관대해 느슨해지면 다소 맹렬히 고삐를 죄어 제도해, 정치의 중용조화를 이룸이 긴요한 줄 통찰한 것이다.[1]

제갈량의 법치가 그렇다고 옛 법가를 그대로 답습한 것은 아니다. 행정 전반에 걸쳐 공자·맹자·순자로 이어지는 정통 유가의 덕치와 인정을 기본으로 전제하며, 한 동중서가 종합 정리한 덕주형보 사상도 수용해, 나름대로 시대에 맞는 혁신을 꾀한 걸로 여겨진다. 제갈량의 법치 특징은 대강 다음과 같이 간추려볼 수 있다.

첫째, 교화와 형벌을 병행하되, 교화를 우선하는 덕주형보 위주라고 할 수 있다. 제갈량은 "교령이란 윗사람이 아랫사람을 가르치는 걸로, 법이 아니면 말하지 않고, 도가 아니면 행하지 않"는 솔선수범을 강조한다. "윗사람이 하는 걸 아랫사람이 쳐다보기" 때문에, "자기를 풀어놓고 남을 가르치려는 역정逆政"이 아니라, "자기를 바로잡아 남

1 春秋左傳, 昭公20年: "寬以濟猛, 猛以濟寬, 政是以和."

을 교화하는 순정順政"이라야 성공할 수 있다. 따라서 "임금이 되는 방도는 교화명령이 우선이고 주륙형벌은 나중이니, 교화하지 않고 전쟁하면 백성을 내버리는 것"이라는 공맹 유가 정신을 펼친다. 또 제갈량은 여덟 가지 힘쓸 일(八務), 일곱 가지 경계(七戒), 여섯 가지 무서움(六恐), 다섯 가지 두려움(五懼) 등으로 신하와 자제를 책려했다. 이렇듯 예방적 경고와 교육을 펼치고, 그래도 어기면 비로소 엄한 형벌로 응징했다. 특히 제갈량이 "상앙은 법으로 다스림은 뛰어났으나, 교화는 잘하지 못했다."고 아쉬움을 보인 걸 보더라도, 법치 못지않게 교화를 얼마나 중시했는지 잘 알 수 있다. 실제로도, 제갈량은 장군 류염劉琰이 위연과 다투며 지휘명령에 복종하지 않자 잘못을 꾸짖으며 처분하려 했는데, 류염이 즉각 개과천선하자 용서했다. 또 리엄이 거짓말로 모함하자 명백한 증거를 제시해 조정의론을 거쳐 그를 파면해 유배 보냈지만, 그 아들 리풍은 조정 관직을 그대로 둔 채, 아버지 개과천선을 적극 권유하도록 간곡히 타일러 교화를 베풀었다.

둘째, 전통 유가적 법사상은 "형벌은 대부한테까지 올라가지 않는다.(刑不上大夫)"는 명제가 주류를 이루었으나, 제갈량은 선진 법가사상을 잘 이어받아 '법 앞에 만인평등'을 방불케 하는 획일적 평등을 강조해 몸소 실천궁행했다. 특히 북벌출정에 앞서 후주한테 올린 출사표에 유명한 구절은 그 정신을 대표한다.

"궁중과 부중府中이 다 함께 혼연일체이오니, 착한 일을 포상하고 승진하거나, 나쁜 짓을 폄하해 처벌하는 인사 조치는, 원칙기준 없이 자의로 들쭉날쭉 다르게 해서는 안 됩니다. 만약 간사한 짓을 해서 법령 과조를 어겨 죄악을 저지른 자나 충성과 선행을 행한 자가 있다면, 마땅히 담당 관사에 회부하여 각각 적합한 형벌과 포상을 행하시어, 폐하의 공평하고 현명한 다스림을 만 천하에 널리 알리소서. 절대로 사사로이 치우친 편견으로 말미암아 안팎으로 법적용을 달리 해서는 안 됩니다."

중요한 북벌출정에서 군대기율을 어겨 결정적 패전을 초래한 심복 부하 마속을 눈물 흘리며 죽인 사건은 물론이거니와, 또 류비가 임종에 후사를 간곡히 당부하는 유촉조서를 나란히 함께 받았던 권귀대신 리엄이 거짓허위로 모함을 꾀하자, 조정의론을 통해 파면해 서민으로 퇴출한 사건도 아주 유명하다. 요컨대, 교화명령을 따르지 않으면, "불편부당不偏不黨"하게 의법 조치하되, "형벌에 존귀를 가리지 않고", "주륙처벌에 친척도 피하지 않는다." 춘추시대 대의멸친大義滅親 정신과 한비자의 '법불아귀法不阿貴' 정신 그대로다.

셋째, 제갈량은 제1차 북벌 때 병력의 압도적 우세에도 불구하고 패전한 쓰라린 경험지혜를 바탕으로, 한신韓信의 대표적 용병술인 '다다익선'과 달리, 소수정예를 간택하여 훈련시키는 방법으로 전략전술의 현실적 변화를 도모해, 상당한 성과를 거두었다. 패전에 치명적 결점은 병력 부족이 아니라, 바로 한 사람한테 달린 것을 알아차렸다.

넷째, 제갈량은 엄격한 법치를 실행하면서도, 그 과정에서는 다른 참모나 부하들 의견을 경청하고 여론수렴으로 최대한 선익을 추구해, 독단적이지 않고 상당히 민주적 기풍을 보였다. 그래서 '촉과'를 제정할 적에도 다른 4인과 함께 공동 연구토론을 거쳐 입법을 완성했다. 그중 류파는 본디 제갈량과 사이가 좋지 않은 걸로 알려져 있다. 후술하듯이, 남만을 정벌할 적에는 마속의 충고건의를 경청해, 맹획한테 '공성攻城'과 '병전兵戰' 대신 '공심攻心'과 '심전心戰' 전략으로, 칠금칠종七擒七縱해 완전히 심복시켰다. 또 북벌 원정군의 노고와 가족들 심정을 고려해, 군사들을 두 조로 나누어 백일씩 교대 주둔하자는 양의楊儀의 건의를 선뜻 수용해 상당한 성과를 거두었다. 그 통치는 나중에 진晉 조정에까지 알려진 것처럼, "나쁜 평판을 들으면 반드시 고치고, 허물을 고집해 빼기지 않았으며, 상벌에 믿음은 신명조차 감동시키기에 충분했다."

이러한 민주적 토론문화 및 여론수렴 절차는 유명한 '집사광익集思廣益'이란 고사성어를 낳았다. 바로 제갈량이 서원직 및 동화董和와 허심탄회하게 국사를 토론한 경험지혜에서 나왔다. 동화는 거친 옷과 나물밥의 검소한 생활로 솔선수범한 까닭에, 법도에 넘치는 참람한 짓을 잘 방지해, 선량한 풍속교화가 저절로 이루어졌다. 억센 토호들이 그를 경외해 함부로 침범할 수 없자, 다른 곳으로 전출하도록 요청할 정도였다. 그가 이웃 지방으로 옮기자, 수천 명 관리와 인민들이 가족을 이끌고 따라갈 만큼 유명했다. 류비가 촉을 차지한 뒤 동화도 발탁되어, 제갈량과 의기투합해 허심탄회하게 환담하고 토론하는 교유가 되었다. 관직생활 20년이 지나도록 청빈한 생활을 유지해, 죽을 때 장례지낼 재산조차 없을 정도로 청렴했다. 승상 제갈량이 부하들에게 민주적 토론문화의 중요성과 필요성을 강조하며, 실제 토론경험 방식을 언급해 눈길을 끈다.

"무릇 참모부서는 '대중의 생각을 모아 충성과 이익을 널리 확충'하는 것이 주요임무다. 만약 조그만 거리낌으로 소원해진다면, 서로 거슬리는 충고의견을 반복해 주고받기 어려워, 손해와 흠결이 크고 많을 것이다. 서로 안 맞는 의견이라도, 허심탄회하게 주고받아 왕래하다 보면 중용을 얻을 수 있다. 이야말로 닳아빠진 짚신을 내버리고, 귀한 주옥을 얻는 것과 같다. ('벽돌을 내버려 구슬을 이끌어낸다.' 抛磚引玉)

허나, 사람 마음이 그런 어려움과 괴로움을 다 감내하기는 어려우니, 얼마나 안타까운가? 오직 서원직만 이런 토론에도 당혹하거나 역정 내지 않았다. 또 동화는 참모부서 7년 동안, 사안이 원만한 해결에 이르지 못하면, 열 번이라도 오가며 솔직히 토론해 의견을 펼치고 충고했다. 진실로 서원직의 십분에 일이나, 동화의 은근한 충성심을 추모해 실현할 수만 있다면, 량의 허물과 잘못은 훨씬 적어질 것이다."

류비 생존 시 제2인자였고, 후주 때는 실질상 제1인자로 전권을 행사하면서도, 몸소 이러한 민주적 여론수렴을 중시한 점은, 선진 법가의 법치에서는 찾아볼 수 없는 귀중한 혁신적 발전이라 할 것이다. 이런 고사 인연인지, 지금도 중국에는 "구린내 나는 보통 기술자 셋이 모이면 제갈량도 대적(승리)할 수 있다."는 속담이 널리 회자한다. 공산혁명 당시 주은래나 모택동도 매번 이 속담을 인용하며 전투소조마다 '제갈량회'를 열어 '집사광익'했다고 한다.[2]

다섯째, 신상필벌로 요약되듯, 상벌 시행에서 공신력 확보를 위해, 법에 대한 신뢰성과 믿음을 법치정신에 생명처럼 귀중히 지켰다.

앞서 제4차 북벌출정 뒷이야기에서 소개했듯이, 위 명제가 친히 장안에 이르고 사마의와 장합이 30여만 대군을 이끌어 행진해, 제갈량의 8만 대군과 대치하는 상황에서였다. 당시 참모들이 기수병 교대를 늦추고 병력 성세聲勢를 배가해야 한다고 건의했으나, 제갈량은 병법의 믿음을 이유로 단호히 거절했다.

특히 춘추시대 진晉 문공이 원原나라 얻으려고 믿음을 잃는 것은 크나큰 수치로 여겨 퇴각한 사례를 원용하며, 패전하는 한이 있더라도, 한번 정한 병법을 확실히 지켜 병사와 그 가족들 기대와 신뢰를 저버리지 않아야 한다고 했다. 즉, 기한이 된 병사는 귀향을 허락했다 이에 병사들은 감격해 용기백배로 목숨 바쳐 돌격해, 장합을 죽이고 사마의를 퇴각시켰다. 믿음에서 비롯한 사기 덕분에 크게 승리한 것이다.

일찍이 진 문공은 원原을 정벌하며 사흘 양식만 준비했다. 장병들한테, 사흘 안에 원이 항복하지 않으면 철군하겠다고 약속했다. 사흘이 지나 철군하려는데, 성안 첩자가 나와 막 항복할 참이라고 알려주자,

---

2 "三个臭皮匠, 抵个賽過諸葛亮." 溫端政 主編, 中國俗語大辭典, 上海辭書出版社, 1989년 제1판, 749쪽 참조.

군사들이 좀 더 기다리자고 요청했으나, 문공은 결연히 퇴각했다.

"믿음은 나라에 보배로, 인민을 목숨처럼 비호한다. 원을 얻고 믿음을 잃는다면, 인민을 어떻게 비호하겠는가. 득보다 실이 훨씬 많다."

원도 그 말에 감동해 바로 투항했다.(春秋左傳, 僖公 25年 冬.)

물론 '읍참마속'도 '대신大信'을 위한 불가피한 희생이었으리라! 제갈량 저술 중 현전하는 '병요兵要'와 '군령軍令' 편에도 믿음과 신상필벌 관한 내용이 많다. 후술할 사면 반대도 법치 정신에 생명인 신상필벌 믿음 때문이었다.

법치행정에 대한 역사 평론

제갈량의 법치행정과 지모책략에 대한 총평은 뒤에 소개할 진수陳壽의 특별 진언進言에 잘 나타난다.

"법과 제도를 만들어 시행하고 군사조직을 정리하며, 교화와 법도는 신상필벌로 엄명해, 조그만 죄악도 징계하지 않음이 없고, 작은 선행도 칭찬하지 않음이 없었다. 관리들 간사한 짓은 조금도 용납하지 않아서, 사람들이 스스로 책려하는 마음으로 절제해, 길에 떨어진 물건을 줍는 자도 없었고, 힘세고 권세 있다고 감히 약자를 침범하는 자도 없어서, 교화 기풍이 아주 숙연해 기강질서가 아주 잘 지켜졌다."

"허나 제갈량 재주는, 군사 다스림에는 아주 뛰어났으나 기이한 권모술수(奇謀)에는 밝지 못했으며, 백성 다스리는 승상으로서 법치행정가 능력이 장수로서 지략보다 훨씬 우수했다."

"나라에 충성하고 시무에 보탬이 되는 자는 비록 원수라도 반드시 포상하고, 법을 어기고 직책을 태만히 한 범죄자는 비록 친근할지라도 반드시 처벌했다. 죄를 승복하고 진정으로 뉘우치는 자는 비록 중대한 악일지라도 반드시 풀어주고, 미사려구와 교언령색으로 변명 수식하는 자는 비록 가벼운 죄일지라도 반드시 주륙했다. 선행은 미세할지라도 포상하지 않음이 없고, 죄악은 사소할지라도 폄하하지 않음이 없었다. 나라 안에서 모두들 그를 경외하면서도 사랑하여, 형정이 비록 준엄했으나 원망하는 자가 없었으니, 그의 마음 씀이 공평하고 사전에 권선과 계고의 교화가 분명했기 때문이다."

일찍이 공자는 '정政이란 바로잡는 정正'이라고 정의하며, 위령공이 진 치는 병법을 묻자, 군려지사는 배우지 않았다고 답하며 회피했다. 로자는 병兵은 살기등등한 흉기라 군자가 좋아하지 않으며, 부득이 쓰는 경우에도 전승을 상례로 맞이한다며 경계했다. 허나 "정도正道로 나라를 다스리고, 기발한 술책으로 병력을 지휘하며, 일 없음無事으로 천하를 얻는다."고 했다. 바로 제갈량이 정으로 치국은 잘하고 군사장병 통솔지휘 관리는 잘하는데, 기발하고 기상천외한 권모술수와 휼계 위주의 용병술과 병법에는 다소 단약했거나 차마 감행하지 못해 주저한 것일까? 그래서 뒤(320쪽)에 자세히 소개할 것처럼, 소동파도 독특하게 제갈량이 '정도正道'와 '기술奇術'을 뒤섞어 갈팡질팡했기 때문에 천하를 얻지 못하고 실패했다고 진단했다.

"천하를 인의仁義로 취득해서 인의로 지킨 자는 주周이고, 속임수와 힘으로 얻어서 속임수와 힘으로 지킨 자는 진秦이다. 진이 취한 방식으로 천하를 취한 다음 주周가 지킨 방식으로 지킨 자는 한漢인데, 인의와 속임수 및 힘(詐力)을 뒤섞어 천하를 얻으려 한 자는 바로 제갈공명이니, 그래서 실패했다."(蘇軾文集, 권4, 諸葛亮論)

진晉 역사가 원형袁宏이 칭송했듯이, 고아를 부촉 받아 섭정해 용렬한 군주를 섬겼는데, 전권을 휘두르면서도 예법에 어긋나지 않았고, 군주 직무를 행하면서도 국민들이 의심하지 않았다. 법시행이 엄격했으나 국민들이 기뻐 복종했고, 백성을 동원해 그 힘과 재력을 소진했어도 아래에서 원망하지 않았다.

내 마음은 저울, 그 마음은 거울

먼저 제갈량 법치행정의 내공과 배포에 철학적 근원을 찾아보자. 물론 타고난 선천 자질도 탁월했겠지만, 제갈량은 어려서부터 고요한 마음수행의 바탕이 확고히 다져진 듯하다. 그가 건안 초기 형주에 있을 적에, 석광원·서원직·맹공위와 함께 유학했다. 세 사람은 모두 익숙하게 정련함에 힘썼으나, 그는 오직 홀로 대략 훑어보고 관조할 뿐이었다. 매일 새벽과 밤에 여유롭게 평안히 명상하며, 곧잘 무릎을 껴안고 길게 읊조리곤 했다. 그는 세 사람 모두 벼슬이 자사·군수까지 이르겠다고 말해주었으나, 자신은 어디까지 이를지 묻자 그저 빙긋 웃기만 할 뿐 대답하지 않았다.

무위자연의 부드러움과 고요함을 중시하는 로자에는 '靜'이 10회나 나온다. 장자 말대로, 물이 고요하면 눈썹과 수염까지 훤히 비추고 평평한 수준기는 목공에 법도가 되듯, 지극히 고요한 성인 마음도 천지만물을 저절로 비추는 밝은 거울이 된다. 바로 제갈량이 '정관천하靜觀天下'하여 삼국정립을 예견하고 륭중대책을 펼친 '마음 거울(心鏡)'이다. 군사장군 겸 승상으로 법치행정을 도맡아 공평무사한 신상필벌을 관철한 내공이자 밑천이며, 목숨이 달린 전장에서 몇 천 군사로 수십만 적군 앞에 태연자약 거문고를 타며 감쪽같이 사마의를 속여 퇴각시킨 영웅본색이다. 나중에 '아들을 훈계한 글(戒子)'에서도 고요한 '정靜'을 거듭 강조해 경계했다.

"무릇 군자 행실은 고요함으로 수신하고, 夫君子之行, 靜以修身,
검소함으로 덕을 함양한다. 儉以養德.
담박하지 않으면 뜻을 밝힐 수 없고, 非淡泊無以明志,
고요함이 아니면 멀리 이를 수 없다. 非寧靜無以致遠.
무릇 배움에는 반드시 고요함이 필요하고, 夫學須靜也,

재주가 있어도 반드시 배워야 한다. 才須學也.
배우지 않으면 재주를 넓힐 수 없고, 非學无以廣才,
고요하지 않으면 배움을 이룰 수 없기 때문이다. 非靜无以成學.
방자하고 태만하면 힘써 정진할 수 없고, 慆慢則不能勵精,
음험하고 조급하면 성품을 다스릴 수 없다. 險躁則不能理性.
나이는 때와 함께 쏜살같이 치닫고, 年與時馳,
의지는 해마다 시들어가, 意與歲去,
드디어 메마른 고목 잎처럼 떨어지리니, 遂成枯落,
곤궁한 오두막에서 슬퍼 탄식하며 悲嘆窮廬,
장차 후회한들 어찌 돌이킬 수 있으랴!" 將復何及也?!

제갈량은 스스로 '저울 같은 족자(如秤帖)'란 좌우명도 내걸었다.

"내 마음은 저울 같아 吾心如秤,
특정인 위해(때문에) 경중을 달리할 수 없다." 不能爲人作輕重.

저울처럼 공평한 법치행정으로 엄정한 형평정의를 실현하겠다는 의지의 표출일 것이다. 근대 서양에 법을 상징하는 정의여신이 왼손에 든 천칭과 완전히 똑같은 표상이다. 또한 동아시아 고래로 '법(灋→法)'자에 물 수(氵←水)변이 머금은 수평水平성과도 일치하는 이념이다. 사실 형평에서 '형'평은 '저울'의 평평함으로, 물의 평평함인 수평과 똑같은 의미다. 동서양이 물과 저울이라는 서로 다른 자연물과 인조물을 내세워, 동일한 의미를 함축하는 상징으로 사용한 것이다.

헌데, 제갈량은 '법灋'의 수평성 말고도 저울의 형평성으로 바꾸어 표현했다. 물론 저울 비유도 제갈량이 처음 새로 창안한 개념은 아니다. 일찍이 길이·부피·무게를 재는 도량형度量衡이 규범적 표준으로서 법의 비유개념으로 널리 쓰였다.

또 한漢 문제 때 유명한 정위廷尉 장석지張釋之가 '법은 공공의 기물이고 법관은 천하에 공평한 저울(天下之平)'이라는 비유로, 천자와 법 적용을 다툰 사례가 전해진다. 실수로 천자 어가를 놀라게 한 죄가 과실범으로 벌금형에 처해지자, 천자가 몹시 분노했다. 이에 장석지가 법의 공평무사 형평성으로 차분히 설복시킨 것이다.

"정위란 천하에 공평한 저울직책입니다. 저울을 한번 기울이면, 천하 모든 법 적용에 경중이 달라질 텐데, 백성들이 어떻게 손발을 놀리겠습니까?"

이는 삼국시대 널리 회자했고, 후대 역사에서 자주 인용하는 법제사의 명언이 되었다. 제갈량도 그 유명한 일화를 전해 들었을 것이고, '평平'을 '칭秤'으로 바꾸어 좀 더 구체화해낸 것이다. 사실 '천평天平'이란 저울도 바로 '천하지평天下之平'에서 비롯했는데, 흔히 '천칭天秤'으로 적고 '천평'으로 읽곤 한다. 그리고 칭秤은 본디 저울 칭稱과 같은 뜻으로 쓰이는 속자다.

이처럼 제갈량은 '내 마음은 저울'이라는 좌우명을 치국에 으뜸 원칙으로 삼아, 공정한 형평정의를 실현하는 법치행정을 펼친 것이다. 사실 권력·권리·권한·권능에서 '권權'도 저울대를 가리키는 글자로, 저울 잡은 사람이 물건 무게를 달 적에 저울대 수평을 가늠해 결정하는 '재량여지'를 뜻한다.

예컨대, 물건을 좀 더 얹어 저울대가 조금 더 올라가게 하거나, 저울추를 조금 밖으로 옮겨 다소 넉넉히 달아준다든지, 아니면 조금 헤리게(약하게) 달아 잇속을 챙기든지 하는 식이다. 더러 철저히 엄격한 눈금과 수평을 고집해 전혀 융통성 없는 원칙론자도 있다. 불특정 다수군중을 상대로 하는 대형 상점 영업이나 국가통치행정 같은 경우는, 대체로 공정한 평등을 중시하는 형평주의가 편리하고 바람직하다.

제갈량의 좌우명은 이러한 공정한 형평정의 법치원칙을 천명한 것이라고 할 수 있다. 절대적 빈곤·궁핍보다 상대적 불공평·차등이, 사람들의 불평불만과 원망을 사는 원흉이기 때문이다. 그래서 제갈량의 '저울' 좌우명은, 천하도모 전략에 필수불가결한 핵심원칙이자, 유효적절한 막강한 버팀목이 되었을 것이다. 험난한 자연 지세에 경솔한 파촉 인민을 다스려, 강대한 부국들과 대치해 승기를 잡기 위해서는 엄격한 법치가 불가피했다.

하여, 제갈량의 엄정·공평한 법집행은, 수형자들조차 억울한 원한 감정을 품지 않게 해, 국민화합과 군대사기에 핵심요인이 되었고, 후대 역사가들도 대체로 높이 긍정 평가하는 편이다. "제갈량의 수준기나 먹줄처럼 정확한 법도"와 법원칙은 사관 평론에도 거듭 확인된다.

특히 습착치는 후술할 리엄 사건에서, 장자의 비유처럼 제갈량 마음이 거울 같아서 공평무사하게 법과 형벌을 집행했으니, 진한秦漢 이래로 전혀 없었던 일이라고 극찬한다.

허나, 예외 없는 원칙 없다는 법언처럼, 온갖 요소와 인연이 어우러져 기민하게 변화하는 세상만사가, 항상 일도양단으로 명쾌히 재단될 수는 없는 법! 같은 물건과 상품을 저울로 달아 팔 적에도, 더러 개체마다 빛깔·향기·맛·모습·신선도 따위가 제각각 다를 텐데, 어떻게 오로지 무게나 부피 하나만 똑같이 재면 공정하고 평등한 형평정의라 할 수 있을까?

더구나 사람이 주체와 객체가 되는 인간사에는, 객관 정황뿐만 아니라 다채로운 주관 정서가 복잡하게 뒤얽히기 마련이다. 사람 마음과 정신이 작용하는 인격적 요소까지, '국법'이라는 고정된 틀로 '저울' 눈금에 맡겨 달고 잴 수 있겠는가?

그래서 제갈량이 "내 마음은 저울"에서 '저울'에만 치우쳐 집착하느라, '마음'이란 재량권'의 임기응변 융통성에 조금 소홀한 점은, 매우 아쉬운 대목으로 안타까움을 자아내기도 한다.

이러한 전반적 고찰을 배경으로, 이제 제갈량이 엄격한 '촉과'의 잣대와 명징한 '마음 저울'로 추상秋霜처럼 재단한 유명한 구체적 집법執法 사례 몇 가지를 소개하고, 이어 사면반대론과 맹광의 사면폐해론도 함께 살펴본다.

류비 양자 류봉劉封 사건

류비의 양자 류봉劉封은 본디 라후羅侯에 구씨寇氏 아들로, 장사長沙 류씨劉氏 생질이다. 류비가 아직 아들을 얻기 전에 형주에서 만나 후사로 입양했다.(208–9년) 그 뒤 익주목 류장劉璋이 휘하를 보내, 류비를 맞이해 병력도 증강해주고 여러 모로 도왔다.(211년말) 이듬해 류비가 류장 부장을 처치하고 익주를 도모했다. 류장이 항전하는 가운데, 류비는 병력을 총동원해 류장을 포위 공격했다. 봉은 당시 20여세로 무예가 뛰어나고 기력도 아주 출중했는데, 병력을 거느리고 제갈량·장비 등과 함께 강을 거슬러 올라가 합세해 승리에 큰 공훈을 세웠다. 익주가 평정된 다음, 봉은 부군중랑장이란 요직에 임명되었다. 이때 류비는 스스로 익주목이 되고, 제갈량을 군사장군 겸 익주태수에 임명했다.(214년)

앞서 맹달 사건에서 간단히 소개했듯이, 류장 휘하에 있다가 법정과 함께 귀순한 맹달이, 건안 24년(219) 여름 방릉房陵 협공에 나섰는데, 류비는 맹달 혼자 힘겹겠다고 여겨, 양자 봉을 보내 합류시켰다. 그해 7월 류비는 스스로 한중왕이 되어, 친자 류선을 왕 태자로 세우고, 봉을 부군장군으로 승진시켰다. 그해 8월 관우가 조조대군을 대파할 적에, 류봉과 맹달한테 지원을 요청했으나, 둘은 관할 지역을 막 접수해 안정되지 않았다는 이유로 꿈쩍도 하지 않았다. 그해 겨울 12

월, 관우가 손권의 급습을 받고 고립무원으로 궁지에 몰려 끝내 처참하게 죽자, 류비는 몹시 애통해 원한을 품었다.

(주지하듯이, 도원결의로 알려진 류비와 관우·장비 관계는 끔찍이도 밀착된 일심동체였다. 류비는 오로지 관우 복수심에 불타올랐다. 221년 4월 류비는 황제가 된 뒤, 6월 장비마저 부하한테 죽임을 당한 상황에서, 제갈량과 주위 신하들 적극 만류에도 불구하고, 7월에 손권 정벌에 나섰다. 공격에 참패해 그 후유증으로 이듬해 별세한다.)

게다가 봉이 한중왕 류비의 양자 지위를 과시해 맹달과 서로 다투며 불화가 심했다. 급기야 봉이 맹달의 북과 나팔을 낚아채고, 군사지휘권을 빼앗아버렸다. 맹달은 죄를 얻을까 두렵기도 하고, 봉에 대한 분노원한이 터져, 마침내 220년 7월 부곡 4천여 가구를 거느려 조비한테 투항해버렸다. 류비한테 올린 사표가 참 명문인데, "교제를 끊을 적엔 나쁜 소리를 않고, 떠나가는 신하는 원망불평이 없다.(交絶無惡聲, 去臣無怨辭)"고 인용한 격언이 눈에 띈다. 위 장군으로 류봉을 습격하러 돌아온 맹달은, 봉을 회유하는 서신을 보냈다.

"그대는 비록 한중왕 류비 양자로서 잠시 권세를 누렸지만, 이미 태자가 정해진 마당에, 혈연이 전혀 없는 길손 같은 남으로 의심을 사기 십상이다. 권력승계를 둘러싸고, 친 골육 간에도 축출과 살륙이 다반사인 인간사에, 머지않아 틀림없이 재앙이 닥칠 것이다. 그러니 일찌감치 지혜롭게 스스로 화를 모면하고 큰 복을 구해 대인을 만남이 이롭지 않겠는가?!"

이에 봉은 그 말을 듣지 않았다. 허나 부하가 배반하고 형세가 불리해지자, 패주해 성도로 귀환했다. 간보干寶의 진기晉紀는, 맹달이 성을 함락해 처음 백마요새에 올라 지세를 둘러보고 탄식했다고 전한다.

"류봉과 신탐申耽이 이토록 훌륭한 황금성 천리를 차지해 놓고서도, 이를 지키지 못하고 잃었단 말인가?!"

류비는 봉이 맹달을 침탈하고 능욕해 위로 떠나게 한 죄와, 위급에 처한 관우를 구원하지 않은 허물을 몹시 책망했다. 제갈량도 봉이 강팍하고 용맹스러워, 류비가 별세한 뒤 권력을 탈취하려 모반하면, 끝내 통제하기 어려울 것이라 염려하여, 류비한테 후환을 미리 제거하라고 권했다. 이에 류비는 봉한테 사사賜死하여 스스로 죽게 명했다. 봉이 그때사 "맹달 말을 듣지 않은 게 한스럽다!"고 통탄하며 죽자, 류비는 눈물을 흘리며 슬퍼했다.

팽양彭羕 사건

팽양은 광한廣漢 사람으로, 키가 8척 장신에 용모가 몹시 웅장하고 준수한 위인이었다. 외모 묘사로 보면, 제갈량과 비슷한 풍채를 지닌 듯한데, 자긍심이 넘쳐 자못 교만한 성품으로 거드름을 피우며 안하무인이었다. 오직 같은 군 출신인 처사 진복秦宓만 그를 존경하여, 태수 허정許靖한테 그를 부열傅說이나 강태공에 빗대 극찬하며 적극 추천한 적이 있다. 팽양은 주에서 고작 서기나 맡았다. 허나, 남을 무시하는 태도 때문인지, 많은 사람들한테 비방을 당해, 익주목 류장이 그를 강제노역(徒)형에 처했다.

류비가 익주에 들어가자, 팽양은 유세하여 자천할 요량으로 방통龐統을 찾아갔다. 때마침 방통이 손님과 대화중이자, 팽양은 초면에 스스럼이나 거리낌도 전혀 없이 방통 침상에 올라가 누운 채로, 방통한테 손님이 가면 담론 좀 하자고 청했다. 손님이 물러가고 방통이 다가가 앉자, 팽양은 배고프니 먼저 밥을 먹고 이야기하자고 청했다. 그 자리서 이틀을 묵으면서 밤낮 대화를 나누고 나니, 방통이 크게 기뻐했다. 게다가 법정이 팽양과 구면인지라, 둘이서 팽양을 데리고 류비를 찾아뵈었다. 류비도 기특히 여겨, 팽양한테 여러 차례 군사를 시험하고, 장수들을 상대하게 시켜보았다. 일처리가 맘에 들자, 류비는 갈수록 팽양을 우대했다. 성도를 평정해 익주목이 된 뒤에는, 팽양을 요직에 발탁했다.

노역죄수에서 하루아침에 출세하자, 팽양은 형색이 득의양양해져, 때와 군주를 만난 자긍심이 더욱 심해졌다. 제갈량은 비록 겉으로는 팽양을 예우했지만, 속으로는 곱게 보아줄 수가 없어서, 류비한테 여러 차례 은밀히 말했다.

"팽양은 마음이 크고 뜻이 넓어서, 안전을 보장하기 어렵습니다."

팽양이 출중한 능력과 원대한 포부를 지녔는데, 공손하지 않고 방자하게 교만하니, 후환이 우려된다는 취지였으리라! 류비는 제갈량을 끔찍이 공경하고 신뢰해, 팽양의 행동거지와 일처리를 더욱 자세히 관찰하고는, 조금 멀리하려는 의도로 강양江陽태수로 좌천했다. 밖으로 멀리 쫓겨나는 명을 들은 팽양은, 심정이 썩 유쾌할 리 없었다. 불만에 찬 심기로 마초馬超를 찾아가자, 정황을 모른 마초가 깜짝 놀라 대뜸 물었다.

"경은 재능이 아주 출중하게 빼어나, 주공께서 발탁해 지극히 존중하시고, 일찍이 제갈공명이나 효직(孝直: 法正) 같은 위인들과 어깨를 나란히 견줄 만하다고 칭찬하셨습니다. 그런데 어찌 해서 본래 두텁던 신망을 갑자기 잃어버리고, 바깥에 조그만 군을 맡는단 말이오?"

불만에 격앙되어 있던 팽양이 아마도 무심코 내뱉었으리라.

"늙은 가죽(병사, 장군)이 제 정신이 없으니, 도를 회복할 수 있겠소? 그대가 밖에서 도모하고 내가 안에서 꾀한다면, 천하평정도 별 게 아니오!(老革荒悖, 可復道邪? 卿爲其外, 我爲其內, 天下不足定也!)"

마초는 출정하여 바깥에만 매여 있다가, 갓 귀국해 항상 두려움과 위기감을 품고 있던 차에, 갑자기 팽양 말을 들으니 크게 깜짝 놀라 입을 꼭 다물고 묵묵부답이었다. 팽양이 물러가자, 마초는 대화 내용을 그대로 적어 아뢰었다. 팽양은 체포되어 당국에 회부되었다. 팽양은 옥중에서 최후진술로 제갈량한테 서신을 보냈다. 그 내용과 어조가 참으로 눈물겹게 안타깝다.

"저(僕: 머슴)가 예전에 제후들 일을 살펴보니, 조조는 포학하고 손권은 무도하며 류장은 어리석고 나약한데, 오직 주공께서 패왕의 자질과 그릇을 갖추셨습디다. 더불어 왕업을 부흥해 통치안정을 이룰 수 있다고 판단하였기에, 분연히 몸을 일으켜 선뜻 나서서 의지를 보였습니다. 과연 주공께서 서쪽(익주)으로 오시니, 저는 법효직(법정) 인연으로 스스로 재능을 뽐내 자랑하고, 방통이 중간에서 잘 주선한 인연으로 가맹葭萌에서 주공을 찾아뵈었습니다. 면전에서 손바닥을 펼쳐 천하통치를 담론하고, 패왕 도의를 강론해 익주를 차지할 방책을 건의했습니다. 주공께서도 심사숙고로 현명한 결정을 내려 곧장 찬성하시니, 드디어 거사에 성공했습니다.

"제가 예전 류장 밑에서는 평범한 서민으로, 법망에 걸린 죄인이었습니다. 그런데 화살이 빗발치는 풍운 격동기를 맞이해, 군주를 구해 군주를 얻고 뜻을 펼쳐 명성이 자자해졌습니다. 포의布衣에서 일약 국사國士로 발탁되어, 무성한 인재를 훔친 셈이니, 아들처럼 받은 후은, 누가 이보다 더하겠습니까?

"팽양이 하루아침에 광망한 패역으로 스스로 젓 담길 대죄를 지었으니, 불충·불의한 귀신이 되겠습니다. 선현 말씀에 '왼손에 천하를 도모하는 방안을 들고 오른손으로 목을 조르는 짓은, 어리석은 범부도 하지 않는다.(左手據天下之圖, 右手刎咽喉, 愚夫不爲也.)'고 했습니다. 하물며 저는 콩과 보리를 구별할 줄 아는 자 아닙니까?

(이 구절은 문자상 분명히 자신의 어리석은 짓을 참회하는 형식으로 표현했다. 허지만, 행간문맥에 실질 의미를 음미하면, '천하를 도모하는 류비나 제갈량도, 자기 같은 유능한 인재를 쉽게 목 졸라 죽이는 어리석음을 범하지

말라!'는 뜻으로, 은근한 경종을 은밀히 함축한 것처럼 느껴진다.)

"제가 원망하는 뜻을 품은 까닭은 이렇습니다. 제가 스스로 능력과 도량을 헤아리지 못하고, 왕업 기초를 맨 먼저 일으키도록 제안했는데, 바깥 강양에 내보낸다는 말씀을 듣자, 주공의 의중을 이해하지 못한 채, 갑자기 울컥 격정이 치솟아 술기운에 그만 '늙은이(老)'라는 불경한 말을 잘못 내뱉고 말았습니다. 이는 제가 아주 어리석고 천박한 소치로 지껄인 경솔한 실언일 뿐, 주공께선 진실로 아직 늙지 않았습니다. 또 왕업을 이루심이 어찌 늙고 젊은 나이에 달렸겠습니까? 서백(西伯: 주 문왕)은 아흔 살에도 오히려 뜻이 시들지 않았거늘, 제가 자애로운 군부를 저버렸으니, 그 죄는 백번 죽어 마땅합니다. 안팎으로 잘해보자는 말은, 마초한테 북방에서 주공을 위해 능력을 다해 함께 조조를 토벌해 공을 세워보자고 격려한 것인데, 어찌 그밖에 다른 뜻이 있겠습니까? 마초 말이 맞긴 하지만, 그 행간 의미맥락을 분별하지 않으니, 마음이 몹시 침통할 따름입니다.

"예전부터 매번 방통과 함께 서로 서약하기를, 족하(제갈량)의 발자취 뒤끝이나 좇아가면서 주공의 왕업에 성심성의를 다해, 고인의 명예를 본받고 죽간竹簡과 비단에 공훈을 기록하자고 다짐했습니다. 허나 방통은 불행히도 먼저 죽고, 저는 큰 실수로 화를 당하게 되었으니, 스스로 타락해 자초한 재앙 누구를 원망하겠습니까? 족하는 당대에 이윤과 강태공이시니, 마땅히 주공과 대사를 잘 도모하여 큰 꾀를 원만히 성취하시기 바랍니다. 하늘이 분명히 아시고 땅이 잘 살피시며 신명들도 신령스러우실 테니, 다시 무슨 말씀을 드리겠습니까? 다만 족하께서 제 본심을 분명히 살펴 주십사 바라는 마음에서 여쭙니다. 앞으로 더욱 노력 정진精進하시며, 자중자애하시고 또 자중자애하소서!"

허나 팽양은 끝내 처형당했다. 그때 나이 서른일곱(37)이었다. 물론

어수선한 전란 통에, 당시 법제도와 정치현실에서 그럴 수밖에 없었을 것이다. 허지만 그런 배경 뒤에는, 역시 인간 세상에 도사리는 미묘한 질투심리가 깃든 권력투쟁의 희생은 아니었는지, 아련한 동정심이 맴돈다.

류립廖立 사건

류립(廖立: 삼국지 주에 '廖' 독음은 '류'理救反로 표기됨)은 무릉武陵 사람으로, 류비가 형주에 진입해 발탁했는데, 나이 서른도 안 되어 장사태수가 되었다. 류비가 촉에 들어가고 제갈량이 형주에 머물 적에, 손권이 우호사절을 보내 쓸 만한 인재가 누구냐고 묻자, 제갈량은 "방통과 류립은 초楚 출신 훌륭한 인재로서 국가흥성을 이끌 자다."고 극찬했다. 건안 20년(215) 손권이 형주 남부 3군을 급습하자, 류립은 몸만 빠져 나왔다. 류비는 평소 우대하던 터라, 크게 책망하지 않고 파군태수에 임명했다. 24년(219) 류비가 한중왕이 되자 시중이 되었으며, 류비 사후에는 장수교위로 자리를 옮겼다.

류립은 본래 스스로 재능과 명망이 제갈량 버금간다고 여기던 터라, 리엄 따위보다 아래 자리에 놀게 되자, 항상 못마땅해 원망을 품었다. 그러다 승상 부하 리소와 장완이 찾아오자, 류립은 평소 흉금 계책을 솔직히 털어놓았다.

"군사가 멀리 출정할 텐데, 경들은 일을 잘 살펴 처리하시오. 예전에 선주께서 한중을 취하지 않고, 오와 남쪽 3군을 다투더니 끝내 내주어, 병사들만 헛수고하고 빈손으로 돌아왔소. 한중을 잃으니 위군이 파촉 깊숙이 침입해, 거의 한 주를 잃을 지경이었소. 관우는 용맹과 명성만 믿고 군사를 다루는 법도가 없이 자기 맘대로 하다가 죽으니, 전후로 여러 번 군사대중을 잃었소. 상랑向朗과 문공文恭은 범속한 인물인데, 문공은 다스림에 기강이 없고, 상랑은 전에 마량馬良 형제를 성인으로 칭송하더니, 지금 둘 다 장사長史가 되었으니, 평소 잘 아부 영합할 줄 안 때문이오. 중랑 곽연장郭演長은 남 말 잘 듣는 자라, 큰 일을 경륜하기 부족한데 시중이 되었소. 지금은 미약한 세상이라, 이런 세 사람을 임명하는 게요. 그렇지 않소? 왕련王連은 통속적이라, 구구하게 백성들을 피폐하게 하여 오늘에 이르렀소."

말하자면, 당시 정치군사 득실과 관직선임 적부를 신랄히 비판해, 자기 불평불만과 회포를 토로한 것이다. 두 사람이 이 말을 그대로 제갈량한테 보고하자, 제갈량은 발끈해 후주한테 표문을 올려, 류립을 서민으로 강등시켰다.

"장수교위 류립은 스스로 과대망상에 잠겨, 여러 관리의 선악을 평론하여, 국가에서 현명한 달인을 선임하지 않고, 범속한 관리를 임명한다고 공언했습니다. 또 만인 통솔자를 모두 소인배라 말해, 선제를 비방하고 뭇 신료를 폄훼했습니다. 국가에서 병사를 뽑아 훈련해 대오 질서가 분명한데도, 류립은 고개 들어 지붕 쳐다보며 발끈 분개해, '뭘 말할 게 있어?' 라고 내뱉습니다. 이러한 말이 헤아릴 수 없이 많습니다. 양 한 마리가 떼를 어지럽혀도 그 해가 막심한 법입니다. 하물며 립은 크고 높은 자리에 있으니, 보통 사람들이 그 말에 진위를 어떻게 분간하겠습니까?"

제갈량이 보기에, 류립은 국론 통일과 민심 화합에 완전히 백해무익한 눈엣가시 같은 존재였을까?

"류립은 선제를 받들 적에도 충효 마음이 없어서, 장사를 지키라고 맡기니 성문 열어 적군한테 내주고, 파군을 다스리라 주니 우매해 일 처리를 잘못했다. 대장군 휘하로 보내니 비방과 폄훼를 지껄이고, 선제 관(梓宮)을 지킬 적엔 그 곁에서 칼날을 품고 사람 머리를 잘랐다."

후주가 즉위한 뒤 관직호칭을 두루 증설해, 립은 그에 따라 장군이 되었다. 헌데, 자기가 경卿이 아닌 장군에 속한 게 못마땅해, 제갈량 면전에서 불평불만을 토로했는데, 면박을 당하자 앙심과 원한을 품었다고 전한다.

이에 후주는 조서를 내려, 류립을 파면해 서민으로 문산汶山군에 보냈다. 삼묘三苗가 정치를 어지럽혀 순임금이 밖으로 내쫓은 사례를 원용해, 류립의 광란미혹을 차마 처형하지 못하니, 불모지로 이주시키라고 명한 것이다. 이에 류립은 몸소 처자식을 거느리고 경작하며 지냈다. 그 뒤 제갈량 별세 소식을 듣고, 눈물을 흘리면서 장탄식을 했다.

"이제 나는 종신 변방유배 신세로구나!"

나중에 감군 강유가 군대를 이끌고 문산을 지나며 류립을 찾았는데, 그때도 류립은 여전히 의기가 살아서 언론이 자유분방하였다. 류립은 유배지서 죽고, 처자식은 촉으로 돌아왔다. 국가정치에 대한 불평불만 섞인 비판은, 동서고금에 어느 집권자도 좋아하거나 곱게 들어줄 리 없다. 권력자의 귀에 거슬리고 비위에 거슬리는 역린逆鱗의 불충·비방은, 심지어 모반대역죄로 처형된다. 이런 사례가 역사기록에 숱하게 등장하는 걸 보면, 그게 바로 권력의 본능인지 모른다.

리엄李嚴 사건

리엄은 나중에 이름을 '평平'으로 바꾸었는데, 남양南陽 사람으로 어려서부터 군 서리로 일해 유능한 인재라고 칭찬이 자자했다. 류표와 류장 밑에서 요직으로 한껏 재능을 발휘했다. 건안 18년(213) 호군護軍으로 류비를 막으라는 명을 받았으나, 그냥 투항하여 장군으로 태수직을 임명받았다. 그 뒤로 도적들을 토벌하고 전공을 세워 보한장군이 추가되고, 장무 2년(222) 상서령에 임명되었다. 이듬해 류비가 질병으로 별세할 적에, 리엄은 제갈량과 함께 어린 아들을 잘 보필하라는 유조를 받았다. 그래서 중도호가 되어, 영안에 주둔하며 내외 군사를 통괄했다. 후주 건흥 원년(223) 도향후에 봉해져 광록훈이 더해지고, 4년 전장군이 되었다. 제갈량이 한중으로 출정할 적에, 리엄은 뒷일을 모두 감당하며 강주로 옮기고, 호군으로 진도陳到를 영안에 주둔시켜 통괄했다. 리엄은 맹달한테 서신을 보내 이런 말을 했다.

"나는 공명과 함께 선주의 유촉을 받아, 근심이 크고 책임이 무거워, 훌륭한 조력자를 얻고 싶다."

제갈량도 맹달한테 이런 서한을 보냈다.

"처분과 군대 행진 질서가 물 흐르듯 시원스럽고, 취사에 막힘이 없는 게 리엄 성품이다."

리엄의 신망과 중책은 이 정도였다.

헌데, 리엄이 자신도 덤으로 더 높은 작위를 받고 싶었던지, 제갈량한테 구석九錫을 받고 작위를 높여 '왕' 호칭을 받으라고 권하는 서한을 보냈다. 자기가 술 마시고 싶을 때 남한테 술을 권하듯이! 그러자 속내를 알아 챈 제갈량은 이런 답서를 보냈다.

"내가 족하와 서로 알고 지낸 지 오랜데, 아직 저를 이해하지 못한단 말입니까? 족하가 방금 나라를 빛내라고 가르치면서, 굳이 형식명칭에 구애받지 말라고 일깨우기에, 그냥 침묵할 수만은 없습니다. 나는 본디 동방에 볼품없는 선비로서, 선제께서 사람을 잘못 알아보셔서, 신하로서 최고지위까지 올라 봉록을 백억이나 받습니다. 지금 도적토벌에 별 성과도 없이, 나를 알아주신 은혜에 보답하지 못하면서, 스스로 존귀하게 과대망상을 부림은 도의가 아닙니다. 만약 위를 멸하고 조씨를 처참해 황제께서 고도에 환궁한다면, 여러분과 함께 나란히 승진해 십명十命이라도 받을 텐데, 어찌 구석에 머물겠습니까?"

건흥 8년(230) 리엄은 표기장군이 되어, 2만 군사를 이끌고 한중에 나가 조진曹眞 군대를 막았다. 이때 제갈량은 리엄 아들 풍豐을 강주도독(督軍)으로 임명해, 리엄의 뒷일을 맡도록 했다. 이듬해(건흥 9년, 231) 봄, 제갈량은 제4차 북벌에 출정하며, 리엄한테 중도호로 부중일을 맡겼다. 이 무렵 엄은 '평平'으로 개명했다. 제갈량 군사가 기산에 출정해, 리평이 군량미 운반감독을 맡았다. 늦여름 초가을에 장마가 들어 군량미 운반이 이어지지 못하자, 리평은 제갈량한테 참군 호충狐忠과 독군 성번成藩을 보내 사정을 알리고 귀환을 요청했다. 제갈량은 그 뜻에 따라 퇴군했다. 퇴군 소식을 들은 리평은, 이내 다시 짐짓 깜짝 놀라는 척, 능청떨며 말했다.

"군량미가 넉넉한데, 어찌 곧장 돌아오십니까?"

자기가 군량미 운반을 제대로 잇지 못한 책임을 해명하며, 제갈량이 진격하지 않은 허물을 드러내려는 속셈이었다. 또 후주께 표문을 올려, "아마 위장 퇴군으로 도적을 유인해 전투할 거"라고 말했다.

제갈량이 귀환해, 전후에 받은 친필서신을 모두 꺼내 보이자, 사건 본말이 드러났다. 리평의 잘못이 명백해지자, 평은 말문이 막히고 머리를 조아려 죄를 청했다. 이에 량은 표문을 올렸다.

"선제께서 돌아가신 뒤, 리평은 소재지에서 집안이나 다스리고 조그만 은혜나 베풀면서, 자신의 안전과 명예만 구할 뿐, 우국충정의 일은 없습니다. 신하가 북벌하러 출정하면, 평의 병력이 한중에 주둔해 버텨주어야 합니다. 헌데, 평은 이리저리 궁색한 변명으로 난색을 표하며 올 뜻이 없이, 그저 5군을 차지해 파주 자사나 하자고 요구했습니다. 지난해 신하가 서쪽으로 출정함에, 평이 한중을 감독하길 바랐는데, 평은 사마의가 막부를 열어 인재를 초빙한다는 말이나 했습니다. 신하가 평의 비열한 심정을 잘 압니다만, 평은 신하가 출정할 적에 존귀한 명리를 취하라고 강권했습니다. 그래서 평의 아들 풍을 강주도독으로 추천했습니다. 그 대우를 드높여주어, 목하 급선무를 잘 처리하고자 도모한 것입니다. 평이 온 날 모든 일을 다 평한테 내맡기자, 위아래 신하 모두 너무 후대한다고 괴상히 여겼습니다. 바야흐로 큰일이 안정되지 못해 한 황실이 위태로운 지경이라, 평의 단점을 성토하기보다는 장점을 포상함이 낫기 때문입니다. 그래서 평의 감정이 자기 영예와 명리에 있다고 말한 것뿐인데, 뜻밖에도 평의 마음이 완전히 전도될 줄 누가 알았겠습니까? 만약 이 일을 그대로 방치한다면, 장차 큰 낭패를 부를 화근이 될 터인즉, 부득이 신하가 불민하게 말이 많아져 허물도 늘었습니다."

그래서 리평을 파면해 평민으로 강등하고 재동梓潼군에 이주시켰다. 이 과정에서 제갈량은 독단하지 않고, 22인 대신의 공동의론을 거쳐 적법절차에 따랐다. 표문에 지적한 사실을 적시해 상서한테 공문을 보내 처분했다. 대강 취지는 이렇다.

"지금 황권을 찬탈한 도적을 소멸하지 못해 사직에 위난이 많은데, 국가대사는 오직 화합으로 극복해야 완성할 수 있으니, 뒤죽박죽 헝클어져 대업을 위태롭게 할 수는 없다."

이에 평을 완전히 삭탈관직하고 내쫓았는데, 특히 주목할 대목은 제갈량이 평의 아들 풍한테 타이른 훈시다.

"내가 군의 부자와 함께 혼신의 힘을 다해 한 황실을 일으키려 노력한 사실은, 사람들만 아는 게 아니라 신명께서도 보고 들으신 바다. 군한테 도호로 한중을 맡기도록 추천한 것은, 다른 사람과 상의하지도 않았다. 지극한 마음으로 감동하여 시종 스스로 잘 보전하길 기대했는데, 어찌 중도에 어그러진단 말인가? 예전에 초楚 대신도 거듭 졸렬한 짓을 하다가, 잘 극복한 사례가 있다. 누구든 정도를 사념하면 복을 받는 게 자연섭리에 부합하는 법칙이다. 원컨대, 아버지 도호를 너그럽게 위로하여, 이전 허물과 잘못을 부지런히 씻어내길 바란다. 지금 비록 해임되어 옛 직업을 잃었지만, 노비와 빈객이 백수십인이나 된다. 또, 군이 중랑참군으로 정부에 재직 중이니, 아직도 기세는 상류층 가문에 속한다. 만약 도호가 잘못한 뜻 한번 잘 생각한다면, 군이 장완과 잘 소통해서 일을 좋게 처리할 수 있다. 꽉 막힌 운도 다시 통하고, 멀리 나간 것도 다시 귀환할 수 있다. 이 경계를 잘 사념하고, 내 마음 씀을 분명히 알기 바란다, 이 글을 쓰자니 장탄식이 나오고 눈물이 쏟아질 따름이다."

아비로 인해 아들까지 처벌하는 연좌제를 시행하기는커녕, 죄인의 참회와 개과천선을 간곡히 바라고 당부한 충정은 감동 그 자체다! 아들한테 당부한 이러한 훈시내용을 리평도 전해 들었을 테다. 건흥 12년(234) 제갈량 별세소식을 듣자, 평은 그만 병이 나서 죽어 버렸다. 평은 평소 제갈량이 당연히 스스로 자기를 복권시켜 주리라 철석같이 기대했다. 허나 이제 그가 가고 없으니, 다시 그 누가 자기를 풀어줄 수 있단 말인가? 몹시 낙심해 격분한 나머지 죽고 말았다.

사면에 대한 견해

제갈량이 엄격한 법치와 신상필벌로 질서기강을 확립한 통치는 잘 알려졌거니와, 특히 국가 차원에서 일반사면도 아주 신중하게 엄금했다. 현전 역사기록에 따르면, 제갈량 생존 시에 딱 2번 대사大赦가 내려졌다. 류비한테 존호를 올려 황제에 즉위한 때와, 3년 뒤 류비가 별세해 아들 류선이 계승한 때였다. 이 정도는 동서고금 어느 정체나 정권도, 특별히 전국 대사면을 시행해, 온 국민이 혁심革心해 새 출발하자고 자경自慶·자축할 획기적 대사건이다.

허나 제갈량이 전장에서 운명하자마자, 위연과 양의가 서로 주도권 다툼을 벌여, 그간 불화반목이 폭발했다. 한바탕 숨 가쁜 일대접전을 벌인 끝에, 위연이 죽고 양의가 의기양양하게 조정에 돌아오면서, 즉각 대사면이 내려졌다. 사면을 엄금하던 승상의 죽음을 애도·기념하거나 자축하기 위한 대사였을까? 그 뒤로 대사는 아주 빈번하여, 촉이 멸망할 때까지 30년간 무려 12회나 내려졌다. 평균 2년 5개월 만에 1번씩 내려진 셈이다.

역사가들은 제갈량의 사면 신중을 아주 긍정 평가한다. 삼국지를 기록한 진수는, "군대병력을 자주 출동하면서도 사면은 함부로 내리지 않았으니, 정말 탁월하지 않은가?"라고 감탄하며, 그가 죽은 뒤 기강이 현격히 어그러졌다고 탄식한다. 후주는 현명한 재상이 보필하는 동안은 순리적 군주였으나, 어리석고 미혹된 권력 아래서는 어두운 군주로 전락해 멸망에 이르렀다. 그래서 '흰 베는 덧없어서 오직 물들이는 대로 빛깔이 난다.'는 격언의 진실성을 탄복한다. 삼국지에 주를 단 배송지도 사면신중은 진실로 칭송할만하다고 경탄한다.

제갈량이 승상일 적에, 누군가 사면을 너무 아끼고 은혜에 인색한 거 아니냐고 힐난하자, 제갈량이 이렇게 답변했다고 전해진다.

"세상은 대덕으로 다스리는 것이지, 작은 은혜(小惠)로 다스리는 게 아닙니다. 그래서 (前漢 때) 광형匡衡이나 (후한 때 광무제를 옹립한 중흥 공신) 오한吳漢도 사면을 찬성하지 않았습니다. 선제께서도 저한테 말씀하시길, '내가 진원방陳元方과 정강성(鄭康成: 鄭玄) 등을 찾아다니며 혼란한 세상 다스리는 방도를 자문하였는데, 매번 가르침을 죄다 들어봤지만, 일찍이 사면을 말한 적은 없었다.'고 했습니다. 류경승(劉景升: 劉表)과 계옥季玉 부자처럼 해마다 사면으로 용서해봤자, 통치에 무슨 도움이 되겠습니까?"

여기서 보면, 류비가 후한 말 혼란해진 천하 광정에 관심을 갖고, 여러 현인들을 찾아다니며 정치방도를 자문한 사실을 알 수 있다. 또, 정현 같은 대유학자도 사전에 덕례 교화를 기본원칙으로 강조했을 뿐, 사후에 헤픈 은정의 사면으로 일시적 환심을 사는 술책은 찬성하지 않은 사실도 확인할 수 있다. 그러한 통치 원칙은 류비와 제갈량이 서로 의기투합해 확고히 지켰음도 알 수 있다. 게다가 제갈량은 전한·후한의 대표적 사면반대론을 익히 알고, 그들 견해에 적극 동조해 법치 기강 확립 정책에 유력한 사상적 근거 및 원군으로 삼았다.

광형匡衡을 예로 들면, 전한 평제를 죽이고 20년가량 황제를 찬탈한 왕망을 토벌하는데 적극 참여하고, 류수를 광무제로 옹립해 후한 초기 조정을 크게 보필한 면에서, 제갈량의 선구적 모범의 성격도 강한 편이다. 그는 사면의 폐단을 직접 노골로 강력히 지적했다.

"제가 가만히 보건대, 대사면이 내려진 뒤에 간사한 죄가 전혀 줄어들지 않습니다. 오늘 대사면을 내리면 내일 다시 법을 범해 서로 줄지어 감옥에 들어가니, 이는 아마도 힘쓰지 않아야 할 일 같습니다. 무릇 인민을 보호하는 정치는, 덕과 의로움을 잘 일러주고 좋고 나쁨(할 일과 하지 말 짓)을 분명히 보여준 다음, 잘못을 잘 관찰해 적당히 절제시켜야 합니다. … (탐욕과 사치로 인한 몰염치와 음란함 같은 무질서를) 근원에서 고치지 않는다면, 비록 해마다 사면해준다고 해도, 형벌을 내려놓고 쓰지 않기를 바람은 오히려 더욱 어려울 뿐입니다. … 그래서 성인께서는 그 실마리를 찾아 신중히 방지해 죄악을 미연에 금할 뿐이지, 결코 사사로운 은혜로 공공 정의를 해치지 않습니다."

맹광孟光의 사폐赦弊론

이렇듯 전한·후한에 명석한 현인들의 사면반대론을 계승한 제갈량의 법치정신은, 비록 집정자들이 제대로 실천하진 못했지만, 맹광孟光이란 현인이 계승해 적극 선양했다. 공명 사후 12년째인 연희 9년(246) 가을, 대장군 비의費禕가 성도로 돌아와 대사면을 내리자, 맹광은 대중 앞에서 비의를 공개로 신랄히 비판하며 사면을 성토했다.

"무릇 사면이란 편협하고 말라비틀어진 몹쓸 물건으로, 현명한 시대에 있어야할 제도가 아니다. 폐단이 궁극에 이르러 아무리해도 어찌할 수 없는 극한 상황에서, 애긍히 여겨 비통한 마음으로 부득이 일시변통을 위해 임기응변 재량권으로 시행할 뿐이다. 지금 주상께서 어질고 현명하시며 만조백관이 각자 직책에 충실한데, 갑자기 무슨 아침저녁 위태로운 상황이나 거꾸로 매달린 급박한 위기라도 닥친 양 호들갑을 떨면서, 비상시 특별 은전을 자주 베풀어 간사한 악질들한테 부질없는 혜택을 퍼붓는단 말이오? 또 처음에는 독수리나 매가 공격하듯 흉포하게 잡아들인 다음, 짐짓 은혜를 베푸는 척 범죄인을 용서해준다면, 위로는 하늘의 때를 침범하고 아래로는 인간윤리를 어기게 되나니, 이 늙은이는 어리석고 아둔하여 통치 요체를 잘 알지 못하겠소. 궁극에는 그러한 법은 오래 지속되기 어려운 줄 스스로 밝히는 셈이니, 어찌 고상하고 아름답게 우러러보며, 밝은 덕망을 희망하고 기대할 수 있겠소?"

대사면을 주도한 비의는 맹광을 돌아보고 절하며 아무 대꾸도 못했다. 보지 않은 책이 없을 정도로 박학다식하고 특히 공양춘추를 좋아한 맹광이, 이처럼 가려운 곳을 시원히 지적해 긁어주니, 모두들 통쾌히 여겼으나, 집정 대신들은 불쾌해 원한을 품었다. 거리낌 없는 직언으로 작위는 올라가지 않고, 어린 후배들이 더 고위에 올라 그를 혐오·기피해 업신여기는 수모도 겪었다. 그래도 호연정기를 잘 함양하고 하늘의 보우를 받았는지, 90세가 넘도록 장수하였다.

사면이 현명한 시대에 있어서는 안 될 '편협하고 말라비틀어진 몹쓸 물건(偏枯之物)'이란 맹광의 비유는, 제갈량의 사면반대론을 적확히 반영하며, 후대 역사에서도 자주 인용되는 유명한 개념이 되었다. 당 측천무후 때 어느 현의 주부 류지기劉知幾는 사면의 신중함을 건의하는 상소문에서 맹광의 고사를 그대로 인용했다. 송宋 호인胡寅도 '편고偏枯'의 비유를 원용해 사면의 폐단을 심하게 비판했다. 물론 사면의 폐해 지적 및 엄금은 춘추오패에 첫 패권을 이룩한 관중의 법치사상에서부터 비롯하여, 상앙과 한비자에 이르는 정통 법가사상의 핵심 근간을 이루었고, 진시황의 천하통일에 결정적 역할을 했을 것이다.

허나, 유교의 덕과 예를 흡수하여 덕주형보 정치사상을 실천궁행한 한漢 대에도, 사면반대론은 꾸준히 이어졌다. 후한 때 왕부王符는 국가 통치를 질병의 치유에 비유해, 인민의 고통과 재앙의 원인을 발본색원하는 관점에서, 사면의 폐단을 구체로 자세히 본격 논술한다. 또 오대 후진後晋의 장윤張允은 재이로 인한 사면의 폐단을 적확하게 비판하는 탁견과 용기를 보여준다. 지나친 숭문정치 폐단이 형정에도 극도로 만연한 송대에는, 호인이 형평정의 관점에서 사면 폐해를 매우 예리하고 적확하게 비판한다. 또 후술할 것처럼, 당 태종은 류비와 제갈량의 사면반대 대화를 인용하며 사면을 반대한 적이 있다. 송 태종 때도 제갈량이 수십년 동안 사면하지 않은 일을 인용하며, 사면하지 말도록 상소한 신하도 있었다.[3]

법치 제약인가 제갈량 한계인가?

위에서 소개한 사건에 등장한 류봉·팽양·류립·리엄 같은 인물들은, 제갈량과 다분히 현재 내지 잠재적 권력경쟁 관계로도 느껴질 수 있다. '도량度量 부족인가 권력 속성인가?'라는 의문도 제기될 법하다. 물론 결정적 위법 언행이 있었지만, 다분히 정치적 범죄 색채를 띠는 것도 사실이다. 허나 비교적 순전히 법률적 관점에서 형벌에 처한 범죄

[3] 법가 및 후대 사면반대론에 관한 구체논거와 자세한 내용은, 김지수, 전통 중국법에서의 情理法에 관한 연구, 1994년, 295-9쪽; 김지수, 전통 중국법의 정신, 2011년 재판, 120-1, 498-503쪽 참조.

경우에도, 경직된 원칙고수로서 '법치' 자체의 제약이나 한계가 느껴지는 사안도 없지 않았다. 앞서 자세히 소개한 '읍참마속' 사건이 그렇다. 마속을 최전선 선봉장으로 기용한 전략적 책임은 차치하고라도, 패전 책임을 물어 굳이 꼭 처형해야 했는지는 당시부터 강력한 반론과 비평이 있었다.

물론 법을 포함한 모든 사물과 사회규범 및 기제들이 작동해 관성력이 생기다 보면, 어느 순간 객관적 자율성을 획득해 독자적 생명력을 발휘하는 물신화(物神化: reification) 현상이 일기 마련이다. 옛날 법가사상이나 현대 법치주의 사회에서 법이 자기복제를 보이며 실정법 만능주의로 치닫는 현상과 비슷하다고 할까?

비유하자면, 처음에는 사람이 술을 마시지만, 나중에는 술이 술을 마시고, 마지막에는 술이 사람을 마신다는 속언처럼! 또한 인류와 기계문명의 관계처럼, 법도 처음엔 사람이 만들어 집행·심판하지만, 나중에는 법이 법을 만들고 집행·심판하며, 막판에는 법이 사람을 만들고 집행(제약)·심판(구속)하고 만다. 사람이 주체에서 법치나 기계문명(로봇·인공지능)의 객체 및 대상으로 전락하는 본말전도까지 일어날 수 있는 것이다.

말하자면, '법치'라는 이상 제도도 '법에 의한 지배통치(rule by law)'에서 출발해, '법의 지배통치(rule of law)'를 구가하다가, 급기야 '법을 위한 지배통치(rule for law)'로 전락해, 사람 잡아먹는 괴물로 둔갑하는 것이다. 공자는 일찍이 "사람이 진리를 확장할 수 있지, 진리가 사람을 키워주는 것은 아니다.(人能弘道, 非道弘人.)"는 명언을 남겼다. 동서고금에 법률가들도 명심하고 유념해야할 교훈이라고 여겨진다. 제갈량의 엄격한 법치행정도 어쩌면 그런 함정에 빠진 건 아닌지? 아쉬움과 여운이 감돈다.

너무 세심한 완벽주의?

제갈량은 빈틈없이 정확하고 세심한 성품으로 유명했다. 제갈량의 세심한 성품은 "담은 크고 마음은 세밀하게!(膽欲大而心欲小)"라는 격언처럼 회자되기도 한다.[4] 촉에 들어가 파군巴郡 태수를 지내고 승상부 주부가 된 양옹楊顒은, 승상이 스스로 장부문서를 점검·교열하는 걸 보고 참다못해 들어가 직간했다.

"다스림엔 체계와 권한책임이 있어서, 위아래가 서로 침범할 수 없으니, 현명하신 공께 집안일로 비유해보겠습니다. 지금 주인이 머슴에게 경작을 맡기고, 하녀에게 취사를 맡깁니다. 닭은 새벽을 알리고, 개는 도둑을 지키며, 소는 무거운 짐을 나르고, 말은 먼 길을 달립니다. 그러면 가업과 생활은 빈틈없이 원하는 대로 다 충족되어, 주인은 온화한 얼굴로 높은 베개를 베고 음식을 먹으며 지켜보면 그만입니다. 그런데 갑자기 하루아침에 그 일들을 모두 자신이 몸소 하려고 작정하여, 더 이상 일을 나누어 맡기지 않고, 체력을 다해 자질구레한 일들을 하여 몸이 피로하고 정신이 곤해지면, 끝내는 하나도 이룰 수 없게 됩니다. 주인이 어찌 지혜가 노비나 닭·개만도 못해서 그렇겠습니까? 집안 주인의 법도를 잃었기 때문이지요. 옛사람들은 차분히 앉아서 정치의 도를 의론하는 분을 삼공三公이라 하고, 그 분부를 받아 일을 시행하는 사람을 사대부라 불렀지요. 하여 병길邴吉은 길에서 비명횡사한 사람을 묻거나 소가 헐떡거림을 걱정하지 않았고, 진평陳平은 금전·곡식 수량을 알려고 하지 않고 각자 담당자가 있다고 말했습니

---

4 이 격언은, 필자가 전주고 박시중 선생님께 한문 배울 적에 제갈량 좌우명이라고 들었던 것 같은데, 아직까지 제갈량 관련 문헌에서는 찾지 못했다. 누리망(인터넷)에 검색해보니, 춘추시대 '文子'와 淮南子에 "心欲小, 志欲大"가 나오고, 당唐 명의名醫 손사막孫思邈과 朱子語類에 이 격언이 나온다.

다. 그들은 진실로 관직 위계와 분업 요체를 훤히 통달한 분들입니다. 지금 현명한 공께서 통치하시면서, 몸소 스스로 장부문서를 점검·교열하느라 하루 종일 땀을 흘리신다면, 이 또한 수고롭지 않으십니까?"

이에 제갈량이 사례했는데, 나중에 옹이 죽자, 량은 사흘이나 눈물 흘리며 슬피 울었다. 허나 마지막 출정 때까지, 제갈량은 새벽 같이 일어나 밤늦게 자면서, 곤장 20대 이상 형벌은 모두 친히 열람하고 결재하며, 먹는 음식은 몇 되도 되지 않았다.

이렇듯 완벽주의에 가까운 지나친 세심한 성격도, 어쩌면 촉한이 천하대업을 성취하지 못한 결정적 요인이자, 승상 제갈량의 치명(短命)적 약점이 되었을 수 있다. 남정과 북벌도 자신이 아니면 누가 할 인물이 없는 줄 알고, 선제와 약속한 신의를 지키려고 기필코 단행한 것은 그렇다고 치자. 구석에 치우친 지방에서 땅도 좁고 인재도 적어 절대적 한계가 큰데, 게다가 남을 쉽사리 믿지 못하고 사소한 일까지 스스로 낱낱이 챙겨야 직성이 풀리는 형편이니, 제아무리 8척 장신에 천하 영웅호걸이라도 언제까지 계속 감당해낼 수 있겠는가? 사관史官을 두지 않아, 국정이나 천재지변 같은 중대 사건의 공식기록이 누락된 것도, 옥에 티 같다. 권력의 지나친 중앙집권화로 행정체계의 조직화와 인재육성이 상당히 소홀했고, 그 결과 승상 자신 직무가 너무 번잡·다망해져 대업을 이루지 못한 채 일찍 서거한 건 아닌지?

법치에 대한 총평

제갈량의 법치 정신을 현전 문집과 관련 사료·문헌을 중심으로 다각도로 살펴봤다. 사마천이 인용한 속담처럼, "선비는 자기를 알아주는 사람을 위해 쓰고(죽고), 여자는 자기를 기뻐하는(기쁘게 하는) 사람을 위해 꾸민다."(士爲知己者死, 女爲說己者容. 士爲知己用, 女爲悅己容.)

제갈량도 자기를 알아주고 전폭 믿어 전권을 맡긴 류비를 위해 그 아들까지 받들며 충의忠義를 다해 '국궁진췌鞠躬盡瘁'했다. 어쩌면 안 되는 줄 알면서도 끝까지 최선을 다해 목숨 바쳤는지 모른다. 그 정신이 후대 수많은 영웅호걸과 시인묵객의 심금을 울렸으리라! 그 '출사표'만큼 심금을 울리는 감동적 시문을 지어 그를 추모한 것이다.

물론 팔진법을 비롯한 신출귀몰한 전략전술의 지혜와 엄정한 법치 행정 능력도 높이 평가받는다. 게다가 그는 30년 가까이 최고 장상으로 막강한 권력을 부렸지만, 엄격한 자기관리로 '공평무사'를 철저히 실행했다. 패전책임을 물어 마속을 처형한 뒤 스스로 강등 처분했고, 죽는 순간까지 청렴·검소한 삶을 몸소 증명했다.

허나, 제갈량도 현상세계에 몸을 나타낸 인간이고, 특히 류비의 삼고초려에 감격해 천하 광정의 포부를 펼치고자, 전란의 각축장에 몸소 뛰어들어 전쟁을 지휘한 장상이다. 제갈량도 인격을 완전히 초탈할 수는 없었을 테니, 그로 인한 여러 한계와 제약은 자연스런 부수현상일 수밖에 없다. 그리고 제갈량 법치 정신을 처음으로 탐구해본 시도는, 더더구나 필자의 주객관상 한계와 제약으로 인해 고루한 관점과 노둔한 필치에 머물러 많은 아쉬움을 머금었다. 행여 졸고가 강호 제현의 발분과 확대심화 연구를 촉발하는 포전인옥抛磚引玉의 미끼가 된다면, 뜻밖에 과분한 횡재가 될 것이다.

끝으로, 많은 점에서 법가통치를 닮은 현대 중국 사회주의 '법제法制' 원칙도, 법가 전통을 이어받은 제갈량의 '법치法治' 정신과 일맥상통하게 느껴진다. 본디 선진先秦 법가의 '法治'는 '법으로 나라를 다스린다'는 뜻에서 '以法治國'의 준말이다. 현대 사회주의 '法制'와 고대 법가의 '法治'는, 현대 중국발음이 완전히 똑같고, 뜻도 포괄해 상통한다. '法制'는 정태적으로는 넓게 '법과 제도'지만, 동태적으로는 '법으로 절제·규제·통제·제어·제재·제한·강제'를 가리키니, '법과 제도의 엄격한 집행 및 준수'를 뜻한다. 즉, '法制'는 입법·집법執法·사법·수법守法·호법護法을 포괄하는 의미로, '법치法治'와도 상통한다. 그래서 서방 자본주의 'rule of law'를 '法制'로 번역한다.

헌데, 2018년 중국헌법수정안에서, 어인 일인지 '法制'를 '法治'로 바꾸었다. 아마도, '절제·규제·통제·제어·제재·제한·강제' 따위처럼, '制'가 주는 어감이 아무래도 '治'보다 더 강압적·억압적이어서, 객관 중립의 어감이 진한 '治'로 바꾼 게 아닌가 싶다.

이는 어디까지나 표면상 순수한 해석이고, 중공 집권자의 깊은 속내, 심층 저의나 동기를 가만히 음미해보면, 국가주석의 '연임 초과를 금지'한 제한(단서)을 삭제하면서, 종신집권을 헌법화하여 전통왕조보다 훨씬 막강한 황제체제로 복귀하는 절대권력화를 포장하기 위한 미명에 불과한 느낌이다. 문득, "믿음직한 말은 아름답지 않고, 아름다운 말은 미덥지 않다.(信言不美, 美言不信.)"이란 로자 말이 떠오른다.

어쨌든, 사회주의 '법제'는 크게 합법·민주·평등·통일원칙을 바탕으로, 기본상 네 가지 요구로 구성된다.

첫째, 의거할 법이 있을 것.(有法可依)

둘째, 법이 있으면 반드시 그에 의거할 것.(有法必依)

셋째, 법 집행은 반드시 엄격할 것.(執法必嚴)

넷째, 법을 어기면 반드시 책임을 추궁할 것.(違法必究)

일찍이 동진 역사가 원형袁宏은 말했다.

"제갈량은 신중한 인물인데, 촉에 병력을 자주 출동했다. 이는 작은 나라에 약한 인민으로 오래 존속하기 어려운 줄 알았기 때문이다. … 작은 나라 염려는 제때 공을 세워 스스로 존속하는 안보에 있고, 큰 나라 염려는 전승한 뒤 국력 고갈에 있다. 성공한 다음이 바로 경계하고 두려워할 때인 것이다."

그래서 창업도 어렵지만, 수성守成은 더욱 어렵다고 말한다.

다섯.

끼침과 깨우침
– 후대 역사평론과 일화

추모 사당 건립과 무묘武廟 배향

제갈량 사후 30년째인 경요景耀 6년(263) 봄, 후주 류선은 조서를 내려 면양沔陽에 제갈량 사당(廟)을 세우게 했다. 그해 가을, 위나라 진서장군 종회鐘會가 촉을 정벌해 멸망시켰다. 그는 한천漢川에 이르러 제갈량 사당(廟)에 제사를 올리고, 군사들한테 하명해 제갈량 묘소 주위에선 말을 매거나 방목하거나 꼴이나 땔감을 베지 못하도록 엄금했다.

상양기襄陽記와 송서宋書 예지禮志에는 이렇게 전한다.

제갈량 사망 직후, 제갈량이 살았거나 머물렀던 각 지역에서 서로 사당을 세워 모시겠다고 간청했다. 조정에서 의론한 결과, 예법질서에 따라 위엄을 지켜야 한다는 이유로 허락하지 않았다. 그래서 백성들은 하는 수 없이 세시명절 때마다, 각자 저마다 길가나 논밭 두둑에서 제사를 모셨다. 이에 언관이나 주사主事가 더러 성도에 사당 건립을 허락해주어도 좋겠다고 아뢰었다. 허나 후주는 그 요청도 들어주지 않았다. 다시 보병교위 습륭習隆과 중서랑 상충向充 등이 함께 표문을 올려 간청했다.

"신하가 듣잡건대, 주周나라 사람들이 소백召伯 은덕을 사모하고 기려, 그가 머물러 쉬던 감당甘棠 나무를 차마 베지 않았고, 월越 왕은 범려范蠡 공로를 추념해 황금으로 초상을 주조해 보존했다고 전합니다. 한漢나라가 세워진 이래, 조그만 선행이나 공덕으로 초상이 그려지거나 사당이 세워진 사람이 제법 많습니다. 하물며, 제갈량처럼 덕망이 멀리 후세까지 모범이 되고, 공훈이 말세에 남들의 추종을 불허하는 위인이야 오죽하겠습니까? 한 왕실이 아직 무너지지 않은 것도, 진실로 오로지 이 위인 덕택입니다. 추모제가 개인 집안에서 그치고, 사당과 초상이 없는데도 세우지 못하게 하시니, 백성들이 길거리에서 제사를 지내고, 변방 외족도 들에서 제사 지내게 하십니까? 이는 덕망을 보존하고 공훈을 기념하여, 옛 일을 길이 추억해 전승하는 도리가 아닌 줄 압니다. 지금 만약 백성들이 원하는 대로 다 들어주어 민심에 순응하자면, 뚜렷한 전거가 없어 참람한 모독이 될 수도 있겠습니다. 그렇다고 수도에 사당을 건립하자니, 또 종묘에 너무 바짝 근접하여, 임금께서 마음속으로 회의하시는 줄 압니다. 신하들 어리석은 생각에는, 제갈량 묘소에 가까운 곳을 택하여, 면양에 사당을 세우게 허락하시면 좋겠습니다. 그 자손친족들이 세시명절에 제사를 받들고, 또 그 신하나 관리를 지낸 자들이 제사를 모시고자 한다면, 모두 사당에 가서 지내는 걸로 제한하면 되겠습니다. 그런 다음 사사로운 개인적 제사는 일절 금지해, 올바른 예법을 높이 숭상 선양하소서!"

이에 후주가 비로소 그 건의를 받아들여, 면양에 사당을 건립하게 하였다. 그해 11월 류선은 항복했고 촉은 멸망했다.

◉ 송서宋書에 보면, 하승천何承天은 '유공자를 대증大烝에 제사'하는 주례周禮에 따라 원훈元勳으로 종묘에 배향해야 맞는데, 신하들이 법도에 어긋나는 주청을 하고, 류선도 예법을 모르고 추종했다며, 비례非禮라고 자못 준엄하게 비판한다. 허나 뒤집어 보면, 존엄한 주례의 유구한 전통을 깨뜨릴 만큼, 제갈량의 공훈이 크다는 반증도 되겠고, 당시 관민 모두 얼마나 제갈량을 높이 존경·숭상하고 간절히 추모했는지, 웅변하는 확증도 된다.

제갈량을 존경해서 발로한 후손 우대와 사당건립 및 국가제사 기록도 후대 역사에 제법 전한다.

◉ 진 무제는 태시 5년 2월 관리 우열에 대한 고과상벌을 신칙하고, 이틀 뒤 촉상 제갈량 손자 경京을 재능에 맞게 관리에 임명하게 했다.

◉ 위서魏書 지형지地形志에 보면, 화양군에 백마성·황사성과 함께 제갈량묘廟의 존재가 실려 있다.

● 신당서 예악지 길례에 보면, 현종 상원 원년(760)에 문선왕文宣王 공자와 대등한 제전으로 강태공을 무성왕武成王으로 봉하고 장량을 배향하며, 공자 제자 십철에 상응하는 십대 명장을 선발해 시좌케 했다. 왼쪽에는 진 무안군 백기, 한 회음후 한신, 촉 승상 제갈량, 당 리정李靖과 리적李勣을, 오른쪽에는 한 장량, 제 전양저田穰苴, 오 손무, 위 오기, 연 악의를 배치했다.

● 송사 예지에도, 비슷한 예우는 계속되었다. 휘종 선화宣和 5년(1123) 무성왕묘에 72제자에 상응하는 72명장을 망라했는데, 관중(涿水侯), 전양저(橫山侯), 손무(滬瀆侯), 범려(遂武侯), 악의(平虜侯), 제갈량(順興侯) 등 6인은 후작, 그밖에 7인은 백작에 봉하기도 했다.

태조 건덕乾德(963-7) 초에는, 역대 공신·열사의 공훈을 논하여, 촉 류비·관우·장비·제갈량은 20여인의 최고제일 등급에 선정되어, 분묘지기 3호구를 배정받았다.

● 송사 문원文苑전에 보면, 량주한梁周翰은 개국 초 무성왕묘에 배향할 72현을 의론하는 과정에서, 공훈업적이 시종일관 흠결이 없는 자만 참여해야 한다는 주장을 반박한다. 그렇게 완전무결한 사람이 누가 있겠느냐고 반론을 펼친 상소문에서, 그는 역대 수많은 명장들의 '옥에 티'를 구체로 열거했다. 특히, 그나마 흠이나 결점이 없는 "나머지 제갈량 부류는 편벽한 지방 군주를 섬겼고, 왕경략(왕맹) 무리는 비정통 군주를 보좌한" 것뿐이니, 해당자가 전혀 없지 않겠느냐는 논조였다. 파촉이나 전진前秦을 국부 지방 정권으로 폄하한 어감이 짙으나, 적어도 제갈량과 왕맹은 충성과 의리에 흠 없이 완전무결한 장상으로 존경한 높은 평가임에 분명하다.

● 송사에 보면, 남송 최세명崔世明은 곧잘 "재상이 안 되면, 선량한 명의가 되라!"고 말했다. 그는 황제내경 등 의술에 전념해, 가난한 사람은 돈도 안 받고 치료해주었다. 그 아들 여지與之는 광종 소희紹熙

4년(1193) 진사가 되어 성도에 부임해 다스리면서, 촉을 멸망시킨 등애 사당을 허물고 제갈량 사당을 다시 세운 다음, 인민한테 당부했다.

"원수를 섬기느라 부모(제갈량)를 망각하지 말라!"

◉ 남송 왕강중王剛中은 고종 소흥 15년(1145) 진사에 2등으로 급제해, 성도에 부임해 여러 선정을 베풀었다. 그는 제갈무후 사당을 수리하고 황소黃巢 분묘를 깎아, 선현을 표창하고 악인을 징계했다.

◉ 원사 제사지에 보면, 무성왕묘廟를 세우고, 손무자、장량、관중、악의、제갈량 이하 10인을 함께 배향해, 매년 2월, 8월 상순 무戊일에 제사지냈다. 또 영종 지치至治 2년(1322) 윤5월 무술일, 촉한 제갈충무후諸葛忠武侯를 위렬신현령인제왕威烈神顯靈仁濟王에 봉했다.

◉ 원 나라 하백상何伯祥 아들 위瑋가 무종 지대至大 원년(1308) 하남행성평장정사가 되어 변汴에 부임했는데, 제갈량 사당과 서원을 세우고 토지 3천무를 봉양케 했다.

◉ 명사 예지 길례 편에도, 역대제왕릉묘에 제사 지낼 명신 36인 가운데, 제갈량과 악비가 포함되었다. 또 각 지방마다 개별로 모시는 사당에도 무종 때 기주沂州에 제갈량 사당이 나온다.

◉ 청대 길례에도, 역대 21제왕과 함께 제사지내는 공신 41인 가운데, 제갈량과 악비가 포함되었다. 세종 옹정 2년(1724) 촉한 제갈량 등 20인이 제사에 추가되고, 선종 도광 10년(1830) 명단에도 등장한다. 성조 때 성도에 제갈량 사당 제사기록도 나온다.

◉ 고종 건륭 6년(1741)에는 지주知州 림량전林良銓이 제갈충무사당을 보수하다가, 땅속에서 돌장승 2인이 나왔다. 1인 등에는 "땅 지킴에 3분 지키기가 힘들다.(守土守三分辛苦)"는 글자가, 다른 1인 등에는 "륭을 만나면 흥한다.(遇隆則興)"는 글자가 각각 새겨져 있었다. 건륭황제 때 땅밖으로 나온다는 의미로 풀이되는 글자다. 또 옹정 2년(1724) 진사가 된 윤회일尹會一은, 3년 뒤 상양襄陽에 부임해 시정하며, 제갈

량이 거주한 산에 초려를 복원하도록 표문을 올린 기록이 나온다.

참고로, 수서 음악지나 당서 예의지·음악지 및 왕준 열전에 보면, 제사 악곡가사에 '제사 일이 크게 밝다(祀事孔明)'는 구절이나 '하늘이 크고 밝게 비춰보신다.(天監孔明)'는 구절이 몇 번 나오는데, 반드시 제갈량을 지칭한 것 같지는 않다. 송·명·청사 및 고려사에도 비슷한 표현이 자주 나온다.

사관 진수陳壽의 총평 1

삼국지 촉서를 기록한 진수(陳壽: 233–297)는 제갈량전 말미에 특별 진언進言으로 자신의 감상평론을 밝힌다.

"제갈량은 어려서부터 아주 걸출한 재주와, 패권을 이룰 만한 영명한 그릇을 갖추었다. 키는 8척 장신으로, 몹시 빼어난 위용이 웅장하여, 당시 사람들이 모두 특이하게 여겼다. 후한 말 혼란을 당하여, 숙부 제갈현玄을 따라 형주로 피난해, 몸소 들에서 경작하며 세상에 알려지기를 바라지 않았다. 그때 좌장군左將軍 류비劉備가 제갈량이 특수한 도량을 지녔다는 말을 듣고 삼고초려했다. 제갈량도 류비의 웅장하고 걸출한 인품에 몹시 감탄한 나머지, 마침내 허리띠를 풀어 정성을 보임으로써, 서로 중후한 의연을 맺어 의기투합했다.

"위魏 무제武帝가 남으로 형주를 정벌하자, 류종劉琮은 곧바로 온 주州를 갖다 바치니, 류비는 세력을 크게 잃어 중과부적 고립된 처지에서 송곳 꽂을 땅도 없어졌다. 제갈량은 그때 나이 27세였는데, 이내 기발한 묘책으로 자신이 몸소 류비 사절을 자청하고, 손권을 찾아가 오나라 구원 병력을 요청했다. 손권은 이미 오래 전부터 류비를 우러르며 탄복하던 차에, 또 제갈량의 기특하고 우아한 재주 및 언사를 보고는, 더더욱 공경하고 존중하는 마음이 일어, 곧장 3만 병력을 파견해 류비를 도왔다. 류비는 그 원병을 얻어 무제(조조)와 교전해 대파하고, 승승장구로 강남을 모두 평정했다. 나중에 류비는 또 익주를 취해 평정한 다음, 제갈량을 군사장군으로 임명했다. 류비가 황제 존호를 일컬으면서, 제갈량은 승상에 임명되어 상서 직무를 수행하였다.

"류비가 별세하면서, 후계자 아들이 어리고 약한 관계로, 크고 작은 모든 일은 죄다 제갈량이 전결 처리했다. 이에 밖으로는 오吳와 동맹을 맺고, 안으로 남월을 평정해 나라를 안정시켰다. 법과 제도를 만들어 시행하고 군사조직을 정리하며, 각종 정교한 기계를 만들어 물리를 지극히 활용해 민생을 안정시켰다. 교화와 법도는 신상필벌로 엄격하고 분명하여, 조그만 죄악도 징계하지 않음이 없고, 작은 선행도 드러내 칭찬하지 않음이 없었다. 관리들의 간사한 짓은 조금도 용납하지 않아서, 사람들이 스스로 책려하는 마음가짐으로 절제했다. 길에 떨어진 물건을 줍는 자도 없었고, 힘세고 권세 있다고 감히 약자를 침범하는 자도 없어서, 교화 기풍이 아주 숙연하고 기강질서가 아주 잘 지켜졌다.

"이즈음 전성기에 제갈량은 평소 포부의지가 대단했다. 앞으로 나아가서는 용처럼 고개를 높이 치켜들고 호랑처럼 노려보아 천하사해를 두루 포섭하고자 했고, 뒤로 물러나서는 변방 강토 험한 요새에 걸터앉아 우주를 쩌렁쩌렁 울리고 싶었다. 또 스스로 생각하기를, 자신이 일단 이 세상에 없게 되는 날이면, 황하를 건너 중원을 밟고 위에 있는 나라와 나란히 힘을 겨룰 능력 있는 자가 다시는 없을 줄 잘 알았다. 그래서 창칼을 내려놓지 못하고, 계속 병력을 동원해 무용武勇과 위광威光을 자주 떨쳤다.

"그러나 제갈량은 군사를 다스림에는 재주가 아주 뛰어났으나, 기이한 권모술수(奇謀)에는 밝지 못했다. 백성을 다스리는 승상(행정가) 능력이 장수로서 지략보다 훨씬 우수했다. 그런데 더불어 대적한 상대방은 더러 탁월한 인걸을 만나기도 하고, 게다가 중과부적으로 수적 열세가 현저했다. 공격과 수비가 서로 현격히 다른 처지다 보니, 비록 해마다 군사대중을 동원해 출정했지만, 결정적 승리를 얻지 못하고 말았다.

"옛날에 소하蕭何는 한신韓信을 추천하고, 관중管仲은 왕자성부王子城父를 천거했다. 이들은 모두 자기의 장단점과 우열을 스스로 파악해, 혼자 동시에 겸비할 수 없는 줄 잘 알았기 때문이다. 제갈량의 그릇과 정치능력은 아마도 관중이나 소하에 버금가거나 필적할 만할 게다. 허나 안타깝게도 제갈량한테는 성부나 한신 같은 명장이 없었다. 그래서 애석하게도 대업공훈이 지지부진 스러지고, 한 황실을 재건하겠다는 대의명분도 흐지부지하고 말았단 말인가? 대저 천명이 정해져 천하가 귀속한다면, 제아무리 뛰어난 지혜능력으로도 더 이상 다툴 수가 없는 법이다.

"청룡青龍 2년(234) 봄, 제갈량은 군사를 이끌고 무공武功으로 출정했다. 병력을 나누어 둔전屯田을 경작하게 시켜, 오래 주둔하며 장기전에 대비한 터전을 마련했다. 허나 그해 가을 질병으로 서거하니, 일반 서민백성들은 서로 만나면 그를 추억 사념하는 말로 입과 혀가 쉴 틈이 없었다. 오늘날까지도 량梁주와 익益주 백성들은, 제갈량에 대해 말하기만 하면 아직도 그 말이 귓가에 쟁쟁하다고 서술한다. 그들이 입에 침이 마르고 혀가 닳도록 제갈량을 칭송하는 모습을 보노라면, 지극히 간절하고 절실함이 느껴진다. 비록 시경 감당甘棠 편에서 소공召公을 노래하고, 또 정鄭나라 사람들이 자산子產을 노래했다지만, 굳이 멀리 옛날 역사를 끌어다가 비유할 필요가 없을 정도다.

"일찍이 맹자가 '안락한 방도로 백성을 부리면, 비록 몹시 수고로워도 원망하지 않고; 생명의(살리는) 방도로 사람을 죽이면, 비록 금방 죽어도 원통하지 않다.(以逸道使民, 雖勞不怨; 以生道殺人, 雖死不忿.)'고 말했는데, 진실한 말씀이도다!

어떤 자들은 더러 제갈량의 문채文彩가 별로 윤택하거나 아름답지 않으며, 지나치게 주도면밀하고 고구정녕만 되풀이한다고 혹평하기도 한다. 허나 어리석은 신하 소견은 좀 다르다. 고요皐繇는 위대한 현인이고, 주공周公은 성인聖人이시다. 그런데도 상서尙書를 살펴보면, 고요가 도모한 글(謨)은 간략하면서 우아하고, 주공이 내린 포고문(誥)은 번잡하면서 자세하다. 왜 그런가? 고요는 순舜·우禹 성왕과 함께 마주 앉아 담론을 펼쳤고, 주공은 여러 신하들을 달래고 격려해 함께 맹서를 다짐한 까닭이다.

"제갈량이 함께 더불어 말한 상대방은 죄다 일반 평범한 서민이나 병사대중이었다. 그러니 그 문장이 가리키는 뜻과 문채가 멀리까지 미칠 수는 없었으리라! 허나 그가 친히 목소리로 가르치고 남긴 글들은, 모두 일을 처리하고 사물을 관리하는 실용(실무, 실제)성이 강한 점을 유념해야 한다. 공정하고 정성스런 마음이 먹물로 종이에 문자로 나타났으니, 말글을 남긴 사람의 뜻(의지)과 정신(도리)을 충분히 알 수 있으며, 당금 현세에도 크게 보탬과 도움이 될 것이다.

"엎드려 생각건대, 지금 황제 폐하께서 옛 성현을 숭상해 자취를 찾아, 호탕하니 거리낌이 전혀 없으시다. 비록 한때 적국이었기에 지금 그를 찬양해 말하면 현 황실조정을 비방하는 말이 될 수도 있겠지만, 전혀 개의치 않고 역사 평론의 공정한 기록 정신에 입각해, 언론 자유를 최대한 누리면서 고치거나 바꾸거나 거리낌이 없이 기술하였다. 바로 크게 통달한 중도(大通之道)를 밝히는 바이다. 이에 삼가 기록하고 베껴서 저작랑한테 올린다. 신하 진수는 진실로 정말 몹시 황공하여, 머리를 조아리고 또 조아리며, 죽고 또 죽을 엄청난 죄를 지어 아뢴다.

태시泰始 10년(274) 2월 1일 계사癸巳일.

평양후平陽侯 재상신하相臣 진수陳壽 올림."

사관 진수의 총평 2

삼국지 촉서를 기록한 사관은 다시 제갈량을 이렇게 총평한다.

"제갈량이 승상으로 나라를 다스림에, 백성을 잘 어루만지며 표준 법도를 시범 보이고, 관직을 간약하게 조절하고 임시 재량권으로 잘 통제하여, 정성스런 마음을 열고 공정한 도덕을 펼쳤다. 나라에 충성하고 시무에 보탬이 되는 자는, 비록 원수라도 반드시 포상하고; 법을 어기고 직책을 태만히 한 범죄자는, 비록 친근할지라도 반드시 처벌했다. 죄를 승복하고 진정으로 뉘우치는 자는, 비록 중대한 악일지라도 반드시 풀어주고; 미사려구와 교언령색으로 변명 수식하는 자는, 비록 가벼운 죄일지라도 반드시 주륙했다. 선행은 미세할지라도 포상하지 않음이 없고, 죄악은 사소할지라도 폄하하지 않음이 없었다. 만사를 정밀하게 단련하고, 사물을 그 근본에서 다스려, 명분에 따라 알맞은 실질책임을 요청하고, 허위로 꾸미고 속이는 자들은 아예 상대하지도 않았다. 그래서 끝끝내 나라 안에서 모두들 그를 경외하면서도 사랑하여, 형정이 비록 준엄했으나 원망하는 자가 없었다. 그 마음씀이 공평했고, 사전에 미리 권선과 계고의 교화가 분명했기 때문이다. 그러니 가히 잘 통치할 줄 아는 선량한 인재로서, 관중과 소하에 필적하거나 버금갈 만한 현인이라 할 것이다. 허나 거의 매년 잇따라 군중을 동원하고서도 천하 대업을 성공하지 못했다. 아마도 혼란한 세상에 장수로서 임기응변의 교묘한 전술책략은 확실히 그의 주특기가 아니었나 보다!"

삼국지를 편찬한 진수(陳壽: 233-297)는 파촉 사람으로, 초주譙周에게 사사한 뒤 관각령사觀閣令史가 되었다. 제갈량 사후 류선 말기에 환관 황호黃皓가 전권을 휘두르며 농단하자, 대신들도 모두 아부하는데 유독 진수만 굽히지 않아 여러 번 쫓겨났다. 부친상을 당했는데, 질병에 걸려 하녀한테 약을 달이게 해 비난을 받기도 했다. 촉이 망한 뒤 효렴으로 천거되어 좌저작랑이 되었다. 이어 '촉상제갈량집'을 편찬해 바쳐 저작랑이 되고, '삼국지' 65편을 편찬했다. 당시 사람들이 보고 훌륭한 사관 재능으로 서사敍事를 잘한다고 칭송했다. 하후담이 '위서魏書'를 지었는데, 진수의 글을 보고 자기 글을 그만두었다. 장화張華는 진수한테 '진서晉書'도 이어 적으라고 권할 정도였다. 더러 전하는 말에 의하면, 정의丁儀、정고丁廙가 위魏에서 명망을 날리자, 진수가 그 아들한테 '쌀 1천 곡斛을 주면, 존공을 위해 훌륭한 전기를 써주겠다.'고 제안했으나, 주지 않자 끝내 쓰지 않았다고 한다.

진수 아버지는 마속의 참군이었는데, 마속이 제갈량한테 처형될 적에, 진수 부친도 죄수로 수감되었다. 그 뒤 제갈량 아들 첨이 또 진수를 경시했다. 그래서 진수가 제갈량 전기에, 승상으로서 뛰어난 행정가지만 장수로서 전략은 그 특장이 아니며, 적군에 대응하는 재주는 없었다고 적었다. 또 아들 제갈첨은 오직 글을 잘 썼으나, 명성이 실질보다 지나쳤다고 적었다. 이러한 폄하기록 때문에, 더러 공정성에 의심을 사기도 했다.

장화가 진수를 중서랑에 천거했으나, 순욱이 둘을 싫어하고 꺼려 장광태수로 쫓겨났다. 나중에 모친상을 당해 관직을 그만두고, 유언에 따라 락양에 장례를 치렀는데, 고향으로 모시지 않았다고 또 폄하되었다. 당초 스승 초주는 진수한테 이렇게 당부했다.

"경은 반드시 재주와 학문으로 명망을 이룰 것이나, 또 그로 인해 좌절을 당할 테니, 불행은 아니지만 마땅히 깊이 사려하고 신중하시게!"

과연 스승 말대로, 재차 파면되는 모욕을 겪었다. 혜제 원강 7년(297) 65세에 질병으로 죽었다. 이에 사마상여 전례에 비추어, 진수가 쓴 삼국지를 베껴와 보존케 했다. 정치득실을 밝히고 권장과 징계가 다분해 풍속교화에 도움이 크며, 비록 문장의 아름다움은 사마상여만 못해도, 질직함은 오히려 뛰어나다는 평가에서였다. 진수는 또 '고국지古國志' 50편과 '익도기구전益都耆舊傳' 10편도 지었다.

진수의 제갈량 폄하 논쟁!

위서와 북사에 나오는 내용이다.

북위 때 모수지毛脩之는, 세조가 혁련창을 평정할 때 포획되어 그 부장이 된 뒤, 전공을 세워 승승장구해 최호崔浩 버금가는 지위까지 올랐다. 한번은 토론하다가 최호와 논쟁이 붙었다. 진수 삼국지가 옛날 훌륭한 사관(良史)의 기풍을 간직해, 그 저술이 문장 및 의리 모두 전아하고 단정하며, 은미하면서도 현저하게 완곡한 명저로서, 반고 이래 최고라고 최호가 극구 칭송했다. 이 말을 듣고, 수지가 말했다.

"예전에 촉에 있을 적에 장로한테 들은 말인데, 진수는 일찍이 제갈량 문하에 서좌를 지냈는데, 회초리 백대를 맞은 적이 있어서, 제갈무후를 '임기응변과 장군전략은 그 특장이 아니다.'고 평론했답디다."

이에 최호가 반론했다.

"승조(承祚: 진수)의 제갈량 평론은, 옛 의리로 과찬한 명예로운 미화라 할 것이오. 그 행적을 살펴보면, 그리 잘못한 것도 아니고, 원한을 품은 것도 아니오. 왜 그런가? 대저 제갈량이 류비를 보필한 건, 천하구주가 들끓는 솥처럼 영웅들이 분발하던 때인지라, 군신간에 서로 만남이 물과 물고기처럼 비유되오. 그는 조씨와 천하를 쟁탈하지 못하고, 형주를 버리고 파촉으로 후퇴해 들어가 류장을 꾀어 빼앗은 뒤, 손씨와 거짓으로 연맹해, 궁박하고 편벽한 험지나 지키면서, 변방오랑캐 사이에서 참칭한 것에 불과하니, 이는 하책이었소. 조타趙佗하고나 짝이 될 만하거늘, 관중·소하에 버금가고 필적한다니 지나치지 않

소?(趙佗: ?-기원전137, 진말 계림·남해·상象 3군을 병합한 南越 무제)

"진수가 제갈량을 폄하했다 해도, 사실과 다른 것은 아니죠. 또 제갈량이 파촉에 자리 잡아 험난한 산세의 견고함을 믿고, 시의를 통달하지 못하여, 대세와 능력을 헤아리지 못한 채, 엄한 권위와 가혹한 법으로 촉 인민을 을러 통제하며, 자긍심에 재능만 믿고 스스로 고상한 척 교만을 떨었소. 변방오랑캐 군중으로 중원 국가에 대항·경쟁하고자 롱우隴右에 출정하고, 재차 기산을 공격하고, 일차 진창을 공격했으나, 소략하고 지지부진해 기회만 잃고 예봉이 꺾인 채 되돌아갔소. 나중에 진천에 진입해서는, 성을 공략하지 않고 다시 야전을 요구했소. 위나라서 그 뜻을 알아채고, 보루를 굳게 걸어 잠그고 수비하며, 싸우지 않는 전략으로 그를 굴복시켰소. 궁박하고 대세가 다한 줄 알아, 분통이 맺혀 몸속을 공격하니, 끝내 병이 나서 죽은 것이오. 이렇게 보고 말한다면, 어찌 옛날 선량한 장수처럼, '가함을 보면 진격하고, 어려운 줄 알면 후퇴한다.'는 병법전략에 부합하는 자라 하겠소?"

모수지는 최호 말을 듣고 그렇겠다고 수긍했다.

당서 류인궤劉仁軌 배행검裴行儉 전 말미에 사신史臣은 평론한다.

"옛날 진후晉侯가 장수를 선임할 적에, 예악을 기뻐하고 시경·서경에 돈독한 걸 살폈다는데, 진실로 까닭이 있다. 무릇 권모權謀와 방략方略은 병가의 대경(大經: 큰 원칙·법도)으로, 국가의 존망이 걸리고 정치법령의 강약이 결정되는 관건이다. 단지 대중에 의지해 힘만 믿고 저돌적 용맹과 호랑이 포악함만 추구하는 자한테, 어찌 경솔한 말로 전차 바퀴를 굴리고 군대를 지휘하는 중책을 수여할 수 있겠는가? 그래서 왕맹과 제갈량이 빈궁한 거리에서 떨쳐 일어났지만, 호걸들을 보좌해 말을 몰며 좌우를 지휘하고, 패권 구상을 확정할 수 있었다. 이는 다른 방도가 아니라, 바로 지혜와 능력으로 임기응변의 재량권을 적당히 운용한 것일 따름이다.… 이전 역사에서 더러 그 시호諡號

가 잘못되었다고 힐난하며, 진수가 제갈무후 임기응변 부족을 단점으로 지적한 평론을 인용했는데, 이는 결코 일반보편의 통론이 아니다."

습착치習鑿齒 총평

습착치習鑿齒는 리엄 사건 처리와 관련해, 제갈량의 법치를 이렇게 평론하며 극찬한다.

"옛날 관중이 백씨伯氏의 변읍騈邑 3백을 빼앗았는데, 빼앗긴 백씨는 종신토록 원망하는 말이 없었다. 이를 두고, 공자 같은 성인도 참 어려운 일이라고 여겼다. 근래 제갈량은 류립을 평생 눈물 흘리게 만들고, 리평을 죽게 했다. 그런데도 그들은 단지 불평·원망이 없음에 그친 게 아니지 않은가? 무릇 물이 지극히 평평하면, 간사한 자도 거기서 법을 취한다. 또 거울이 지극히 맑아 밝게 비추지만, 추악한 자도 분노하지 않는다. 물과 거울이 사물을 있는 그대로 끝까지 비춰주지만, 누구도 원망하지 않는 것은 사사로움이 없기 때문이다. 물과 거울도 공평무사하여 비방을 모면한다. 하물며, 대인군자가 생명을 사랑하는 마음을 품고, 긍휼히 용서하는 덕을 베풀면서, 법을 적용하지 않을 수 없는 경우에 공평히 시행한다면, 그 누가 불평하겠는가? 스스로 저지른 죄에 마땅한 형벌을 부과하고, 포상으로 벼슬을 하사함에 사사로움이 없으며, 악한 죄인을 처형함에 분노감정이 없으니, 천하에 그 누가 복종하지 않을 수 있겠는가? 제갈량은 정말 법과 형벌을 쓸 줄 아는 사람이라고 할 만하다. 진한秦漢 이래로 이런 사람은 전혀 없었다."

제갈량의 법치정신을 이처럼 간명히 극찬한 평론은 없을 것이다!

습착치習鑿齒는 상양襄陽 출신으로, 가문도 훌륭하고 성대하다. 어려서부터 원대한 포부와 기개를 지니고, 박학다식한 문필로 저명해 칭찬이 자자했다. 당대 아주 유명한 고승 석도안釋道安과 아주 절친했다. 첫 상견례서 '미천석도안彌天釋道安'과 '사해습착치四海習鑿齒'라고 주고 받은 법담은, 후대까지 널리 인구에 회자하는 아주 유명한 고사다.

습착치는 환온의 아우 비秘와 도타운 친선관계였다. 허나, 환온의 격노로 형양태수로 쫓겨나 귀향한 뒤, 비한테 서신을 보내 회포를 풀면서, 여러 선현들을 추념사모하는 정감을 적었다.

"내 거기를 떠나 상양에 돌아오니, 눈에 보이는 것마다 비감이 들고 기쁜 감정이란 조금도 없어서, 비통하고 측은한 일들은 서신에 다 적을 수가 없구려."

"매양 아침저녁으로 집안 어른께 문안드리러 북문으로 들 때마다, 서쪽으로 릉중을 바라보며 와룡이 량보음 읊조린 걸 상념하고, 동으로 백사白沙를 쳐다보며 봉추鳳雛의 지저귐 소리를 생각하며, 북으로 번허樊墟에 다가가 등로鄧老의 고상함을 간직하고, 남으로 성읍을 돌아보며 양공羊公의 기풍을 회상하오. 눈을 들어 시선이 단계檀溪에 미치면 최서崔徐의 우의를 사념하고, 우연히 어량魚梁에 눈길이 멎으면 두 대덕(二德)의 원대함을 추념하오. 일찍이 해가 지도록 배회하며 몹시 추창하여 탈것을 어루만지며 주저하다가 감개무량하여 울고 만다오."

습착치가 제갈공명을 얼마나 추모·사념했는지 구구절절 생생하다. 그는 만년에 시골에 파묻혀 '한진춘추漢晉春秋' 54권을 지었다. 후한 광무제(25-57)부터 서진 민제(湣帝: 313-6)까지 약3백년 역사인데, 삼국시대는 촉을 한 종실로 정통을 삼았다. 조조가 비록 한을 이어받고 진한테 넘겨주며, 형식상 선양을 취했지만, 오히려 반역찬탈로 보았다. 그래서 진 문제가 촉을 평정하면서, 비로소 한이 멸망하고 진이 비로소 흥성한 걸로 기록했다. 헌데, 참 우연하고 기묘한 인연이 펼쳐졌다. 촉 후주 류선이 연호를 건흥建興 15년, 연희延熙 20년, 경요景耀 5년에 이어, 263년 8월 마지막으로 염흥炎興이라 불렀는데, 석 달만에 그해 11월 항복했다. 2년 뒤 8월 진왕晉王 사마소가 죽자, 아들 사마염이 계승하더니 12월에 스스로 황제가 된 것이다. 그래서 하늘 뜻(天心)은 아무도 세력으로 강요할 수 없음이 분명하다고 밝힌다.

부견苻堅이 상양을 함락하자, 평소 습착치 명망을 듣던 터라, 도안道安스님과 함께 마차를 보내 초빙했다. 만나보고 대화를 나눈 뒤 크게 기뻐해 후한 예물을 하사했다. 또 습착치가 발을 저는 질환을 앓는 걸 보고, 여러 진鎭에 주둔하는 장수들한테 서신을 보냈다.

"예전에 진晉나라가 오吳를 평정하고 2륙陸씨를 얻었다더니, 나는 지금 한남을 격파해서 훌륭한 선비 1인하고 절반을 더 얻었다."

얼마 뒤 질병으로 상양에 귀환했다. 조금 뒤 진 조정에서 상양과 등주를 수복해 습착치를 국사國史 편찬 담당으로 초빙하려 했으나, 이미 별세한 뒤였다. 습착치는 임종에 상소문을 올렸다.

"신하는 평소 진晉 황실은 조위를 뛰어넘어 직접 한漢을 계승해야지, 위의 후계자로 자처해 주周가 요·순·탕의 후손을 봉한 삼각三恪처럼 위의 후손을 공경해 봉해서는 안 된다고 말해왔습니다. 허나 신분이 미천하고 관직이 낮아 조정에 전달할 수 없어서, 어리석은 감정을 꼭 품은 채 30여년을 기다렸습니다. 이제 중한 질병으로 기운이 가라앉고 생명을 보전하기 어려운지라, 이러한 회포도 함께 썩어 문드러져 사라질 운명입니다. 구구한 감정을 그냥 묻어 묵히기가 몹시 간절하고 애석한지라, 삼가 온 기력을 다해 얼른 글 1편을 저술했기에 바칩니다. 원컨대 폐하께서는 신하가 미천하다고 제 말씀을 무시하지 마시고, 옛 도의와 항상 불변의 정신에 비추어 초연히 원대한 안목으로 일람하시옵소서."

'위 무제(조조)는 공로가 중원을 뒤덮고, 문제(조비)는 한漢한테 선양을 받았거늘, 한漢이 끝나고 바로 진晉으로 이어진다고 말하면, 과연 현실에 부합한 진실일까? 또 중간에 위를 무시한다면, 진의 정통성(道)도 문제가 생길 텐데, 진의 신하로서 이런 주장을 할 수 있을까?'

이러한 힐난을 상정해 자문자답 형식으로 펼쳐진 논설의 요점은, 대강 간추리면 다음과 같다.

"바로 진晉을 존숭하기 때문에, 마디를 끊고 지름길로 곧장 나가 직접 잇는 것이다. 보통사람 귀에는 이상히 들리겠지만, 특수한 걸 보고 잘 관찰하지 않아 괴이하게 여기는 것이다.

한말부터 5-6십년간 천하가 가마솥 끓듯 비등했는데, 오와 위는 순리를 침범하며 강성했고, 촉은 정통에 의지했으나 미약해서, 세 집안이 서로 통일하지 못해, 만백성이 군주 없이 광야를 헤맸다. 진 선제宣帝 사마의가 험악한 조위曹魏 밑에서 은연자중하며 공덕을 쌓고, 무제에 이르러 촉한을 멸함과 동시에 위를 제치고 즉위한 뒤, 이내 오까지 합병해 천하통일을 이루었으니, 천명을 받은 것이다.

따라서 옛 은정으로 위 후손을 제후에 봉할 수는 있으나, 주周가 요·순·탕의 후손을 봉한 삼각三恪처럼 공경해서 봉하면 안 된다. 진이 직접 한을 계승함이, 실질 공덕도 현저하고, 정당한 명분도 사실에 부합하며, 인정체통도 흡족하다. 헌데, 어찌 정당하지 못한 위를 부질없이 헛되게 존중해, 우리 진의 위대한 정통성을 훼손한단 말인가?"

동진東晋 원형袁宏의 총평

한편, 동진東晋에 유명한 역사가 원형(袁宏: 328-376)은 누군가 힐난하는 질문을 가상해, 스스로 옹호 변론하는 문답형식으로, 제갈량에 대한 심도 있는 종합평론을 다음과 같이 전한다.

누군가 물었다.

"제갈량은 대체 어떠한 인물이오?"

원자는 스스로 답변한다.

"장비와 관우는 류비와 함께 의병을 일으킨 이빨이나 발톱에 해당하며, 복심腹心의 신하로서 무인이다. 뒤늦게 제갈량을 얻어 보좌하는 재상으로 삼아, 비로소 모든 신하들이 기뻐하며 복종하게 되었다. 류비는 넉넉히 믿을 만하고, 제갈량은 충분히 존중할 만했기 때문이었다. 제갈량은 아직 연약한 미성년 고아(六尺之孤)를 유촉으로 부탁받아, 나라 조정을 섭정해 평범하고 용렬한 군주를 섬겼다. 전권을 휘두르면서도 예법에 어긋나지 않았고, 군주의 직무를 행하면서도 국민들이 의심하지 않았다. 바로 이와 같았으니, 임금이나 신하들은 물론 만백성이 다 함께 충심으로 기뻐하며 떠받든 것이다.

"법시행이 엄격했으나 국민들이 기뻐하며 복종했고, 백성들을 동원해 그 힘과 재력을 소진했어도 아래에서 원망하지 않았다. 그가 병력을 이끌고 출정하거나 귀환할 적에는, 외교사절이나 손님(賓)처럼 아주 장중했다. 행진함에 노략질이 없었고, 마소 꼴을 먹임에도 사냥질이 없이, 마치 나라 안에 있을 때와 똑같았다. 또 병법으로 작전을 행함에는, 멈출 적에 산처럼 고요하고, 진격과 후퇴는 바람처럼 날렵했다. 병력이 출동하는 날에는 천하가 크게 진동했으나, 인심은 전혀 근심걱정하지 않았다. 제갈량이 사망한 지 지금까지 수십 년 동안, 나라 사람들은 그를 사념하고 공덕을 칭송하는데, 마치 주나라 사람들이 소공召公을 추념하는 듯하다. 일찍이 공자가 '옹雍은 임금으로 백성을 다스릴 만하다.'고 칭찬했는데, 바로 제갈량이 그러한 인물이다."

또 묻는다.

"제갈량이 처음 롱우隴右에 출정할 적에, 남안南安、천수天水、안정安定 세 군 인민들이 크게 호응했다. 만약 제갈량이 재빨리 진격했다면, 이 세 군은 더 이상 중원(위) 땅이 아니었을 것이다. 헌데, 제갈량이 서서히 나가며 진격하지 않아서, 위나라 병력이 롱隴에 도착해 세 군이 물거품처럼 돌아갔다. 제갈량이 이처럼 좋은 기회를 놓치고 한 치 한 뼘의 전공도 세우지 못한 건 무언가?"

원자는 답변한다.

"촉의 병력은 날렵하고 정예로우며 훌륭한 장수가 적다. 제갈량이 처음 출정할 적에, 적국 군대의 강약을 알지 못하므로, 미심쩍어 천천히 살펴 시험한 것이다. 또 크게 노리는 자는, 가까운 조그만 공로를 구하지 않는다. 그래서 재빨리 진격하지 않은 것이다."

"어째서 제갈량이 그렇게 미심쩍어 의심한 줄 아는가?"

"처음 출정이 느리고 묵직하며, 진영을 차려 주둔함이 또 진중하고 복잡하다. 나중에는 점차 의기가 가라앉아, 병력을 진격해 전투하지 않은 것이다. 제갈량이 용기 있고 전투할 능력이 있었는데, 세 군에서 위魏에 등을 돌렸으나 재빨리 호응해오지 않았다. 그래서 뭔가 속임수가 있는지 의심한 것이다."

"어떻게 제갈량이 용기와 전투능력을 갖췄는지 아는가?"

"제갈량이 가정街亭 전투에서 선발군대가 대패했는데도, 제갈량은 몇 리 밖에 주둔하면서 구원하지 않았다. 그리고 위 병력과 서로 바짝 접근하는데도 서서히 행진했으니, 이것이 바로 그의 용기다. 제갈량의 행군은 평안하고 차분하면서 견고하고 중후하다. 평안하고 차분하면 쉽게 움직일 수 있고, 견고하고 중후하면 전진후퇴가 자유롭다. 제갈량의 법령은 분명하고 상벌은 확실해, 사졸들이 믿음으로 목숨을 바쳐 위험에 뛰어들면서도 뒤돌아보지 않는다. 이것이 바로 그의 전투능력이다."

"제갈량이 수만 군중을 이끌고서 일으켜 세운 걸 보면, 마치 수십만 대군의 공로 같으니, 참으로 기특한 점이다. 그가 가는 곳마다 설치한 진영·보루·우물·부엌·변소·하수도·울타리·장애물·가림막 등을 보면, 모두 규격과 먹줄에 딱 들어맞는다. 한 달 행군하여 주둔하고서, 떠날 적엔 처음 도착했을 때와 똑같았다.(원상회복) 이야말로 노동력을 낭비하는 헛수고니, 부질없이 호사스런 장식이나 좋아한 이유는 무언가?"

"촉 사람들 기질이 가볍고 경솔하여, 제갈량이 일부러 견고하게 쓴 것이다."

"어떻게 그런 줄 아는가?"

"제갈량은 실질을 다스리지, 명분을 다스리지 않았다. 의지와 포부가 아주 원대하여, 가까이 얼른 이루기를 구한 게 아니다."

"제갈량은 관청이나 역사驛舍、교량、도로 같은 걸 만들기 좋아했다. 이는 급선무가 아닌데, 왜 먼저 했는가?"

"작은 나라에는 현명한 인재도 적어서, 나라와 인민의 존엄과 품위를 돋구기 위해서다. 제갈량이 촉을 다스리는 동안, 논밭이 잘 경작되고 창고가 가득 차며, 기계가 편리하게 쓰이고 축적이 넉넉한데, 조정회의는 화려하지 않고 길가에는 술 취한 사람이 없었다. 무릇 근본이 똑바로 서면, 말단지엽은 절로 다스려진다. 그리고도 남은 힘이 있거든, 나중에 자잘한 일들까지 챙긴다. 이게 바로 제갈량이 선행과 공로를 권장한 방식이다."

"그대의 제갈량 평론인즉 증거가 충분하다. 허나 제갈량 같이 특출한 재능으로 이룬 공적이 적은 것은 왜 그런가?"

"제갈량은 근본을 잘 지닌 자다. 임기응변인즉 그의 특장이 아니다. 그래서 그는 감히 자기 단점을 함부로 쓰지 않은 것이다."

"그런데도 우리 선생께서 왜 그를 그토록 찬미하는가?"

"이는 진실로 현자의 원대함이니, 어떻게 한 몸에 모든 미덕을 완비하길 요구할 수 있겠는가? 무릇 자기 단점을 알고서, 신중히 처신하여 함부로 쓰지 않는 것도, 바로 현자의 위대함이다. 자기 단점을 안

즉, 자기 장점도 알 것이다. 미리 지레짐작으로 모험해 빗나가는 짓은, 제갈량이 하지 않았다. 이것이 바로 내가 괜찮다고 말하는 까닭이다."

진서 문원文苑전에 실린 역사평론가 원형袁宏은, 뛰어난 재주로 탁월한 문장과 아름다운 영사시詠史詩를 잘 지어 유명했다. 가을 달밤 강가에서 청초한 시를 우아하게 읊조리다가, 때마침 유람 나온 사상謝尙이 지음知音하고 새벽까지 담론하여, 그 명예가 날로 높아갔다. 사상이 안서장군 겸 예주자사가 되어 원형을 참군으로 초빙했는데, 나중에 대사마 환온桓溫 휘하로 옮겼다. 그 뒤 동정부東征賦를 지어, 말미에 강을 건넌 여러 명덕을 칭송했다. 여기에 유독 환온 부친 환이桓彝만 빠졌다. 당시 환온 부중에 있던 복도선伏滔先이 원형과 사이가 좋았는데, 우려하는 마음에 충고로 간언하자, 원형은 웃기만 하고 대답하지 않았다. 환온은 그 사실을 알고 몹시 분노했으나, 원형이 당대 문장 대가로 명망이 높아, 직접 대놓고 따지지는 못했다. 나중에 청산에 유람하며 술 마시고 돌아오는 길에, 원형을 마차에 타게 명했다. 대중은 원형한테 무슨 탈이 날까 두려워했다. 몇 리가 지나 환온이 물었다.

"듣자니, 군이 동정부를 지어 많은 선현을 칭송했다던데, 어찌하여 우리 집 부군은 빠졌소?"

"(상관의 부친인) 존귀한 공을 부하 관리가 어찌 감히 함부로 칭송한답시고 지껄일 수 있겠습니까? 일찍 여쭙지는 못했으나, 감히 드러내지 못했을 따름입니다."

환온이 진실하지 않은 거짓 대답으로 의심해, 군이 무슨 말을 하고 싶은지 다시 물었다. 이에 원형이 즉각 6구절로 읊어 들려주자, 환온은 눈물을 글썽이며 멈췄다.

"몸은 비록 죽더라도, 도덕은 떨어뜨릴 수 없나니, 선성宣城에서 지킨 절개, 신의가 빛나네!"

환이는 소준蘇峻 난을 토벌하다가, 항복하지 않고 순절한 의사다.

도간陶侃의 아들 호노胡奴도 자기 아버지를 빠뜨렸다고, 방안에서 칼날을 빼들고 원형을 위협했다. 몹시 급박한 원형은 다시 6구절을 읊어주어 위난을 면했다. 나중에 원형은 장문의 '삼국명신송'을 지었다. 그중 제갈량은 이렇게 칭송했다.

"공명 선생 크고 넓어, 때 기다려 움직이네. 아득히 관중과 악의를 상념하며, 멀리 풍류를 밝히시네. 예법으로 나라 다스려, 사람들 원망 소리 없고, 형벌 남용하지 않아, 죽임 당해도 울먹이지 않네. 비록 옛 선현이 남긴 자애라도, 어찌 이보다 더하리? 임종에 고아 부탁하니, 유조 받들어 재상으로 보필했네. 류후도 의심 없이 수여했고, 무후도 두려움 없이 받았으며, 후주도 두 감정 없이 받아들이고, 백성도 다른 말 없이 믿었으니, 군신 사이 신의 진실로 기리 칭송해 읊을 만하네!"

"당당하신 공명 선생, 터와 집 크고 원대하네. 그릇은 보통 사람과 같으나, 홀로 앞서 깨달음 받았네. 모범 법도로 삼은 풍류는, 멀리 현명한 관중과 악의라네. 첫 양효(初九)에 와룡 기반 잡아, 우아한 의지 더욱 확고하더니, 액운(百六) 터져 도덕 사라져, 창칼이 번갈아 난무했네. 진실로 천명 받은 세상 아니면, 누군들 자욱한 운무 소탕할 수 있으리? (한실) 종손(宗子: 류비) 천하안녕 사념해, 좋은 해법 자문 요청하니, 숲속 칡넝쿨 옷 벗어버리고, 마침내 울창한 동량 되셨네."

제갈량과 사마의 비교평론 1 - 오吳 장엄張儼 묵기默記

오吳 대홍려大鴻臚 장엄(張儼: 266년 전후 생존)은 묵기默記를 지었다. 그 술좌편述佐篇에서, 제갈량이 사마의한테 보낸 서신을 평론했다.

"한나라 조정이 기울어 무너지자, 천하가 한꺼번에 붕괴하고, 호걸들이 앞을 다투어 신기神器를 차지하려 일어났다. 위씨魏氏는 중원을 차지하고 류씨는 익주에 근거하여, 서로 병력을 동원해 천하 세상에 패권을 차지하는 군주가 되고자 다투었다. 제갈씨와 사마씨 두 승상은 그러한 혼란한 때를 만나, 각자 현명한 군주한테 자신을 의탁했다. 더러는 촉한에서 공로를 세우기도 하고, 더러는 이락伊洛 중원에서 관직을 맡았다. 조비와 류비가 모두 죽어 후사가 법통을 잇자, 각자 고아 보호를 부탁하는 유촉을 받고 어린 군주를 보필했다. 스스로 다짐하고 승낙한 책임과 정성을 저버리지 않았으니, 둘 모두 한 나라에 으뜸마루가 될 대신이자, 패왕의 현명한 보좌진이다. 이전 역사를 살피고 근래 사적들을 관찰하면, 두 승상의 우열은 상세히 밝힐 수 있다.

"공명은 파촉巴蜀 지방에서 일어나 겨우 한 주州 영토를 거느렸다. 대국과 비교하면, 전사와 인민이 대략 9분에 1이다. 그런데도 대국 오와 공물을 주고받아 우호관계를 유지하고, 북쪽 적국에 결연히 대항하며 잘 다스렸다. 백성들은 경작과 전쟁에 질서정연하고, 형법은 가지런히 공정하고 엄명했다. 보병 수만을 이끌고 멀리 기산까지 출정해, 군마들이 황하와 락洛수 물을 마시며 비분강개 큰 뜻을 펼쳤다.

"반면 중달仲達은 천하에 그 열 배나 되는 땅을 차지하고, 엄청난 겸병의 군중에 의지해, 정예병을 거느리고 견고한 성곽에 틀어박혀 지켰다. 적을 사로잡을 뜻은 없이 그저 스스로 보전하기에 힘쓰면서, 공명이 스스로 왔다가 알아서 스스로 물러가게 내버려두었다.

"만약 공명 이 사람이 죽지 않고 그 의지를 끝내 관철하려, 해마다 머리를 써서 사유하고 날마다 전술모략을 꾀했다면 어땠을까? 아마도 량凉주와 옹雍주는 갑옷을 벗지 못하고, 중국 전체가 말안장을 풀지 못했을 테니, 승부 대세는 이미 판가름 난 거나 다름없다. 옛날 자산子產이 정나라를 다스릴 적에, 제후 강대국들이 감히 병력으로 그를 넘보지 못했다. 촉 승상 제갈량도 그에 가까우니, 사마씨에 비하면 훨씬 우수하지 않은가?!"

혹자는 말한다.

"군대병력은 흉기고, 전쟁은 위험한 일이다. 나라를 다스리는 자가, 경내 보안과 백성들 평온에 힘쓰지 않고서, 영토 확장을 위해 천하정벌을 좋아하는 것은, 그리 훌륭한 계책이 아니다. 제갈 승상이 진실로 군주를 바로잡고 보좌하는 재능을 지닌 건 분명하다. 외롭게 단절된 구석진 땅에서 5만도 안 되는 전사를 가지고서, 만약 스스로 관문을 닫고 험난한 요새를 잘 지켰더라면, 군신 간에 서로 별 탈 없이 평안·무사했을 것이다. 허나, 부질없이 수고롭게 군사를 동원해 출정하지 않은 해가 없을 정도였다. 한 치 땅도 더 얻지도 못하고 제왕의 터전을 마련하지도 못한 채, 그로 인해 국내정치와 민생경제가 쇠잔해 황폐해지고, 서쪽 토지와 인민들만 부역조달에 괴로움이 막심했다. 위나라 사마의는 쓸 인재와 병력이 많아서, 쉽게 얕잡아볼 상대가 결코 아니었다. 적군을 잘 헤아려 진격함은, 병가兵家에서 신중히 여기는 으뜸 원칙이다. 만약 승상이 반드시 확실한 대책이 있었다면, 분명한 공훈이 드러나 보이지 않음은 어인 까닭인가? 만약 특별한 대책도 없이 독단으로 재결했다면, 이는 명철한 것도 아니고, 천하가 귀향할 뜻도 없었을 테다. 그래서 나 혼자 가만히 의심해본다. 청컨대, 시원한 설명을 듣고 싶다."

답변은 이러하다.

"대저 들리는바에 따르면, 탕은 70리로, 문왕은 백리 땅으로, 각각 천하를 얻었는데, 모두 정벌을 동원해 안정시켰다. 자발적 선양으로 왕위에 오른 자는, 오직 순舜과 우禹일 따름이다. 지금 바야흐로 촉과 위가 접전을 벌이는지라, 적대국이 함께 나란히 왕 노릇할 수 없는 게 천하 대세다. 조조와 류비 때부터 강약은 현격히 차이 났는데도, 류비는 오히려 양평陽平에 출정해 하후연을 사로잡았고, 관우는 상양襄陽을 포위해 조인曹仁을 항복받고 우금于禁을 생포했다. 당시 북쪽 변방에 크고 작은 근심과 두려움이 도사려서, 조조 자신이 남양에 출정하고, 악진樂進、서황徐晃 등이 구원하였지만, 포위는 곧바로 풀리지 않았다. 그래서 장자통蔣子通은 그때 허許를 옮겨 황하를 건너게 할 계획이 있었는데, 국가에서 남군南郡을 습격해 차지하느라 관우가 포위를 풀었다고 말했다.

"현덕은 조조와는 지략의 우열이나 군사대중의 다소, 용병술이나 행군방도를 동시에 나란히 비교할 수 없을 정도로 현격히 차이가 났다. 그럼에도 불구하고, 오히려 잠정 승리를 취할 수 있었다. 이때는 또 아직 큰 오나라가 끼어들어 호각지세를 이루지는 않은 형편이었다. 지금 중달의 재능은 공명보다 떨어지고, 당시 대세는 또 접때와는 달랐다. 허면 현덕도 오히려 조조와 나란히 대항해 균형을 이뤘는데, 공명은 어찌 군사를 출정해 적국을 도모할 수 없다고 단정한단 말인가?

"옛날 악의樂毅도 연약한 연燕나라 군중을 데리고 아울러 5국 병력을 거느려, 강대국 제齊를 줄곧 밀어붙여 70여성을 함락시켰다. 지금 촉한의 군졸은 연나라 군대보다 적지 않고, 군신간에 대접과 예우가 악의보다 더욱 미덥고 도타웠다. 또한 우리 오나라가 입술과 이빨처럼 서로 의존하는 관계로 지원하면서, 동서로 상응하여 뱀처럼 수미일관으로 호흡이 맞았다. 이렇듯 형세가 중차대함은 5국 병력에 비할 바가 아니다. 헌데, 어찌 꼭 제갈량만 안 된다고 꺼리고 거리낀단 말인가? 무릇 병력(전쟁)은 기발한 묘수로 승리하고, 적군은 꾀와 지혜로 제압하는 법이다. 국토가 넓고 좁은 거나, 군중과 말이 많고 적음에만, 믿고 매달릴 수는 없다. 내가 보건대, 제갈량이 나라를 다스린 요체는, 류비 생존 당시에도 이미 엄숙히 정돈되어 있었다. 나중에 유교遺教가 내려진 뒤 그 말과 뜻은 더욱 간절하였다. 진격해 승리를 쟁취하겠다는 의도가 충심성의로 가득 차 개진되어, 대의명분이 주된 이념목표로 뚜렷이 드러났다. 비록 옛날 춘추시대 관중과 안자일지라도, 어떻게 이보다 더 나을 수 있었겠는가?"

제갈량과 사마의 비교평론 2 - 진 어용 악곡의 왜곡

진서 악지에 따르면, 한나라 때 수많은 악곡이 있었다. 위魏가 한을 대신한 뒤, 자기네 찬탈을 역성혁명으로 정당화해 선전하기 위해, 그중 12곡을 뽑아 가사를 개찬해 조씨 공덕을 찬양했다.

그 뒤 사마염이 조위를 빼앗아 무제로 즉위한 뒤, 부현傅玄한테 22편 악곡을 지어 사마씨 공덕을 찬양하게 했다. 그중 악곡 '주로硃鷺'를 개찬한 '령지상靈之祥'은, 사마의가 조위를 보좌한 걸 순이 요임금을 섬긴 데 비유했다. 또 '사비옹思悲翁'을 개찬한 '선수명宣受命'은, 철저히 승자독식의 사관史觀에서 사마의를 신격화하고, 제갈량을 완전히 무시하는 어조로 선전한다.

"선제(사마의)가 천명 받아 천기에 부응해, 풍운 움직일 때 신룡 날아올라, 제갈량 잘 막고 옹주 량주 주둔해, 변경이 평안하고 중원이 태평했네. … 중후한 권위 함양하고 신령스런 병법 운용해, 제갈량이 (공포로) 진동해 죽으니, 천하가 안녕해졌다."(宣受命, 應天機, 風雲時動神龍飛. 禦葛亮, 鎭雍梁. 邊境安, 夷夏康. … 養威重, 運神兵. 亮乃震斃, 天下安寧.)

● 송서宋書 악지에는 이 내용을 그대로 답습하면서, 또 한 편 악곡을 소개해 사마의와 제갈량을 거론한다.

"(사마의) 위풍은 힘찬 촉도 깜짝 진동시키고, 치열한 무용은 강한 오도 두렵게 했네. 제갈량은 천명을 모르고, 함부로 천도를 거슬러 어지럽혀, 십여만 군사를 거느리고, 수차례 와서 변경을 침입했지. 우리 황제께서 신령스런 무용으로, 도끼 잡고 옹주와 량주에 주둔하니, 제갈량은 이내 하늘 위엄 두려워, 싸우기도 전에 먼저 죽어버렸네."

얼마나 황당무계한 과장선전으로 넘치는가? 말하자면, 조선 초기 룡비어천가龍飛御天歌를 방불케 하는 자화자찬 어용 악곡이다.

제갈량과 사마의 비교평론 3 - 진서 선제기 사관 평론

진서 선제기는, 기본상 사마의 후손인 진 황실 입장에서, 창업기반을 다진 조상을 칭송·찬미하는 관점이 주된 어조다. 역사기록은 어쨌든 전 왕조에서 직접 남긴 사초史草를 바탕으로 취사선택하는 한계 때문이다. 허나, 진서 선제기를 전하는 사관이 맨 마지막에 덧붙인 평론은, 객관중립의 역사관을 투영해 비교적 진실 그대로 적시한다. 거기서 제갈량과 사마의의 대적 관계는 이렇게 평론한다.

"(사마의가) 내적 판단의 책략과 외적 결행의 영명함으로, 공손公孫을 백일만에 섬멸하고, 맹달을 십여일에 처단한 걸 보라. 병력출동은 신처럼 기민하고, 도모함에 두 번 다시 계산함이 없었다. 그리고 군중을 이끌고 서쪽으로 가서 제갈량과 서로 대치했다. 본디 전투할 의지가 없어 군대병력을 억제하니, 규방숙녀 두건을 보내 비로소 격분하는 마음 일었네. 부절 지닌 특사 문 앞서 가로막으니, 웅장한 의도 바로 굽혔네. 천리 길에 전투를 주청하여, 거짓 위용을 과시해 군중 속였네. 진秦과 촉蜀의 인민은 용맹과 나약함 서로 대적할 수 없고, 평이하고 험난한 길에, 수고로움과 안일함도 같지 않네. 이러함에도 전공을 쟁취하고자 했으니, 얼마나 유리한지 분명히 드러나네. 그럼에도 도리어 군문을 걸어 잠그고 보루만 굳게 지켜, 감히 창칼의 예봉을 다투지 못했네. (제갈량) 생전에는 그 실력에 겁먹어 앞에 나서지 못하고, 사후에는 그 허실을 의심해 오히려 달아났네. 훌륭한 장수의 도는 여기서 잃어 사라지고 말았네!"

마지막 사관의 평론은, 정말 정곡을 찌른 정문일침이 아닐 수 없다. 남방 온난한 기후에 촉 인민은 아무래도 유약해서, 춥고 척박한 북방 사람들의 거칠고 용맹한 기질과 대적하기 어렵다. 게다가 험난한 지형지세에 출정과 후퇴는 얼마나 힘들고 어려운 길인가? 그럼에도 가만히 앉아서 제 발로 먼 길을 찾아온 적군이 무서워서 겁먹고 접전을 회피했으니, 그 비겁함과 나약함은 천추에 비웃음거리라는 논조다.

제갈량 칭송 공덕비문

촉기蜀記에 보면, 제갈량 공덕을 칭송하는 명문이 전한다. 진晉 영흥永興 연간에 진남鎭南장군 류홍(劉弘: 대략 236-304)이 륭중에 이르러, 제갈량 고택을 보고 비석을 세우고 정려旌閭를 표창했다. 태부연太傅掾인 건위犍爲 리흥李興에게 문장을 짓도록 명했는데, 그 문장은 다음과 같다. 리흥은 그 유명한 진정표陳情表를 지은 효자 리밀(李密: 224-287)의 아들이다.

"천자께서 저를 면양에 임명해 부임해보니, 天子命我, 於沔之陽,
북소리 듣고 길이 사모하네, 聽鼓鼙而永思,
선철께서 남기신 찬란한 빛을! 庶先哲之遺光,
우뚝한 륭산에 올라 멀리 바라보니, 登隆山以遠望,
저기 바로 제갈공명 고향이네. 軾諸葛之故鄉.
대저 신령한 물건은 기미에 호응하고, 蓋神物應機,
큰 그릇은 모서리 없으며, 大器無方,
통달한 위인은 막히지 않고, 通人靡滯,
위대한 덕행은 일정하지 않은 법. 大德不常.
그래서 골짜기 바람 부니 추우가 소슬하고 故谷風發而騶虞嘯,
구름천둥 울려 퍼지니 잠긴 비늘 고개 쳐드네. 雲雷升而潛鱗驤.
지摯는 세 번 초빙 받아 칡옷 벗고 摯解褐於三聘
중니는 부름 받아 치마 걷어 강물 건넜지 尼得招而褰裳,
관중은 명령을 받고 표범처럼 변했고 管豹變於受命
공貢은 감격해서 장원으로 돌아갔네. 貢感激以回莊,

특이하다 서서가 보배를 지적해, 異徐生之摘寶,
깊이 감춰진 누운 용을 풀어냈네. 釋臥龍於深藏,
위대하다 류비가 몸을 굽혀, 偉劉氏之傾蓋,
선생의 주밀한 덕행 가상히 여겼네. 嘉吾子之周行.
무릇 자기 알아주는 군주 있으면, 夫有知己之主,
목숨 바치는 현량이 있는 법, 則有竭命之良,
정말로 우리 한 황실을 셋으로 나누어 固所以三分我漢鼎,
우리 변방 황무지에 터전을 잡고 跨帶我邊荒,
우리 북쪽을 향해 대항하며 抗衡我北面,
우리 위나라 강토를 치닫는 자 있었지. 馳騁我魏疆者也.
영명하도다 우리 선생이시여! 英哉吾子,
홀로 하늘의 신령스러움 머금었으니 獨含天靈.
어떤 신의 화현이신가? 豈神之祇,
어떤 위인의 정신이신가? 豈人之精?
어찌 그리도 사유가 깊고, 何思之深,
어찌 그리도 덕이 맑으신가? 何德之淸!
세대가 달라 꿈이라도 통할진저, 異世通夢,
함께 태어나지 못함이 한스럽네. 恨不同生.
당신 팔진도는 아무리 찾아도, 推子八陳,
손자 오자 병법에는 보이지 않고 不在孫吳,
기발한 목우·류마 기계장치는, 木牛之奇,
공수반을 본뜬 것도 아니네. 則非般模,
신기한 쇠뇌 공능 어찌 그리 미묘하고 神弩之功, 一何微妙!
천 개 우물 가지런한 질서 또 무슨 비결인가? 千井齊甃, 又何祕要!
옛날 전욱과 요夭는 이름만 전하고 자취 없으니 昔在顚夭, 有名無跡,
우리 같은 무리 누가 잘 헤아려 미묘히 계획할까? 孰若吾儕, 良籌妙畫?

장문중은 죽고 나서 말로 칭송 받지만 臧文旣沒, 以言見稱,
또 우리 선생처럼 언행 나란히 입증되진 않지. 又未若子, 言行並徵.
관중은 반점을 남용하고, 夷吾反坫,
악의는 끝내 지키지 못했으니, 樂毅不終,
어찌 당신께 비견할 수 있으리? 奚比於爾,
명철히 텅 빈 중도 지키신! 明哲守沖.
임종에 어린 아들 부탁 받아 臨終受寄,
양보함은 허유보다 겸허하고 讓過許由,
병풍 사이에 두고 정사 돌봐도 負扆涖事,
민간에 유언비어 없었지. 民言不流.
형벌은 정 자산보다 더 적정했고, 刑中於鄭,
교화는 로 주공보다 아름답네! 敎美於魯,
촉 인민들은 염치를 잘 알아, 蜀民知恥,
황하와 위渭수까지 두루 안도했네. 河渭安堵.
고요가 아니라면 이윤에 필적하니, 匪皐則伊,
어찌 관중과 안자에 비기리? 寧彼管晏,
어찌 단지 거룩한 선왕(사마의)이리오? 豈徒聖宣,
비분강개로 거듭 탄식하네! 慷慨屢歎!
옛날 당신께서 은거하실 적에, 昔爾之隱,
오직 이 집을 점쳤으리니, 卜惟此宅,
어질고 지혜로운 이 거처한 곳, 仁智所處,
규모와 윤곽 없을 수 있으리? 能無規廓.
날이 가고 달이 지나, 日居月諸,
저물어 죽을 때가 되거들랑, 時殞其夕,
누가 죽지 않을 수 있으랴만, 誰能不歿,
오직 남긴 품격 귀중할 뿐! 貴有遺格.

오직 선생이 세운 공훈만 惟子之勳,
미래세 풍속을 바꾸고, 移風來世,
송축 시가 다른 전적에 실려 詠歌餘典,
겁 많은 범부들 격려하리라! 懦夫將厲.
원대하고 아득하도다! 遐哉邈矣,
그 탁월한 규모 설계여! 厥規卓矣.
우리 선생 같은 분이라면, 凡若吾子,
정말 끝까지 엿보기 어렵네. 難可究已.
예전에 서로 어긋날 적엔, 疇昔之乖,
만 리나 멀리 떨어졌건만, 萬里殊塗,
이제 내가 여기 와서, 今我來思,
선생의 옛 집터를 바라보네. 覿爾故墟.
한 고조 혼은 풍패로 돌아오고, 漢高歸魂於豐沛,
강태공은 5대 지나 주로 돌아갔네. 太公五世而反周,
그림자 밖 옅은 그늘 방불케 하니, 想罔兩以髣髴,
그림자 메아리처럼 여운 남기소서. 冀影響之有餘.
혼이시여 신령스러우시다면, 魂而有靈,
어찌 다 아시다마다요! 豈其識諸!"

왕은王隱의 진서晉書에 따르면, 이 문장을 지은 리흥李興은, 그 유명한 진정표陳情表를 지은 효자 리밀李密의 아들로, 일명 안安이다.

소동파의 제갈량론諸葛亮論과 관중론管仲論

제갈량이 스스로 관중이나 악의에 비견한 사실은 유명하다. 당송팔대가인 소동파는 관중·악비·제갈량에 대한 인물평론을 전하는데, 특히 제갈량이 성공하지 못한 원인분석과 관련해 주목할 만한 '제갈량론'과 '관중론'을 차례로 소개하기로 한다.

"(천하를) 인의仁義로 취득해서 인의로 지킨 자는 주周이고, 속임수와 힘으로 얻어서 속임수와 힘으로 지킨 자는 진秦이다. 진이 취한 방식으로 천하를 취한 다음 주周가 지킨 방식으로 지킨 자는 한漢이다. 인의와 속임수 및 힘(詐力)을 뒤섞어 천하를 얻으려 한 자는 바로 제갈공명이니, 그래서 실패했다.

"조조가 후한 조정이 쇠퇴한 위기를 틈 타 농간을 부리자, 공명이 이를 치욕으로 여겨 천하에 큰 신의를 보이고자 했다. 그때 조조 위세는 사해를 진동해, 동으론 허주·연주를 점거하고, 남으론 형주·예주까지 차지했다. 공명이 믿고 의지해 승기를 잡을 수 있는 근거라곤, 오직 그 구구한 충성신의로 천하 인심을 크게 격발하는 것뿐이었다. 무릇 천하에 염치와 절개로 비분강개해 대의를 위해 죽기를 각오한 선비들은 진실로 조씨한테 심복하지 않고, 다만 강제 위협과 겁박으로 예속되어 있었다. 그러니 공명의 기풍을 듣고 천리 밖에서 호응한다면, 비록 송곳 꽂을 땅이 없더라고 천하 인민을 동원 활용할 수 있었다.

"대저 무고한 필부 하나를 죽여 천하를 얻는다고 할지라도 결코 하지 않아야만, 천하 충신 의사들이 기꺼이 그를 위해 죽는다. 류표劉表가 죽었을 때 선주가 형주에 있었는데, 공명은 그 고아를 습격해 죽이자고 했으나, 선주는 차마 그러지 못했다. 그 뒤 류장이 선주를 좋게 보아 호의로 환영했는데, 촉에 들어간 지 몇 달도 안 되어, 그 목을 죄고 등을 쳐서 나라를 빼앗았다. 그래서 조조와 별반 다를 바 없어졌다. 류비가 조조를 대적할 수 없음은, 천하가 모두 아는 사실이다. 병력은 조조만큼 많지 않고, 땅은 조조처럼 넓지도 않으며, 전투력도 조조보다 유능하지 못했다. 오직 하나 뛰어나 이길 수 있는 것은, 그 구구한 충신忠信뿐이었다. 공명이 류장을 멀리 내보내면서, 이미 천하에 정의로운 선비들의 신망은 사라졌다. 이에 병력을 모집 훈련해 인의仁義의 군대로 표방하고 출정해 천하가 호응하길 기대하긴 어려웠다.

"조조가 죽고 아들 조비가 대를 이었을 적에는, 그래도 격파할 계략이 있었다. 왜냐면, 조조가 임종에 조비를 불러 조식을 부탁하며, 담譚이나 상尙의 일화를 경계하지 않아서, 비와 식이 끝내 골육상잔으로 치달았기 때문이다. 그 부자형제도 이처럼 원수가 되었거늘, 하물며 어찌 천하영웅의 마음을 얻을 수 있었으랴? 이처럼 틈새를 엿보아 노릴 수 있는 형세에, 고작 수십만 황금만 미끼로 내던져 그 대신을 매수해, 안에서 골육상잔을 벌이도록 유도한 뒤, 병력을 일으켜 정벌했더라면, 고조가 항적을 멸하듯 끝났을 것이다. 공명이 당초 신의를 온전히 지켜 천하인심을 복종시키지 못하고, 게다가 그 지모를 한껏 발휘해 조씨의 수족을 끊지도 못했으니, 여러 차례 전쟁에 나서 거듭 퇴각하고 만 게 마땅하지 않은가?

"무릇 적한테 이간질할 틈새가 있는데도 이간질하지 않음은, 탕왕·무왕처럼 대의를 실행함이다. 탕왕·무왕이 아니면서 그렇게 해서 절호기회를 놓침은, 어진 사람과 군자의 큰 환난이다. 려온呂溫은 공명이 후한 환桓제·령靈제 이후로 백성들한테 더 이상 한漢을 사념하도록 강제할 수 없음을 잘 알아서, 천하인민한테 '조씨가 너희를 이롭게 하면 내가 그를 섬기고, 너희를 해치면 내 그를 주륙하리라!'고 포고하려 한 걸로 본다. 그렇다면 촉이 위보다 과연 훨씬 능가함이 있었을까? 진실로 크게 능가하지 못하면서, 또 결코 위를 섬길 수도 없었다면, 천하를 어찌 빈말로 두려워 떨며 움직이게 할 수 있었을까? 오호라! 이는 백면서생의 의론이라, 말할 수는 있지만 쓸모가(행할 수) 없는 말이다."

"내 일찍이 주관周官과 사마법司馬法을 읽어 군사대오의 수를 알았다. 그 뒤 관중 글을 읽고, 관자가 주나라 병제를 변화시킨 까닭을 알게 되었다. 대저 왕의 병력은 부득이해서 출정하지, 적을 격파해 이기기 위함이 아니다. 그래서 그 병법의 핵심요체는 패전불가(不可敗)에 있다. 제환공과 진문공에 이르면, 결전해 승리하지 않으면 패권을 안정시킬 수 없어서, 그 병법은 필승전략으로 바뀌었다. 번잡하니 완곡한 것은 패전불가를 위해서고, 간명하고 강직한 것은 필승전략 때문이다. 주나라 병제는 12,500인이 1군이었다. 1만에 2천이 있고, 2천에 5백이 있으니, 그 수는 가지런하지 않은 모난 홀수(奇)이고, 바로 그래서 번잡하고 완곡한 것이다.

"지금 천체(지구) 경도가 360도(원)이니, 12시로 균분하면 1시당 30도가 되어야 정수(正)다. 헌데, 1년에 5일과 1/4이 더 있으니, 이것이 모난 홀수(奇)다. 가령 천체(지구) 경도에 모난 홀수(奇)가 없다면, 천년의 날도 아녀자나 아이라도 누구나 앉아서 쉽게 헤아릴 수 있다. 오직 가지런하지 않은 모난 홀수(奇)라서, 정교한 천문역법가라도 제대로 헤아릴 수 없다. 성인은 왜 그런지 이유를 알아서, 장章、회會、통統、원元의 개념으로 그 수를 헤아리고 궁극 변화를 다 밝히신다. 사마법에 따르면, 5인이 1오伍고, 5오伍가 1량兩이며, 만이천오백(12,500)인이 1(군)대隊가 된다. 10에서 3을 취해 홀수(奇)가 되면, 그 나머지 7은 정수(正)가 되고, 4기奇와 4정正으로 8진八陣이 생긴다.(마지막 구절 未詳)

대저 12,500인을 팔진 안에 균분하면, 가지런히 떨어지지 않고 모난 수(奇)가 남아서, 다분히 곡절변화를 주어 그 수를 다 채우게 된다. 하여 구련반거鉤聯蟠踞 같은 다양한 형태가 각각 조리 정연해진다.

"삼대가 흥성할 적에는, 병농兵農과 군부軍賦를 모두 수십백년은 잘 다스려야 천하에 뜻을 얻을 수 있었다. 허나 주周가 망한 뒤로는, 진한 진법은 더 이상 삼대를 따르지 않았다. 그 뒤로 제갈공명이 홀로 유실

된 옛 병제와 진법을 통찰·인식하여, 그걸 잘 활용해 천하를 얻을 수 있다고 여겼다. 그러나 여러 해를 서로 대치만 하고, 위나라 사람이 감히 결전에 나서지 못하고 폐칩해 고수하니, 공명인들 어쩌랴? 끝내 척촌尺寸의 공훈도 세우지 못하고 말았다. 팔진병법이란 선왕이 패전불가 전략으로 고안한 것이지, 명리를 위한 필승쟁취 수단은 아니었던 것이다.

"이로 보면, 간명하면서 정직하지 않으면, 결코 승리할 수 없다. 후세에는 번잡하고 간명한 원리를 통달하지 못해 패망에 이른 것이다. 삼대의 군사대오의 수와 관자가 제나라를 다스린 병법은, 비록 다 활용하지 못한다 할지라도, 번잡하고 완곡한 원리에 가까우면 견고히 수비할 수 있다. 또 간명하고 정직한 원리에 가깝다면, 한 바탕 결전해도 패전은 불가할 것이며, 필승의 여지도 충분하다."

이밖에도 소동파는 당시 법치 원칙 및 인재등용 기준에 관한 대책을 개진하면서, 제갈량의 선례를 극찬하며 적극 추천한다. 황제가 당시 적폐청산 구제대책의 본말과 선후를 묻자, 소동파는 근본 및 우선 방책을 개진하니 폐하께서 선택하라고 요청한다.

"당금 적폐를 구제할 방도는, 반드시 우선 올바른 정사를 세움(立事)이며, 그 근본은 인재를 알아봄(知人)에 달렸습니다. 대신이 인재를 알아보는지(知人) 여부를 관찰해야 합니다. 예로부터 비상한 공훈을 세우려면, 반드시 인재를 알아보는 현명함이 있어야 하는데, 만약 지인知人의 현명함이 없다면, 규칙에 따라 법도에 맞게 시행해 과실착오를 적게 해야 합니다. 이 두 가지는 모두 스스로 알아 살펴 재능과 분수에 알맞게 행할 뿐입니다.

"도道는 강습해서 알 수 있고, 덕은 부지런히 힘써 능할 수 있으나, 오직 인재를 알아보는 현명함만은 배울 수가 없고, 반드시 천부자질에 달렸습니다. 예컨대, 소하가 한신을 알아본 현명함을 어찌 법도로 정해 가르쳐 전할 수 있겠습니까? 제갈공명처럼 현명한 분도 인재를 알아보는 현명함은 모자란 바(所短)가 있어서, 마속한테 큰 실수를 했습니다. 하여 공명도 스스로 이점을 알아차려, 종신토록 위연魏延의 기발한 기습대책 요청을 수용하지 않았습니다. 우리 인조께서 재위 시에 크고 작은 일을 모두 일률로 법에 회부해 맡기시고, 인재는 현명하건 불초하건 일률로 공의公議에 회부하셨습니다. 일은 이미 효험을 점검한 후에 시행하고, 인재는 이미 시험한 후에 기용하여, 끝내 비상한 공적을 추구하지 않았으니, 진실로 당시 대신들이 인재를 알아보는 현명함이 충분하지 못했기 때문입니다.

"옛날 명의는 소리 듣고 낯빛 살펴 오장육부를 꿰뚫어보면서, 질병을 치료할 적에 가슴을 가르고 비장을 따며 위와 콩팥을 세척하는 변화도 부렸습니다. 허나 진실로 그러한 의술이 없다면, 감히 그런 행위를 흉내 내선 안 됩니다. 지금 인재를 알아보는 현명함도 없으면서, 비상한 공훈을 세우려고, 반듯한 모범법도를 풀어놓아 팽개치고 옛사람만 흠모해 흉내 낸다면, 이는 맥을 살필 줄도 모르면서 화타의 의방을 시도하려는 격이니, 이는 칼을 쥐고 사람을 죽이는 거나 진배가 없습니다.

"폐하께서 보시기에, 지금 대신들이 인재를 알아봅니까? 알아보지 못합니까? 화타가 대대로 세상에 나오지 않아도, 천하에는 일찍이 의술을 폐한 적이 없고; 소하가 대대로 세상에 나오지 않아도, 천하에는 일찍이 통치를 폐한 적이 없습니다. 폐하께서 기필코 비상한 공적을 세우시려거든, 청컨대 인재를 알아보는 보좌를 두십시오. 만약 그렇지 못하다면, 또한 좌우 신하들한테 직분에 따라 법을 준수하도록 조서를 내리시면 됩니다."

천하에 대대로 요순 성왕이 출현하는 건 아니므로, 용렬한 군주를 위해서도 법치가 필요하다는 법가 사상과 일맥상통하는 견해다.

"지금 같은 형세에 천하를 지극히 잘 다스리고자 하면, 세속을 크게 거슬러 교정하지 않으면 성공할 수 없습니다. 왜냐면, 천하에 가장 큰 우환은 유약하면서 진작하지 않고, 나태하면서 엄숙하지 않으며, 구차한 안일만을 꾀해 장구한 계획을 세울 줄 모르기 때문입니다. 신하 생각에는, 마치 제갈량이 촉을 다스리고 왕맹이 전진前秦을 다스렸듯이, 천하가 엄숙히 두려워해야 합니다. 사람들이 감히 잘못을 저지르거나 변명하지 못하고, 자기 성심을 다하게 해야 합니다. 이렇게 다스리면, 대개 용렬한 사람들이 크게 혐오하고, 참소하는 사람들이 일어나기 마련입니다. 그래서 선주가 관우와 장비가 사이에 끼어드는 걸 막은 다음에야, 공명이 비로소 그 재능을 다 발휘할 수 있었고, 부견苻堅이 번세樊世를 참하고 구등仇騰과 석보席寶를 파출한 다음에야, 왕맹이 그 공적을 다 마칠 수 있었습니다. 무릇 천하에 일찍이 그 두 분 같은 인재가 없는 것도 아니고, 군주는 태평통치를 이처럼 열심히 사념합니다. 군주와 신하 모두 서로 몹시 간절히 필요하고 구하건만, 서로 만나 의기투합하기 몹시 어려운 것은, 오직 군주가 그 신하를 믿지 못하고, 신하가 그 군주를 헤아리지 못하기 때문입니다."

"예로부터 인재등용은 반드시 시험을 거칩니다. 비록 탁월한 그릇이더라도, 반드시 이미 성취한 공적이 있어야 합니다. 한편으론 갖은 변화를 통해 어려움을 알게 하면 일을 가벼이 하지 않고, 다른 한편으론 공적이 높아지고 명망이 중후해지면 사람들이 저절로 할 말이 없어집니다. 옛날 선주가 황충黃忠을 후장군으로 임명하자, 제갈량이 불가하리라 염려했습니다. 황충의 명망이 평소 관우나 장비와 같지 않은데, 만약 동등한 벼슬을 임명한다면, 둘이 불쾌하리라 간언했습니다. 과연 나중에 관우는 불평했습니다. 황충이 호방하고 용맹한 자태를 지녔고, 선주는 관우·장비와 군신관계가 아주 계합했는데도, 오히려 이렇듯 우려했거늘, 하물며 다른 보통 관계야 오죽하겠습니까?"

또 소식은 장괴애(張乖崖: 張詠) 유묵에 제사題詞를 이렇게 썼다.

"관용으로 애호를 얻으면, 그 애호는 한때에 그치고; 근엄함으로 경외를 받으면, 그 경외는 힘이 미치는 데서 그친다. 관용으로 경외를 받고, 근엄하면서도 애호를 얻는 건, 모두 성현도 이루기 어려운 일로, 영향력이 원대하다. 장충정공(張詠)이 촉蜀을 다스릴 적에 엄격한 법적용은 마치 제갈공명과 비슷하다. 제갈공명과 장공이 촉에 남긴 은혜와 인민의 애호는, 모두 지금까지 집에서 제사지내며 축원하고 사당에 모셔 공경할 정도다."

이 글은 철종 원우 6년(1091) 윤8월13일, 소동파가 진陳을 지나다가 장공의 증손 조祖를 만났는데, 촉 출신인 소동파한테 장공 유묵을 내보이며 장공 덕망을 깊이 공감해달라고 요청해 썼다.

관중에 대비한 평론

제갈량을 칭찬하며 악의·관중과 비교 평가한 인물론도 적지 않다.

● 진서 효우전에 실린 리밀(李密: 224-287)은 파촉 사람으로, 어려서 아버지를 여의고 어머니가 개가해 할머니 류씨劉氏한테 자랐다. 나중에 할머니 봉양에 효성이 극진해, 벼슬을 사양하는 간절한 '진정표'를 올려 더욱 유명해졌다. 틈나는 대로 피로를 잊고 배움에 골몰해, 진수와 함께 초주譙周한테 사사했는데, 동문제자들이 그를 자유나 자하에 빗대곤 했다. 나중에 사공司空 장화張華가 류선(安樂公)이 어떠냐고 묻자, 리밀이 제환공에 버금갈 만하다고 답했다. 왜 그런지 이유를 묻자, 대답은 이러했다.

"제환공은 관중을 얻어 패권을 차지했는데, (나중에 관중 유언을 듣지 않고 내시 간신) 수조豎刁를 기용해 죽어서 구더기가 들끓도록 장례도 못 치렀지요. 안락공도 제갈량을 얻어 위에 대항해 버텼는데, 그 뒤 황호黃皓한테 내맡겨 나라를 잃었지요. 그러니 그 성패가 같은 줄 압니다."

이어 제갈공명이 어찌 그리 번쇄한 말로 가르쳤는지 묻자, 리밀은 이렇게 답했다.

"옛날에는 순·우·고요가 서로 더불어 정사를 의론했으니, 간명하고 우아할 수 있었지요. 허나 그 큰 가르침(大誥)도 평범한 일반인한테 말하게 되면 번쇄해질 수밖에 없지요. 제갈공명은 자기와 필적할 만한 대화 상대가 없어서, 말로 가르침이 그렇게 번쇄해진 거지요."

이에 장화가 훌륭한 식견이라 칭찬했다. 리밀의 둘째 아들 흥興은 진남장군 류홍劉弘의 참군이 되어, 제갈공명과 양숙자羊叔子의 비석을 세울 때, 아주 유려한 문채로 그 비문을 지었다.(비문은 앞에 소개함.)

● 일찍이 진晉 장보張輔(漢 河間相 衡의 후예)는 역사인물 비교평론을 남겼다. 관중이 포숙만 못하고, 조조가 류비만 못하며, 악의가 제갈량보다 뒤떨어진다고 평가했다. 또 반고가 사마천보다 못하다며 몇 가지 이유를 자세히 논했다.

"첫째, 사마천은 간명한 말로 사건을 잘 요약 저술해, 3천년 일을 50만자로 망라했는데, 반고는 2백년 일을 80만자로 기술해 번잡하다. 둘째, 훌륭한 역사가는 권장할 만한 선행과 징계할 만한 죄악을 귀감으로 적고, 보통 소소한 일상사는 생략하는 법인데, 반고는 모두 적었다. 셋째, 반고가 조착晁錯을 폄하해 충신의 도리를 해쳤다. 넷째, 사마천이 사기를 초창해 반고가 그를 본받아 기록했으니, 난이도가 현저히 다르다. 다섯째, 사마천이 소진·장의·범휴·채택 전기를 남겨 좀 산만한 언사를 드러내고, 그들 재주를 대략 밝히면서 변사의 화려한 화술을 엿보여, 명실상부한 역사를 기록했다. 그래서 사마천이 훌륭한 역사가良史라 칭송한다.

● 진晉 류뢰지劉牢之는 대대로 용맹스런 장수 집안으로, 태원太元 초 사현謝玄의 참군이 되어 정예병을 거느려 선봉에서 백전백승해 '북부병北府兵'이란 호칭을 얻어 적군이 두려워했다. 부견 부장 구난句難이 남침하자, 뢰지가 적의 군수보급을 격파하고 승승장구했다. 나중에 원현元顯의 유세에 넘어가, 왕공王恭을 배반하고 진 조정에 귀순해, 왕공 사후 그 지위를 차지했다.

원흥元興 초, 조정에서 환현桓玄을 토벌하러 뢰지를 선봉도독으로 명해 파견하자, 원현元顯이 사절을 보내 자문을 구했다. 뢰지는 환현이 어려서부터 영웅으로 유명해서, 자신이 초楚를 전부 차지해 제압할 수 없을 거라 두려워했다. 또 평정한 뒤 공명이 천하에 떨치면, 반드시 원현이 자기를 용납하지 않고 해치리라 우려해, 깊은 회의에 잠겼다. 이때 환현이 하목何穆을 보내 뢰지를 꾀었다.

"자고로 난세에 군신 상호간 신뢰를 지킨 경우는, 연나라 소왕과 악의, 그리고 현덕과 공명 사이뿐이다. 그러나 둘 다 공훈대업을 성취하지 못하고, 두 군주 모두 일찍 별세했다. 허나 가령 공훈대업을 완성했더라도, 두 신하는 목숨을 온전히 보전하지 못하고 화를 당했을 것이다. 속어(鄙語)에 '높은 새가 다 잡히면 훌륭한 활은 거두어 감추고, 교활한 토끼가 다 잡히면 사냥개는 죽여 삶아진다.'(高鳥盡, 良弓藏; 狡兎殫, 獵犬烹.)고 한다. 월 구천이나 한 고조 같은 영웅호걸도, 패왕의 업을 이룬 뒤 오히려 감히 공신을 신임하지 못했거늘, 하물며 우둔하고 흉포한 범부 무리야 오죽하랴? 천지개벽 이래, 군주를 진동케 하는 권위를 지니고, 포상할 수 없는 막대한 공훈을 세운 신하로서, 암울한 난세에 용납된 자가 그 누구더냐?"

스스로 회의하던 차에, 감언이설로 유세하자 그 꾐에 넘어가 ,뢰지는 생질 하무기와 심복의 간곡한 간언에도 불구하고 투항했다. 나중에 다시 환현을 배반하려 머뭇거리다가 끝내 죽었다.

● 남송 효종 순희 2년(1175) 진사가 된 항안세項安世는, 녕종寧宗이 즉위(1189)해 각계 의견을 구하자, 국가예산과 민생경제를 심도 있게 의론해 올렸다. 그 기본 대전제가 눈에 띈다.

"관이오가 제를 다스리고 제갈량을 촉을 다스렸지만, 국정의 근본은 토지를 측량해 조세부역을 통제하고, 조세부역 수입을 계산해 비용을 통제함에 있을 따름이다."

제갈량이 맨 처음 제시한 호구정책 청사진을 찬상한 것이다.

● 신원사에 보면, 허형許衡은 세조 지원至元 3년(1267) 시무 5사를 개진한 상소문에서, 첫째로 개국창업의 최우선 과업을 제시하며, 통치에 선결기초인 규모 확정이 최중요하다고 역설한다.

"자고로 건국 창업에는 원대한 규모(規模: 마스터 플랜)가 있어야 합니다. 규모가 확정된 연후에야 통치공적을 기약할 수 있습니다. 옛날 자산은 쇠약해진 주나라 제후국을 다스리고, 공명은 서촉의 한 구석을 다스리면서도, 한번 규모를 의론해 결정한 다음 종신토록 그에 따랐습니다. 하물며 위풍당당한 천하 통치에, 어찌 일정한 문물전장 제도가 없을 수 있겠습니까?"

이어 자상한 대책을 펼쳤는데, 황제가 가상히 여겨 받아들였다. 문명에 익숙하지 않은 북방 유목민 몽고족이, 중원을 효율적으로 통치하자면 문명화가 불가피했을 텐데, 그 필수 과정에 주효한 결정적 대책을 제시한 것이다. 허형은 질병이 많아, 5일에 하루만 출근하도록 허락하고, 수시로 명약과 미주를 하사했다.

● 섭방애葉方藹는 강희제(1661-1722 재위) 때, 시강학사로 통감을 강의했다. 성조가 "제갈량과 이윤은 어떠냐?"고 묻자, "이윤은 성인으로 공자에 비할 만하고, 제갈량은 대현인으로 안연에 비할 만하다."고 답해, 성조가 고개를 끄덕였다.

● 왕증(王拯: 1815-1876, 初名 錫振)은 도광 21년(1841) 진사가 되어,

관직이 통정사에 이르렀는데, 시문을 잘 지어 문학가로 이름이 높았다. 시정에 관해 여러 번 상소문을 올렸다. 죽기 직전 상소에서, "천하대세가 날로 급변해 험난한 일이 많은데, 더러 시국이 청명하고 일이 잘 돌아간다고 평안히 여기는" 무사안일에 경종을 울렸다. 특히 기미를 통찰하는 지성스런 군자만이 깊이 통찰해 간절히 경계한다고 강조했다. 구체적 실례로, "옛날 제갈량이 하은주 삼대 이후 제1인자인데, 역사에서 유독 그의 '근신勤愼'을 칭송했으며; 주자가 송 효종한테 '연회안일의 짐독酖毒 해악이 날로 불어가고 날로 커갈수록, 와신상담하는 의지는 날로 멀어지고 날로 잊힐 거다.'고 경계한 일"을 거론했다.

내 님을 그리사와~ 존경 흠모!

제갈량의 인품덕망을 흠모해 귀감으로 찬탄한 사례나, 제갈량의 유능함을 인정하고 탄복한 예화도 적지 않게 눈에 띈다.

● 진서 효회제·효혼제기 말미 사신 평론에 보면, 유명한 간보干寶의 역사평론을 인용해, "치세에 만든 법도 그 폐해는 어지러운데, 혼란한 세상에 만든 법의 폐해는 누가 구제할 수 있겠는가?"라고 반문한다. 하물며, 선주와 제갈공명의 능력도 없는 범부야 오죽하겠냐고 힐난한다.

● 진 혜강嵇康은, 선관選官 직을 물러나며 후임으로 자기를 천거한 산도山濤한테 절교서신을 보낸다. 거기서, 역대 성현의 많은 일화를 예시해 논하며, 인간 상호 교유에 각기 천성을 인식해 존중하는 지음知音이 가장 귀중하다고 말한다. 우禹가 백성자고를 핍박하지 않고, 공자가 자하한테 강권하지 않고, 근래 제갈공명이 서원직한테 촉에 오라고 요구하지 않은 사례가, 시종일관 진정한 지음교우라고 말한다. 그런데 자기를 골짜기나 구덩이에 몰아넣느냐는 항변인 셈이다.

● 량凉에 무소왕武昭王 리고李暠(玄盛)는 상사일에 곡수에서 연회를 베풀고, 막료들과 시부를 읊으며, 손수 제갈량 훈계를 써서 격려했다.

● 북제北齊 때 로숙무盧叔武는 어려서부터 기민해 호방하고 날렵했는데, 기묘한 책략을 좋아하고 제갈량을 흠모했다.

● 당나라 왕발王勃은 고종의 분노를 사 쫓겨난 뒤, 검남劍南을 유람하며 갈궤산葛憒山에 올라 확 트인 광야를 굽어보고, 감개무량하게 제갈량의 공적을 추념해 시부를 지었다.

● 송 진복陳宓은 천성이 강직하고 의연하며 도덕에 대한 믿음이 돈독해서, 일찍이 '주묵명朱墨銘'이란 좌우명을 지었다. 빨간 인주는 양이고 검은 먹은 음인데, 천리와 인욕의 다소에 따라 사람 심성과 기질이 달라짐을 밝힌 글이다. 항상 스스로 관직에 거처함은 반드시 안진경 같고, 집에 거함은 반드시 도연명 같아야 한다는 지론을 펼쳤다. 또 제갈량이 죽어서 집에 남은 재산이 없고 창고에 남은 비단이 없었다는 청렴성을을 몹시 흠모해, 실제 그대로 실천궁행했다. 사후에 강직한 충간의 모범을 표창하자는 건의에 따라, 직룡도각에 추증되었다.

● 료사遼史 천조황제본기에는 두 임금이 병존한 문제에 관하여, 제갈무후가 후한 헌제 폐위 때 발상發喪한 뒤 선주를 황제로 추대한 사례와 같이 논할 수 없다는 말이 나온다.

● 원나라 류인(劉因: 1249-1293)은 유가 집안에서 태어났다. 아버지 술述이 나이 마흔에 아들이 없어, "하늘이 정말 나한테 아들이 없게 하면 그만이지만, 아들이 있다면 반드시 독서를 시킬 것이다."고 탄식했다. 신인神人이 말에 한 아이를 태워 집에 와서 "잘 기르라."고 건네주는 꿈을 꾸고 나서 아들을 낳았다. 그래서 이름을 인駰, 자는 몽기夢驥로 지었는데, 나중에 인因과 몽길夢吉로 바꿨다. 3세에 글자를 알고, 하루 천백 글자를 암기했는데, 한번 눈에 스치면 곧 외웠다. 6세에 시를 짓고, 7세에 문장을 지어, 붓을 놓으면 사람들이 보고 깜짝

놀랐다. 자라서 경학에 정통하여, "소강절은 지극히 크고, 주돈이는 지극히 정밀하며, 정자는 지극히 바르고, 주자는 셋을 집대성했다."고 평가했다. 천성이 구차한 영합이나 망령된 교유를 싫어하고, 집안이 몹시 빈한해도, 의롭지 않은 물건은 하나도 취하지 않았다. 집에서 제자들을 가르쳤는데, 사도가 존엄했다. 보정保定을 지나는 공경대부들이 류인의 명망을 듣고 많이 찾아와도, 주로 겸손히 회피해 만나주지 않으니, 모르는 사람들은 그를 오만하다고 여겼다. 일찍이 제갈공명이 고요함(靜)으로 수신한 말을 좋아하여, 거처를 '정수靜修'로 명명했다.

◉ 청사고 유일遺逸전에 실린 리세웅李世熊은 명말 박학다식한 선비로 나이 80에도 항상 밤늦게까지 독서했다. 스스로 한지도인寒支道人이라 부르며, 벼슬 초빙에도 나가지 않고 빈객도 사양했다. 일찍이 시사時事에 분개해 도주道周한테 서신을 적어 올렸다. 도주가 순절하자, 복주에 가서 그 과부와 고아 구휼을 청원했다. 순치 초 청 군사가 들이닥쳐, "산에서 나오지 않으면 불측의 재앙을 당한다."고 위협하자, 세웅은 태연히 답신했다.

"죽고 삶은 천명인데, 어찌 너희 여진족 손에 달렸겠는가? 나 아무개는 나이 48세로, 제갈량이 국궁진췌한 날보다 겨우 1년이 적고, 문산文山이 순절한 날보다는 이미 1년이 더 많다. 어찌 인정을 억누르고 천성을 어겨가며, 거듭 수치모욕을 취하겠는가?"

당시 온갖 유언비어가 비등했으나, 세웅은 죽음을 맹서하고 꿈쩍도 안 했는데, 얼마 안 되어 의심과 비방이 풀렸다. 이렇듯 세웅은 문장과 절개로 명망이 당대에 크게 진동했다.

◉ 청사고 열녀전에 나오는 정정조程鼎調 처 왕영汪嫈은, 학문을 좋아하여 유가에 통달했고, 우아하며 단정한 시문을 지었다. 질병으로 죽기 전에, "가을바람에 한 잎사귀 떨어지니, 나도 황량한 허공으로

돌아간다."(秋風一葉落, 余亦歸荒墟.)는 시를 남겼다. 또 아들 보葆한테 유언장을 남겨, 집안일을 아주 상세히 당부한 뒤, 이렇게 타일렀다.

"제갈무후 저서 안에는 8무八務·7계七戒·6공六恐·5구五懼가 있다. 무후는 최고 제일류 위인이다. 힘쓸 일 하나에 계·공·구 셋이 뒤따르니, 무얼 노력할지 알 만하지 않은가?!"

너도 제갈량! 후사 부탁 유촉

◉ 진서 열전에는 명장 양호(羊祜: 221-278)의 덕망도량이 악의와 제갈공명 못지않다는 륙항陸抗의 칭찬이 나온다.

◉ 진서晉書 왕도王導전에 사신의 평론을 보면, "제갈공명이 도의를 실천궁행해 새로 세운 나라를 잘 보필하여 일을 정황 따라 잘 처리한 전례"에 빗대, 왕도를 칭송한 기록이 나온다.

◉ 또 도간陶侃의 영명함도 명망이 높았던지, 상서 매도梅陶는 친우 조식曹識한테 보낸 서신에서, "도공은 신명처럼 낌새를 밝히 알아차림은 조조 같고, 충순하게 부지런히 근로함은 제갈공명 같아서, 륙항陸抗이나 그밖에 누구도 따를 수 없다."고 극찬했다.

◉ 남제서 장경아張敬兒 전에 보면, 심유지沈攸之가 소도성을 비난하며, 황제를 보필하는 승상으로서 제갈량 모범사표를 거론한다.

남조 송 후폐제(472-477 재위) 원휘 2년(474), 계양왕 류휴범이 모반을 일으켜 조정이 경악했다. 소도성蕭道成이 신정에 주둔하며, 장경아를 시켜 거짓 투항해, 틈을 엿보아 휴범을 살해하게 했다. 그 반란을 진압한 공로로 명망이 높아지고 직위와 권세도 막강해진 소도성은, 476년 건평왕 류경소 거병도 진압해 위엄이 절정에 달했다. 이듬해 477년 이제 겨우 15세이던 황제는 위협을 심하게 느끼고, 손수 창날을 갈면서 '내일 소도성을 죽이겠다.'고 중얼거렸다. 이 말을 들은 소도성이 선수를 쳐서 황제를 죽이고 순제를 세웠다. 이에 형주자사 심유지沈攸之는, 도성이 명망이나 지위가 자기보다 못한데 조정에 전권을 장악하자 불평하는 마음에서, 소도성에 반기를 들고 성토하는 서신을 보냈다. 그 안에 황제를 살해해 폐위하고 권력을 장악해 사리사욕에 혈안이 되어 온갖 횡포를 저지르는 죄상을 열거하며 힐난했다.

"자맹子孟과 공명孔明이 남긴 가르침이 이와 같았더냐?"

소도성은 신정에 주둔하며 답서를 보냈는데, 그 부하 장경아가 핍진해오자 심유지는 자살했다. 소도성은 479년 송을 대신해서 남제를 건국해 칭제했다.

류비가 유고遺孤를 기탁寄託해 제갈량이 후주를 보정輔政한 고사를 인용해 준용한 사례도 몇 건 있다.

● 일찍이 제갈량이 어복魚復 평사平沙 위에 돌로 2장丈 간격으로 8행을 쌓아 팔진도를 만들었다. 이를 아무도 몰라보는데, 환온 혼자 알아보고, '이는 상산常山의 뱀 형세다.'고 말했다.

환온은 자기 재주와 능력을 믿고 오래 동안 딴 뜻을 품었다. 마침내 황제를 폐위하고 간문제를 세웠는데, 이때부터 환온은 제갈량 고사를 빙자해 전권을 장악했다. 진晉 간문제簡文帝가 53세로 죽으며, 유조로 환온한테 보필섭정을 명해, 제갈량과 왕도王導 고사에 따랐다.

환온은 당초 간문제가 임종에 자기한테 제위를 선양하리라 기대했다. 그렇지 않자 몹시 실망해 주공처럼 섭정하면서, 몹시 분격하고 원망했다. 자기 아우한테 투덜대는 서신을 보냈다.

"나더러 제갈무후와 왕공 고사에 따르라는 유조뿐이다."

참고로 위서魏書에 따르면, 동진 원제 사마예司馬叡는 진나라 장수 우금牛金 사생자다. 진 선제宣帝가 랑야무왕 해骸를 낳고, 해가 랑야공왕 근覲을 낳았고, 근의 비妃 하후씨가 우금과 간통해 예叡를 낳았는데, 근覲 아들로 끼워 넣어 사마씨로 잠칭한 것이다. 환온이 예 아들

욱昱을 맞이해 허수아비 황제로 세우고, 환온이 제갈량 고사 따라 승상으로 전권을 행사했다.

◉ 전진前秦 부견(苻堅: 338-385)은 천하에 큰 뜻을 품고, 명망 높은 왕맹(王猛: 325-375, 字 景略)을 초빙하러 특사를 보냈는데, 한번 보자마자 평생지기처럼 여겼다. 담론을 나누며 마음과 의기가 서로 투합해, 마치 현덕이 공명을 만난 듯했다. 실제로 부견은 왕맹을 중서시랑으로 명해, 류비가 제갈량을 믿고 맡긴 것처럼 절대 신임하고 전권을 수여했다. 공명처럼 국궁진췌한 왕맹이 51세로 죽으며, 동진과 선린을 유지하고 북방 선비족과 강족을 대비하라고 각별히 유언했다. 부견은 통곡하며, "하늘이 나한테 천하 평정을 허락하지 않는가? 어찌 이리 재빨리도 경략景略을 빼앗아 가는가?"라고 한탄했다. 한 대장군 곽광 고사에 따라 장례 치르고, 조야 모두 사흘간 통곡하며 '무후'란 시호를 하사했다. 나중에 동진 정벌을 꾀하자, 수많은 대신들이 만류했는데, 부융苻融은 부견이 스스로 제갈공명이라 대비해 칭송한 전 승상 왕맹의 유언을 환기하며 간언했다. 부견은 그 말을 듣지 않고 남정을 강행했다가 크게 낭패를 보았다.

◉ 위서魏書에 보면, 팽성왕 협勰은 고조 질병을 간호했는데, 고조가 전군 통수권까지 내맡기자, 어떻게 혼자 안팎으로 두 중책을 감당하겠느냐고 사양했다. 이에 고조가 간곡히 타일렀다.

"군대와 간병 모두 너한테 믿고 맡기는데, 이렇게 거절하면 내가 불안하다. 6군을 장악해 사직을 보위하는 중책은 너 말고 누가 있겠느냐? 오직 너뿐이다. 제갈공명과 곽자맹霍子孟은 이성으로 유탁을 받들었거늘, 하물며 너는 종친이지 않은가?"

◉ 북사北史에 보면, 리웅李雄은 발해 사람으로 약관에 주周 무제를 따라 제齊를 평정했다. 나중에 지휘감독을 잘해 6군이 숙연하자, 황제가 크게 기뻐하며, "공은 진실로 제갈무후의 재능이다."고 감탄했다.

그 뒤 모반한 양현감楊玄感 편에 들었다가 패해 죽었다.

● 위서에 보면, 류려(劉廞, 字 延明)는 나이 14에 박사 곽우郭瑀한테 취학했다. 당시 5백 제자 중에 80여명이 경전에 통달했는데, 오직 유려가 스승의 외동딸 사위로 뽑혔다. 나중에 은거해 5백 제가를 가르쳤는데, 량涼 무소왕 리고李暠가 몹시 존중해, "나와 경이 서로 만남이 공명이 현덕을 만남과 뭐가 다른가?"라고 말했다. 류려는 정무를 보면서도 손에서 책을 놓지 않고, 수많은 저서와 주해를 남겼다.

● 주서周書와 북사에 보면, 류량劉亮은 중산 사람으로 본명은 도덕道德이었다. 북위 때 큰 전공을 세워 대도독이 되고, 나중에 주 문제가 되는 우문태를 맞아 그 휘하에 들었다. 량은 용감하고 식견이 뛰어난 명장으로, 기미와 시의에 딱 부합하는 전략대책을 개진하는 모사로도 탁월했다. 이에 우문태는 "경은 문무를 겸비한 자질로 과인을 잘 보필하는 공명이오."라고 극찬하며, '량亮'이란 이름을 하사하고, 후막진씨侯莫陳氏란 성도 하사했다. 동옹주자사로 나가 청정한 행정으로 3년간 백성을 평안히 다스리다 40세로 죽었다. 주 문제가 친히 상례를 맞이해 울며, "팔다리(股肱)를 잃었으니, 배와 마음(腹心)을 어디(누구)에 기탁하나?"라고 통탄했다. 태위를 추증하고, 시호를 상襄이라 하사하고, 나중에 태조 사당에 배향케 했다.

● 주서와 북사에 보면, 후량 선제(宣帝: 555-562 재위) 소찰蕭詧은 량 무제 손자이자 소명태자 소통의 셋째 아들이다. 어려서부터 학문을 좋아하고 문장을 잘 지으며, 특히 불교의 심오한 뜻에 통달했다. 그 휘하에 채대보蔡大寶는 성품이 엄정하고 지모가 뛰어나며, 정사에 우아하게 통달하고 문장이 풍부하며 신속했다. 교령조책 등 문서는 모두 그가 전담할 정도로, 온전히 믿고 위임하는 모주였다. 채대보蔡大寶가 그를 어찌나 잘 보좌했던지, 당시 사람들이 '소찰한테 채대보의 존재는, 류선주한테 공명이 존재했던 거와 같다'고 비유했다. 그가 죽자

사도와 공작을 추증하고, 시호를 문개文凱라 하사하며, 나중에 선제 사당에 배향케 했다.

● 신당서에 보면, 당 태종(599-649)의 명신 위징(魏徵: 580-643)은 한때 시사대책을 개진하면서 관중의 고사를 인용했다.

제환공이 "내 술잔에서 술이 썩고, 도마에서 고기가 썩도록 하려는데, 패업 성취에 해는 없겠는가?"라고 묻자, 관중은 그게 정말 좋은 건 아니지만, 패업에 해는 없다고 대답했다. 이에 환공이 그러면 어떤 게 해가 되는지 묻자, 관중이 답변했다.

"인재를 알아보지 못하면 패업에 해롭고, 알고도 등용하지 못하면 해롭고, 등용하고도 일을 맡기지 못하면 해롭고, 맡기고도 믿지 못하면 해롭고, 일단 믿고도 소인들이 끼어들게 하면 패업에 해롭다."

전폭 신임해 전권을 수여해 재주와 능력을 맘껏 최대한 발휘하도록 간섭하지 말아야 한다는 취지다. 나중에 태종은 군신들과 연회를 베풀며 말했다.

"정관 이전에 나를 도와 천하를 평정해 초야를 개척한 건 방현령의 공로고, 정관이후 충간으로 짐의 잘못을 바로잡아 국가의 장구한 이익을 도모한 건 위징일 뿐이다. 비록 옛날 훌륭한 명신이라도 어찌 이보다 더하겠는가?"

그리고 친히 차고 있던 칼을 풀어 두 사람한테 하사하며 신하들한테 물었다.

"위징과 제갈량은 누가 더 현명한가?"

잠문본岑文本이 제갈량은 장수와 재상의 재능을 겸비했으니, 위징은 그에 비할 수 없다고 답했다. 그러자 태종은 아니라고 답했다.

"위징은 몸소 인의仁義를 실천해 짐을 보필하여 요순 성왕에 이르게 하고자 하니, 비록 제갈량이라도 이에 필적할 수 없다."

당시 절실하지 않은 일을 밀봉해 상소하는 자들이 많아, 태종이 귀찮아 내치려고 하자, 위징이 간언했다.

"옛날 비방하는 나무(謗木)를 세운 까닭은, 자기 잘못과 허물을 듣고자 함입니다. 밀봉상소(封事)는 비방나무(謗木) 전통의 유풍이니, 폐하께서 정치 득실을 듣고자 하신다면, 마땅히 마음대로 개진하게 해야 합니다. 말이 옳으면 조정에 보탬이 되고, 그르다 해도 정치에 손해는 없습니다."

이에 태종이 기뻐하여, 모두 위로해서 돌려보냈다.

당 태종도 질병이 악화하자, 저수량褚遂良과 장손무기를 불러, 한무제가 곽광한테 기탁하고 류비가 제갈량한테 부탁한 고사를 찬탄하며, 태자가 어질고 효성스러우니 정성껏 보필하라고 유촉했다.

◉ 오대사五代史에 보면, 당 말기 천우天祐 16년(919) 서온徐溫은 양위楊渭를 천자로 책봉하고 대오大吳로 호칭하며, 자신이 승상을 맡아 무의武義 원년으로 개원했다. 2년 뒤 양위가 죽자, 부하들이 서온한테 촉 선주가 제갈량한테 유촉한 일을 들먹이며 아부했다. 이때부터 서온과 그 양자 리계李棨가 조정 안팎 전권을 장악하고 양씨는 제사만 맡았다.

◉ 송 신종이 즉위해 희녕 원년(1068) 정치 급선무를 묻자, 왕안석은 선택기술이 우선이라고 답했다. 신종이 당태종은 어떠냐고 묻자, 안석이 답했다.

"폐하께서 마땅히 요순 성왕을 법도로 삼아야지, 어찌 태종처럼 하신단 말입니까? 요순의 도는 지극히 간명해 번거롭지 않고, 지극한 요령이라 우활하지 않으며, 지극히 평이해 어렵지 않습니다. 다만 말세 학자들이 통달할 수 없으니, 그저 도달할 수 없는 고상한 이상이라고 치부합니다."

신종은 군주한테 책난責難하는 신하라고 칭찬한 뒤, 나중에 따로 불러 논의를 펼쳤다.

"당태종은 반드시 위징을 얻고, 류비는 반드시 제갈량을 얻은 연후에, 큰 공업을 이룰 수 있었소. 두 사람은 진실로 보기 드문 불세출의 위인이오."

"폐하께서 진실로 요순성왕이 되실 수 있다면, 반드시 고요·기夔·후직·설 같은 현신이 있을 것이며, 진실로 고종처럼 되실 수 있다면, 반드시 부열이 있을 것입니다. 그 두 사람(류비와 당태종)은 모두 도덕군자가 수치로 여기는데, 어찌 말할 만하겠습니까? 천하가 광대하고 인민이 몹시 많은데, 백년 승평 시절에 학자들도 적은 건 아닙니다. 허지만 항상 통치를 보좌할 인재가 없는 걸 근심하거늘, 폐하께서 인재선택기술에 밝지 못하고 정성이 지극하지 못하면, 비록 고요·기夔·후직·설·부열 같은 현인이 있어도, 소인배한테 가리고 막혀 회포를 감추고 떠나갈 뿐입니다."

"어느 세상인들 소인이 없겠소? 비록 요순시절이라도 네 흉포한 자가 있었잖소?"

"오직 그런 네 흉악한 자를 변별해 주륙할 수 있어야, 바로 요순이 되는 거지요. 만약 네 흉악한 자들이 방자하게 날뛰며 간특한 참소를 일삼는다면, 고요·기·후직·설이라도 어찌 종신토록 관록을 먹으며 보좌할 수 있겠습니까?"

● 송사를 기록한 사관은, 자고로 일대 제왕이 흥성하려면 반드시 일대 명신이 있는 법인데, 범중엄(范仲淹: 989-1052) 같은 현인은 전혀 부끄럼 없다고 평론한다. 특히, 범중엄이 당초 재상한테 서신을 보내 천하대사를 논했는데, 나중에 친히 정치할 적에 그 말을 모두 실행했다고 칭송한다. 제갈공명이 삼고초려한 소렬(昭烈: 류비)한테 개진한 말들이, 그가 평생 행한 사업에 모두 드러난다고 극찬한다. 군주와 신하 사이에 주고받은 주관적 대화가 아니라, 후대 사관의 공평한 객관적 평론인 점에서, 정말 신빙성 높고 의미심장하게 경청할 만하다.

◉ 송 장방평(張方平: 1007-1091)은 비분강개가 뛰어났다. 파촉 태수 시절 미산 소순과 그 두 아들 소식·소철을 만나, 훌륭한 인재로 칭찬하고 소식을 간관으로 천거했다. 소식은 그를 종신 공경하고 섬겼는데, 악전樂全선생문집서문에서 그를 공융孔融이나 제갈량에 비견했다.

"북해北海 공융孔融은 뜻이 원대하고 토론은 고상한데, 세상에 잘 알려지지 않았다. 허나 영명한 호걸 기개는 당대 으뜸이었고, 문장은 열렬히 분개하는 장부 기풍이 있다. 제갈공명은 문장으로 자부하지 않았으나, 사물을 다뤄 급선무를 성취하는 자세나, 명실상부하게 표현한 의도가 잘 드러난다. 특히 출사표는 간명하면서도 뜻을 다 표현하고, 정직하면서도 방자하지 않으니, 참으로 위대한 문장이도다! 서경에 '이훈伊訓'이나 '설명說命'과 서로 표리가 되니, 진한 이래 군주를 기쁘게 섬긴 그 어떤 신하들도 이를 수 있는 경지가 아니다. 항상 두 분 문장을 온전히 보지 못해 한스러웠는데, 이제 우리 장공 안도(安道: 張方平) 선생 문집을 보니 짐작할 만하다. 시문이 모두 맑고 원대하며 웅장하고 수려해, 진실로 공북해(공융)나 제갈공명과 비슷하다."

◉ 송 사마광(司馬光: 1019-1086)은 만년에 상서좌복야 겸 문하시랑에 배수되었다. 황제가 조례출근은 면하고, 어깨 가마 타고 사흘에 한 번씩 들어오라고 특별 허가했다. 사마광은 감당할 수 없다며, "군주를 뵙지 않고는 정사를 볼 수 없다."고 사양했다. 이에 아들이 부축해 입시하되, 절하지 말라고 허락했다. 드디어 청묘전을 파하고 평시 조적법을 복원했다. 황제와 동궁 모두 허심탄회하게 경청했다.

료遼와 하夏 사절이 내방하면, 반드시 사마광의 기거를 묻곤 했는데, 변방관리들한테 "중국에 재상을 사마광이 맡았으니, 경솔히 사단을 일으켜 변방에 빈틈을 열지 말라."고 명령했다.

사마광은 자기 말과 계책이 받아들여지는 걸 보고, 신명을 바쳐 사직에 순직할 각오로 몸소 온갖 정무를 챙겼다. 밤낮 쉬지 않고 계속하자, 빈객들이 그 몸이 야위고 쇠약해지는 걸 보고, 제갈량이 음식 적게 먹고 일을 번잡하게 도맡아 일찍 운명했던 사실을 인용해 경계했다. 사마광은 "죽음과 삶은 천명이다."고 말하며 더욱 힘을 다했다. 병이 악화하는 줄도 모르고, 조정 천하대사를 꿈속 말처럼 순순히 쏟아냈다. 그해 9월 68세로 별세했다.

● 송 명장 장준(張浚: 1097-1164)은 당나라 명 재상 장구령의 아우 구고九皐의 후손으로, 호연지기를 잘 함양하여 악비와 함께 국가에 여러 모로 큰 공헌을 했다. 사관은 이렇게 평론한다.

"일찍이 고종한테, '주상께서 저를 다시 기용하시려거든, 당장 오늘 바로 도덕에 나아가시고, 감히 늙고 병들었다는 핑계로 사양하지 마십시오.'라고 직언할 정도로, 군주를 사랑하는 우국충정이 간절했다. 당시 여론은 장준의 장대한 충성심이 촉한의 제갈량과 비슷하다고 칭송했다. 그러나 제갈량은 능히 위연과 양의가 자기 생전에는 끝내 서로 의견 다툼을 벌이지 못하도록 했는데, 장준은 오개吳玠 때문에 곡단曲端을 죽이고 말았다. 또 제갈량은 유능하여 법정(孝直)을 포용했는데, 장준은 리강李綱과 조정趙鼎을 포용하지 못하고 헐뜯었다. 바로 이러한 점들 때문에, 장준이 제갈량에 미치지 못한 것이다. 부평富平에서 군사가 붕궤하고 회서에서 병변이 일어난 점은, 성패득실에 달린 일이라, 비록 제갈량이라도 미리 예견할 수는 없었을 것이다."

● 금사金史에, 도단극녕徒單克寧은 세종 유조를 받들어 장종(章宗: 1189-1209 재위)을 모셨다. 그는 연로해 사직을 간청했으나, 장종이 상의옥대尙衣玉帶를 하사하며 '제갈공명전'을 번역해 하사했다. 제갈량을 본받아 국궁진췌 죽을 때까지 충성을 다하라는 취지였으리라.

"태부는 연세가 많으니, 열흘마다 정기 휴일 외에 따로 4일만에 하루씩 더 쉬고, 큰일만 돌보며 세세한 일은 몸소 돌볼 필요 없소."

그밖에도 금 5백량、은 5천량、돈 천만、중채重彩 2백단、비단 2

천필을 특별 하사했다.

◉ 명 태조 개국에 책사로 큰 공헌을 세운 류기(劉基: 1311–75)는, 경전과 역사에 박학·통달하여 원말에 진사가 되었으나 은거했다. 일찍이 서촉 조천택趙天澤이, 강동 인물 중에 류기가 으뜸이라고 칭찬하면서, 제갈공명과 같은 사람이라고 평했다. 류기 사후, 무종 정덕正德 8년(1513) 태사太師에 추증하고 문성文成이란 시호를 하사했다. 세종 가정嘉靖 10년(1531)에는 태조 종묘에 배향하고 작위세습을 허락했다. 이때 논의에서 "태조가 현인호걸을 받아 보좌 공신을 두었는데, 휘장 안에 기발한 책모로 중원을 차지하는 대계는 대개 류기한테 부촉했다. 그래서 군중에서는 장자방이란 칭호를 얻었고, 부절을 갈라 공신을 봉할 적에는 제갈량의 비유로 불렸다."고 공인했다.

◉ 원말에 섭태葉兌는 천문지리와 점복 도서에 정통해 경세제민을 자부하며, 천운의 귀속을 예견해 명 태조 창업 과정에 포의로 서한을 바쳐, 천하대계를 도모하는 구체 형세를 자세히 논했다.

"천하를 취하려면 반드시 일정한 규모(規模: 마스터 플랜)를 갖추어야 합니다. 한신은 처음 고조를 만나 초한의 성패를 헌책했고, 공명은 초려에 누워 선주를 맞이해 천하가 삼분될 형세를 제시했습니다."

태조가 그 말을 참 기특히 여기고 붙잡아 기용하려 했으나, 그가 한사코 고사하고 떠나자, 은화와 의복을 하사했다. 몇 년 뒤 천하를 평정해 창업하는 차례가 대략 그 말과 같았다.

◉ 명 태조 건국을 도운 왕광양汪廣洋은 자주 충성스런 책모를 바쳐, 장자방이나 제갈공명에 비견되었다.

◉ 진우陳遇는 원말 온주교수를 하다 벼슬을 버리고 은둔해, 정성靜誠선생이라 불렸다. 진종룡秦從龍이 이윤·려망(呂望: 강태공)·제갈량으로 비유해 천거하자, 태조가 불러보고 크게 기뻐했다. 개국 기초를 다질 적에 휘장帷幄 안에서 보국안민 계책 등을 헌책했다.

"살인을 좋아하지 말고, 취렴을 적게 하며, 현인을 임용해 선왕 예악을 회복함이 급선무다!"

조정신하가 더러 잘못해 견책을 당하면, 힘껏 대신 해명해서 온전히 풀려난 자가 많았다. 그 헌책은 대부분 은밀한 비밀에 부쳐 전해지지 않으나, 태조가 여러 차례 그 사저에 행차하며, 항상 '선생' 또는 '군자'라 호칭할 정도로 극진히 예우했다. 수차례 거듭 관작을 제수했으나, 매번 한사코 고사해 강권할 수 없었다. 그 아들을 관직에 임명하려 해도, "세 아들 모두 아직 어리고 학문이 성취되지 않았으니, 후일을 기다리자."고 사양해, 끝내 고상한 절조를 지켰다.

● 청 대학사 장영의 둘째 아들 장정옥(張廷玉: 1672–1755)은 강희 39년(1700) 진사로 벼슬에 나서, 세종 옹정제(1722–1735 재위) 때 국정을 보필해 공적을 많이 쌓았다. 신임이 얼마나 두터웠던지, 세종이 질병이 악화해 임종유촉을 당부할 적에, 정옥은 대학사 악이태鄂爾泰 등과 함께 유조를 받들었다. 그 안에는 나중에 죽으면 태묘에 배향케 하라는 특명이 있었다. 이어 고종이 즉위하자, 총리사무가 되어 국정을 보필했다. 건륭 13년(1748) 노환으로 휴직을 구걸하자, 고종은 완곡히 타이르고, 정옥은 정중히 해명하며 문답했다.

"경은 두 조정에서 후은을 입고, 선 황제 유조를 받들어 태묘에 배향될 텐데, 종묘 제사를 받을 원훈공신이 어찌 초야에 귀향해 양로한단 말이오?"

"송·명대에도 종묘에 배향한 신하 가운데 휴직을 구걸해 허락받은 자가 있습니다. 또 나이 일흔이면 수레 끈을 걸어두고 더 이상 타지 않음(七十懸車)이 고금에 공통된 벼슬 원칙입니다."

"그렇지 않소. 주역에 낌새 보고 움직인다 했거늘, 국가 성쇠와 군신 일체를 무시하는 거요? 설사 일흔에 반드시 수레를 멈춘다고 해도, 그러면 어찌해서 또 여든에 지팡이 짚고 조정에 나가는(八十杖朝) 법도가 있단 말이오? 제갈무후가 국궁진췌한 것은 또 무엇이오?"

"제갈량은 군대 출정에 중임을 받들었고, 신하는 다행히 태평시대에 노니니, 같이 대비해 말씀하실 수 없습니다."

"이 또한 그렇지 않소. 고요나 기夔 같은 명신도 역지사지하면 모두 그러하오. 일단 자신이 천하 중책을 맡았으면, 아무리 거창한 난관이 닥쳐도 스스로 저버리지 못하거늘, 어찌 태평시대라고 스스로 안일을 꾀한단 말이오? 짐이 경을 위해 생각하건대, 단지 황조皇祖와 황고皇考의 특별한 은혜를 입어 떠날 수 없을 뿐만 아니라, 짐이 십여년간 돌봐준 인연으로도 떠난다고 말할 수 없을 것이오. 짐도 차마 경을 떠나게 하지 못하거늘, 경은 선뜻 사직하고 짐을 떠날 수 있겠소? 짐이 벼슬 원칙을 말하며 반드시 고인의 조우처럼 비교한 것은, 부득이한 고충일 뿐이오. 신하가 가령 이런 마음을 미리 품고서 관직에 임한다면, 틀림없이 국가 일체 정무를 막연히 생각하며, 그저 진秦이나 월越처럼 남의 나라로 여겨, 나이가 되면 자신 봉양하려고 퇴직하면 그만일 테니, 그러면 어느 누가 능력을 다해 국가 대소사를 다스린단 말이오? 바로 이점을 분별해 따지지 않을 수 없는 것이오."

사실 정옥은 진짜 노환이 심했는데, 고종은 끝내 사직을 허락하지 않았다. 그 뒤로도 여러 차례 '잠시 귀향'을 청하여, 배향 철회와 삭탈관직까지 논하는 험상궂은 장면을 연출하기도 했다. 책망과 설득을 되풀이하다가, 7년 뒤 건륭 20년(1755) 3월 별세했다. 당초 세종 유조대로, 태묘에 배향하고 시호를 문화文和로 하사했다. 세종 초 군기처 설치와 직제 개편을 주도하고, 유조를 받들어 지극한 심려心膂·고굉股肱 같은 중책을 다해, 붕당의 화도 일지 않은 것은, 모두 장정옥의 능력과 공헌이라고, 사관은 평론한다. 고종이 끝까지 의원면직 사표를 받아주지 않고 기어이 붙잡아둔 충분한 이유가 있었던가 보다.

● 락병장(駱秉章: 1793-1867)은 도광 12년(1832) 진사로 벼슬에 나가,

함풍 3년 호남순무사로 증국번의 단련團練 처리에 적극 찬성하고, 호남 천지회 봉기를 진압했다. 이어 증국번과 호림익을 지원해, 태평천국의 난(혁명) 진압에 파견되어 사천총독으로 부임했다. 함풍 9년(1859) 아편밀매 단속 항거에서 비롯된 람대순(藍大順, 일명 朝柱), 리단탑(李短搭, 일명 永和) 난을 함풍 11년(1861) 진압하고, 동치 2년(1863)에는 석달개石達開를 유인해 살해했다. 태평천국을 평정하는 데 결정적 공훈을 세웠다. 4년 뒤 11월 사천총독협판대학사로 별세해, "공충성량公忠誠亮, 청정근명淸正勤明"이라 칭송하는 조서를 받고, 태자태부 추증 및 현량사賢良祠 입사, 그리고 문충文忠이란 시호를 하사 받았다.

락병장은 만년에 여망이 더욱 무거워져, 조정에 중요한 정책결정에 자문하고 서남 군사를 모두 떠맡았다. 그가 추천한 인재는 모두 임용되어, 현저한 공훈명성을 떨쳤다. 사천 인민들은 혼란을 평정해 물불 위기에서 구해준 은혜에 감격해, 그가 죽자 파시罷市하고 통곡해 추모했다. 그가 사천에 끼친 은애가 어찌나 크고 깊었던지, 세인들은 그를 촉한 제갈량 및 당 위고韋皐와 나란히 칭송할 정도였다. 당 위고는 송고승전 기록에 따르면, 바로 제갈량의 후신이라고 전한다.

'나도 제갈량!'

가장 흥미롭고 독특하게 눈길을 끄는 빈번한 역사기록은, 단연 제갈량을 흠모해 모방하며 차칭借稱하는 수많은 위인들이다. '나도 제갈량이다!'는 자긍심으로, 제갈량의 지략과 충의를 모범화한 사례들이 유난히 많다.

● 삼국 오 륙기(陸機: 261-303)의 사촌형 희喜는 오가 망한 뒤 '서주청론西州淸論'을 썼는데, 제갈공명을 칭(가)탁해 지었다고 한다.

● 진서晉書에 보면, 류의劉毅는 강인용맹하고 전횡을 부리며, 류유劉

裕와 협력해 대업을 성취해 공훈이 그 버금갔다. 몹시 자긍심이 강해, 지기 싫어하고 떠벌리길 좋아해, 불평불만이 많았다. 그래서 류유가 매번 유순하게 기분을 맞춰주자 교만방종이 더욱 심해졌다. 역사서적을 열람하다, 린상여가 렴파에게 스스로 굽힌 일화를 보고, 정말 불가능한 일이라고 절찬을 아끼지 않았다. 곧잘 "류비와 항우를 만나 함께 중원을 다투지 못한 게 한스럽다."고 말했다. 또 치승시郗僧施한테 이렇게 말했다.

"옛날 류비한테 공명은 물고기한테 물이나 같은 존재였소. 지금 나와 족하는 비록 재주는 옛 현인만 못하지만, 사안은 이 말과 같소."

대중은 그 오만불손함을 혐오했다. 나중에 패하자 더욱 분격했다.

● 남북조 시대 송宋 류담劉湛은 항상 스스로 자신을 관중이나 제갈량에 빗대며, 문장 짓기나 담론은 좋아하지 않았다. 주에서 주부나 저작좌랑으로 초빙해도 나가지 않다가, 고조가 후한 상으로 몹시 예우하자 나갔다고 한다.

● 량무제 셋째 아들 태종 간문제(綱)는 음악이나 여색을 좋아하지 않고, 고상한 명망을 흠모해 항상 스스로 자신을 제갈량이나 환온에 빗대 자부했는데, 장찬張纘만 인정해주었다.

● 위서魏書 은행恩幸전에 실린 왕예王叡는, 교언령색으로 충정을 강조하며 스스로 제갈량에 빗댔다. 북위 고조 효문제 태화 2년(478), 고조와 문명태후가 백관과 함께 호랑이 우리에 가서 관람하는데, 호랑이가 어좌에 불쑥 접근했다. 좌우 시종과 호위가 모두 놀라 피했는데, 유독 왕예가 창을 들고 막아 물리쳐, 은총이 더욱 가중되어 상서령 겸 중산왕에 봉해졌다. 사문 법수法秀 역모 사건이 터져 연루자가 많았다. 왕예가 '무고한 자를 죽이느니 차라리 유죄를 사면하라.'는 상서 말을 인용해, 주모자만 처형하고 나머지는 사면하도록 주청했다. 그래서 천여 명이 살아났다. 48세에 병사하며, 임종에 국정 요점을 상소했다.

"군주를 섬기는 충신의 절의는 임종에 현저히 드러납니다. 그래서 공명은 군중에서 죽으면서, 촉을 보전하는 계책을 잊지 않았습니다. 제가 비록 용렬하고 우매하지만, 감히 아름다운 행실을 잊겠습니까?"

● 위서魏書에 보면, 왕숙王肅은 제갈량 고향(琅邪臨沂) 출신으로, 부자 모두 제齊 무제武帝 소색蕭賾한테 벼슬했다. 태화 17년(493) 부친과 형제가 죽임을 당하자, 위 고조한테 망명했다. 고조가 예우하자, 허심탄회한 대화로 위국지도와 치란방도를 논하고, 의기투합해 소씨 멸망 조짐을 들어 남정도모를 권했다. 다할 나위 없이 막역해진 사이에 숨김없이 충성을 다하며, 스스로 말하길 군주와 신하 사이에 현덕과 공명이 서로 만난 것과 같다고 자평했다.

● 당 왕숙문王叔文은 아첨으로 총애와 권력을 독차지한 간신으로, 덕종 때부터 득세했다. 덕종이 오랜 질병으로 국정에 관여하지 않자, 내시 리충언과 미인 우소용牛昭容이 좌지우지했다. 왕숙문은 리부랑중 위집韋執과 사이가 좋아, 재상이 되고자 한태·류종원·류우석·진간·릉준·한엽 등과 결탁해, 자신을 관중·제갈량·이윤·주공이라 칭송해 변죽을 울리게 하고, 천하에 다른 위인이 없다고 떠들었다.

숙문은 황태자를 세우지 않으려 했으나, 순종이 오래 병상에서 쾌차하지 못하자, 내외 군신이 태자 옹립을 청했다. 이에 광릉왕을 태자로 세우자, 천하가 모두 기뻐했다. 유독 왕숙문만 자기 의중과 어긋나자, 근심어린 낯빛을 띠며, 감히 입 밖에 꺼내지도 못한 채, 두보의 시 촉상蜀相의 마지막 두 구를 읊조리며, 혼자 크게 흐느껴 울었다.

"군사를 출정해 이기지 못하고 몸이 먼저 죽으니, **出師未捷身先死**
길이 영웅들 눈물이 옷깃에 가득 젖게 하누나." **長使英雄涙滿襟**

이 모습을 쳐다본 사람들은 모두 몰래 킥킥 웃으며 고소했다. 황태자가 국정을 돌보면서, 숙문은 투주渝州로 좌천됐고, 이듬해 죽임을 당했다.

● 당唐 예종의 아들 양황제讓皇帝 헌憲의 아들 우瑀의 손자(예종의 현손) 경검景儉은, 옛날 정치성패와 왕도·패도의 대략을 담론하기 좋아하며, 자부심이 강해 다른 사대부한테 굽히는 법이 없었다. 왕숙문 등이 그를 더욱 칭송하여, 관중이나 제갈량에 비견하였다. 왕숙문이 낭패하자, 경검도 연루될 위험에 처했으나, 다행히 모친상으로 처벌은 면했다.

● 오대五代 후촉後蜀을 자칭한 맹지상孟知祥과 그 셋째 아들 창昶은 왕소원昭遠을 총애해 전권을 위임했다. 왕소원은 병서를 좋아해, 스스로 방략이 뛰어나다고 믿고, 자신을 제갈량에 빗댔다. 송 태조 군사가 파촉에 진입하자, 철여의봉을 쥐고 군사를 지휘하며, 자기가 출정하면 중원 차지는 손바닥 뒤집기처럼 쉽다고 호언장담했다. 허나 부장 숭도崇韜가 진을 치고 전투를 개시할 적에, 소원은 두려워서 침상에서 일어나지도 못했다. 이내 숭도가 패하자, 소원은 투구를 벗고 갑병을 버린 뒤, 냇가로 달아나 숨어 두 눈이 퉁퉁 붓도록 울었다. 그리고 라은羅隱의 시 구절만 읊었다.

"아! 운이 사라지니 영웅도 자유롭지 못하네!(運去英雄不自由)"

그는 곧장 추격병한테 붙잡혀 송 태조한테 끌려갔으나, 이내 석방되어 대장군에 제수되고, 개보 8년(975) 죽었다.

● 송 동괴董槐는 어려서부터 손자병법과 조조 글을 읽고 곧잘 담론했다. 자기가 등용되면 신속히 중원을 휩쓸고, 금에 인질로 잡힌 천자를 모셔 귀환할 수 있다고 호언장담했다. 모습도 매우 장엄하고, 넓은 이마와 넉넉한 턱에 아름다운 수염까지 지녔다. 시사를 토론하면 비분강개하여, 스스로 제갈량이나 주유에 비견하곤 했다.

● 송 왕백王柏은 어려서 제갈량을 흠모해, 제갈량이 길게 읊조린 고사를 본떠 스스로 '장소長嘯'라는 호를 지었다. 서른이 넘어서 비로소 주자가학의 근원을 알고, 세속학문을 내버리고 도학에 용맹정진

했다. 론어에 "居處恭, 執事敬" 해설을 보고 깜짝 놀라, "'장소長嘯'는 성인 문하에서 공경을 지니는 도가 아니다."고 탄식하며, 얼른 호를 '로재魯齋'로 바꾸었다.

◉ 송 왕십붕王十朋은 어려서부터 아주 총명했고, 자라서 문장이 뛰어나 매계梅溪에 백여명 제자를 모아 가르쳤다. 부모형제에 효도와 우애가 지극했고, 서실엔 "불기不欺" 편액을 걸었다. 매양 스스로 제갈량、안진경、구준寇准、범중엄、한기、당개와 비견했는데, 주희와 장식도 그를 아주 우아한 현인으로 존경했다.

◉ 금나라 때 동화문에 초현소를 설치해, 신분지위와 상관없이 재능 있는 현인을 초빙했다. 그러자 한낱 촌부에 불과한 왕수신이란 자가, 감히 "제갈량도 병법을 모른다."고 호언장담했다. 완안우完顔宇가 그를 조정에 천거해 행군도통에 임명했다. 그가 시정무뢰배들을 모집해 군사훈련을 시키는데, 대개 애들 놀이 같았다. 더구나 함부로 백성을 해치고 횡포를 부려 폐해가 심했다. 제갈량보다 내가 낫다는 허풍쟁이 과대망상에 놀아난 웃지 못 할 희극이다!

◉ 금나라 리순보李純甫는 총명하고 기민했는데, 좌씨춘추를 읽고 크게 기뻐해 경학에 몰두하고, 승안承安 2년(1197) 진사가 되었다. 나중에 장자·렬자·전국책 등 두루 섭렵하고 병법도 익힌 뒤, 경세에 뜻을 두고 장종의 남정에 두 번이나 대책을 상소해 군사에 참여했다. 원나라 대병이 흥기하자, 시무대책을 간곡한 어조로 상소했으나, 우활하다고 외면당했다. 선종 때 한림원에 들어갔으나, 승상 고기高琪가 전권을 농단하자, 노모를 핑계로 귀향했다.

순보는 어려서부터 재능에 자부심이 강해, 스스로 제갈공명이나 왕경략王景略에 빗대며, 땅바닥에서 공명功名을 쉽게 주울 수 있다고 여겨, '왜백부矮柏賦'를 지었다. 중년에는 자기 도가 행해지기 어려운 줄 알고, 술을 벗 삼아 스스로 방종했다. 이에 은거하여 날로 선승이나 선비들과 노닐면서, 시문과 음주를 일삼았다. 더러 몇 달간 계속 술독에 빠져 깨어나지 못했다. 술 마시자고 초대하면, 귀천을 가리지 않고 반드시 가서 곧장 취하게 마셨다. 허나 아무리 만취하더라도, 붓은 놓지 않고 저술을 계속했다.

만년에 불법을 좋아해, 그 심오한 뜻에 심취했다. 성리학과 불교 및 로장老莊은 "내고內稿"라 부르고, 나머지 글은 "외고外稿"로 불러, 수십만자에 이르는 방대한 저술을 남겼다. 릉엄경·금강경·로자·장자 해석과 중용집해·명도집해鳴道集解 등을 저술해, "중국심학、서방문교"라 명명했다. 천재 자질을 충분히 발휘하지 못한 채, 47세에 별세했다.

● 명사 유림열전에는 정항鄭伉이 자를 '공명'으로 지어 눈에 띈다.

● 청 륭과다隆科多는 만주 8기족 일등공一等公 출신으로, 강희제처(孝懿仁皇后)남이다. 그는 성조 강희 61년(1722) 임종에 유촉을 받은 유일한 대신이었다. 불측의 변고를 예방한다고 몸에 비수를 지니고, 스스로 제갈량에 빗대며, 곧잘 "백제성에서 유촉 받은 날이, 곧 죽음이 장차 다가오리라 기약한 때다."고 일컬었다. 세종 옹정 5년(1727) 종인부宗人府에서 '보국공 아포란阿布蘭이 옥첩玉牒을 륭과다한테 주어 집에 감추었다'고 탄핵했다. 그간 권력전횡 죄상을 국문한 결과, 대불경죄5, 기망죄4, 조정문란죄3, 간사한 당파죄6, 불법죄7, 탐람貪婪죄16 등 모두 41조목에 달했다. 마땅히 참형에 처하고 처자식은 신자고辛者庫에 적몰하며 재산은 국고에 몰수해야 하나, 유촉 받은 공훈 등을 참작해, 특별 감형해 종신 금고에 처했다. 이듬해 죽었다.

● 또 선종 도광 12년(1832) 거인擧人이 된 좌종당左宗棠은, 예부 과거에 3번 응시해 급제하지 못하자, 벼슬에 뜻을 접었다. 그 대신 천문지리와 병법 연구에 골몰해서, 장중한 말로 대중을 깜짝 놀라게 하길 좋아해, 공경대부 사이에 명망이 높아졌다. 스스로 제갈량에 빗대, 사람들이 그를 미쳤다고 보았다. 그러나 호림익胡林翼은 천하 9주를 두

루 살펴보아도, 재능이 그보다 뛰어난 자가 없다고 지극히 칭찬했다.

◉ 청 태종 때 녕완아寧完我는 천총 6년(1632) 정월 상소문에서, 당시 군권 통제와 관련해 제갈량도 불가능하겠다고 탄식한다.

"천리 멀리 원정해 전쟁하면, 비록 승리해도 실패하는 법인데, 근래 장수와 병사들의 탐욕과 기만 폐습이 전과 달리 막심하여, 마땅히 경장해야 할 형편입니다. 주상께서 진실로 절절이 사념하지만, 뚜렷한 알선·해결책도 보이지 않고, 인심도 익숙하지 않아 팔이나 손가락처럼 자유자재로 사용할 수 없습니다. 군대를 나누어 배치해 방어함도 조정하기 천신만고로 어려운 실정이니, 비록 제갈량이 다시 살아난다고 해도 어찌할 수 없습니다. 또한 벌과 독사는 독이 있고, 팔뚝이나 겨드랑이에 환난이 생기기 쉬우니, 참으로 염려 막급합니다."

형제兄弟 분사分仕

◉ 북제北齊 때 배양지裴讓之는 학문과 변재가 뛰어나, 동위魏 천평(天平534-7) 중에 수재로 천거되어 벼슬길에 올라, 량나라 사절을 접대하는 외교 중책을 맡았다. 헌데, 둘째 아우 추지諏之가 관우(關右: 서위)로 달아나자, 나머지 5형제가 모두 체포 구금되었다. 북제 고조 신무神武가 아우 추지는 어디 있느냐고 묻자, 양지는 이렇게 답변했다.

"옛날 오와 촉 두 나라에 제갈 형제가 따로 벼슬하여, 각자 성심껏 직분을 다했습니다. 하물며, 저 양지는 노모도 여기 계시고 군신간의 명분도 확연하거늘, 충과 효를 함께 잃는 짓은 어리석은 필부도 하지 않을 것입니다. 엎드려 바라옵건대, 현명하신 공께서 신의성실로 사람과 사물을 대하시기 바랍니다. 만약 불신으로 사물을 대하기로 한다면, 사물 또한 어떻게 스스로 신뢰를 유지하겠습니까? 이런 불신으로 천하를 평정해 패업을 이루려 하신다면, 이는 뒷걸음치면서 도를 구해 전진하려는 것과 같습니다."

이에 신무는 그 말을 참 가상히 여겨 형제를 모두 석방해주었다.

● 당 말엽 회안군왕 조덕인趙德諲의 두 아들 광응匡凝과 광명은, 천하를 꿈꾼 주전충한테 패주했다. 광명匡明이 회남으로 달아나려 하자, 그 아들 승규承規가 간언했다.

"옛날 제갈형제가 두 나라에 따로 벼슬했는데, 만약 양주揚州로 가면 스스로 의심을 사게 됩니다."

이에 성도로 가서 왕건의 대접을 받았다고 한다.

사면 반대론

● 당 태종(599–649 재위)은 정관 2년(628) 7월 무신일에 사면반대 조서를 내리고 시신들에게 이렇게 말했다.

"천하에 어리석은 사람들이 국법헌장을 침범하기 좋아한다. 무릇 사면은택은 오직 불궤한 무리한테만 돌아간다. 옛말에, '소인의 요행은 군자의 불행이다. 한 해 두 번 사면하면, 선량한 사람이 벙어리가 된다.'고 한다. 피와 잡초를 그대로 키우면 벼를 해치고, 간사한 자에 은혜를 베풀면 선량한 사람을 해친다. 옛날 문왕이 형벌을 제정해 사면 없이 처벌했다. 또 촉에 선주도 일찍이 제갈량한테, '내가 진원방陳元方·정강성鄭康成을 두루 찾아 자문을 구했는데, 매양 혼란을 다스리는 도를 상세히 일러주면서, 결코 사면을 말한 적이 없다.'고 말했다. 무릇 소인배는 대인을 해치는 도적이니, 그래서 짐이 천하를 다스린 이래 가벼이 사면하지 않았다. 지금 사해가 안정되고 예의가 흥성하니, 비상한 은혜는 자주 시행할 수 없다."

● 송사 형법지에는, 태종 때 교례郊禮를 명분으로 사면을 의론하자,

제갈량이 류비 부자를 보좌한 수십년 동안 사면하지 않은 사실을 인용하며, 사면반대를 상소한 기록이 전한다.

위급존망 인재등용

● 당 문종·무종 때 리덕유李德裕(787-850)는 우승유 집단과 당쟁으로 유명한데, 반대파를 배척하면서 옛날 제갈량이 출사표에 말한 유명한 구절을 원용했다.

"현신을 가까이 하고 소인을 멀리해서 전한이 흥륭했고, 소인을 가까이 하고 현인을 멀리해 후한이 기울어 무너졌다."

또 택로澤潞 류종간 사후 그 아들이 횡포를 부리자, 그 대책을 의론하는 과정에서, 리덕유는 "조조가 병법과 군사에 능숙했으면서도, 오히려 창패를 5회나 공격하고 소灤를 세 번이나 건넜는데, 하물며 그보다 못한 자야 오죽하겠는가?"라고 탄식한 제갈량 말을 인용했다. 진퇴와 승패는 병가지상사라는 속담을 들어 적극적 강경책 결단을 촉구하기도 했다.

● 송사 식화지에 보면, 남송 말 도종 함순 10년(1274) 진견陳堅·진과陳過 등이 주청한 말이 나온다.

"지금 동남 지방 민생이 고갈되고, 서북 변방 환난이 가시덤불이라, 제갈량이 이른바 '존망이 위급한 때(危急存亡之時)'입니다."

우환과 충정을 역설하는 강조법이다. 5년 뒤 남송은 멸망했다.

● 남송 리종理宗 순우淳祐 2년(1242), 여개余玠는 사천 안무제치사로 임명되었다. 그는 파촉에 가서 민심을 안정시키고, 조어성 등 많은 산성을 축조·수선해, 몽고군과 대소 전투 36회나 치르며 선정을 펼쳤다. 선량한 관리를 선임하고, 특별히 현인초빙관사(招賢之館)를 설치해 명령을 내렸다.

"대중생각(여론)을 모아 국가에 충성과 선익을 확충하는 방법은, 바로 제갈공명이 촉을 다스린 비결이다. 좋은 꾀를 나한테 알리고 싶은 사람은, 가까운 곳이면 곧장 공부公府에 오고, 먼 곳이라면 군에 가서 말하시오. 군에서 예를 갖추어 나한테 보내리라. 높은 작위와 후한 포상은 조정에서 공훈에 아낌없이 베푸는 보답이다. 호걸지사가 공을 세워 뜻을 펼칠 때는 바로 지금이다."

그렇게 찾아오는 선비들을, 여개는 조금도 싫어하지 않고 예우해, 모두 환희심이 나게 했다. 쓸 만한 말이면 재능에 따라 관직에 임명하고, 쓸모없는 말이라도 후하게 대접하며 사례했다.

◉ 남송 효종(1162−1189 재위) 때 원추袁樞는 사마광의 자치통감 읽기를 좋아했는데, 너무도 방대해 번잡하므로 스스로 압축 분류해 통감기사본말을 편집했다. 참지정사 공무량龔茂良이 그 책을 보고 황제께 바쳤다. 효종이 읽고 "통치의 도가 모두 여기에 담겼다."고 기뻐 감탄하며, 동궁 및 여러 장수들한테 사본을 하사해 숙독하도록 명했다. 나중에 효종이 편찬자를 찾자, 원추는 이렇게 아뢰었다.

"폐하께서 일찍이 통감을 읽고 여러 번 훈시를 내리셨는데, 특히 제갈량이 양한의 흥망성쇠 원인을 보시고, '소인은 제거하지 않을 수 없다'는 훈계를 내리셨다고 들었습니다. 위대하신 왕의 말씀은 만세에 드리울 모범 법도이십니다."

◉ 한편, 우리나라 고려시대에도, 제갈량 언론을 인용한 사례가 고려사에 보인다. 공민왕 때 과거에 급제해 사관史官과 정언正言이 된 윤소종尹紹宗이 시사대책을 개진한 상소문에 나온다.

"신하가 듣잡건대, 제갈공명이 '현신을 가까이 하고 소인을 멀리해서 전한이 흥륭했고, 소인을 가까이 하고 현인을 멀리해 후한이 기울어 무너졌다.(親賢臣, 遠小人, 先漢所以興隆也. 親小人, 遠賢臣, 後漢所以傾頹也.)'고 말했습니다. 예부터 지금까지 치란 및 흥망성쇠에 구분은 군주가 믿고 가까이 하는 인재의 득실에 달렸습니다."

또 그 아우 윤회종尹會宗은 사재부령司宰副令을 지냈는데, 공양왕이 즉위하자, 구폐혁파를 건의한 상소문에서 제갈량 고사를 원용했다.

"조조가 한나라 4백년 천하를 훔쳐, 그 아들 비丕가 자칭 황제가 되어 개원하고 중원을 점거했으나, 제갈량은 소렬(昭烈: 류비)을 보필해 부흥을 도모하며 장렬히 선언했습니다. '촉한과 도적은 함께 양립할 수 없으니, 마땅히 삼군을 격려·고무해 거느려 북벌에 나서 중원을 평정하고 간사한 흉적을 제거해 한실을 부흥해야 합니다.' 그 웅장한 의지는, 조비 목을 묶어다가 고조 및 광무제 종묘에 고하고 처참한 다음에야, 비로소 천하에 조금이나마 사죄가 되겠다는 뜻이었습니다. 당시에는 천하가 모두 위나라 소유였고, 소렬이 점거한 땅은 고작 파촉 한 구석뿐이었습니다. 그래서 역사기록자들도 모두 조비 연호를 써서, 위를 황제로 일컬었습니다. 허나, 유독 주문공만이 강목綱目을 편수하면서, 조비 연호를 내치고 특별히 소렬황제 장무 원년을 써서, 한 나라 정통후예로 삼았습니다."

이 앞에는, 주공이 형 관숙·채숙을 응징해 왕실 안정을 도모한 사례와, 광무제가 왕망 찬탈을 토벌한 사례를 자세히 소개했다. 이 뒤에는, 당 황실을 찬탈한 무측천을 내쫓은 반정反正 사례를 인용한다. 고려 말 왕권을 찬탈 농락한 신우辛禑 부자를 처치해 고려왕실을 부흥하자고, 반정反正의 정당성과 정통성을 부각시킨 논거들이다.

파촉 형세 비교 언론

● 진나라 환온桓溫이 촉을 정벌하려 하자, 대중이 불가하다 만류했다. 허나 원교袁喬는, 촉이 험한 지형을 믿고 대비가 소홀한 틈을 타서 급습하면 승산 있다고 적극 권장했다. 특히, 촉이 부유하고 내실이 튼

튼해 천부天府라 일컬어지는 역사유래를 들고, 예전에 제갈무후도 그 지세와 물적 기반 위에서 중국에 대항했다고 지적했다. 그리고 진격에 앞장서 끝내 승리했다.

● 명 태조 주원장이 중국을 평정해가던 무렵, 촉에 근거한 정권 명 옥진의 아들 승升한테 귀순을 종요하는 서신을 보내면서, 역시 제갈량 고사를 원용한다.

"예로부터 건국창업은, 능력이 같으면 덕망을 헤아리고, 덕망이 같으면 대의명분을 따져봐서, 현명하게 처신해야 자신과 집안 모두 보전할 수 있다."

이 격언을 내세우며, 촉이 비록 산세가 험난하지만, 그것만 믿고 버티긴 어렵다고 꼬집은 것이다. 과거 촉에 근거한 정권의 최전성기는 류비다. 제갈무후가 보좌해 관리를 잘 선임하고 사졸을 잘 훈련시켰으나, 재용이 부족해 남방에서 조달했는데, 하루하루 근근이 유지한 정도였다고 경고했다.

제갈량 남정 고사 인용 비교!

● 당 무측천 때, 돌궐이 미녀를 보내 화친을 청하자, 측천이 받아 회양군왕 연수延秀한테 주려고 덥석 허락하려 했다. 이에 장간지張柬之는, "자고로 이적夷狄 여자를 취해 중국 왕의 배필로 준 천자는 없다."고 만류했다. 측천 비위를 거스른 죄로, 신공神功(697) 때 합주자사로 쫓겨나 곧 촉주자사로 옮겼다. 당시 관례에는, 매년 병사 5백인을 변경 요주로 파견해 주둔수비하게 했는데, 산길이 몹시 험난해 죽는 자가 매우 많았다. 이를 본 장간지가 그 폐단을 지적해 혁파를 건의하는 표문을 올렸다. 그 안에 제갈량 남정 고사를 언급해 눈길을 끈다.

"신하가 가만히 생각하건대, 요주姚州는 옛날 애뢰哀牢국으로, 국경

밖 황량한 곳이라 산 높고 물 깊어, 사람이 생긴 이래 후한까지는 중국과 교통이 없었습니다. 전한 무제 때 당몽唐蒙이 험난한 길을 뚫느라 파촉 인민을 피폐케 했으나, 애뢰는 친근히 귀순하지 않았습니다. 광무제 말년에 비로소 중국에 복속하겠다고 청해와, 후한이 영창군永昌郡을 설치해 통괄하며, 그곳에서 소금·베·담요세를 거두어 중원을 이롭게 했습니다. 그 나라는 서로 대진大秦과 통하고 남으로 교지交趾와 통하며, 진귀하고 기이한 보물이 많아 매년 빠짐없이 공물을 바쳤습니다.

"류비가 파촉에 자리 잡아, 항상 갑옷과 병력이 충분하지 못해 걱정했습니다. 류비가 죽자, 제갈량이 한여름 5월에 로수를 건너 정벌해, 그곳 금은·소금·베를 거두어 군비축적에 보태면서, 장백기張伯岐로 하여금 힘센 사졸을 뽑고 병력을 모아 군사방비를 증강하게 했습니다. 그래서 삼국지 촉지에도, 제갈량이 남정한 이후로는 국가가 부요하고 갑병이 충족해졌다고 칭송합니다. 이로 보건대, 전대에 군을 설치한 이익은 자못 큽니다. 지금은 소금과 베의 세금 수납도 없고, 진기한 공물 진입도 없습니다. 창칼을 움직여도 군사 실질행동에 부합하지 않고, 보화재물도 대국에 바치지 않는데, 공연히 국고만 바닥내면서 평민들을 멀리 내몰아, 남만한테 고역만 치르다가 죽어서 간과 뇌를 땅바닥에 바르는 처지니, 국가를 위해 참으로 애석한 일입니다.

"옛날 한漢이 이익을 많이 얻었는데, 박남산博南山을 지나 란창수蘭倉水를 건너, 다시 박남과 애뢰 두 현을 설치했습니다. 이에 파촉 인민이 애수에 잠겨 원망하고, 길 떠나는 자는 노래를 지어 불렀습니다.

"박남을 지나 란진을 넘어 란창을 건너면 타인이 되고 마네."

이는 한이 진기한 보배와 소금·베(鹽布) 이끗을 탐내서, 만이蠻夷한테 가서 역사당하는 고통을 풍자해 비난한 것입니다. 한이 이익을 얻었어도 인민들은 원망하는 노래를 불렀거늘, 하물며 지금 국고를 축내면서 비용만 날로 막대한데, 폐하의 어린 자식들 시신으로 들풀과 나무만 기름지게 하고, 해골조차 돌아오지 못하니, 늙은 부모와 어린 자녀는 천리 밖을 향해 제사 지내며 애통하게 호곡하는 실정입니다. 국가에 터럭 끝만큼 이익도 되지 않는데, 백성들은 종신토록 혹독한 고통을 당하니, 신하는 국가를 위해 혼자 통탄합니다.

"예전에 제갈량이 남중을 격파한 뒤, 그 추장들이 스스로 통솔하도록 자치에 맡기며, 감독관을 두지 않고, 수비할 주둔병도 남기지 않았습니다. 사람들이 그 까닭을 묻자, 제갈량은 감독관을 두고 병력을 주둔하기 어려운 세 이유를 들었습니다. 대개 감독관을 설치해 원주민과 함께 거주하면, 틀림없이 시기와 혐오가 일어날 것이고; 병력을 주둔해 식량을 운반하자면, 환난이 더욱 막중하며; 만약 갑자기 배반을 모의한다면, 노력과 비용이 더욱 많아질 거라는 취지입니다. 그래서 질서유지를 위한 큰 기강만 세워, 자연히 안정을 이루게 한 것입니다. 신하 혼자 생각에는, 제갈량의 이 방책이 만이蠻夷를 효율적으로 통제한 절묘한 기술이었습니다.

"지금 요 도독부(姚府)에 설치한 관직은, 변방을 안정시키고 원주민을 무마하는 마음도 없을 뿐더러, 또한 제갈량이 맹획을 사로잡았다 풀어준 기량도 없습니다. 오직 교활한 궤변과 타산적 모의만 알아, 제멋대로 착취수탈하고 탐욕으로 겁탈노략을 일삼아 일상이 되었습니다. 추장을 선동하고 붕당을 조성해, 몸을 굽혀 웃고 아첨하며, 원주민한테 환심을 사려 무릎 꿇고 절까지 하며, 참괴나 수치도 없습니다. 자제들을 데리고 흉포한 졸개를 거느려, 무리지어 도박을 일삼아 한 번 던져 수만전이 오갑니다. 검남에서 도주하고 중원에서 망명한, 불량한 범죄 무리 2천여호나 그곳 도처에 산재해, 오로지 약탈을 본업으로 삼습니다. 요주姚州는 본디 고종 룡삭(龍朔: 661-3년; 백제 멸망 해) 중에 무릉현 주부 석자인石子仁이 설치하자고 주청했는데, 나중에 장사長史 리효양과 신문협이 모두 뭇 원주민한테 살해되었습니다. 전조前朝에 랑장郎將 조무귀趙武貴를 파견해 토벌했으나, 귀주와 촉 병력이 제때 호응 격파해 남김없이 몰살했습니다. 또 장군 리의총 등을 보내 정벌했는데, 랑장 류혜기가 전사해 마침내 그 주州를 폐지했습니다. 신하는 제갈량이 감독관을 두고 병력 주둔함에 세 가지 큰 어려움이 있다고 찬양한 말은, 참으로 효험이 크다고 봅니다. 수공垂拱 4년(688) 원주민 랑장 왕선보와 곤주자사 찬건복이 다시 주를 설치하자고 청하면서, 모든 과세는 요부姚府 관할 내에서 충당하고, 더 이상 파촉을 귀찮게 괴롭히지 않겠다고 주청했습니다. 허나 주를 설치한 후, 록사참군 리릉이 원주민한테 살해되었습니다. 연재(延載: 694) 중에는 사마성침이 로수 남쪽에 7진을 설치해, 촉 병력을 파견해 주둔 방어하자고 주청해, 그때부터 지금까지 파촉에 소요가 그치지 않고 있습니다.

"요부姚府는 57주를 총관하여, 교활한 거물급 유랑객들이 헤아릴 수 없이 많습니다. 국가에서 관직을 설치함은, 본디 풍속을 교화하고 간사함을 방지하기 위함인데, 파렴치하게 싫증날 줄 모르고 횡포를 부려 여기까지 이르렀습니다. 지금은 한족과 원주민을 가리지 않고 중죄를 지어, 도로에서 겁탈살해를 보더라도 금지할 수 없습니다. 일단 경악할 소요가 일면, 그 재앙이 막대할 것입니다. 엎드려 애걸하건대, 요주를 파하고 휴부巂府에 예속시켜, 번국과 마찬가지로 세시에 조공을 바치게 하십시오. 로수 남쪽 여러 진은 모두 폐지하고, 로수 북쪽에 관문을 설치해, 칙명을 받든 사절이 아니면, 일반 백성은 번국에 진입하지 못하게 교통왕래를 금지하십시오. 휴부에 정예 병력을 증강하고, 청렴하고 선량한 목민관을 선임해 통제·관리하게 하십시오. 우둔한 신하 생각에 그렇게 하심이 장차 온당하고 편리하리라 믿습니다."

상소문을 주청했으나, 측천은 받아들이지 않았다.

무모한 영토 확장 패권주의·제국주의 폐해를 완곡한 어조로 진솔히 적나라하게 지적해, 결연히 혁파하도록 건의한 것이다. 남만뿐만 아니라, 이 무렵 백제와 고구려도 멸망시켜 도독부를 설치해, 원주민과 파견 병력 모두 극심한 번뇌와 고통을 겪어야 했다. 한두 사람 권력자의 지배욕과 명예욕으로 말미암아, 천하 인민이 피아를 막론하고 민생도탄과 혼란무도에 빠진 것이다. 각급 신분계층을 망라해 천하 인민 모두의 평화와 행복을 위해, 목숨을 걸고 진솔한 간언을 바친 것이다. 실제로 장간지는 나중에 측천무후 만년에 중종반정을 주도한 혁명주역이 되었다.

● 지리상 전략요충지 사적과 관련해 제갈량이 언급된 기록도, 정사에 가끔 보인다. 당서 남만열전에 보면, 서남만에 남조만南詔蠻은 본디 오만烏蠻의 별종으로, 자칭 '6조六詔'라 부르는데, 촉 때 제갈량이 정벌해 모두 신하로 복속했다. 신당서 지리지에 보면, 천축으로 통하는 도로에 있는 안남安南 편에 제갈량성諸葛亮城이 나온다.

● 송사 유림전에 보면, 진량陳亮은 나면서부터 안광에 빛조리가 나왔고, 재기가 출중해 병법을 담론하기 좋아했다. 논의에 바람이 나면, 수천 자를 일필휘지해 금세 완성하곤 했다. 일찍이 고인의 용병술 성패득실을 저술해 '작고론酌古論'을 냈다. 효종 즉위 17년(순희 5년, 1178), 그는 대궐에 나가 상소문을 올려, 지리적 요충지로서 형주와 상襄주의 중요성을 간곡히 의론했다. 요점은 이렇다.

"춘추시대 초楚나라가 이곳을 발판으로 제齊와 진晉을 호시탐탐 노렸고, 전국시대에는 초나라가 홀로 진秦과 패권쟁탈을 꾀했다. 그 뒤 3백여년이 지나 광무제가 남양南陽에서 흥기해서, 나중에 남양 옛 지인을 많이 등용했다. 다시 2백여년이 지나 삼국이 맞붙은 접경지가 되었는데, 제갈량이 바로 여기서 일어나 선주를 보필하니, 형초荊楚 선비들이 구름처럼 몰려 호응해 한 황실이 촉에서 명맥을 유지했다."

● 원사 지리지에 보면, 운남제로에 속현을 설명한다. 위초威楚에 목직섬目直睒은, 제갈공명이 남정 중에 경유한 지명으로, 나중에 모주牟州로 불렀다. 개남주開南州는 한무제 때 서남이를 개척하고, 제갈공명이 익주를 평정할 적에도 여기까진 섭렵하지 못한 곳이다. 로주瀘州는 바로 제갈무후가 맹획을 사로잡은 지역이다.

● 명사에 보면, 사천토사四川土司 중 월휴위越巂衛에는 노낙성奴諾城이 있는데, 바로 촉한 때 제갈량이 남만정벌 시 군대휴게소로 쌓은 곳이라 소개한다. 운남토사雲南土司에는, 정통正統 13년(1448) 맹양두목孟養頭目한테 사기발思机發을 보내 조공을 바치라고 칙명을 내리고, 이를 듣지 않자 그 죄를 성토하고 정벌에 나섰다. 아무리 지형이 험난해도 제갈량이 5월에 로수를 건널 적에, 폭염에도 아무 해를 입지 않고, 남만 군중을 격파해 영토를 확장했다는 사실이 경고로 실려 있다. 또 귀주토사貴州土司에는, 귀양부貴陽府가 촉한 때 제화濟火가 제갈량을 따라 남정에 전공을 세워, 라전국왕羅甸國王에 봉해진 곳이라 소개한다.

지략 병법

● 당서 설등薛登 전에 보면, 군사 병법전략에 관해 제갈량의 기본원칙을 언급해 눈길을 끈다.

설등은 본명이 겸광謙光인데, 아버지는 수隋 말 장군으로, 당 고조한테 귀순해 큰 공을 세웠다. 겸광은 박학하고 역사를 두루 섭렵해, 담론할 적에 전대 고사를 널리 인용하곤 했다. 무측천 천수(天授: 690-1) 중에 좌보궐이 되어, 당시 인재 선임에 만연한 폐해를 상소했다. 그중에 "무예로 말하자면 조운이 비록 용맹하나 제갈량 지휘를 받았고, 주발周勃이 비록 웅장하나 진평의 계략은 없었다."고 지적했다. 지략의 중요성과 존귀함을 역설한 것이다.

“오기吳起는 전투에 임해 좌우에서 검을 바치자, ‘무릇 북을 잡고 북채로 지휘하며, 위기난관에 회의를 결단함이, 장군 할 일이다. 검 하나 맡는 건 장군 일이 아니다.’고 말했다. 마찬가지로 제갈량도 전쟁에 임해 친히 군복을 입지 않았다. 촉병이 위남渭南에 주둔할 적에, 사마의는 칼을 들고 있었지만, 끝내 감히 대적하지 못했다. 하물며 어찌 활과 화살을 쓰겠는가?”

● 한편, 신당서에 보면, 고종 의봉(儀鳳: 676–8) 중에 토번이 수차 변경을 노략질하자, 위원충魏元忠은 명장의 용병 요령을 개진하면서, 또 다른 관점에서 제갈량을 인용했다.

“천하에 권병權柄은 문무 둘이지만, 적을 통제해 승리하는 길은 하나다.”는 대전제에서 펼친 의론은 대강 이러했다.

“인심은 항상 따르지 않으니, 정치의 치란에 달렸고; 군대는 항상 승리가 없으니, 장수의 지혜와 능력에 달렸다. 병력은 국가 존망이 걸린 왕의 대사로, 장수가 적임이 아니면, 인민이 섬멸하고 국가가 패망한다. 제齊 단효현段孝玄은 ‘대군을 거느림은 물이 가득 담긴 쟁반을 받쳐 든 것과 같다. 한번 발을 삐끗하면 멈추어 거둘 수 있겠는가?’라고 말했다. 그래서 주아부周亞夫는 성벽을 견고히 지켜 오吳·초楚를 좌절시켰고, 사마의는 병영을 굳게 닫아 제갈량을 곤궁에 빠뜨렸다. 이는 모두 군대를 온전히 지켜 승리한 사례로, 전쟁하지 않고 적을 물리친 것이다. 고로 대장군은 전쟁에 임해 지혜를 근본으로 삼는 줄 안다.”

● 금이 남침해 송 국운이 풍전등화처럼 위난에 처한 상황에서, 충신명장 리강李綱은 간신의 모함으로 파면과 복직을 거듭했다. 휘종과 흠종이 금에 포로로 잡혀간 상황에서 대신 옥좌에 오른 고종은, 굳이 금과 목숨 걸고 싸워 휘종·흠종을 구해올 사명감이나 성취동기나 의

향이 전혀 없었다. 처음엔 리강을 재상으로 임명해 폼을 잡았으나, 금에 대항할 10대책을 건의하자, 듣지 않고 곧 해임했다.

소흥 원년(1131) 고종이 진회를 재상으로 앉혀 무사안일 보신주의를 꾀했다. 이듬해 리강李綱은, 남방으로 수도를 옮긴 상황에서, 국가의 상류인 형호荊湖가 전략 요충지임을 지적하면서, 이 지역 수천 리는 제갈량이 '용무지국用武之國'으로 중시해 홍기의 발판으로 삼은 곳이라고 강조한다. 소흥 5년(1135) 리강은 악비와 마찬가지로, 화친론에 안주하지 말고, 적극 북진 공격을 감행해 원한을 보복하고 설욕해 중원을 회복해야 한다고 역설했다.

"더러 혹자는, 적이 물러갔으니 한쪽 구석을 잘 지켜 구차하게 목전의 안일을 도모하자고 말하나, 신하 생각은 그렇지 않습니다. 진秦 군사는 세 차례나 진晉을 정벌해 효殽의 패전을 보복했고, 제갈량은 촉을 보좌하며 매년 군사를 출정해 중원을 도모했습니다. 그렇지 않으면 나라를 세워 지키기에 충분하지 않았기 때문입니다. 고조는 한중에서 소하한테, '나도 또한 동진하고 싶다.'고 말했습니다. 광무제도 외효隗囂를 격파하고 롱隴을 평정한 다음, 다시 촉을 넘보았습니다. 이는 모두 천하를 경륜할 도량이었으니, 만약 그렇게 하지 않으면, 혼란을 평정해 사해를 통일할 수 없기 때문입니다. 하물며, 조종의 강토가 함락되어 적의 수중에 들어가는데, 어찌 가만히 앉아서 쳐다만 보고, 회복할 생각도 않는단 말입니까? 올해 정벌하지 않고 명년에 전쟁하지 않으면, 적의 세력만 갈수록 확장하고, 우리가 규합한 정예병과 군마는 날로 줄어들고 쇠약해질 텐데, 장차 어떻게 적을 도모하시렵니까? 그래서 마땅히 먼저 방어수비를 견고히 하고 군정을 잘 닦은 뒤에, 즉각 공격토벌을 의론해야 비로소 훌륭한 계책이 됩니다. 이게 수비와 공격전쟁의 순서입니다."

이에 송사를 기록한 사관도 공감하는 평론을 덧붙였다.

"가사 리강 같은 현인이 정강靖康·건염建炎 연간에 꺾이지 않고 능력과 사려를 최대한 다할 수 있었더라면, 휘종·흠종 두 황제가 어찌 포로로 북에 끌려가기야 했겠는가? 그런데도 송은 어찌하여 남으로 건너와 구석에 안주했단 말인가? 무릇 군자를 등용하면 평안하고, 소인을 기용하면 위태로운 것은, 바뀔 수 없는 진리다. 인정이란 평안을 좋아하고 위태로움을 싫어하기 마련이다. 그런데 리강이 재상 자리에 겨우 70일 머물고, 그가 도모한 대책은 거듭 외면하고, 유독 황잠선·왕백언·진회 같은 간신들 말만 신임하느라 급급했으니, 고종의 식견이 어찌 이리도 보통 사람들과 크게 다르단 말인가"

"리강이 비록 거듭 배척당했지만, 충성은 결코 조금도 줄어들지 않았고, 등용된다고 의론하고 해임된다고 침묵한 것은 아니었다. 마치 갓난아기가 어머니를 연모하듯, 군주가 노해 꾸짖고 책망해도, 오히려 더욱 울부짖듯 외치며 그 바짓가랑이를 붙잡고 끌어당기며 뒤쫓아 다녔다. 오호라! 남송 중흥 대업공훈이 크게 진작되지 못함은, 군자도 어쩔 수 없이 진실로 천명으로 돌리는 바다. 허나 리강의 충심 같으면, 어찌 제갈공명의 마음 씀 같지 않다고 말하겠는가?"

● 남송 양간楊簡은 효종 건도乾道 5년(1169) 진사가 되어, 부양富陽현 주부로 나갔다. 륙구연이 부양을 지날 적에 문답을 나누어 마음에 계합하자, 그 자리서 사제의 예를 행했다. 장사만 알고 배울 줄 모르던 주민들한테, 학교를 세워 선비를 양성하고 문풍을 크게 진작시켰다. 소흥부 사리司理가 되어서는, 옥안을 반드시 친히 주재해, 단정히 앉아 잠자코 경청하며 스스로 진실을 토로하게 했다. 양간은 치우침 없이 중립공평을 지켜 오직 사리에 따랐다.

한번은 부사府史가 장수의 심기를 건드려 분노를 촉발하자, 장수가 양간한테 국문케 했다. 양간이 무죄라고 아뢰자, 장수는 평소 잘못한 일이라도 국문하라고 명했다. 양간이 말했다.

"관리가 어찌 잘못이 전혀 없을 수 있겠습니까? 오늘 진실로 무죄인데, 반드시 지나간 일을 찾아내 법으로 처치하라니, 저는 감히 명령을 받들지 못하겠습니다."

장수가 대노하자, 양간은 임명장(신분증)을 반납하며 더욱 강력히 논쟁했다. 승상 사호史浩와 주희도 양간을 추천할 정도였다. 절서浙西에 파견되어서는, 삼군 장병 감독을 맡아 제갈량 정병법正兵法으로 훈련시켜, 군정이 크게 향상 개선되고 군중이 크게 기뻐 화합했다.

● 명 경제(1449-1458 재위) 즉위 직후 류정지劉定之는 시무십사를 상소했다. 그중 병법상 신상필벌 책임을 강조해 제갈량 고사를 인용한다.

"옛날 촉이 한실 회복을 도모할 적에 믿은 건 제갈량이고, 남송이 금에 대항해 방어하면서 믿은 건 장준張浚입니다. 그들은 모두 충의가 현저히 뛰어나고, 공훈업적이 오래 전해집니다. 허나 가정街亭 전투에서 한번 패배하자 제갈량은 승상을 사직했고, 부리符離에서 승리하지 못하자 장준은 도독을 사임했습니다. 왜 그런가 하면, 상벌이 분명해야 장군과 병사들이 용감히 분투하기 때문입니다."

황제의 총애나 정실로 인해 응분의 책임을 묻지 않으면, 권위가 실추되고 신뢰가 무너짐을 간곡히 지적하기 위해, 극명한 실례로 원용한 것이다.

● 증국번(曾國藩: 1811-1872)은 도광 18년(1838) 진사가 되어, 태평천국 진압 평정에 최고 수훈을 세운 청말 명장이다. 함풍 2년 말(1853년 초) 리부시랑 신분으로, 태평천국에 대항해 호남에서 군대를 편성해 단련하며, 태평천국은 천지개벽 이래 최대 강상이변이라고 성토하는 격문을 공포하고 진압에 나섰다. 허나 처음에는 호구糊口에서 크게 패전을 거듭했다. 분격한 나머지 죽으려고 강물에 투신했으나, 휘하 병사 장수린이 건져 올려 죽지 않았다.

증국번은 장사 고봉사高峰寺에 진영을 꾸려 군대를 다시 정돈하며 재기 도모했다. 사람들이 모두 야유하며 관병 증강을 요청하도록 부추기자, 국번은 이렇게 답변했다.

"우리 수륙군 만명이면 결코 적은 게 아닌데, 적군을 만나자 곧바로 붕궤했다. 악주 패전에선 항전한 수군은 오직 재복 한 부대뿐이고, 상담 전투에선 육군 탑재포塔齊布와 수군 재복 두 부대다. (이 부대들은 병사가 적은 듯) 따라서 병력은 정예가 존귀하지, 다수가 귀중하지 않다. 그래서 제갈량도 기산에서 패전한 뒤, 오히려 병력을 감축하고 식량을 덜어내며, 자기 허물을 부지런히 찾아내려 도모했다. 이 기록은 결코 빈말이 아니다. 또 고인의 용병술은, 먼저 공로와 죄를 분명히 밝혀, 반드시 그에 맞는 상벌을 시행했다. 지금 세상은 혼란해, 현인군자들이 모두 숨어 잠복했는데, 내가 대의명분을 기치로 내세워 성토를 주창해, 다함께 죽음의 위험을 몸소 밟고 있다. 여러 공께서 당초 나를 따라나선 동기는, 결코 이익을 추구해서가 아니다. 그래서 법으로 봐도 포상을 베풀기가 어려운 점이 있으니, 그래서 패전을 초래한 이유가 되었다."

여러 장수들이 듣고 모두 수긍하며 탄복했다. 어쨌든 전열을 재정비한 증국번은 다시 패전했으나, 나중에 리훙장과 영국·프랑스 군대와 연합해 동치 3년(1864) 천경을 함락하기에 이르렀다.

청사고를 기록한 역사가는 말미 평론에서, 증국번이 학문에 바탕을 두고 공의로운 정성으로 군사행정을 맡아 실사구시를 추구해, 그가 계획해 도모한 천하대사가 모두 증험되었으며, 이에 세인들이 모두 칭송했다고 전한다. 그래서 촉한 제갈량이나 당 배도裴度나 명 왕수인도, 아마 그보다 더 뛰어나진 않을 거라고 극찬을 아끼지 않는다. 또 증국번은 일찍이 고금 성현철인 33인의 초상을 그리고 찬시를 적어, 스스로 모범으로 삼았다고 전한다. 과연 그 33인 가운데 제갈량도 포함되었을까? 당연히 그랬겠지만, 아직 확인하진 못해 궁금해진다.

제갈량 단점 한계 지적평론!

● 위서와 북사에 보면, 북위 리표李彪는 고조 효문제(471-499 재위)가 특별히 이름을 하사하고 중서교학박사에 임명해 몹시 중시했다. 당시 최호와 고윤高允이 춘추 체례에 따라 편년체로 국사를 저술하면서, 중요한 시사를 많이 누락했다. 그러자 리표는 고우高祐와 함께 사마천·반고 체례를 따라야 한다고 주청해, 기·전·표·지의 목록을 만들었다. 그리고 표문을 올려 7대 시무를 역설해 개혁을 추동했다. 세종 선무제(499-515 재위)가 즉위하자, 사관史官의 중요성을 강조해 상세한 역사관을 피력했다.

"옛날 사관 사마담이 아들 사마천한테, '당대에 선정미담이 있는데, 기록하지 않음은 네 죄다.'고 경고했다. 이 훈계로 인해, 사마담은 오래토록 찬미 받았다. 반면, 제갈공명은 촉에서 사관을 두지 않은 부주의로 말미암아, 오래토록 힐난을 당했다."

이러한 사실을 함께 지적하면서, 리표는 깊은 충심에서 심사숙고하건대, 사관 사마담의 뜻이 제갈량보다 훨씬 현명하다고 단언한다.

● 당 헌종이 즉위한 뒤 원화 원년(806) 2월, 전대 제왕 중에 더러 정사에 태만하거나 더러 몸소 번잡한 사무를 처결한 사례가 어떠한지 물었다. 이에 두황상杜黃裳이 대답했다.

"제왕의 책무는 간명·평이하게 자기를 수양해, 현인을 선택해 위임하고, 밤낮으로 인민의 질고疾苦를 찾아, 자기를 버리고 인민을 따르며 신하를 후대하되, 진실로 태만하거나 방자하게 안일해서는 안 됩니다. 허나 일에는 강령과 크고 작음이 있는지라, 마땅히 원대한 것을 알려고 애써야 합니다. 장부나 옥송문서나 관리 능력 따위는, 본디 군주의 고유임무가 아닙니다. 옛날 진시황은 스스로 일을 처결하여 전대에 비웃음을 샀고, 제갈량은 패권을 다툰 군왕의 보좌로서 20대 이상 처벌을 스스로 살펴, 또한 적국이 비웃으며 오래가지 못할 줄 알았습니다. 위 명제는 상서 일을 살피려다, 진교陳矯가 안 된다고 만류했습니다. 수 문제는 밤낮으로 정사를 돌보며 호위병한테 밥을 가져오라고 해, 번잡한 시찰이라 비웃음을 샀습니다. 군주 체통은 진실로 신하 직책을 대신할 수 없으며, 다만 인재를 선택해 위임하고 그 성과 책임만 요구하면 됩니다. 그러면 신상필벌에 누가 진심을 다하지 않겠습니까? 그래서 경전에서 순임금 덕을 가리켜, '무릇 무얼 하겠는가? 자기를 공경히 지켜 왕위에 앉아 남쪽(신민)을 바라볼 따름이다.'고 칭송한 것입니다."

제갈량의 부하 양옹楊顒이 일찍이 간언한 내용 그대로다!

중국공산당 모택동의 평가

중국공산당을 영도한 모택동은 한 평생 삼국지와 삼국연의를 즐겨 읽었는데, 제갈량의 총명지혜는 최고로 숭상했으나, 군사재능은 그리 훌륭하지 않다고 여겼다. 진수와 비슷한 견해다.

● 모택동은 청년시기 호남제일사범 재학 중 강의기록에, 제갈량은 '일 잘하는 사람'이라고 평한 적이 있다.

● 1930년 여름 모택동은 홍사군紅四軍 간부회의에서, 제갈량의 유효적절한 선전고무방식(충격요법)을 배워야 한다고 강조했다. 황충黃忠은 본래 노쇠해 하후연과 전투에서 승리하기 매우 어려웠는데, 지모가 탁월한 제갈량이 '장수격려법(激將法)'을 써서 그 용기를 크게 고취했다. '황충은 만약 곧장 하후연을 말 아래서 목 베지 못하거든, 군법을 달게 받으라!'고 군령을 내려 승리한 사실을 지적한 것이다.

◉ 1950년 4월 모택동은 동기무董其武 장군에게, "공산당은 제갈공명이 실행한 방법, 즉 '말은 충신忠信을 지키고, 행동은 돈독공경하며, 성심을 열고 공도公道를 펼치며, 군중 생각을 모아 대중이익을 확장한다.'는 방침에 따라 일해야 한다."고 말했다.

◉ 1955년 새해 첫날에는, 왕진王震과 퇴역군인 안정 문제를 토론하면서, "중국 고대에 관중과 제갈량이 이미 실행했던 우량한 변방 둔전개간제도를 되살려, 황무지개간과 생업안정 및 전쟁상흔 치유를 겸해 변경수비를 확고히 다져야 한다."고 강조했다.

◉ 1962년 2월 모택동은 남경포병공정기술학원원장 공종주孔從洲와 담화 중에, 고대 사용된 18종 병기의 발전을 언급했다. 화살은 오차가 커서 쇠뇌기(弩机)가 나왔는데, 제갈량이 개량해 한 번에 열 화살을 연발하는 기계장치를 발명해 정확성이 높아졌다고 칭찬했다. 제갈량이 남정시 이 선진무기를 사용했으나, 맹획도 3천 등갑군藤甲軍으로 맞서 그 위력을 발휘하지 못했다. 제갈량은 그 원인을 조사·연구한 결과, 등갑이 기름에 절인 사실을 알고 화공으로 불살라 제압했다고 말했다. (허나 '등갑군'은 소설 이야기인지, 정사正史에는 나오지 않는다.)

◉ 1953년 8월 서남군 참모장 리달李達이, 귀주에서 생포한 포의족布依族 여장수 정련진程蓮珍을 죽일지 묻자, 모택동이 대답했다.

"여장수가 아주 드물고, 게다가 소수민족인데, 죽이면 너무 아깝다. 제갈량이 맹획을 일곱 번이나 사로잡아 놓아준 고사처럼, 8금8종八擒八縱이라도 하자!"

◉ 모택동은 자치통감 권71 위기魏紀3에 '가정을 잃고 마속을 참수하다(失街亭斬馬謖)'는 구절을 읽고, 제갈량이 출정해 첫 전투에서 친히 최전선에 나서지 않은 사실을 비평했다.

"첫 전투는 제갈량이 마땅히 스스로 진영에 나서야 했다."

이어 위기魏紀4에 제갈량이 다시 출정해 장합을 죽인 기사에는, "가정에 패전한 뒤에는 매번 출정 때마다 제갈량이 반드시 전선에 임했다."고 적었다. 제갈량이 몸소 대군을 통솔 진군해 진중을 지휘하며, 병력을 분산하거나 남에게 책임을 맡겨서는 안 된다는 취지였다.

◉ 또, 제갈량이 중원통일에 실패한 원인을 분석하면서, 모택동은 제갈량이 '륭중대책隆中對'에서 형주와 익주 두 길로 출격해 북벌하자고 제시한 총전략이, 병력 우세를 잃어 처음부터 잘못됐다고 비판했다.

"천리 먼 길에 병력을 양분하고, 끝내는 병력이 관우·류비·제갈량으로 삼분되어 약화됐으니, 어찌 패하지 않을 수 있었겠는가?"

나중에 병력삼분은 관우가 형주에 주둔해 지키고, 류비가 동오를 공격하며 제갈량이 중원을 북벌한 걸 가리키는데, 촉한이 원기를 크게 손상해 중원통일에 기초를 잃는 결정적 실책으로 본 것이다.

허나 이러한 모택동 분석에 반론도 만만치 않다.

륭중대책은 본디, '남해의 이로움을 다한' 전체 형주로써 형주군 북벌을 지원하면서, 익주에서 협공하자는 전략이었다. 허나, 나중에 류비가 그런 상황에 이르지 못했고, 남군을 잃음으로써 관우도 상번襄樊 전투에서 우세를 잃었으니, 결코 병력양분의 결과는 아니란다.[5]

---

5 https://zh.wikipedia.org/wiki/%E5%B0%8D%E8%AB%B8%E8%91%9B%E4%BA%AE%E7%9A%84%E8%A9%95%E5%83%B9 維基百科, "對諸葛亮的評價" 참조.

여섯.

불교 인연과 전생轉生 후신後身

제갈량은 역대 정사正史와 장상將相 및 사대부 유생들뿐만 아니라, 출가 승려들도 즐겨 인용한 기록이 상당히 전해진다. 제갈량이 승속을 막론하고, 모든 사람들에 보편 귀감으로 널리 존경·추앙받은 사실을 확인할 수 있다. 중화전자불전(CBETA)을 검색하면, '제갈량' 28회, '제갈공명' 28회, '제갈무후' 34회가 나온다. 검색한 자료 중 중요한 내용을 간추려 소개해본다.

출신과 삼고초려, 유촉

● 대방광불화엄경 청량국사(澄觀) 소에 보면, 왕자는 태어나면서부터 바로 원로대신의 보좌경례를 받듯이, 대승 보살도 보리심 덕분에 법왕자가 된다는 비유를 들면서, 역대 명신을 예로 든다. 무왕 승상 강태공, 초려에서 금도끼(黃鉞) 받은 제갈량을 비롯해, 한신·채택蔡澤·장의 등이 모두 포의 출신이라고 소개한다.

제갈량이 남양초려에 은거 중, 서서徐庶가 추천해 선주가 몸소 방문했는데, 누운 채 낮잠 자며 일어나지도 않고 선주한테 오만무례하게 군 사실을 지적한다. 그럼에도 촉 선주 류비는 제갈량(孔明)을 존중해 친히 승상에 임명하며 말했다.

"나한테 공명이 있는 건 물고기한테 물이 있음과 같다."

이는 도덕이 풍부해, 왕조차 존중·숭상한 거라고 말한다. 불법 수행의 도덕적 존귀성을 강조한 대비다.

● 불조력대통재佛祖歷代通載에 보면, 당 태종이 임종 직전(23년, 己酉) 4월 취미궁에 행차할 적에, 현장법사가 어가에 배석 수행했다. 매번 심오한 법담을 하면, 태종은 반드시 옷소매를 여미며, 법사와 늦게 만나 홍법을 다하지 못해 안타깝다고 한탄했다. 5월 임종에는, 태위 장

손무기와 중서령 저수량을 병석 안까지 불러 유촉했다.

"공들의 충렬은 짐도 잘 아오. 옛날 한무제가 곽광한테 부탁하고, 류비가 제갈량한테 부촉했듯이, 짐도 후사를 모두 경들에게 맡기오. 태자가 어질고 효성스러우니, 반드시 정성껏 보필·인도하여 영원히 사직을 지켜주시오."

무기 등이 머리를 땅에 조아리고 눈물을 흘리자, 태종은 다시 태자 손을 잡고 말했다.

"무기와 수량이 있으니, 국가대사에 너는 근심이 없을 것이다."

그해 함풍전에서 서거하니, 나이 53세였다. 그러나 뜻밖에도, 태종 시비였던 측천한테 고종이 홀려, 나중에는 측천이 전권을 휘두르고 국호까지 '주周'로 바꿔, 공포정치로 수많은 황족과 권귀대신을 살륙했다. 세상만사 참으로 알 수 없는 일이다.

◉ 원 세조 지원 19년(1282)에, 처사 류인劉因이 출중한 천부 자질을 타고나, 하루 천백자를 암기하고, 눈만 스치면 암송했다. 그는 제갈공명이 '고요 정靜'으로 수신했다는 말을 무척 좋아해, 자기 방에 '정수靜修'라는 편액을 걸고, 찬선贊善으로 초빙 받았으나 벼슬에 나가지 않았다.

◉ 원말 순종 지정 20년(1360, 庚子)에는, 류기 일화가 나온다.

류백온劉伯溫은 휘가 기基고, 괄창括蒼 사람인데, 어려서부터 총명이 출중했다. 천문·병법·성리 서적을 한번 보면 그 핵심요체를 통찰·인식했다. 일찍이 서호에 유람하는데, 기이한 구름이 서북에서 일어 그 광채가 호수에 비쳤다. 당시 로도원魯道源 등 함께 유람하던 사람들이 모두 신기해 '경운'(慶雲: 불경에 자주 등장함)이라고 찬탄하자, 류기가 말했다.

"이는 천자 기운인데, 마땅히 금릉에 있다. 10년 후 왕이 흥기하면,

내가 그를 보필하리라."

모두들 다 미친 헛소리로 비웃고 떠나버렸는데, 오직 서촉 조천택趙天澤만 기특히 여겨, 제갈공명과 같은 사람이라고 존경했다. 1353년 7백명을 모집한 주원장이, 바로 이 해(1360) 금화에 내려와 괄창을 평정하자, 류기는 천문(乾象)을 가리키며 친지한테 말했다.

"이는 천명이니, 어찌 인력이겠는가?"

주원장은 류기 명망을 듣고, 바로 손염孫炎을 보내 초빙하니, 류기는 금릉에 가서 시무18책을 개진했다. 주원장이 흔쾌히 받아들이며, 양헌楊憲한테 말했다.

"복의 기초는 지성이고, 화는 모반전복에서 생긴다."

제갈량 인물평

● 송 계숭契嵩스님은 '제갈무후전 후서'를 지어 공명을 극찬하는 평론을 피력했다. (심진문집鐔津文集, 권제13)

"공명은 륭중에서 몸소 경작할 때, 매양 스스로 관중·악의에 빗댔다. 당시엔 그 말에 동의한 사람이 없었으나, 오직 최주평과 서서만 믿어주었다. 내 공명 사적을 살펴보건대, 천하에 지극히 공평무사한 마음으로, 강대국 위를 병탄해 한漢 사직을 회복하려 했다. 관중이 제후를 규합해 천하를 통일하고, 악의가 거莒와 즉묵卽墨 성을 도륙하지 않고, 오로지 왕도로써 천하통일을 꾀한 사실과 비교하면, 무엇이 다르겠는가? 류비가 삼고초려해서야 공명이 비로소 더불어 대계를 도모했으니, 얼마나 정교한가? 류비 군대가 패전해 하구로 도주했을 적에, 공명이 손권한테 가서 유세해 지원 병력을 얻어, 조조를 적벽에서 대파했다. 헌데, 악의도 일찍이 조·초·위 삼국을 유세하고, 게다가 조趙를 시켜 진秦한테 제齊를 정벌하는 이익을 알리게 했다. 마침내 5개국

연합군 병력을 이끌고 제를 정벌해 격파했다. 그러니 공명의 재능과 지략은 악의만큼 기특하고 위대하다. 전군을 통솔해 북벌에 나서 한중으로 출정하면서 올린 상소문은, 악의가 연 혜왕한테 보낸 서신과 그 충의 정신이 서로 비슷하다. 다만 군주를 만나고 때를 맞이한 게, 관중처럼 그렇게 득의양양하지 못했을 뿐이다. 가사 공명이 흥성하는 때를 만나고, 하늘이 그 수명을 일찍 빼앗지 않아서, 시종일관 사업을 관철해 한실을 부흥하고, 천하를 통일해 왕도를 크게 떨쳤더라면, 관중과 악의도 오히려 그에 훨씬 못 미쳤으리라. 애석하게도 그가 경솔히 마속을 기용해, 끝내 가정에 패전해 그 유망한 대사를 망치고 말았다. 이렇듯 제갈공명처럼 현명한 호인준걸도 오히려 사람을 알아보는 데 어두울 수 있거늘, 하물며 공명 같지 못한 평범한 일반인이야 경솔히 신임할 수 있겠는가? 말 잘하는 사람을 기용하기 얼마나 쉬운가? 경계하고 또 경계할 일이로다!"

◉ 또 계숭스님은, 척불론으로 악명 높았던 한유를 조목조목 비판했다. 그중, 한유가 조정에서 작록으로 천하에 은일한 현인을 불러들일 수 있다고 주장한 글이, 얼마나 천박한 오류인지 반박하면서, 역사상 수많은 고상한 현인을 실례로 든다. 천하에 진실로 빈천해도 자기 뜻을 꺾지 않고, 부귀에 굴복하지 않으며, 대도를 지키고 절개를 간직하면서, 한유보다 훨씬 뛰어난 현인이 많다. 바로 부열과 제갈량 같은 사람들이 그렇다고 예시한다. 태백泰伯·백이 같은 분은 작록으로 백번 초빙해도 멸시한다. 하물며 세속을 초연히 벗어난 불도 수행자를, 유생의 비열한 명리 안목으로 판단하는 건 어불성설이라는 뜻이다.

◉ 명 4대 고승 련지蓮池대사의 '제갈무후' 인물평도 자별하다.

"더러 무후 재능이 한신보다 뛰어난데 성공하지 못한 까닭은, 한신은 평소 명성이 너무 보잘것없었는데, 무후는 평소 명망이 너무 높았기 때문이라고 한다. 맞는 말이지만, 완전한 설명은 아니다. 흥망성쇠는 자연히 큰 운수가 있는 법이라, 오로지 지혜와 능력에 달린 것은 아니다. 사마의 재능은 한신보다 못했지만, 삼국을 삼켜 통일 진의 대업을 이루었으니, 이는 인력으로 어찌할 수 없는 천명이다.

또 소렬이 임종에 무후한테 당부한 유언에 관해서다.

'아들이 보필할 만하면 보필하되, 그렇지 못하면 군이 스스로 취해도 좋으나, 절대 다른 성씨가 차지하면 안 되오.'

더러 이 말은 소렬이 무후를 자극·격려해, 무후가 충성진력하지 않을 수 없게 만든, 일종의 충격요법으로 본다. 하지만 맞지 않는 말이다. 소렬은 분명히 아들의 우둔함을 알아서, 무후한테 스스로 취하라고 토로한 진실한 말(實語)이다. 또 무후가 해와 달을 관통하는 정성충의로, '신하는 감히 국궁진췌하지 않을 수 없으니, 죽은 뒤에야 그치겠다.'고 한 말도 진실한 말이다. 보통 사람들 인지상정으로 고인을 헤아려 망령된 의론을 지껄여선 안 된다."

● 청 백치百癡선사도 출사표에 단 제시題詩에서, '鞠躬盡瘁, 死而後已'는 의로운 쓸개와 충성스런 간으로, 신하들의 만고불변 모범이라고 칭송한다.

● 사분률 주석에서는 청빈한 수행 자세를 설명하며, 제갈량이 세군을 포상으로 받았으나, 창고에는 쌀 1섬도 저장하지 않은 사실을 든다. 세속인도 이처럼 오히려 만족할 줄 알고(知足), 불도를 모르는 속인도 고상한 절개와 청렴을 출중히 지킨다. 하물며 세속을 벗어난(方外) 수행자가, 탐착과 축적에 이토록 매달려서야 쓰겠냐고 탄식한다.

죽은 제갈량이 산 사마의 쫓은 진짜 비결

당 대각스님이 쓴 사분률 주석서(僧像致敬篇)에 보면, 류비가 제갈량을 신임한 이야기와 함께, 제갈량 사후 사마의가 범접하지 못한 진짜 원인을 밝혀 눈길을 끈다. 지략이 뛰어나고 주역 기미에 밝은 제갈량이 임종에 부하들한테 유언했다.

"군주가 약하고 장수가 강하니, 저들이 우릴 우습게 본다. 만약 내가 죽은 줄 알면, 틀림없이 쳐들어올 것이다. 내가 죽거든, 흙을 한 포대 담아서 내 발 아래 두고, 거울을 갖다 내 얼굴을 비추도록 하라."

말을 마치고 숨이 끊어지자, 유언대로 한 다음, 공명을 영내에 안치하고 휘장으로 둘러쳐, 밤중에 철군·귀환 길에 올랐다. 위나라에 점을 잘 치는 자는, 제갈량이 아직 죽지 않았다고 판단했다. 흙을 밟고 거울을 비추고 있으니 말이다. 그래서 감히 추격하지 못했다. 한 달 뒤에사 비로소 사망한 줄 알았다고 한다. 공명의 주도면밀한 지략으로, 당시 사람들은 "죽은 제갈량이 산 중달을 공포에 떨게(도망치게) 했다." 고 말했다. 세속 현인도 이러하거늘, 하물며 불도를 닦는 성인 경지는 오죽하겠느냐는 취지다.

적벽대전에 동남풍을 일으킨 사연

특히, 제갈량이 적벽대전서 주유 군대가 화공을 시도할 적에 동남풍을 빌었다는 고사는, 정사에는 일언반구 자취도 없는데, 선사어록에 그 유래와 경위가 소상히 나온다.

홍각민弘覺忞 선사 입춘법문에 보면, 산승이 예전에 황마黃麻에 행각할 적에 제갈무후가 조조와 적벽에서 대치할 때, 오나라 주유의 화공을 돕기 위해 동남풍 비는 제사법을 거행한 일화를 전해 들었다고 소개한다. 제사를 거행하자마자, 하늘은 황황하고 땅은 망망한데, 그 때 바로 산동 청주부 익도현 대각선사大覺禪寺 주지스님이 일심으로 경건히 사풍사자司風使者와 주풍신왕主風神王을 청했다. 쟁반에 과일과 호리병에 물을 담아 동풍에 심취해, 동풍이 불어 불길이 재빨리 번지라고 축원하며 호로호로 주문을 외우자, 즉각 동풍이 불어왔다.

중국 4대 기서奇書인 삼국지연의에는, 제갈량이 일찍이 이인異人을 만나 기문둔갑천서를 전수받아 풍우를 부를 수 있다고 장담하며 동남풍을 빌었다는 내용이 펼쳐진다. 이는 결코 라관중의 자의적 두찬이나 풍부한 문학적 상상력에서 비롯한 것이 아니었다. 적어도 승속에 만연히 구전되어오던 이러한 고사 일화가 구상화된 것임을 알 수 있다. 실제로 원元 잡극雜劇에도 이 내용이 나온다고 한다. 불교가 국교나 다름없이 숭앙 받고 일반보편화한 전통 사회 분위기에서, 스님 법문의 영향력이 엄청 막강했던 문화배경을 고려하면 더욱 그러하다.

뒤에 소개할 륙법화가, 량무제 때 부채로 풍향을 역전시켜 화공으로 적을 궤멸시킨 기록은, 정사正史에 나오는 엄연한 사실이다. 또, 티벳에 전설적 요기 고승 밀라레파(1038? 1052?-1122)는, 억울하게 죽은 아버지 복수를 간절히 원하는 어머니 명령을 받고, 흑마술을 배워 풍우와 우박은 물론, 살인마귀까지 부려 혹독한 보복을 감행한 적이 있다. 아메리칸 인디언 제사장도 그랬고, 동아시아 불교 고승전에도 그런 이적異蹟은 숱하게 등장한다.

필자가 대만 유학 시절 만난 스승님은, 중일 전쟁 당시 화산華山에서 8년간 수도하면서, 일본군 공습을 무산시키기 위해 기도로 짙은 운무를 빌었는데, 사흘간 지척도 보이지 않게 자욱한 안개가 끼어, 결국 비행기가 뜨지도 못했다고 한다. 또 대만에 다가온 초대형 태풍을 해상에서 맴돌게 붙들어 피해를 최소화한 기도는, 필자가 그 당시 현장에서 직접 경험했다. 귀국 후 필자도 한번 시험 삼아, 남해안에 상륙할 태풍을 체류시켜 달라고 기도해본 적이 있었다. 실제로 그 태풍은 상륙하지 않고 남해상에서 맴돌다 약화되어 사라졌다. 기상청 특이진로 태풍을 확인해보니, 아마도 1998년 9월 무서운 기세(속도)로 북상한 태풍 '예니'인 듯하다. 시험은 한번 확인으로 족했다. 그러니, 제갈량이 동남풍을 빌고, 그에 감응해 동시에 수행 스님이 공명 동조해, 풍백風伯이 부채질로 바람을 일으키거나 풍향을 바꾸는 일은 그리 어려운 일도 신기한 일도 아니라고 본다.

팔진도와 출사표

선사어록에서도 팔진도 칠종칠금 출사표 등을 적잖이 언급한다.

● 자암범蔗菴範 선사어록에는 염화미소를 비유하면서, 제갈무후가 어복 평사 위에 만든 팔진도를 문무백관 모두 뭔지 몰랐는데, 오직 환온桓溫만이 단번에 알아보고 상산常山에 뱀 형세라고 말한 일화를 예시한다.

● 청 세종은 옹정 11년(1733) 4월초파일에 서문을 쓴 어제간마변이록에서, 제갈공명 팔진도가 모르는 자한테 어지러운 돌무더기고, 아는 자한텐 팔진도일 뿐인데, 생사출입문과 변화운수를 모른다면 어찌 제대로 쓰이겠냐는 견해에 대해, 장황한 설명으로 반박한다.

팔진에 붙인 천·지·풍·운·룡·사·조·호는, 당시 청나라 팔기군 깃발 색처럼, 그냥 식별표지로 붙인 것이고, 무슨 특별히 신비한 함의는 없다. 제갈량 팔진도는 기주夔州·신도新都·면양沔陽 세 곳에 있다. 기주 어복에 있는 것은, 물이 불면 잠기고 마르면 드러나며, 수천 년이 지나도록 무너지지 않고 보존되어, 세인이 신령스럽게 여긴다. 하지만, 천지만물에 이처럼 불가사의한 현상은 몹시 많다. 아마도 제갈량 정성의 확고한 결정일 것이다. 다만, 팔진도 자체는 풍후風后한테 비롯되어 일찍이 두헌竇憲도 활용했으니, 제갈량 창작은 아니다. 8은 허虛에서 방형을 이루고, 7은 실實에서 원형을 이루니, 이는 자연의 수이고, 인력으로 어찌 할 게 아니다. 돌을 쌓아 팔진도를 이룬 건, 후세에 남겨 병법전술을 알리기 위한 것이 아니다. 제갈량이 어찌 헛된 명성을 좋아해 무익한 짓을 했겠는가? 다만 당시에 사졸훈련 용 방편으로 만든 것이다. 그런데 후세인들이 제갈량을 사모한 나머지, 소공召公의 감당甘棠처럼 떠받들어 '무후팔진도'라고 부른 것이다. 그 안에 무슨 신비한 생사출입문과 변화운수가 담겼으랴? 비유컨대, 감당에서 소공의 선정미담을 찾기 위해 가지마다 잎마다 전부 뒤진다고 나오겠는가? 팔진도는 전시 사졸의 행렬이자, 수비시 병영대오의 위치일 뿐이다. 생사출입 변화 운운하는 것은, 기문둔갑 같은 이단사설에 현혹되어, 적이 만약 사문으로 들어오면 반드시 죽는다는 식이니, 지극히 우활하고 가소로운 우둔함이다. 제갈량이 맹획을 정벌해 그 마음을 절복시키느라, 일곱 번씩이나 풀어주어 스스로 심복하지 않았던가?

● 송 정선淨善 스님이 편집한 선림보훈禪林寶訓에는, 출사표로 홀연 깨달은 기연奇緣이 나와 눈길을 끈다. 담당준湛堂準 화상이 처음 등불 켜고 휘장 안에서 독서에 골몰하자, 진정眞淨 화상이 질책한 일화다.

"배움(수행)이란 마음 다스림을 추구하는데, 비록 많이 배워도 마음을 다스리지 못하면, 무슨 이익이 있는가? 하물며, 제자백가 이단학문은 산처럼 높고 바다처럼 깊어 엄청난데, 그대가 그걸 다 배우겠다고 하면, 근본을 저버리고 말단만 좇아, 비천한 게 존귀한 걸 부리는 격이라, 도업을 방해할까 저어한다. 곧바로 모든 인연을 두절하고, 마땅히 미묘한 깨달음을 구할지어다. 나중에 보면 문을 열고 절구통에 들어가듯, 결코 어렵지 않으리라."

이에 담당선사는 즉시 모든 학습을 물리치고, 오로지 선관禪觀에 전념했다. 하루는 납자가 제갈공명 출사표 읽는 소리를 듣고 활연 개오했다. 엉기고 막힌 게 단박에 풀려 무애변재를 얻으니, 당시 그를 당할 자가 없었다.

선림보훈에 대한 주석서가 상당히 많은데, 각각 '제갈량'이나 '출사표'를 자세히 해설하면서, 구체로 "宮中府中, 俱爲一體"라는 구절에 뻥

뚫렸다고 전한다. 아마도 궁중과 부중이 안팎으로 혼연일체가 되는 일심화합에서, 물아일체·범아일여·천인합일의 경지가 연결된 듯하다. 참선에서 실참實參·실오實悟의 실사구시 가풍을 대변하는데, 담당 선사는 작문 관건도 터득해 라한소羅漢疏·수마기水磨記·포자론炮炙論 등 명문을 남겼다.

◉ 선종송고禪宗頌古에 보면, 해인신海印信 선사(六祖下第五世, 淸源下第四世)는, "용을 잡는 칼은 뱀한테 휘두르지 않는다."는 비유로, 제갈량이 군사로 사로잡았다 풀어준 걸 사람들이 잘 모른다고 꼬집는다.

◉ 지증전智證傳에 보면, 42장경에 "목숨 버려 반드시 죽기 어렵다."는 구절 주석에서, 읍참마속 고사를 인용한다. 마속이 가정 패전으로 죽으며 임종에 제갈공명한테 보낸 유서 내용을 보면, 장부다운 진정한 죽음(眞死)이라고 칭찬한다.

만두, 제갈채, 만리교, 철교 건설

◉ 만두 : 사미률의沙彌律儀 주석서에 보면, 공양목탁 소리를 들으면, 바로 의복을 정제하고, 식전에 왼 손바닥에 음식을 조금씩 덜어 공경히 헌식하고 축원한다.

"너희 귀신들한테 내 이제 공양을 베푸니,
이 음식으로 시방 일체 귀신이 함께 드시라!"

이때 밥은 7톨, 면은 1치, 만두는 손톱만큼 시식하고, 채소두부 같은 반찬은 안 한다. 너무 많이 하면 귀신들이 탐욕 부리고, 너무 적으면 내가 인색하니, 적당히 중용을 취한다. 여기서 만두는 서역에 원래 없지만, 중국 현실 음식사례로 든 것이다. 촉한 때 제갈공명이 운남 맹획을 정벌하러 영창에서 군사를 출정해, 로수에 이르러 사방이 요새로 가로막힌 가운데 연무가 허공에 가득하고 원기가 울창하게 맺힌 걸 보고, 면으로 사람머리 모양을 만들어 강에 제사지낸 데서 비롯했다고 해설한다.

● 제갈채 : 사분률명의표석四分律名義標釋(明 弘贊)에 보면, 5종 정식正食에 채소를 곁들여 해설한다. 만청蔓菁은 일명 무청蕪菁·무근蕪根 등으로 불리는데, 더러 무청 중 줄기가 짧고 잎이 큰 활엽홍색인 만청은, 제갈량이 출정해 병영에 주둔하면서 병사들한테 부족한 식량 대용으로 재배시킨 거라서, 지금도 파촉·강릉 사람들은 '제갈채'라 부른다고 소개한다. 만약 여름에 시들어 다시 심은 것은 계모채雞毛菜라 하는데, 잎을 따서 먹고 나서 씨는 기름을 짠다고 한다.

● 만리교 : 당 현종 천보 14년(755) 11월, 안록산이 경성을 함락하자, 명황이 촉으로 피난을 떠났다. 성도부에 이르러 만리교를 지나며, 좌우한테 다리 이름을 묻고, '만리萬里'라는 대답에 깜짝 놀라 탄식했다.

"개원 말에 일행一行 선사가 짐한테, '20년 뒤 나라에 위난이 생겨 마땅히 멀리 만리 밖을 유람하겠소.'라고 말했는데, 바로 이거로세."

그래서 성도부에 머물렀다. 이듬해 7월 현종은 태자한테 제위를 선양했다. '만리교'는 옛날 제갈량이 오나라 사절을 보낼 적에 여기까지 나왔는데, 만리지행이 여기서 시작된다는 뜻이었다는 주해가 달렸다.

● 철교 건설 : 속고승전에 보면, 석승연釋僧淵은 금수강 물살이 거세 익사자가 많아 남쪽에 다리(飛橋)를 건설하는데, 옛날 제갈무후가 '이강二江에 칠성교를 건설할 때처럼, 천우신조 기묘한 일이 생겼다고 한다. 길이 8-9척 지름 3척 남짓 철봉 셋을 만들어 교각을 설치하는데, 물속에 가라앉았다가 저절로 떠올라 원만히 완공한 신비한 기적은, 제갈량과 스님의 지성감천이란다.

제갈량이 삼군을 호령할 적에 지휘봉으로 사용한 흰 깃털 부채도 나온다. 또, 정사正史에서 제갈량에 비유된 양호羊祜·리순보李純甫 전기 소개도 나온다.

◉ 그밖에 거사전에 보면, 만민망(萬民望, 名表)이 정덕17년 무과진사에 등제했는데, 어려서부터 호방한 큰 뜻을 품어 집안일은 거들떠보지도 않고, 낮에는 말타기와 활쏘기를 익히고 밤에는 촛불 아래 독서하며, 제갈공명을 흠모해 '녕정담박寧靜淡泊' 네 글자를 좌우명으로 삼았다.

◉ 명 4대 고승 자백紫栢 선사가 붕개馮開한테 회답한 서신에도 나온다.

"거사 시문이 예전보다 훨씬 고상하고 우아해져, 마치 제갈무후가 지휘·통제한 병력이 엄숙하면서 평안하고, 서서히 질서를 지키면서 재빨리 움직이듯, 진실로 훌륭한 예술경지에 이르렀다."

이렇게 칭찬한 뒤, 그러나 젊음이 기다려주지 않으니, 수명이 얼마나 남았겠냐며, 부질없는 문자유희 놓고 정진하라고 책려한다.

류비·손권·조조 영웅 호칭과 중생 불성 비유

제갈량이 직접 언급되지는 않지만, 천태 전불심인傳佛心印에 나오는 상당히 흥미로운 중요한 관련 자료 하나 소개한다.

"모든 중생한테 불성이 있다는 진리는, 모름지기 몸소 증명해야 그 진상이 드러난다. 마치 조조 진상은 숨겨져서 옷을 벗어야 비로소 드러나듯. 반면 구체적 사실은 손권·류비 진상처럼 바로 눈앞에서 명료히 드러나 보인다."

이에 대해 명 전등傳燈 스님은 이런 주해를 달았다.

옛날 한 말에 류비·손권·조조 3인이 함께 관상가를 찾아갔다. 관상가가 보더니, 먼저 손권·류비 지위는 모두 천자까지 이르겠다고 허락했다. 유독 조조만 허락받지 못하자, 분개하며 옷을 벗어젖혀 보여주었다. 관상가가 보고 방성대곡하며 말했다.

"천하는 이제 분분히 가마솥처럼 펄펄 끓겠다."

나중에 과연 널리 알려진 대로, 세 영웅이 각각 한 지방씩 할거해 황제 존호를 칭했다. 당시 사람들은 더러 두 사람을 혐오해서, 조조는 간사한 영웅(奸雄)이고, 류비는 올빼미 영웅(梟雄)이라고 불렀다. 만약 조조가 간웅이라면 진짜 간웅이다. 허나 류비가 효웅梟雄이란 말은 맞는 듯 틀리다.(似而非) 유독 손권만 지목하지 않았다. 내가 보충해 말한다면, 날랜 영웅(효웅驍雄)이라 하겠다. 조맹덕(조조)도 일찍이 말했다.

"아들을 낳으려면 마땅히 손중모(仲謀: 손권) 같아야 한다. 류경승(景升: 류표) 같으면, 그 아들은 모두 개돼지일 따름이다."

그러니 손권은 진짜 날랜 영웅(驍雄)이다. 본문에 조조 비유는, 이치상 일체 중생이 바로 부처님이지만, 모름지기 입고(덮혀) 있는 오음五陰의 옷을 벗어젖혀야, 비로소 부처님 진상을 현재 성취한다.

여기서 조조 자신은 명의상 황제는 되지 못하고 아들이 즉위했으니, 관상가의 당초 예언도 틀린 말은 아니다. 또 류비는 궁박할 적에 종친으로 후한 은덕을 베풀어준 류장을 공격해 함락한 사연 때문에, 올빼미 영웅(효웅梟雄)이라 부른 듯하다.

● 참고로, 정토성현록에 보면, 청 건륭 때 불안佛安 스님은 30세 때, 이웃집에서 돼지를 잡아 꺼낸 내장에 '曹操'라는 글자가 써진 걸 보고, 섬뜩 놀라 출가해 스님이 되었다고 전한다.

제갈량 후신 당唐 위고(韋皐: 745-805)

불교 고승전에는, 제갈량이 나중에 당唐 위고(韋皐: 745-805)로 태어나 20년간 검남劍南 절도사를 지내며 서남지방에 커다란 무공을 많이 세웠다는 기록이 전해진다. 제갈량 후신 위고에 관한 수기 예언은, 송고승전宋高僧傳 감통편感通篇에 나온다. 제갈량의 후신인 위고韋皐를 알아본 분은 일명逸名의 서역 고승이었다.

이 고승은 이름도 모르고, 인도 어느 천축국인지도 알려지지 않았다. 모습도 아주 초라하고 보잘것없어, 사람들이 별로 유념하지 않은 듯하다. 건타乾陀색 옷을 입고 가죽신에 철석鐵錫 지팡이를 끌고, 장안을 돌아다니며 교화를 펼쳤다. 남강南康 위고韋皐가 태어난 지 사흘 만에, 그 집안에서 스님들을 초청해 축원법회로 재齋를 모시는데, 이 인도 스님은 초청하지도 않았으나, 어떻게 알고 스스로 찾아왔다. 당일 참석한 스님들은, 반드시 소속 사찰과 법명을 기록한 초청명부에 따라, 정해진 자리에 모셔졌다. 위씨 집안 머슴이 자리를 안내하다 보니, 준비된 좌석보다 한 사람이 더 많은지라, 몹시 화를 내며 인도 스님을 좌중 바깥으로 밀쳐내, 마당에 헌 자리 하나 주어 앉게 했다.

법회(齋)가 끝나자, 위씨 유모가 아이를 안고 나왔다. 여러 스님들께 보여드리고 축원을 받자는 뜻이었다. 그런데 뜻밖에도 범승梵僧이 맨 먼저 자리에서 일어나 옷자락을 가다듬고 계단 위에 올라갔다. 그가 아이를 바라보며, "오랜만일세, (헤어진 지 오랜데,) 별 탈 없었는가?"(別久, 無恙乎?)라고 말하자, 갓난아기는 서로 안다는 듯 기쁜 낯빛으로 웃는 모습을 보였다. 이에 좌중에 모인 대중이 모두 깜짝 놀랐다.

아버지 위군이 여쭈었다.

"이 아이는 타어난 지 갓 사흘밖에 안 되었는데, 우리 대사께서는 어찌하여 '오랜만일세(헤어진 지 오래)'라고 말씀하십니까?"

이에 범승은 "이는 시주께서 알 바가 아닙니다."라고 대답했다. 호기심에 더욱 궁금해진 위군이, 한사코 알기를 원해 간곡히 여쭙자, 범승은 이렇게 말해주었다.

"이 아이는 바로 제갈량 후신입니다. 제갈무후가 삼국정립鼎立 시에 촉蜀 승상을 지내서, 당시 파촉 인민들이 오랫동안 큰 은혜를 입은 줄은 군께서도 아실 것입니다. 이제 다시 세상에 강생降生하였는데, 앞으로 촉蜀에 장수가 되어 반드시 서남(坤維) 지역 백성들한테 큰 복덕을 베풀 것입니다. 내가 옛날 검문劍門에 있을 적에, 이 아이와 아주 사이좋은 벗이었는데, 이제 다시 군의 집안에 태어난 줄 알았기에, 내 먼 길을 마다 않고 찾아온 것입니다. 이 아이는 검남劍南 절도사를 20년 하고, 관직은 지극히 존귀한 중서령中書令 태위太尉까지 오를 것입니다. 이밖에는 나도 잘 모릅니다."

아버지는 그러하리라 여겨, 아들한테 자字를 '무자武子'로 지어주고, 또 그냥 '무武'라고도 불렀다.

장일張鎰이 봉상鳳翔 롱주隴州 절도사가 되어, 위고를 롱주 임시지사로 조정에 추천했다. 그런데 장일이 리초림李楚琳한테 죽임을 당하자, 우운광牛雲光이 위고를 장수로 삼자고 청하니, 주차朱泚는 마지못해 위고를 봉상 장수로 임명했다. 덕종德宗이 봉의군奉義軍을 설치해 위고의 충절을 선양하고, 이어 례부상서에 임명했다. 흥원(興元: 784) 중에는 서울로 귀환해 좌금오위장군左金吾衛將軍이 되었고, 정원貞元 원년(785)에는 장연상張延賞을 대신해 성도윤成都尹이 되었다. 남만南蠻에 부임하여 눈부신 전공으로 남강군왕南康郡王에 봉해지고, 순종順宗이 즉위해 태위太尉로 승진했다.

남강에서 21년간 재임했는데, 말년에는 불교를 몹시도 숭상하여, 항상 염주를 돌리며 부처님 명호를 염송했다. 가주嘉州에 미륵여래 석불상이 조성되자, 위고는 '머리 둘레는 7척, 눈 너비는 두 길(二丈)'이라고 그 기문記文을 적었다. 그밖에 상호도 낱낱이 알맞게 표현해, 간명하고 우아한 문장을 세인들이 찬미했다. 또 자신이 기르던 앵무새한테도 염불하도록 가르쳤는데, 새가 죽어 화장하자 사리가 나왔다.

위고는 남종南宗 선도禪道에 몹시 심취해, 신라 왕자 출신 정중사淨衆寺 무상無相 대사의 제자인, 서역 출신 신회神會 선사한테 심법을 배

위 참선요체를 체득했다. 신회 선사가 입적하자, 그는 몹시 슬퍼하고 추앙하여, 직접 비문을 짓고 글씨를 썼다. 이에 당시 선종에서 아주 영예롭게 여겼다. 또 매년 3월 한주漢州 개조사開照寺 감원鑑源 율사께 나아가 삼백보살대재를 모셨다. 보살들이 친히 등불을 들고 모습을 나토시고, 스님들이 향등을 들어 길을 안내했다. 이밖에도 장안 항제사恒濟寺 회소懷素 율사나 청공淸公 스님 등과도 교유한 인연이 전한다.

다만, 촉蜀에 재임기간 중 부귀와 호사가 심하고 부역과 조세수취가 무거워, 당시 비난 여론과 물의가 일었다는 지적도 있다. 그러나 어쨌든 범승이 예언한 수기가 그대로 실현되었다.

또 위고가 관직을 맡아 드나들며 노닌 곳이나, 그가 보인 충의절개나, 그가 이룬 공명功名 등을 보면, 대개 제갈무후와 서로 비슷한 부류였다. 그리고 당초 파촉 출신인 리백李白이 엄무嚴武의 포학한 지배를 힐난하며, '촉도난蜀道難'이란 유명한 시를 지어 널리 알려졌다. 그런데 나중에 위고가 촉에 와서 선정으로 잘 다스리자, 륙양陸揚이 그 미덕을 숭앙하고 칭송한 나머지, 리백의 시를 뒤집어 다시 '촉도이蜀道易'라는 글을 지어 높이 찬미해서 더욱 유명해졌다.

하동앵무사리탑기|河東鸚鵡舍利塔記

성도윤成都尹 위고韋皐가 친히 앵무새를 길러 두 눈으로 보고 겪은 사연을 적었다. 앵무새 사리 수습과 탑비 조성 연기문이다.

"하늘이 다섯 정기를 만물에 부여하사, 비록 비늘갑옷이나 터럭깃털을 뒤집어쓴 금수라도, 그 가운데는 반드시 맑고 영명하며 순수한 기운을 받은 자가 있기 마련이다. 더러 환한 불처럼 눈부시게 빛나고, 더러 기특한 정기를 품수해, 마치 인간문화에 부응하여 일시에 정치교화를 받드는 듯하다. 그런데 바로 가죽을 뒤집어쓴 저 새 종류가 말을 익혀 지껄이고, 일념에 공空과 상相의 이치를 깨달아, 죽어서 진골眞骨 사리를 남기다니, 아마도 거룩하신 부처님께서 화현하시어, 사람 마음을 감화하시고자 특이한 인연으로 진실한 교화를 베푸신 것은 아닐까?

전해에 앵무새를 바친 자가 말하였다.

'이 새 목소리 모습(흉내)은 볼 만하여, 중국어 발음을 정확히 맞추어 냅니다. 하동河東에 배裴씨가 부처님(金仙) 도에 즐거이 뜻을 두었는데, 서방 극락세계에 진기한 새들이 무리지어 기뻐 화기애애하니 지저귀며 법음을 연설하고 노래한다기에, 이 새 이름도 불경에 실려 그 지혜가 특별히 뛰어난 부류인지라, 부처님께서 변화로 나타내신 줄 알고, 항상 친근히 공경하였습니다.'

처음에 6재일六齋 금계禁戒를 일러주었더니, 오후에는 때 아닌 음식(먹이)은 밤새 전혀 거들떠보지도 않았다. 정말로 단정하고 엄숙한 청정범행으로, 범속한 사람들을 깜짝 놀라게 했다. 또 '아미따불' 명호를 염송하라고 가르치는 자가, '유념有念에서 무념無念에 이르러야 한다'고 말하면, 곧바로 잘 알아들었다는 듯 고개를 쳐들고 날개를 퍼덕이곤 했다. 그 뒤로 더러 염불하라고 시키면, 아무 대답 없이 잠자코 있다가; 더러 염불하지 않는다(말라)고 말하면, 이내 곧장 '아미따불' 하고 지저귀며 말했다. 여러 번 시험해 봐도 한결같아서 조금도 틀림이 없었다. 그래서 내가 말했다.

'유념有念은 인연으로 생겨남緣生이고, 무념無念은 진여실제眞際인데, 염불하라는 연생緣生에 묵묵부답한 건 연기緣起이고, 무념의 진제眞際에 비록 소리 내어 말(염불)했지만, 말은 본디 텅 빈 것이다.'

매일같이 빈방에서 새벽 날이 샐 무렵엔 온화하고 우아한 소리를 내는데, 마치 생황을 연주해 하늘 바람을 고요히 두드리는 듯, 그 소리가 아래위로 오르내리며 염념 상속하여, 듣는 자 귀와 마음이 시원스레 기뻐하지 않을 수 없었다.

오호라! 삶에는 날짜가 있고 인연이 다한 걸까? 올해 7월에 갑자기 초췌하니 기뻐하지 않는 모습을 보이는지라, 마지막 날에 앵무새를 보살피는(馴養) 자가, 목숨이 다한 줄 알고 경쇠磬를 치며 일깨웠다.

'이제 서방 극락으로 돌아가려는가? 너를 위해 경쇠를 쳐주리니, 너는 따라서 염불하거라!'

그리고 매번 경쇠를 한 번 칠 때마다 '아미따불'을 한 번씩 염송했다. 모두 열 번 경쇠를 쳐서 열 번 염불(十念)을 완성하더니, 날개를 가지런히 거두고 다리를 쭉 편 다음, 떨지도 않고 엎어지지도 않은 채, 그대로 고요히 입적하였다.

불경에 보면 열 번 염불(十念)로 서방극락 왕생한다고 하고, 또 부처님 지혜(佛慧)를 얻은 자는 죽어서 사리가 있다고 한다. 그 말씀이 진실하다면, 비록 사람이 아닌 다른 중생이라고 다를 리가 없을 것이다. 이에 드디어 다비법에 따라 불로 태우라고 명하였더니, 불길이 다 타고난 뒤 재속에서 과연 사리 십여 알이 나왔다. 눈부시게 빛나며 밝은 옥처럼 손바닥에 놓인 사리를 보고, 알 만한 사람은 모두 깜짝 놀라 서로 구경하고, 듣는 자마다 믿기지 않은 듯 경탄하면서, 이구동성으로 다 함께 찬탄하였다.

'진실로 미혹한 세인들을 일깨워 인도할 만하네. 어찌 보살의 화현이 아니시겠는가?'

때마침 고승 혜관慧觀 법사께서 일찍이 오대산 성지순례에 오셨다가, 이 새 소식을 듣고는 감동하여 눈물을 펑펑 흘리며 우시고, 사리를 모셔다가 신령스런 산(靈山)에 탑을 세우고 도자기에 안장해, 특이한 인연을 높이 칭송해 길이 전하자고 청해 오셨다. 이에 내가 화답했다.

'이 새는 살아서 도를 닦고 죽어서 징험을 남겼으니, 옛 선인께서 말씀하신바 성현의 경지로 통하는 지극한 교화다. 녀과女媧는 뱀 몸으로 황제 자리를 이어받았고, 중연中衍은 새 몸으로 제후가 된 사실이 서책에 기록되어 전하니, 그 누가 괴이한 말(語怪)이라 하겠는가? (공자가 괴력란신怪力亂神은 말하지 않았다는 론어 말씀을 염두에 두고 한 말이다.) 하물며 이 새는 불도의 전파에 크게 공헌하고, 거룩한 증거가 명백히 소소昭昭하니, 어찌 잠자코 침묵하고 말리오?'

이에 부끄럽지 않게 정직한 말글로 진실하게 기록한다.

당 덕종 정원貞元 19년(803) 8월 14일 적음."

위고는 제갈량 후신으로, 이 탑비를 짓고 2년 뒤 갑자기 별세했다.

륙법화陸法和 전기

앞서 잠깐 소개한 륙법화陸法和도, 전생에 제갈량을 친히 보고 만났다고 전한다. 북제서北齊書와 북사北史 열전에 나오는 역사 실록이다.

륙법화陸法和는 스님처럼 산에서 살면서 대단한 법력을 지닌 신원불명의 도인이다. 량무제 말년(547)에 후경侯景이 거짓 투항하자, 법화는 남군에 주원영朱元英한테, "빈도는 시주와 함께 후경을 치러 가겠습니다."고 예언했다. 후경은 투항 후 실권을 장악해, 무제를 죽게하고 자칭 황제가 되었다. 552년 부하한테 죽임을 당할 때까지 5년간 행세했다. 법화는 미래 펼쳐질 과정을 훤히 보고 있었던 것이다. 뜬금없는 소리에, 주원영이 무슨 말인지 몰라 어리둥절해 반문하자, 법화는 또한 마디 던진다.

"보통 사람이 과일을 취함에, 익을 때까지 기다리면, 따지 않아도 저절로 떨어지는 법입니다. 시주는 다만 후경이 익을 때까지 기다리기만 하면 됩니다. 어찌 수고롭게 물으십니까?"

이때 후경은 부장 임약任約을 보내 량 상동왕湘東王을 강릉에서 공격했다. 법화는 상동왕한테 가서 임약 정벌을 자청했다. 남쪽 지방 제자 8백인을 불러 출발했다. 상동왕이 호승우胡僧佑한테 1천여 군사를 주어 동행케 했다. 법화는 배에 올라 한바탕 크게 웃으며, '무수한 병마로다.'고 소리쳤다. 강릉에는 여러 귀신사당이 즐비해, 인민들이 늘 기도해 소원을 이루는 습속이 있었는데, 법화가 출정하자 하나도 영험이 없었다. 그래서 사람들은 사당에 귀신들이 모두 법화를 따라 출정했기 때문이라고 믿었다. 적사호에 이르러 임약과 서로 대치했다. 법화가 가벼운 배를 타고, 갑옷도 입지 않은 채 물살 따라 흘러가, 임약 군대 속을 한바탕 휙 둘러 돌아와 장사들한테 말했다.

"한 바퀴 둘러보니, 저들 용은 잠들어 꿈쩍도 않고, 우리 군대 용은 몹시 생기발랄하게 활약하니, 곧 공격한다. 내일까지 기다리면, 한 사람도 다치지 않고 적을 격파할 수 있다."

그리고 뱃머리에 불을 지폈는데, 역풍이라 몹시 불편했다. 허나 법화가 흰 깃털을 쥐고 부채질하자, 바람이 방향을 바꾸어 적군으로 향했다. 심약 군중이 보니, 량군 병사들이 물위에 걸어서 다가오는지라, 모두 경악해 크게 무너지고 물에 빠져 죽었다. 심약은 황급히 달아나 숨어 자취를 알 수 없었다. 법화는 내일 한낮에 잡힐 거라고 말했다. 때가 되어도 잡을 낌새조차 없자, 사람들이 궁금해 물으니 법화가 말했다.

"내가 전에 이곳 물이 말랐을 적에 한 사찰을 세웠소. 시주들에게 말하건대, 이것이 비록 사찰이나, 실은 도적의 표찰이오. 지금 어찌 표찰 아래서 도적을 찾아보지 않소?"

그 말대로 아래를 살펴보니, 과연 물속에서 심약이 표찰을 껴안고 머리를 위로 쳐들어 콧구멍만 물 밖으로 내민 채 숨 쉬고 있었다. 이에 사로잡아 올리니, 심약은 군사(법화) 눈앞에서 죽길 자청했다. 그러자 법화가 대답했다.

"시주는 관상을 보아하니, 결코 병란에 죽을 운은 아니오. 또 왕과도 인연이 있으니, 결코 다른 염려는 마시오. 왕이 나중에 시주의 능력을 크게 활용하겠소."

상동왕은 과연 심약을 살려주어 군수로 임명했다. 나중에 북위가 강릉을 포위하자, 심약이 병력을 이끌고 가서 힘껏 싸워 구원했다.

법화는 심약을 평정한 뒤, 파릉에 가서 왕승변王僧辯을 만나 말했다.

"빈도가 이미 후경의 한 팔을 잘랐으니, 그가 더 이상 무얼 하겠소? 시주는 곧장 가서 그를 잡으시오."

그리고 돌아와 상동왕한테 말했다.

"후경은 저절로 평정될 테니, 아무 염려하실 필요가 없습니다. 파촉의 도적들이 장차 쳐들어올 테니, 법화는 무협巫峽에 가서 그들을 기다리겠습니다."

여러 군대를 거느려 가서, 친히 돌을 운반해 강을 메워 막았다. 사흘이 되자 강물이 나뉘어 흐르기 시작했고, 그 위에 쇠사슬을 가로질러 놓았다. 량무제 여덟 째 아들 무릉왕 기紀가 과연 측병을 보내 물을 건너려는데, 협곡 입구의 지세가 엄청 가팔라 진퇴양난이었다. 왕림과 법화가 함께 협공해 일전에 섬멸했다. 군대가 백제白帝성에 이르자, 법화가 사람들한테 말했다.

"제갈공명은 정말 명장인데, 내 친히 보았었다. 이 성 옆에 그가 매장한 쇠뇌와 화살 및 화살촉이 1곡斛 남짓 묻혀 있을 것이다."

그리고 그 자리에 표지를 꽂아 파게 했더니, 과연 그 말대로 제갈량 유물이 나왔다. 또 일찍이 상양襄陽성 북쪽 큰 나무 아래서, 땅에 사방 두 자씩 네모를 긋고 제자한테 파게 하더니, 큰 거북이 한 마리가 나왔다. 길이는 한 자 반 정도였는데, 막대기로 등을 두드리며 말했다.

"네가 땅 밖으로 나오려고 한 지 이미 수백 년이나 되었다. 나를 만나지 않았다면, 어떻게 하늘과 해를 볼 수 있겠느냐?"

그리고 거북이한테 삼귀의를 설해주자, 거북이가 이내 풀숲으로 기어 들어갔다.

요즘 같은 세상에, 과연 누가 믿고 곧이들을까? 그럴 정도로 정말 신기한 전설 같은 이야기다. 허나, 이는 명명백백한 역사기록이다. 중국 정사에는 이보다 훨씬 신통방통한 기록들이 숱하게 많다. 물론 불경이나 고승전에는 이보다 더더욱 불가사의한 내용들이 수두룩하다. '우물 안 개구리'란 속담처럼, 견문이 적으면 괴이하게 여겨지는 게 많은 법이다. 소견다괴少見多怪다. 일반 범부중생들은 자기 식견과 마음이 비좁은 줄은 모르고, 자기 식견에 이해가 안 되는 것은 모두 부정하려 든다. 드넓은 지역에 수많은 사람들 사이에 펼쳐진 천태만상 가운데, 아주 한정된 역사에 기록될 만한 내용은, 정말 아주 특별하고 비상한 일이 아닐 수 없다. 흔한 일상다반사를 굳이 역사에 적어 종이 낭비를 할 필요가 없는 것이다.

어쨌든, 륙법화 도인은 전생에 제갈량 생존 당시 친밀한 인연이 있었던 분 같다. 앞에 자세히 소개했듯이, 제갈량 후신이 당나라 위고韋皐였고, 위고가 태어나자 서역 고승이 와서 전생 인연을 말해주며, 전생에 친한 도반이었다는 말을 남긴 기록이 전한다. 어쩌면 륙법화가 바로 당나라 그 서역 고승 전신이 아닐까 하는 느낌도 든다.

특히, 륙법화가 강 위에서 불을 피워 적군을 화공으로 궤멸시킨 점, 그때 바람이 역풍이었는데 부채질해서 풍향을 정반대로 역전시킨 점, 삼국시대 적벽대전 당시 제갈량이 동남풍을 빌 적에 산동 대각선사大覺禪寺 주지스님이 주풍신한테 기도해 즉각 바람이 일어 갑작스레 풍향이 역전된 일화가 불교 선가에 전해오는 점 등을 종합하면, 제갈량이 촉 승상일 당시부터 불교 및 고승과 아주 깊은 인연을 가졌다고 여겨진다. 다만, 유가 중심의 역사기록에서 불교를 폄훼·기피·억압하던 풍조 영향으로 금기시해 잊힌 게 아닐까?

47

若無興德之言則責攸之禕允等之咎하사 以彰其慢하소서

(咎: 허물·재앙·과실 구 / 彰: 밝힐·나타낼 장 / 慢: 거만할·게으를 만)

陛下亦宜自謀以諮諏善道하시고 察納雅言하사 深追先帝遺詔

(謀: 꾀할·도모할 모 / 諏: 꾀할·묻의할 추 / 詔: 고할·조서 조, 소개할 소)

臣不勝受恩感激하여 今當遠離臣臨表에 涕泣不知所云 (=2)

(涕: 눈물·울 체 / 泣: 울 읍 / 云: 이를·말할 운, 이르소이다)

— 以上 —

創業之主 : 劉玄德

崩殂 : 殂落 : 임금이 죽는 것. · 値 : 遇 당하다. 만나다.

三分天下 : 蜀, 吳, 魏 · 敗軍之際 : 長坂橋 싸움.

誠 : 진실로, 정말 。勇將不如智將

秋 : 時 智將不如福將

忘身於外 : 心命을 다 바쳐서 福將不如德將

勇將 : 飛
智將 : 羽
福將 : 趙雲
德將 : 劉備

蓋 : 發語辭

陟 : 昇進 · 先帝之明 : 재갈량에게 국사(國事)를 맡기면 잘 되리라 믿으며 밝힌 지혜.

罰 : 處罰 · 庶 : 願

臧 : 表彰 。臧 착할. 좋을 장 (臧否), 숨을. 숨길 (臧匿 장닉)

否 : 懲戒 뇌물 (臧賂 : 장뢰 = 贓), 臧獲 : 奴婢

有司 : 司直當局, 法曹

平明之治 : 公平無私, 公明正大

侍中 侍郞 : 장관. 차관

愚以爲 : 제가 생각하기로는

優劣得所 : 適材適所

桓靈 : 桓帝 (後漢은 말년자) 靈帝

尙書 (관직명) + 陳震

長史 (〃) — 張裔 (장예)

參軍 (〃) — 蔣琬 (장완)

布衣 : 平民

驅馳 (구치) : 犬馬之勞. 말을 몰아 달림 : 남의 일을 위하여 분주히 돌아 다님.

감회와 끝맺음

제갈량과 무슨 인연인지 감히 "평전"까지 집필하다니! 스스로 사유해도 놀랍고 대견하면서도 부끄럽고 떨린다. 젊어서는 안목도 비좁고 돌아볼 여유도 없었거니와, 나이 들어 이제 식견이 좀 청명해지니, 기력과 시력이 마음만큼 따라주지 않는다. 이래저래 상대적 현상계의 한계가 안타깝지만, 있는 그대로 겸허히 수용해야 하리라. 하여 정해진 기한에 힘닿는 데까지 최선을 다해 일단 매듭짓기로 했다. 나중에 수정 보충할 기회가 있을지는, 또 인연에 맡기기로 한다.

제갈량의 륭중대책 출사표出仕表와 그 유명한 북벌 출사표出師表 모두, 외적 결과로만 보면, 당초 웅장한 포부와는 달리 성공하지도 완성하지도 못한 채 막을 내렸다. 허나, 두보의 명시 '촉상'의 마지막 대구처럼, 그 미완성이 더욱 더 후대 영웅호걸의 기개와 시인묵객의 심금을 울리는 영혼의 경종이 되었다. 어쩌면 슈베르트의 '미완성 교향곡'처럼, 미완성임에도, 아니 미완성이기에 더욱 미묘한 여운이 진한 감동과 공명을 자아내고, 더 큰 성공을 거두었는지도 모른다.

그렇다! 실은 주역周易 64괘도 완성의 '기제旣濟'괘가 아니라, 미완성의 '미제未濟'괘로 끝난다. 마침은 완성된 종결이 아니라, 새로운 시작이라는 진부한 격언처럼! 본서의 졸렬하고 거친 미완성에 대한 자기위안의 변명 내지 해명이랄까? ~(^^)~

다만, 제갈량의 정신을 본받아, 일단 착수한 거, 힘닿는 데까지 눈에 띈 유의미한 사료와 문헌자료를 최대한 반영하여, 최선의 정성으로 해독 번역하고 간추려 정리하며, 나름대로 체계를 잡아 재구성했음은 양심껏 밝힐 수 있다. 적어도 한문해독이 어려운 후배 및 후학세대들한테, 믿을만한 참고자료로서 조금이나마 보탬과 도움이 되길 바라는 마음으로 글을 썼다.

소설이 아닌 역사서로서 삼국지와 그 주에 인용된 당대 수많은 실록들, 그리고 한서漢書부터 청사고淸史稿에 이르기까지, 역대 정사에 등장하는 제갈량 관련 기사내용들을 거의 다 망라하다시피 찾아, 발췌·번역하고 다듬어 분류해 재구성했다. 게다가 역대 중요한 명인 평론들도 상당수 발췌해 덧붙였다. 특히 불교 대장경에 관련 내용은, 아마도 본서가 처음으로 착안해 발굴 소개할 것이다. 이점은 나름 가치 있는 성과이자 공헌이라고 여겨져, 나도 모르게 제법 가슴 뿌듯한 보람이 느껴진다.

다만, 역대 명공현인들의 열렬한 명 평론과 시인묵객들의 심금 울리는 시부詩賦들이 예상보다 많았는데, 시간과 지면, 그리고 필자의 정신적·체력적 한계 때문에, 전혀 소개하지 못해 매우 아쉽다.

집필하며 한글자료를 찾아보니, 제갈량 저술로 알려진 문장 선역選譯과 문집 전역全譯은 나와 있었다. 다만, 법사상이나 법치정신에 글과 '평전' 형식 전기는 아직 없어서, 전인미답의 경지를 개척해 길을 내는 기분으로 임했다. 보잘것없는 미완성 시도가 마중물이나 불씨가 되어, 앞으로 훌륭하고 완성도 높은 연구저술이 이어지길 기대해본다.

끝으로, 어려서부터 지금까지 한문 및 고전 학습을 이끌어주고 지도해주신 모든 선생님과 인연들에 충심으로 깊이 감사드린다.

드높은 차원의 천상에 계실 제갈공명 선생께도 감사와 경례를 바치며, 흔쾌히 수희찬탄隨喜讚歎하시고 보우하시길 간절히 기원한다.

기미독립선언 삼일절 백주년 맞이하며
보적寶積 김지수 공경합장_()_

출 사 표

신 제갈 양은 아뢰나이다. 선제께서 창업을 하신 지 얼마 되지 않아서 중로에 돌아가시고, 이제 천하는 삼분되어 우리 익주 땅은 피폐하니 참으로 국가의 존망이 위급한 때이옵니다. 그런데도 폐하를 모시는 신하들이 안으로 게을리 하지 않고, 충성된 지사들이 신명을 다 바치는 것은 다 선제께서 베푸신 특별한 은혜를 폐하께 보답하려 하는 것이옵니다. 그러나 폐하께옵서는 (마땅히) 충언하는 것을 널리 베푸셔서 선제께서 남기신 덕을 빛내시고, 뜻있는 충신들의 의기를 넓혀 주셔야 합니다. 망령되이 자기 자신을 천박하다고 핑계삼아 뒤로 물러서고 그렇게 함으로써 충성된 간언을 하는 것을 막으시면 아니 됩니다. 궁중과 부중이 함께 한 덩어리가 되었아오니 잘못을 징계하여 벌주는 것과 선을 포창하고 치하하는 것이 이랬다 저랬다 하면 아니 됩니다. 만약 간악한 범죄를 저지르는 자와 충성되고 좋은 일을 하는 사람이 있다면 마땅히 사법 당국에 부쳐 그 벌과 상을 논하시고 그럼으로써 폐하의 밝고 현명하신 정치를 밝히소서. 또한 사사로움에 치우쳐서 안밖으로 법을 달리하는 일이 없도록 하옵소서. 시중, 시랑 곽유지나 비위나 동윤 등은 모두 선량하고 성실하며 뜻하는 바와 생각하는 바가 충직하고 순수하여 이런 고로 선제께서 (여러사람가운데) 분별하여 (선발하여서) 뽑아서 폐하께 물려 주셨으니, 저의 어리석은 생각으로는 대궐안 일은 크고 작건 간에 다 이들에게 의논하셔서 시행하시면 반드시 부족한 점을 보충하고 널리 이익되는 바가 있을 것입니다. 또한 장군 상총은 성품과 행실이 맑고 고르고, 군사에는 해박하여, 옛날에 시험삼아 써 보았을 적에 선제께서 상총을 유능하다 하셨으니 여러사람의 의견에 따라 상총을 제독으로 삼았읍니다 그런고로 군사에 관한 일이라면 크고 작건 간에 다 상총과 의논하셔서 행하시면 반드시 진법을 시행하는데 화목하고 원활할 것이며 능력에 따라 인재 배치가 잘 될 것입니다.

어진 신하를 가까이 하고 간신배들을 멀리한 것은 선한이 번창하고 융성한 까닭이오며 반대로 간신배를 가까이 하고 어진 신하를 멀리 한 것은 후한이 멸망한 원인이었으니, 선제께서 살아 계실 때, 신과 더불어 이러한 것들을 말씀하실 때마다 환제의 어리석음과 잘못을 뼈아프게 탄식 하시지 않는 때가 없었읍니다. 시중, 상서, 장사, 참군 등은 모두 성품이 곧고 해밝으며(현명하며) 죽음으로써 충절을 다짐한 신하들이오니, 이들을 신임하시고 가까이 하시면 우리 한실의 흥륭은 가히 손꼽아 기다릴 수 있읍니다. 신은 본래 평민으로 남양땅에서 몸소 밭갈고 이 어지러운 세상에 구차히 목숨을 보전하며 제후들에게 신의 소문이 들리는 것을 바라지않았는데, 선제께서 신을 비천하다고 않으시고 외람되게도 몸소 몸을 굽히시어 오두막집에 신을 찾아 세번이나 오셔서 신에게 당세의 일들을 의논하셨읍니다. 이로 말미암아 신은 감격하여 마침내 선제께 좇아 마음을 바쳐 충성을 다할 것을 허락했읍니다. 그후에 나라의 위태로움에 당하여, 패전을 거듭할 때 임무를 맡고, 위태롭고 어려운 때 명을 받은지 어언 이십 일년이 되었읍니다. 선제께서 신이 조심하고 삼가는 것을 아시는 때문에 임종에 당하셔서 신에게 국가의 큰일을 맡기셨읍니다. 명을 받은 이래 아침 이른 새벽부터 밤 늦게까지 걱정하고 탄식한 것은, 선제께서 부탁하신 일이 효과가 없어 선제의 현명하신 뜻을 상하게 할까 두려워한 것입니다. 그래서 오월 뜨거운 때에로 노수를 건너 남방 불모의 땅까지 깊숙이 들어가 이제 남방은 이미 평정되었고, 무기와 병력이 이미 족하니 마땅히 (여러 장수와) 삼군을 이끌고(통솔하여) 나가서 북쪽으로 중원을 평정하여야 합니다. 바라옵건데 신의 어리석고 둔한 재주를 다하여 간흉 도배 일당을 물리쳐 없애고 한실을 다시 일으켜 옛 수도에 다시 돌아가는 것은 신이 선제께 보답하는 것이오며 폐하에 대한 신의 직분을 다하는 것이옵니다. 사태를 잘 살펴서 이익을 볼수 있게 하는 데 있어서 폐하께 충성된 간언을 다하는 것은 곽유지, 비의, 동윤 등의 임무이옵니다. 바라옵건데 폐하께서는 신에게 적을 토벌하여 한실을 부흥 시킬 것을 맡기시어 만약 효과가 없다면 신의 죄를 다스리시고 선제의 영정에 고하소서. 만약 충성된 간언이 없다면 곽유지, 비의, 동윤 등의 책임을 물으셔서 그들의 태만을 문책하소서. 폐하께서도 역시 올바른 길을 자문하셔서 일을 도모하시고 좋은 말(충언)을 살펴 받아들이셔서 선제께서 남기신 조서에 따라 더욱 심화 시키소서. 신은 선제께 받자온 은혜에 감격함을 이기지 못하여 오늘 멀리 떠나며 이 출사표를 올림에 당하여 눈물이 앞을 가려 더이상 말씀 올릴 수가 없읍니다.

出師表

諸葛亮

臣亮言先帝創業未半而中道崩殂今天下三分益州疲
弊此誠危急存亡之秋也然侍衛之臣不懈於內忠志之
士忘身於外者蓋追先帝之殊遇欲報之於陛下也誠宜
開張聖聽以光先帝遺德恢弘志士之氣不宜妄自菲薄
引喩失義以塞忠諫之路也宮中府中俱爲一體陟罰臧
否不宜異同若有作姦犯科及爲忠善者宜付有司論其
刑賞以昭陛下平明之治不宜偏私使內外異法也侍中
侍郎郭攸之費禕董允等此皆良實志慮忠純是以先帝
簡拔以遺陛下愚以爲宮中之事事無大小悉以諮之然
後施行必能裨補闕漏有所廣益也將軍向寵性行淑均
曉暢軍事試用於昔日先帝稱之曰能是以衆議擧寵爲
督愚以爲營中之事事無大小悉以諮之必能使行陣和
穆優劣得所也親賢臣遠小人此先漢所以興隆也親小
人遠賢臣此後漢所以傾頹也先帝在時每與臣論此事
未嘗不歎息痛恨於桓靈也侍中尙書長史參軍此悉貞
亮死節之臣也願陛下親之信之則漢室之隆可計日而
待也臣本布衣躬耕於南陽苟全性命於亂世不求聞達
於諸侯先帝不以臣卑鄙猥自枉屈三顧臣於草廬之中
諮臣以當世之事由是感激遂許先帝以驅馳後値傾覆
受任於敗軍之際奉命於危難之間爾來二十有一年矣
先帝知臣謹愼故臨崩寄臣以大事也受命以來夙夜憂
歎恐託付不效以傷先帝之明故五月渡瀘深入不毛今
南方已定甲兵已足當奬帥三軍北定中原庶竭駑鈍攘
除姦凶興復漢室還于舊都此臣之所以報先帝而忠陛
下之職分也至於斟酌損益進盡忠言則攸之禕允之任
也願陛下託臣以討賊興復之效不效則治臣之罪以告
先帝之靈若無興德之言則責攸之禕允等之咎以章其
慢陛下亦宜自謀以諮諏善道察納雅言深追先帝遺詔
臣不勝受恩感激今當遠離臨表涕泣不知所云

(文選)

주요 참고문헌

三國志注, 二十五史, 清史稿, 春秋左傳, 公羊傳, 穀梁傳, 老子, 莊子, 論語, 孟子.
諸葛義·諸葛倬 輯, 諸葛孔明全集, 世界書局, 1936年版; 北京中國書店, 1986年(影印版)
新校諸葛亮全集, 世界書局, 1984년 재판본.
오수형 편역, 제갈량 문집, 난세를 건너는 법, 문학과 지성사, 1998년 초판.
張澍편, 조희천 옮김, 와룡의 눈으로 세상을 읽다, 신원문화사, 2006년 초판.
余明俠, 諸葛亮評傳, 南京大學出版社, 1996년 제1판.
鍾敬文 主編, 諸葛亮的傳說, 甘肅人民出版社, 1986년 제1판.
宋 贊寧 撰, 宋高僧傳, 中華書局, 1987년 제1판.
羅貫中, 三國演義, 三民書局, 1981년 5판.
晏子春秋, 晏子春秋集釋, 中華書局, 1982년, 제1판제2쇄.
瞿蛻園·朱金城 校注, 李白集校注, 上海古籍出版社, 1980년 제1판제1쇄, 제1책.
蘇軾, 蘇軾文集, 中華書局, 1986년 제1판, 제1책.
張習孔·田珏 主編, 中國歷史大事編年, 제2권, 北京出版社, 1989, 제1판제3쇄.
張國華 主編, 中國法律思想史, 法律出版社, 1982년 제1판.
方昕 主編, 法學基礎教程, 中國政法大學出版社, 1988年 제1판.
劉新 主編, 中國法律思想史, 中國人民大學出版社, 2000년 제1판.
김지수, 전통 중국법에서의 情理法에 관한 연구, 1994년, 서울대 법학박사학위.
김지수, 전통 중국법의 정신, 전남대출판부, 2011년 재판.
김지수, 포청천과 청렴정직 문화, 마로니에, 2018년 초판.
劉冀民·李金河, "諸葛亮法律思想初探", 社會科學研究, 1995.1.
余明俠, 關于諸葛亮"好爲梁父吟"一事的辨析, 徐州師範學院學報, 1991년제2기.
說文解字注, 許愼 著, 段玉裁注, 漢京文化事業公司, 1980년 초판.
實用大字典, 中華書局, 1983년 초판.
中華成語大辭典, 吉林文史出版社, 1986년 제1판.
王延林 編著, 常用古文字字典, 上海書畵出版社, 1987년 제1판.
辭海(1979年版 縮印本), 上海辭書出版社.

溫端政 主編, 中國俗語大辭典, 上海辭書出版社, 1989년 제1판.
諸橋轍次, 大漢和辭典, 권12, 大修館書店, 昭和41(1966)年 縮寫版.
https://zh.wikipedia.org/wiki/%E5%B0%8D%E8%AB%B8%E8%91%9B%E4%BA%AE%E7%9A%84%E8%A9%95%E5%83%B9 (검색일: 2018.10.19.)
http://www.rekishinoshinzui.com/entry/11443728,"蜀科 (蜀漢の法) の制定～諸葛孔明 嚴しい法治主義 法家思想に立つ～"(검색일:2018.12.4.)
http://www.timetw.com/11352.html "馬謖死因: 馬謖病死獄中還是被諸葛亮處於極刑？"(검색일: 2018.12.4.)
http://www.chinanews.com/cul/2014/03-24/5986329.shtml(검색일: 2018.12.12.) 張洪波(齊魯晚報 記者), "諸葛亮曾開啓中國官員財産申報的先河"(2014年03月24日13:55)中新网.

목우木牛·류마流馬 제원諸元

木牛者, 方腹曲頭, 一脚四足, 頭入領中, 舌著於腹. 載多而行少, 宜可大用, 不可小使；特行者數十里, 群行者二十里也. 曲者爲牛頭, 雙者爲牛脚, 橫者爲牛領, 轉者爲牛足, 覆者爲牛背, 方者爲牛腹, 垂者爲牛舌, 曲者爲牛肋, 刻者爲牛齒, 立者爲牛角, 細者爲牛鞅, 攝者爲牛鞦軸. 牛仰雙轅, 人行六尺, 牛行四步. 載一歲糧, 日行二十里, 而人不大勞. 流馬尺寸之數, 肋長三尺五寸, 廣三寸, 厚二寸二分, 左右同. 前軸孔分墨去頭四寸, 徑中二寸. 前脚孔分墨二寸, 去前軸孔四寸五分, 廣一寸. 前杠孔去前脚孔分墨二寸七分, 孔長二寸, 廣一寸. 後軸孔去前杠分墨一尺五分, 大小與前同. 後脚孔分墨去後軸孔三寸五分, 大小與前同. 後杠孔去後脚孔分墨二寸七分, 後載剋去後杠孔分墨四寸五分. 前杠長一尺八寸, 廣二寸, 厚一寸五分. 後杠與等版方囊二枚, 厚八分, 長二尺七寸, 高一尺六寸五分, 廣一尺六寸, 每枚受米二斛三斗. 從上杠孔去肋下七寸, 前後同. 上杠孔去下杠孔分墨一尺三寸, 孔長一寸五分, 廣七分, 八孔同. 前後四脚, 廣二寸, 厚一寸五分. 形制如象, 靬長四寸, 徑面四寸三分. 孔徑中三脚杠, 長二尺一寸, 廣一寸五分, 厚一寸四分, 同杠耳.